YONGKE
LAW
FIRM
永珂律师事务所

案解

劳动争议

实务及风险防范

李天姣 / 编著

SOLVING LABOR DISPUTES

IN PRACTICE AND RISK PREVENTION

法律出版社 | LAW PRESS
北京

图书在版编目（CIP）数据

案解劳动争议实务及风险防范 / 李天姣编著.
北京：法律出版社，2024. -- ISBN 978-7-5197-9476-7
Ⅰ. D922.591.5
中国国家版本馆 CIP 数据核字第 202470MP94 号

案解劳动争议实务及风险防范
ANJIE LAODONG ZHENGYI SHIWU JI FENGXIAN FANGFAN

李天姣 编著

策划编辑 蒋 橙
责任编辑 蒋 橙
装帧设计 鲍龙卉

出版发行 法律出版社
编辑统筹 法律应用出版分社
责任校对 郭艳萍 李慧艳 王晓萍
责任印制 刘晓伟
经　　销 新华书店

开本 710 毫米×1000 毫米 1/16
印张 27 **字数** 376 千
版本 2024 年 12 月第 1 版
印次 2024 年 12 月第 1 次印刷
印刷 三河市兴达印务有限公司

地址：北京市丰台区莲花池西里 7 号（100073）
网址：www.lawpress.com.cn
投稿邮箱：info@lawpress.com.cn
举报盗版邮箱：jbwq@lawpress.com.cn
销售电话：010-83938349
客服电话：010-83938350
咨询电话：010-63939796

书号：ISBN 978-7-5197-9476-7
定价：98.00 元
凡购买本社图书，如有印装错误，我社负责退换。电话：010-83938349

序　言

1994 年《劳动法》的颁布，2007 年《劳动合同法》的颁布，2008 年《劳动合同法实施条例》的颁布，以及《社会保险法》《工伤保险条例》《个人信息保护法》等相关法律法规的相继颁布，为处理劳动争议提供了相应的法律依据。但是，随着经济社会快速发展，受政策、市场、经济形势、用工模式等各种因素的影响，劳动用工面临新的挑战。面对实践中千差万别、纷繁复杂的劳动用工争议，如何有效预防相关法律风险，化解各类矛盾纠纷，关系到广大劳动者和用人单位的切身利益。

本书聚焦劳动法律实务，对当前高发且典型的劳动争议，通过以案释法，指引劳动者和用人单位解决争议事宜。通过案例解析，对劳动者和用人单位进行风险提示，有效预防风险。并且，通过每个案例进行相关法律法规、司法解释、部门规章的检索匹配，便于用人单位和劳动者进一步学习相关法律知识，达到法律知识的熟知，有效地将法律风险提前消除在争议前端。与此同时，引导用人单位规范用工，有效保障劳动者和用人单位的合法权益，促进和谐、稳定的劳动关系持续健康发展。

作为一名律师和法治建设的践行者，为中国特色社会主义法治建设添砖加瓦,是我毕生的追求。希望本书的出版发行能为广大读者提供借鉴。同时,也希望大家能提出宝贵建议和意见,我将不断精炼、完善和更新本书,使其成为预防化解劳动争议的实用读本。

李天姣

二〇二四年十月

目录

第一章　确认劳动关系

第二章　劳动合同的履行和变更

第三章 劳动合同的解除和终止

第四章 特殊情形下的劳动用工

第五章 社 会 保 险

第六章　劳动报酬、经济补偿金、赔偿金

第七章　其　他

Chapter one

第一章

确认劳动关系

01 快递公司与快递员劳动关系的确认

适用法条

——劳动和社会保障部《关于确立劳动关系有关事项的通知》第一条

案情回顾

2019年3月20日，李某入职速运快递公司从事快递收发工作，双方之间未签订书面劳动合同，快递公司对李某除考勤之外，没有进行其他劳动管理。2019年3月、4月、5月，速运快递公司分3次转账给李某400元、3900元、1700元。2019年5月，公司对李某进行考勤，考勤表盖有速运快递公司公章。2019年5月29日，李某在收件过程中发生交通事故受伤，速运快递公司于2019年6月2日出具在职证明，称：兹有员工李某，于2019年3月20日入职，担任快递员职位。本证明仅作为在职证明所用，不承担由此产生的任何责任。

李某申请工伤认定，2020年6月25日，人力资源和社会保障局发出工伤认定中止通知书："……你提交的工伤认定申请，速运快递公司认为与你关系为承揽关系，与快递公司不存在劳动关系，我局决定中止工伤认定。"李某遂申请劳动仲裁，请求确认自2019年3月20日起至2019年5月29日止，与速运快递公司之间存在事实劳动关系。2020年10月10日，当地人事争议仲裁委员会作出的仲裁裁决，认为快递员李某与速运快递公司之间自2019年3月20日起至2019年5月29日止存在事实劳动关系。速运快递公司不服诉至人民法院，请求判令速运快递公司与李某之间不存在劳动关系。

速运快递公司诉称，双方之间未签订劳动合同，公司没有对李某进行劳动管理，更没有给李某发放劳动报酬。仲裁委员会作出的仲裁裁决书认为认定劳动关系是否存在，应从被告提供劳动和发放报酬以及接受管理的对象来分析。根据李某所举的在职证明和 2019 年 5 月考勤表，李某为速运快递公司的员工，李某接受了速运快递公司的考勤管理，李某提供的劳动亦是速运快递公司的业务组成部分，故认为李某和速运快递公司存在事实劳动关系。速运快递公司认为，双方没有建立劳动关系，公司与李某之间并未签订劳动合同，在职证明是为了使李某减少损失，为了得到交通事故理赔才出具。李某从事快递的收发工作，此工作虽然属于速运快递公司的业务组成部分，但不能以此认定存在事实劳动关系。

李某辩称，其入职速运快递公司从事快递员工作，公司对其进行考勤并发放工资，在收快件过程中发生交通事故受伤，从事的工作也是原告的业务组成部分，原、被告之间虽然没有签订书面劳动合同，但存在事实劳动法律关系。根据劳动和社会保障部《关于确立劳动关系有关事项的通知》，裁决结果正确，请求驳回速运快递公司的诉讼请求，确认双方存在事实劳动关系。

本案的争议焦点为：李某与速运快递公司之间自 2019 年 3 月 20 日起至 2019 年 5 月 29 日止是否存在事实劳动关系。

经庭审查明，自 2019 年 3 月李某入职以来，速运快递公司分 3 次转账给李某 400 元、3900 元、1700 元。2019 年 5 月公司对李某的考勤记录即考勤表盖有速运快递公司章。2019 年 5 月被告受伤后，速运快递公司于 2019 年 6 月 2 日出具在职证明：兹有员工李某，于 2019 年 3 月 20 日入职，担任快递员职位。本证明仅作为在职证明所用，不承担由此产生的任何责任。

本院认为，劳动关系是指用人单位招用劳动者为其成员，劳动者在用人单位的管理、指挥与监督下提供有报酬的劳动而产生的权利义务关系。李某庭审时称："公司没有上下班时间规定，派件时间根据派送的快件到站点的时间来决定，上门收件无固定时间，有时是快递公司指派收件，有时是经客户联系后上门收件。李某无基本工资,收入根据自己的派件量和收件量计算,派件每单得 1 元,收件根据距离不同价格不同,向客户收取的收件快递费全部上交快递公司后,快递公司按比例返还给李某,如云贵收客户 8 元快递费,快递公司返还李某 1.3 元或 1.4 元,外省的返还李某 2 元左右。收件需向快递公司购买快递单,3 元/个,购买快递单的费用在交给快递公司的快递费里扣除。收件都是用李某自己的交通工具,李某在上门收件时发生交通事故。考勤表上汇总天数是为了方便统计每天能拿到多少钱,如果某天请假,李某的派件任务由快递公司分给其他人。”根据李某的陈述可知,李某从事的工作虽为速运快递公司的业务组成部分,但李某工作时间自由,速运快递公司不安排李某工作时间,考勤表也仅是为了方便统计每天能拿到多少钱。根据双方提供的证据可知,双方未就休息休假、社会保险等进行约定,速运快递公司出具的在职证明仅能证明被告从事的职业,不能证明双方存在劳动关系,现李某称与速运快递公司形成事实劳动关系,于法无据,不予支持。判决速运快递公司与李某不存在事实劳动关系。

·法理分析·

劳动关系是指用人单位招用劳动者为其成员,劳动者在用人单位的管理、指挥与监督下提供有报酬的劳动而产生的权利义务关系。事实劳动关系,是指劳动者与用人单位虽未签订劳动合同,但在实际劳动过程中依据劳动法律规范已形成事实上的劳动权利义务关系。

在实践中,对于快递公司与快递员之间是否构成劳动关系,根据不同的情形,能得出两种截然不同的观点。

一种观点认为,速运快递公司与李某之间并未建立事实劳动关系。公司给保险公司出具李某的在职证明是为了使李某减少损失,是为了使李某得到交通事故理赔。速运快递公司虽然分 3 次转账给李某 400 元、3900 元、1700 元,但这实际上是李某从速运快递公司得到的合作提成,不属于劳动报酬的性质,根据转账金额可以看出每月金额不固定且浮动较大,不具有劳动报酬的稳定性,属于李某与速运快递公司合作下李某自己的经营所得,体现了风险自担合作经营的性质。速运快递公司对李某的考勤,只是为了保障李某对合作事项的遵守,保障快递收发工作的高效,达不到用人单位对劳动者人身管理的强度,李某没有保障出勤的义务。如果李某有事,速运快递公司可以另行派人进行当天该区块的快递收发,据此可以看出,李某的人身并不具有强烈从属于速运快递公司的属性。因此,认为李某与速运快递公司之间不存在事实劳动关系。

另一种观点认为,李某与速运快递公司之间存在事实劳动关系。从李某给速运快递公司提供劳动,公司发放报酬以及李某接受管理的紧密程度来看:第一,李某所提供的劳动是速运快递公司的业务组成部分;第二,依据速运快递公司给李某的转账可以认为李某的经济来源主要依赖于速运快递公司的收入;第三,在职证明和 2019 年 3 月 20 日至 5 月 29 日考勤表,反映了李某为速运快递公司的员工,李某接受了速运快递公司的考勤管理。故认为李某与速运快递公司之间存在事实劳动关系。

对于本案例笔者赞同第一种观点。李某自述:“公司没有上下班时间规定,派件时间根据派送的快件到站点的时间来决定,上门收件无固定时间,有时是快递公司指派收件,有时是经客户联系后上门收件。李某无基本工资,收入根据自己的派件量和收件量计算,派件每单得 1 元,收件根据距离不同价格不同,向客户收取的收件快递费全部上交快递公司后,快递公司按比例返还给李某,如云贵收客户 8 元快递费,快递公司返还李某 1.3 元或 1.4 元,外省的返还李某 2 元左右。收件需向快递公司购买快递单,3 元/个,购买快递单的费用在交给快递公司的快递费里扣除。收件都是用李某自己的交通工具,李某在上门收件时发生交通事故。考勤表上汇总天数是为了方便统计每天能拿到多少钱,如果某天请假,李某的派件任务由快递公司分给其他人。"据此可知,李某从事的工作虽为快递公司的业务组成部分,但李某工作时间自由,快递公司不安排李某工作时间,考勤表也仅是为了方便统计每天能拿到多少钱。双方再未就休息休假、社会保险等进行约定,快递公司出具的在职证明仅证明被告从事的职业,双方之间是否存在事实劳动关系还须依据劳动和社会保障部《关于确立劳动关系有关事项的通知》第 1 条的核心进行认定。

像李某这种新型网络用工已渗透到很多领域,类似这种用工,目前司法实践主要依据劳动和社会保障部《关于确立劳动关系有关事项的通知》第 1 条,从主体资格,人身从属性、经济从属性,业务组成方面进行确认,只有同时满足这 3 方面条件才成立劳动关系。在本案中,速运快递公司与李某未签订劳动合同,是否成立事实劳动关系,主要看李某与速运快递公司之间的从属性。其中人身从属性和经济从属性是关键因素。

关于人身从属性,根据劳动和社会保障部《关于确立劳动关系有关事项的通知》第 1 条第 2 项"用人单位依法制定的各项劳动规章制度适用于劳动者,劳动者受用人单位的劳动管理,从事用人单位安排的有报酬的劳动"的规定来看:在本案中,虽然速运快递公司对李某进行考勤,考勤表上也有速运快递公司的盖章,但不能仅从字面意思判断速运快递公司对李某有管理行为。此考勤是为了统计李某的派件、收件量计算李某的报酬,与用人单位对劳动者是否迟到早退、旷工等公司对职工的劳动管理考勤有实质性的区别。根据李某陈述,李某可自主决定是否收件,收件时需向快递公司购买快递单,自备交通工具去收件,自主决定派件、收件时间,自行安排派件、收件路线,有权拒绝派件、收件。由此看出,速运快递公司的各项劳动规章制度并没有适用于李某,对李某没有管理与被管理的人身从属性。

关于"经济从属性",根据《劳动法》及《工资支付暂行规定》,工资是劳动者通过劳动获得的报酬，用人单位依法自主确定本单位的工资水平，以货币形式按月足额发给劳动者本人。速运快递公司于 2019 年 3 月、4 月、5 月分别转账 400 元、3900 元、1700 元给李某，完全是按约定的派件、收件量及扣除收件快递单的费用后结算的金额，所转费用明显不具有《劳动法》规定的工资属性，因此，速运快递公司与李某之间不具有经济从属性。

综合上述情形，速运快递公司并没有依据公司的各项劳动规章制度对李某进行管理，李某派件、收件时间自由，没有派件、收件量任务，自行决定是否收件，若决定收件需购买速运快递公司的快递单，需自备交通工具取收件，以及从双方并未约定工资及社会保险的情况来看，双方明显不具有劳动关系的本质特征，双方不存在劳动关系。

·知识拓展·

《劳动法》

第二条　在中华人民共和国境内的企业、个体经济组织（以下统称用人单位）和与之形成劳动关系的劳动者，适用本法。

国家机关、事业组织、社会团体和与之建立劳动合同关系的劳动者，依照本法执行。

第三条　劳动者享有平等就业和选择职业的权利、取得劳动报酬的权利、休息休假的权利、获得劳动安全卫生保护的权利、接受职业技能培训的权利、享受社会保险和福利的权利、提请劳动争议处理的权利以及法律规定的其他劳动权利。

劳动者应当完成劳动任务，提高职业技能，执行劳动安全卫生规程，遵守劳动纪律和职业道德。

第十二条　劳动者就业，不因民族、种族、性别、宗教信仰不同而受歧视。

第十三条　妇女享有与男子平等的就业权利。在录用职工时，除国家规定的不适合妇女的工种或者岗位外，不得以性别为由拒绝录用妇女或者提高对妇女的录用标准。

第十四条　残疾人、少数民族人员、退出现役的军人的就业，法律、法规有特别规定的，从其规定。

第十五条　禁止用人单位招用未满十六周岁的未成年人。

文艺、体育和特种工艺单位招用未满十六周岁的未成年人，必须遵守国家有关规定，并保障其接受义务教育的权利。

《劳动合同法》

第二条　中华人民共和国境内的企业、个体经济组织、民办非企业单位等组织（以下称用人单位）与劳动者建立劳动关系，订立、履行、变更、解除或者终止劳动合同，适用本法。

国家机关、事业单位、社会团体和与其建立劳动关系的劳动者，订立、履行、变更、解除或者终止劳动合同，依照本法执行。

《劳动合同法实施条例》

第三条　依法成立的会计师事务所、律师事务所等合伙组织和基金会，属于劳动合同法规定的用人单位。

第四条　劳动合同法规定的用人单位设立的分支机构，依法取得营业执照或者登记证书的，可以作为用人单位与劳动者订立劳动合同；未依法取得营业执照或者登记证书的，受用人单位委托可以与劳动者订立劳动合同。

《工伤保险条例》

第二条　中华人民共和国境内的企业、事业单位、社会团体、民办非企业单位、基金会、律师事务所、会计师事务所等组织和有雇工的个体工商户（以下称用人单位)应当依照本条例规定参加工伤保险,为本单位全部职工或者雇工(以下称职工)缴纳工伤保险费。

中华人民共和国境内的企业、事业单位、社会团体、民办非企业单位、基金会、律师事务所、会计师事务所等组织的职工和个体工商户的雇工,均有依照本条例的规定享受工伤保险待遇的权利。

劳动和社会保障部《关于确立劳动关系有关事项的通知》

一、用人单位招用劳动者未订立书面劳动合同,但同时具备下列情形的,劳动关系成立。

(一)用人单位和劳动者符合法律、法规规定的主体资格;

(二)用人单位依法制定的各项劳动规章制度适用于劳动者,劳动者受用人单位的劳动管理,从事用人单位安排的有报酬的劳动;

(三)劳动者提供的劳动是用人单位业务的组成部分。

《女职工劳动保护特别规定》

第四条　用人单位应当遵守女职工禁忌从事的劳动范围的规定。用人单位应当将本单位属于女职工禁忌从事的劳动范围的岗位书面告知女职工。

女职工禁忌从事的劳动范围由本规定附录列示。国务院安全生产监督管理部门会同国务院人力资源社会保障行政部门、国务院卫生行政部门根据经济社会发展情况,对女职工禁忌从事的劳动范围进行调整。

《禁止使用童工规定》

第二条　国家机关、社会团体、企业事业单位、民办非企业单位或者个体工商户(以下统称用人单位)均不得招用不满16周岁的未成年人(招用不满16周岁的未成年人,以下统称使用童工)。

禁止任何单位或者个人为不满16周岁的未成年人介绍就业。

禁止不满16周岁的未成年人开业从事个体经营活动。

·风险提示·

用人单位：用人单位在与其他主体建立合作时，一定要以书面的方式明确合作的性质，尽量以《合作协议》等书面的形式固定双方的真实意思表示，避免被动地掉入劳动关系的风险陷阱；注意合作过程中的相关专业词汇的表述，尽量不使用“考勤表”“工资”“报酬”等劳动关系中的管理词汇，避免劳动纠纷的发生；用人单位在管理上，对于与本公司建立劳动关系的劳动者应当有相应的规章制度、严格的上下班考勤管理与奖惩制度，与有合作关系的合作方应当有明确的合作方式，明确各自的权利义务，以及利润的分配方式。即便在合作关系中，也不要利用市场主导地位，对另一方过度地管理、控制，防止达到用人单位对劳动者从属的程度。

劳动者：在提供劳动用工之日起就应当与用人单位签订劳动合同，未及时签订书面合同的，应当要求补签；但在劳动用工过程中，劳动者往往处于弱势地位，为了获得工作机会，对劳动合同的签订通常比较被动，没什么话语权。劳动和社会保障部《关于确立劳动关系有关事项的通知》第2条规定，用人单位未与劳动者签订劳动合同，认定双方存在劳动关系时可参照下列凭证：工资支付凭证、记录（职工工资发放花名册），缴纳社会保险费的记录；用人单位向劳动者发放的“工作证”“服务证”等能够证明身份的证件；劳动者填写的用人单位招工招聘“登记表”“报名表”等招用记录；考勤记录；其他劳动者的证言。因此，劳动者应当注重平时用工过程中相关证据的收集，用以固定用工关系、用工期间、劳动报酬的支付及加班等事实，以便在发生纠纷时最大限度地维护自己的权益。

02 外卖平台与外卖员劳动关系的确认

适用法条

——劳动和社会保障部《关于确立劳动关系有关事项的通知》第一条

案情回顾

2018年6月10日，张某通过小达外卖App平台注册为该平台的送餐外卖员，同年6月11日，张某与小达公司签署了一份《合作协议》，约定："甲（小达公司）乙（张某）双方系合作关系，张某自行提供送餐工具，每天早上8时前、晚上10时前应在小达公司线上打卡签到，负责××片区的送餐业务，未派单期间应统一在××片区的××广场等待小达公司派单；送餐期间应当统一穿戴有小达公司标识的服饰；送餐最佳路径由小达公司根据专门的算法提供，张某不得随意改变；每月20日根据张某的送单量进行当月费用的结算（每月最低送单量600单，底薪5000元，每超送价值1000元的单量，增加80元，以此类推，若每月送单量超过1000单，另奖励200元，若每月投诉超过5单，扣除当月全勤奖，若投诉超过10单罚200元……）。"2018年6月12日，张某开始接受小达公司的派单进行送餐，2018年11月5日早上6时30分，张某在给送餐摩托车充电过程中因爆炸受伤，经过抢救治疗，于2019年5月30日出院。2019年6月5日，张某申请小达公司工伤待遇被拒，遂向当地仲裁委员会申请劳动仲裁要求确认与小达公司自2018年6月12日起至2018年11月5日止存在劳动关系。2019年9月11日，仲裁委员会驳回了张某的仲裁请求。张某不服该裁决，提起诉讼。

张某诉称，自己与小达公司自2018年6月12日起至2018年11月5日止存在劳动关系。为证明自身主张,张某提供了小达公司的工商企业登记信息,《合作协议》,小达公司每月给张某的转账记录,张某每天上下班的打卡记录,送餐期间着装小达公司的员工服,送餐过程中小达公司指示的送餐路线记录,以及因投诉被小达公司罚款400元的记录,以此证明小达公司符合法律、法规规定的用工主体资格,小达公司的各项劳动管理制度适用于张某,张某提供的劳动是小达公司的业务组成部分。

小达公司辩称,张某与小达公司之间签署的《合作协议》意思表示真实,合法有效,双方之间是合作关系。双方根据张某每月的送单量结算的费用不属于工资性质,每天打卡、送餐路线的指定及着装要求是为了用餐客户更好的体验感而进行的合作约定,不是对张某的劳动管理行为。并且,张某是在早上自己给摩托车充电过程中因爆炸受伤,与履行合作义务没有关系。因此,张某与小达公司之间是合作关系,不存在劳动关系。

法院经审理认为,小达公司与张某之间是否存在劳动关系,应当根据劳动和社会保障部《关于确立劳动关系有关事项的通知》第1条的规定进行分析。首先,虽然张某与小达公司签订了《合作协议》,表面上约定双方建立的是平等的商事合作关系,实际上却处处体现了劳动法律关系的核心特征。小达公司是具备法律、法规规定的用人主体资格的用人单位;小达公司对张某上下班进行考勤,按要求让张某穿戴配备有公司标识的服装、运输工具送单,张某是否接单和送餐路线都由小达公司决定,并且张某没有拒绝接单的权利;从小达公司对张某被投诉而罚款来看,小达公司的各项劳动管理制度均适用于张某,小达公司对张某进行的是劳动管理,并非商业合作。其次,小达公司是一家以网络送餐服务为主营业务的公司,张某所从事的送餐业务是小达公司的主要业务。最后,小达公司安排张某对公司合作商户的外卖订单进行配送,张某的经济收入依赖于小达公司。小达公司根据张某的底薪加送单量、奖金、罚款综合来决定张某报酬的多少,并按月支付给张某,该钱款具有劳动报酬属性。综上所述,根据劳动和社会保障部《关于确立劳动关系有关事项的通知》第1条的规定,判决张某与小达公司自2018年6月12日起至2018年11月5日止存在劳动关系。

·法理分析·

新型网络用工渗透到了社会的不同领域,如网约车行业、网约快递行业等,这种服务模式的不断扩大,给劳动关系的认定提出了新的挑战,用人单位往往会与劳动者签署各种民事合同或合作协议,试图从表面上确立某种商业合作关系,以规避用工风险。劳动者在新的用工环境下,加之法律意识淡薄,为寻求一份工作,往往会受制于人,签下各种协议。但是,当相关民事合同或合作协议具备了劳动和社会保障部《关于确立劳动关系有关事项的通知》第1条规定的劳动关系的核心法律特征时,无论何种形态的民事合同或合作协议,都改变不了劳动关系的认定。在分析认定时,除了结合劳动和社会保障部《关于确立劳动关系有关事项的通知》第1条规定的核心法律特征来判断和确定外,还应当重点审查实际履行情况,比如将用人单位对网络用工者的管理程度,网络用工者提供劳动工作的时长、收入来源,以及从属于平台的程度作为判断的主要因素。

首先,用人主体资格。小达公司具备法律、法规规定的用人主体资格。并且,小达公司是一家以网络送餐服务为主营业务的公司,张某所从事的送餐业务是小达公司的主要业务。其次,受用人单位管理的从属性。小达公司对张某上下班进行考勤,张某的工作时长以及工作期间须听从小达公司的安排。小达公司要求张某穿戴和配备有公司标识的服装、运输工具送单,张某是否接单和送餐路线都由小达公司通过大数据、黑算法等技术手段进行控制,小达公司借此实现对张某人身的限制;张某没有拒绝接单的权利;以及小达公司对张某工作过程和工作结果监督考核、处罚,张某必须遵守小达公司的劳动管理制度,处处体现的是人身从属性,并非商业合作中双方主体地位的平等性。最后,张某经济上的从属性。根据小达公司给张某转账,小达公司按照《合作协议》的约定,根据张某的底薪加送单量、奖金、罚款综合来决定其报酬的多少,并按月支付给张某,张某的收入并未体现出经营过程中风险的自担,而是固定依赖于小达公司,小达公司按月支付给张某的钱款属劳动报酬,并且小达公司的收益主要建立在外卖员劳动基础之上,张某的经济收入本质上从属于小达公司。

对那些表面上是商业合作,实质上体现的完全是劳动法律关系的情形,应从以上因素着手分析判断是否存在劳动关系。也有观点认为,小达公司与张某之间签署的《合作协议》意思表示真实,合法有效,应认为双方之间是合作关系。双方根据张某每月的送单量结算的费用不属于工资性质,每天打卡、送餐路线的指定及着装要求是为了用餐客户有更好的体验感而进行的合作约定,不是对张某的劳动管理行为,并且张某是在早上自己给摩托车充电过程中因爆炸受伤,与履行合作义务没有关系。因此,认为张某与小达公司之间是合作关系,不存在劳动关系。这时就应具体分析劳动者提供工作的时长,收入来源及从属于平台的程度,抛开商业合作的外衣,从实质上分析判断劳动关系的存在,以保护劳动者的合法权益,促进用人单位规范用工,进而为经济发展和社会进步提供有力保障。

·知识拓展·

《劳动法》

第十六条　劳动合同是劳动者与用人单位确立劳动关系、明确双方权利和义务的协议。

建立劳动关系应当订立劳动合同。

《劳动合同法》

第七条　用人单位自用工之日起即与劳动者建立劳动关系。用人单位应当建立职工名册备查。

第十条　建立劳动关系,应当订立书面劳动合同。

已建立劳动关系,未同时订立书面劳动合同的,应当自用工之日起一个月内订立书面劳动合同。

用人单位与劳动者在用工前订立劳动合同的,劳动关系自用工之日起建立。

《劳动合同法实施条例》

第五条　自用工之日起一个月内,经用人单位书面通知后,劳动者不与用人单位订立书面劳动合同的,用人单位应当书面通知劳动者终止劳动关系,无需向劳动者支付经济补偿,但是应当依法向劳动者支付其实际工作时间的劳动报酬。

第六条　用人单位自用工之日起超过一个月不满一年未与劳动者订立书面劳动合同的,应当依照劳动合同法第八十二条的规定向劳动者每月支付两倍的工资,并与劳动者补订书面劳动合同;劳动者不与用人单位订立书面劳动合同的,用人单位应当书面通知劳动者终止劳动关系,并依照劳动合同法第四十七条的规定支付经济补偿。

前款规定的用人单位向劳动者每月支付两倍工资的起算时间为用工之日起满一个月的次日,截止时间为补订书面劳动合同的前一日。

第七条　用人单位自用工之日起满一年未与劳动者订立书面劳动合同的,自用工之日起满一个月的次日至满一年的前一日应当依照劳动合同法第八十二条的规定向劳动者每月支付两倍的工资,并视为自用工之日起满一年的当日已经与劳动者订立无固定期限劳动合同,应当立即与劳动者补订书面劳动合同。

劳动和社会保障部《关于确立劳动关系有关事项的通知》

一、用人单位招用劳动者未订立书面劳动合同,但同时具备下列情形的,劳动关系成立。

(一)用人单位和劳动者符合法律、法规规定的主体资格;

(二)用人单位依法制定的各项劳动规章制度适用于劳动者,劳动者受用人单位的劳动管理,从事用人单位安排的有报酬的劳动;

(三)劳动者提供的劳动是用人单位业务的组成部分。

·风险提示·

用人单位:根据法律、法规等相关规定,与劳动者建立劳动关系就应当及时签订劳动合同,依法缴纳社会保险,若以其他商事关系为名建立合作关系,但实际却凸显劳动关系的核心特征,最终被确认存在劳动关系后,就会面临更大的法律风险。比如,在本案例中,小达公司以商事合作的方式与张某建立合作关系,最终被认定为劳动法律关系,进而因为没有签订劳动合同,没有为张某缴纳社会保险,最终,由小达公司承担张某的工伤保险赔偿责任,对公司的健康可持续发展是极为不利的。

劳动者:在谋求职位时应当谨慎签订各种合同、协议,明判法律性质,预防法律风险,及时了解法律法规的相关规定,咨询相关部门或专业人士。与用人单位建立用工关系时,应及时要求签订劳动合同,确立劳动关系,主动了解用人单位的社保缴纳情况,以保障合法劳动权益不受侵害,在发生用工伤害时能得到及时足额的赔偿。劳动和社会保障部《关于确立劳动关系有关事项的通知》第2条规定,用人单位未与劳动者签订劳动合同,认定双方存在劳动关系时可参照下列凭证:工资支付凭证、记录(职工工资发放花名册),缴纳社会保险费的记录;用人单位向劳动者发放的"工作证""服务证"等能够证明身份的证件;劳动者填写的用人单位招工招聘"登记表""报名表"等招用记录;考勤记录;其他劳动者的证言。劳动者应当在劳动过程中注意收集以上用以证明劳动关系存在的证据。尤其是在未签订劳动合同的情况下,劳动者在实际劳动过程中,要强化证据收集意识。

03 建设工程违法分包、转包情形下劳动关系的确认

适用法条

——劳动和社会保障部《关于确立劳动关系有关事项的通知》第一条

人力资源和社会保障部《关于执行〈工伤保险条例〉若干问题的意见》第七条

案情回顾

2016 年 8 月 7 日，新创公司与南开公司签订《合作协议书》，约定由新创公司承包南开公司办公楼工程建设。后新创公司口头将办公楼的水暖工程分包给刘某。刘某找来李某等人到该工地从事水暖劳务，一并协商了工资事宜。2017 年 12 月 20 日，李某在搬运水暖材料时受伤，住院治疗。2018 年 5 月 9 日，李某向当地劳动人事争议仲裁委员会申请仲裁，要求确认自身与新创公司存在劳动关系。2018 年 7 月 17 日，当地劳动人事争议仲裁委员会裁决：李某与新创公司之间存在劳动关系。新创公司不服该裁决，于 2018 年 7 月 26 日向法院提起诉讼，请求依法确认新创公司与李某之间不存在劳动关系。

一审法院经审理认为，新创公司将自己承包的南开公司办公楼建设工程中的水暖工程，以口头协议形式分包给了刘某，刘某招用李某，李某在搬运水暖材料时受伤。由此认定，李某不是新创公司招用的工人，李某不能证明自身与新创公司有建立劳动关系的合意，也不能证明自身在案涉工地干活期间从新创公司处领取过报酬。据此，判决新创公司与李某之间不存在劳动

关系。

李某不服一审判决，提起上诉，请求依法改判确认自身与新创公司存在事实劳动关系。

二审法院认为，新创公司为合法用人单位，李某亦符合法律法规规定的劳动者条件。李某到新创公司承包的工程处务工，新创公司安排李某住宿，并收取李某身份证。由此认定，李某与新创公司之间存在管理与被管理的关系。虽然李某工作时间短，尚未领取工资，但已从事新创公司安排的工作，李某与新创公司之间的关系完全符合劳动关系成立的要件，李某的上诉请求成立，予以支持。故撤销一审判决，改判新创公司与李某之间存在劳动关系。

新创公司不服二审民事判决，向省高级人民法院申请再审，请求撤销二审民事判决，维持一审民事判决。省高级人民法院认为，案涉工程被违法分包、转包。在实践中，合法的承包人为便于工程监管，对务工人员收取身份证，安排住宿的行为不构成劳动合同法上的考勤、考核、处罚等劳动管理行为，本案事实不能证明新创公司与李某形成管理与被管理的劳动关系。而且，李某工作时间较短，并未实际领取过工资，无法证实工资发放的主体为新创公司。故再审法院认为，双方存在事实劳动关系证据不足，一审认定事实清楚。综上，新创公司的再审请求成立，新创公司与李某之间不存在劳动关系。

·法理分析·

劳动关系是指用人单位与劳动者之间依法签订劳动合同，劳动者接受用人单位的管理，从事用人单位为其安排的工作，成为用人单位的成员，从用人单位处领取报酬和受劳动保护所产生的法律关系。故认定劳动关系，应从劳动者是否接受用人单位的管理、指挥或者监督,劳动者提供的劳动是否为用人单位业务的组成部分,用人单位是否向劳动者提供基本劳动条件以及向劳动者支付报酬等进行综合认定。

本案争议的焦点为李某与新创公司之间是否存在事实劳动关系,即管理与被管理的关系。根据现行法律的规定,劳动关系的建立必须符合法定条件。尤其是在双方没有签订劳动合同的情况下,判断双方是否存在事实劳动关系,除了考量劳动和社会保障部《关于确立劳动关系有关事项的通知》第 1 条规定的主体资格、用工关系、报酬支付、业务组成等因素外,双方建立劳动关系的合意也是重点审查的内容。在本案中,虽然案涉工程被违法分包、转包后,新创公司对李某有安排住宿,收取身份证的行为,但新创公司未招用李某,没有对李某进行劳动管理,没有与李某协商酬金,更没有对李某发放报酬,双方也从未有建立劳动关系的合意。新创公司与李某之间的关系,不符合劳动和社会保障部《关于确立劳动关系有关事项的通知》第 1 条、第 2 条的规定。新创公司与李某不具有劳动者与用人单位之间的人身从属性和经济从属性。最终,省高级人民法院认为新创公司再审请求成立,李某与新创公司之间不存在事实上的劳动关系。

虽然新创公司没有与李某建立劳动关系,但由于本案存在将工程劳务违法转包、分包的情形,应参照人力资源和社会保障部《关于执行〈工伤保险条例〉若干问题的意见》第 7 条的规定,具备用工主体资格的承包单位违反法律、法规规定,将承包业务转包、分包给不具备用工主体资格的组织或者自然人,该组织或者自然人招用的劳动者从事承包业务时因工伤亡的,由该具备用工主体资格的承包单位承担用人单位依法应承担的工伤保险责任。新创公司虽然与李某没有确立劳动关系,但还应依法承担对李某工伤保险责任。

·知识拓展·

《劳动合同法》

第十二条　劳动合同分为固定期限劳动合同、无固定期限劳动合同和以完成一定工作任务为期限的劳动合同。

第十三条　固定期限劳动合同,是指用人单位与劳动者约定合同终止时间的劳动合同。

用人单位与劳动者协商一致,可以订立固定期限劳动合同。

第十四条　无固定期限劳动合同,是指用人单位与劳动者约定无确定终止时间的劳动合同。

用人单位与劳动者协商一致,可以订立无固定期限劳动合同。有下列情形之一,劳动者提出或者同意续订、订立劳动合同的,除劳动者提出订立固定期限劳动合同外,应当订立无固定期限劳动合同:

(一)劳动者在该用人单位连续工作满十年的;

(二)用人单位初次实行劳动合同制度或者国有企业改制重新订立劳动合同时,劳动者在该用人单位连续工作满十年且距法定退休年龄不足十年的;

(三)连续订立二次固定期限劳动合同,且劳动者没有本法第三十九条和第四十条第一项、第二项规定的情形,续订劳动合同的。

用人单位自用工之日起满一年不与劳动者订立书面劳动合同的,视为用人单位与劳动者已订立无固定期限劳动合同。

第十五条　以完成一定工作任务为期限的劳动合同,是指用人单位与劳动者约定以某项工作的完成为合同期限的劳动合同。

用人单位与劳动者协商一致,可以订立以完成一定工作任务为期限的劳动合同。

第十六条　劳动合同由用人单位与劳动者协商一致，并经用人单位与劳动者在劳动合同文本上签字或者盖章生效。

劳动合同文本由用人单位和劳动者各执一份。

第十七条　劳动合同应当具备以下条款：

（一）用人单位的名称、住所和法定代表人或者主要负责人；

（二）劳动者的姓名、住址和居民身份证或者其他有效身份证件号码；

（三）劳动合同期限；

（四）工作内容和工作地点；

（五）工作时间和休息休假；

（六）劳动报酬；

（七）社会保险；

（八）劳动保护、劳动条件和职业危害防护；

（九）法律、法规规定应当纳入劳动合同的其他事项。

劳动合同除前款规定的必备条款外，用人单位与劳动者可以约定试用期、培训、保守秘密、补充保险和福利待遇等其他事项。

劳动和社会保障部《关于确立劳动关系有关事项的通知》

一、用人单位招用劳动者未订立书面劳动合同，但同时具备下列情形的，劳动关系成立。

（一）用人单位和劳动者符合法律、法规规定的主体资格；

（二）用人单位依法制定的各项劳动规章制度适用于劳动者，劳动者受用人单位的劳动管理，从事用人单位安排的有报酬的劳动；

（三）劳动者提供的劳动是用人单位业务的组成部分。

劳动和社会保障部《关于贯彻执行〈中华人民共和国劳动法〉若干问题的意见》

6. 用人单位应与其富余人员、放长假的职工，签订劳动合同，但其劳动合同与在岗职工的劳动合同在内容上可以有所区别。用人单位与劳动者经协商一致可以在劳动合同中就不在岗期间的有关事项作出规定。

7. 用人单位应与其长期被外单位借用的人员、带薪上学人员、以及其他非在岗但仍保持劳动关系的人员签订劳动合同，但在外借和上学期间，劳动合同中的某些相关条款经双方协商可以变更。

8. 请长病假的职工，在病假期间与原单位保持着劳动关系，用人单位应与其签订劳动合同。

·风险提示·

用人单位：在建设工程领域，承包方有时会将承包工程转包、违法分包给不具有相应资质的施工队或自然人，由该施工队或自然人招用的劳动者从事承包工作。为追求利润的最大化，该施工队或自然人往往会压缩成本，建设工程的建筑质量及施工管理都达不到发包方与承包方签订的《建设工程施工合同》的约定标准。承包单位看似对工程进行了转包、违法分包，但法律风险却如影随形。在本案中，新创公司虽然与李某最终没有确认建立劳动关系，但依据人力资源和社会保障部《关于执行〈工伤保险条例〉若干问题的意见》第 7 条的规定，还应承担对李某的工伤保险责任。在实践中，承包人对承包工程转包、违法分包，最终，承包人也不知道由谁实际施工，工程用工风险处于不可控的境地，对承包人来说风险极大。一旦发生用工风险，劳动者往往会根据劳动和社会保障部《关于确立劳动关系有关事项的通知》第 1 条、第 2 条的规定，选择最有赔偿能力的承包单位来作为赔偿主体主张权益，承包单位因此会陷入被动的法律风险中。因此，建设工程的承包单位应严格按照相关法律、法规规定，履行承包合同约定的义务，依法与劳动者建立劳动关系，签订劳动合同，为劳动者缴纳社会保险，规范用工，切不可将承包工程违法转包、违法分包。即便是短期用工，也应当为劳动者以项目进行参保，在保障劳动者权益的同时，有效分散企业的用工风险，保障企业持续健康、稳定发展。

劳动者：作为劳动者，在与用人单位建立劳动关系时应当注意以下几点：第一，劳动者在与用人单位建立劳动关系的时候，一定要了解在建工程的承发包主体，与其形成用工合意的主体，发放工资的主体，领取工资的痕迹，以及接受谁的指示、监督等劳动管理事项，在提供劳动过程中应有意留存相关证据，以确保在发生争议时第一时间锁定责任主体。第二，在提供劳动过程中，有权要求用人单位提供法律规定的劳动条件和劳动保护，以及特殊岗位的岗前培训，提示用工风险，有权要求用人单位公开个人的社保缴纳情况，以保障自身合法权益。第三，在发生工伤事故时，应积极主张权益，避免因时效问题错失主张仲裁或诉讼的权益。

04 保险公司与保险销售人员劳动关系的确认

适用法条

——劳动和社会保障部《关于确立劳动关系有关事项的通知》第一条

案情回顾

2004年,刘某通过考试获得保险代理从业人员资格,有效期10年。2006年,刘某入职某保险公司,具体工作内容为为该公司宣传、展业,办理保险业务,成为该公司保险销售团队成员。刘某在销售保险期间,与某保险公司未签订书面劳动合同,也未签订书面保险代理合同。2014年,刘某受伤后与某保险公司因是否存在劳动关系发生争议,刘某向当地劳动人事争议仲裁委员会提起仲裁,申请确认自身与某保险公司之间存在劳动关系。仲裁委员会裁决刘某与某保险公司存在事实劳动关系。某保险公司不服提起诉讼。

一审法院认为,某保险公司具有法定用人主体资格,刘某从事的保险销售业务也是某保险公司业务组成部分,双方之间存在管理与被管理的关系,并且某保险公司对刘某工作情况有考核的事实。据此认定,双方存在事实劳动关系。某保险公司不服提起上诉。

二审法院认为,在本案中双方之间的管理与被管理、支配与被支配的关系并不像普通劳动关系那样紧密,人身依附性不大;并且刘某的薪酬多少与完成保费数额紧密相连,与在劳动关系中,劳动者只需要按规定参加用人单位安排的劳动,完成规定的工作任务,不论用人单位的经营状况如何,劳动者都应享受规定的劳动报酬和福利待遇不同。因此,二审法院改判刘某与某保险公司之间不存在事实劳动关系。刘某不服向高级人民法院申请再审。

高级人民法院再审查明，刘某在工作中独立地完成自己的劳动或工作，不受制于某保险公司，某保险公司对刘某在工作上也没有定量的目标和工作时限，刘某大部分的收入取决于刘某自己代理事项的完成程度。故刘某与某保险公司人身依附性不紧密，刘某收入不稳定，双方不存在事实劳动关系。刘某的再审理由不能成立。

·法理分析·

保险代理员与保险公司之间到底是劳动关系，还是保险代理关系，是近年来较典型的争议问题。

事实劳动关系是指劳动者与用人单位之间虽然未签订劳动合同，但在实现劳动过程中依据劳动法律规范而形成的事实上的劳动权利和义务关系。保险代理制度是民事代理制度的一种，是指保险代理人根据保险委托合同或授权委托书，在授权范围内，以保险人的名义，代理保险业务，并向保险人收取报酬的民事法律行为，代理行为所产生的法律后果直接由保险人承担。

在保险销售领域，保险公司大多与保险营销员签订类似于《保险营销员保险代理合同》这样的协议，以确定双方的保险代理关系。在本案中，刘某与某保险公司既未签订书面劳动合同，也未签订书面保险代理合同，无法探明双方合意；刘某主张与某保险公司成立劳动关系，仍需按照劳动和社会保障部《关于确立劳动关系有关事项的通知》第 1 条的规定进行分析来判定是否成立事实劳动关系。在本案中，对于某保险公司的主体资格以及保险营销是某保险公司的业务组成部分双方都没有异议。那么，人身从属性和经济从属性的紧密程度就是认定刘某与某保险公司劳动关系成立与否的关键因素。

从人身从属性来分析。刘某虽然入职某保险公司，为该公司宣传、展业，办理公司保险销售业务，但实际上刘某在工作中独立地完成保险营销工作，不受制于某保险公司。某保险公司没有要求刘某坐班或打卡,刘某上下班时间自由,没有固定工作时间和工作地点,没有工作量的要求,刘某凭借个人技能开展保险营销工作,某保险公司的奖惩、劳动管理等劳动人事管理制度没有适用于刘某。刘某以某保险公司的名誉营销保险合同,由保险公司承担保险营销后果。从中可以看出,刘某与某保险公司事实上履行的是保险代理关系。保险代理人是以被代理人保险公司的名誉开展代理事项的,代理结果也由被代理人承受。即便在代理关系中,为了达到营销效果,保险公司也会要求保险营销员参加公司会议、技能培训等,这与劳动管理具有一定的相似性,故在发生争议时,保险营销员以为用人单位对其进行的是劳动管理,往往会通过确认劳动关系来保护自己的权益,但这种管理没有劳动管理那么强烈和紧密。某保险公司仅为了规范刘某的代理行为要求刘某参加培训、会议,其余时间刘某并不需要上下班打卡,没有固定的工作时间、工作地点、工作任务;某保险公司更没有将劳动纪律及规章制度适用于刘某,双方之间不存在劳动关系中日常全天候的管理与被管理。因此,刘某与某保险公司之间的人身从属关系未达到劳动关系中强烈从属的程度。

再结合经济从属性来分析。某保险公司支付给刘某的属于劳动报酬还是佣金,也是认定劳动关系成立与否的另一重要因素。《劳动法》等相关法律规定用人单位支付劳动者的工资不得低于当地最低工资标准,建立劳动关系应当签订劳动合同,劳动合同应当具备劳动报酬条款,劳动报酬应当按月足额支付给劳动者本人等。据此可知,支付劳动报酬作为劳动关系建立的重要内容之一,是用人单位的主要义务,还会涉及用人单位工伤保险责任的承担等内容。刘某收入的法律性质,决定着双方的法律关系。对此争议,仍应根据劳动和社会保障部《关于确立劳动关系有关事项的通知》第 1 条的规定来确认。劳动报酬一般是事先约定好的,只要按劳动合同的要求完成工作,就可以按月取得约定报酬,且劳动报酬一般是固定的,与公司的盈亏、业务增长量无关。而保险营销工作有其特殊性,无须团队协作、分工配合,反而比较独立;保险营销员的收入,依赖于营销员个人的营销能力和技巧,营销数额的多少,决定营销保险员收入的多少,营销员收入依赖于自身的营销能力。在本案中,刘某依靠自己的营销而获得收入,每个月收入从 100 元至 10,000 元不等,下不保底上不封顶,不符合劳动报酬的稳定性及最低工资的要求,刘某不具有对某保险公司收入上的依赖性。因此,刘某经济上并非依赖于某保险公司,没有强烈的经济从属性。

综上可知,劳动关系的成立与否不仅要从主体资格、业务组成方面来判断,更要结合人身的从属程度、经济的依赖程度综合考察,看双方是否已具备劳动关系的核心特征。刘某与某保险公司之间未体现人身和经济上较强的从属性,双方不具有劳动关系的核心特征,不予确认存在劳动关系。

·知识拓展·

《劳动法》

第四十八条　国家实行最低工资保障制度。最低工资的具体标准由省、自治区、直辖市人民政府规定,报国务院备案。

用人单位支付劳动者的工资不得低于当地最低工资标准。

第五十条　工资应当以货币形式按月支付给劳动者本人。不得克扣或者无故拖欠劳动者的工资。

《劳动合同法》

第十七条　劳动合同应当具备以下条款:

(一)用人单位的名称、住所和法定代表人或者主要负责人;

(二)劳动者的姓名、住址和居民身份证或者其他有效身份证件号码;

(三)劳动合同期限;

(四)工作内容和工作地点;

（五）工作时间和休息休假；

（六）劳动报酬；

（七）社会保险；

（八）劳动保护、劳动条件和职业危害防护；

（九）法律、法规规定应当纳入劳动合同的其他事项。

劳动合同除前款规定的必备条款外，用人单位与劳动者可以约定试用期、培训、保守秘密、补充保险和福利待遇等其他事项。

第十八条　劳动合同对劳动报酬和劳动条件等标准约定不明确，引发争议的，用人单位与劳动者可以重新协商；协商不成的，适用集体合同规定；没有集体合同或者集体合同未规定劳动报酬的，实行同工同酬；没有集体合同或者集体合同未规定劳动条件等标准的，适用国家有关规定。

《劳动合同法实施条例》

第十五条　劳动者在试用期的工资不得低于本单位相同岗位最低档工资的80%或者不得低于劳动合同约定工资的80%，并不得低于用人单位所在地的最低工资标准。

第十八条　有下列情形之一的，依照劳动合同法规定的条件、程序，劳动者可以与用人单位解除固定期限劳动合同、无固定期限劳动合同或者以完成一定工作任务为期限的劳动合同：

（一）劳动者与用人单位协商一致的；

（二）劳动者提前30日以书面形式通知用人单位的；

（三）劳动者在试用期内提前3日通知用人单位的；

（四）用人单位未按照劳动合同约定提供劳动保护或者劳动条件的；

（五）用人单位未及时足额支付劳动报酬的；

（六）用人单位未依法为劳动者缴纳社会保险费的；

（七）用人单位的规章制度违反法律、法规的规定，损害劳动者权益的；

（八）用人单位以欺诈、胁迫的手段或者乘人之危，使劳动者在违背真实意思的情况下订立或者变更劳动合同的；

（九）用人单位在劳动合同中免除自己的法定责任、排除劳动者权利的；

（十）用人单位违反法律、行政法规强制性规定的；

（十一）用人单位以暴力、威胁或者非法限制人身自由的手段强迫劳动者劳动的；

（十二）用人单位违章指挥、强令冒险作业危及劳动者人身安全的；

（十三）法律、行政法规规定劳动者可以解除劳动合同的其他情形。

劳动和社会保障部《关于确立劳动关系有关事项的通知》

一、用人单位招用劳动者未订立书面劳动合同，但同时具备下列情形的，劳动关系成立。

（一）用人单位和劳动者符合法律、法规规定的主体资格；

（二）用人单位依法制定的各项劳动规章制度适用于劳动者，劳动者受用人单位的劳动管理，从事用人单位安排的有报酬的劳动；

（三）劳动者提供的劳动是用人单位业务的组成部分。

·风险提示·

用人单位：保险公司作为法定用人单位，在与保险营销员进行保险营销合作时，一定要做好风控，及时签订《保险营销员保险代理合同》，形成代理与被代理的合意，确立双方的保险营销代理关系，避免被识别为劳动用工。在没有及时签订《保险营销员保险代理合同》的情况下，一定要注意对公司员工与保险营销员进行区别管理，切忌对保险营销员进行上下班打卡，要求坐班，进行奖惩等劳动管理。培训、参会等只是有助于提升营销能力，规范代理行为，不应体现对保险营销员的日常全天候管理属性。另外，保险营销员往往为了满足买房等个人需求，借单位账户缴纳社保，尽管保险营销员自己负担了全部费用，如果发生用工争议，此举更是将保险代理关系定性为劳动关系的有力推手。一旦认定为劳动关系，保险公司还要为保险营销员支付单位应缴的那部分社保费用。另外，对于保险营销费用的支付，在双方没有合意的情况下，其性质往往也会成为认定劳动关系考量的一个因素，保险公司应尽量表述为“代理佣金”的意思，不可体现“劳动报酬”的性质。

劳动者：保险营销员在与保险公司进行保险代理合作时，一定要明确保险代理的范围。有的保险公司为了规避用人单位的义务，故意与员工签订《保险营销员保险代理合同》，实际上保险营销员同时也是该公司的员工，从事着保险公司除保险营销代理之外的其他业务组成工作，也受保险公司的日常管理，完全符合劳动关系的核心特征。当发生工伤等劳动风险时，保险公司常常会以《保险营销员保险代理合同》来主张双方的代理合意，从而使保险营销员在主张劳动关系时处于被动。建议保险营销员在没有办法形成书面劳动合同的情况下，在受保险公司日常工作安排的时候，对招用记录、工作证件、工作内容、工作过程、工作要求、工作报酬、考勤管理等尽量留痕，在确立劳动关系时作为参考凭证，从而保障劳动权益，使用人单位规范用工。

05 公司与送水工劳动关系的确认

适用法条

——《劳动合同法》第三十三条、《公司法》第二百二十三条

案情回顾

山泉纯净水公司于2003年1月注册成立，经营范围为纯净水制售，企业性质为个体工商户，经营者为李某兵，注册地址为××市春香路105号春香小区商业门面房203室。2013年7月，山泉纯净水公司停产，但未注销。2013年8月3日，剑春商贸公司注册成立，为自然人独资有限责任公司，经营者为李某兵，经营范围为环卫设施、环保设施、污水处理设备及设施加工、销售，空气净化器、净化水设备安装及销售等，注册地址为××市春香路105号春香小区商业门面房204室、205室。

2004年5月16日，邱某经人介绍进入山泉纯净水公司，从事搬运、制水、清理水桶的工作；双方口头约定，邱某负责××市区内山泉纯净水客户的送水工作，邱某每送一桶15公斤的水，提成2元，每送一桶20公斤的水，提成3元，公司每天派送给邱某不低于40桶的送水订单。剑春商贸公司成立后，李某兵继续委托邱某向持有山泉纯净水公司水票的客户送水，并根据邱某从客户处收回的水票向邱某结算提成费用，李某兵在邱某2004年5月16日至2018年4月12日送水的记录本上和水桶的押金条上都以个人名义签字。

2018年4月12日，邱某在给山泉纯净水公司的客户送水时，因车辆侧翻而昏迷，入院救治，因伤及脑神经，邱某被评定为一级伤残。

2018年6月6日，蒋某（邱某之母）与李某兵商谈邱某工伤待遇一事未

妥,遂向当地劳动仲裁委员会申请确认邱某与剑春商贸公司自2004年5月16日起至2018年4月12日止存在事实劳动关系,仲裁委驳回蒋某请求。蒋某不服提起诉讼,一审未确认邱某与剑春商贸公司自2004年5月16日起至2018年4月12日止存在事实劳动关系,二审予以维持。

·法理分析·

劳动关系是指用人单位招用劳动者为其成员,劳动者在用人单位的管理、指挥与监督下提供有报酬的劳动而产生的权利义务关系。劳动和社会保障部《关于确立劳动关系有关事项的通知》第1条规定:“用人单位招用劳动者未订立书面劳动合同,但同时具备下列情形的,劳动关系成立。(一)用人单位和劳动者符合法律、法规规定的主体资格;(二)用人单位依法制定的各项劳动规章制度适用于劳动者,劳动者受用人单位的劳动管理,从事用人单位安排的有报酬的劳动;(三)劳动者提供的劳动是用人单位业务的组成部分。”根据上述规定,在主体资格方面,剑春商贸公司为法律、法规规定的用人主体单位,邱某也是具备劳动能力的劳动者。在管理方面,邱某在山泉纯净水公司停产但未注销的情况下,继续接受山泉纯净水公司法人李某兵的指示,给已购买水票的客户送水并收回水票;李某兵个人支付押金给邱某,邱某取回水桶并退还客户押金,押金条由李某兵个人签名;邱某根据收回的水票和李某兵个人结算提成。李某兵既是山泉纯净水公司的法人,也是剑春商贸公司的法人,在对邱某指示、安排、费用结算过程中均是以个人身份进行,单从李某兵个人的这些行为,很难判断邱某是受剑春商贸公司的指示、安排等,还须结合剑春商贸公司业务组成方面进行判断。根据剑春商贸公司的经营范围可知,纯净水的制售并不是公司业务组成,邱某所履行的劳动并非剑春商贸公司的业务,虽然李某兵也是剑春商贸公司的法定代表人,但此时李某兵对邱某的安排、指示不含有剑春商贸公司对邱某管理的意思,所以，剑春商贸公司对邱某没有管理的属性。

另外，山泉纯净水公司与剑春商贸公司是不同的法律主体，彼此独立，经营范围不同，也不存在人员、财务、业务等方面人格混同的情形；两者之间也不具有合并、分立等权利义务的继承和承担。

因此，依照劳动和社会保障部《关于确立劳动关系有关事项的通知》第1条的规定，邱某与剑春商贸公司之间不存在事实劳动关系。

·知识拓展·

《民法典》

第六十七条　法人合并的，其权利和义务由合并后的法人享有和承担。

法人分立的，其权利和义务由分立后的法人享有连带债权，承担连带债务，但是债权人和债务人另有约定的除外。

《劳动合同法》

第三十三条　用人单位变更名称、法定代表人、主要负责人或者投资人等事项，不影响劳动合同的履行。

第三十四条　用人单位发生合并或者分立等情况，原劳动合同继续有效，劳动合同由承继其权利和义务的用人单位继续履行。

第三十五条　用人单位与劳动者协商一致，可以变更劳动合同约定的内容。变更劳动合同，应当采用书面形式。

变更后的劳动合同文本由用人单位和劳动者各执一份。

《公司法》

第二百二十一条　公司合并时，合并各方的债权、债务，应当由合并后存续的公司或者新设的公司承继。

第二百二十三条　公司分立前的债务由分立后的公司承担连带责任。但是,公司在分立前与债权人就债务清偿达成的书面协议另有约定的除外。

最高人民法院《关于审理劳动争议案件适用法律问题的解释(一)》

第二十六条　用人单位与其他单位合并的,合并前发生的劳动争议,由合并后的单位为当事人;用人单位分立为若干单位的,其分立前发生的劳动争议,由分立后的实际用人单位为当事人。

用人单位分立为若干单位后,具体承受劳动权利义务的单位不明确的,分立后的单位均为当事人。

劳动和社会保障部《关于确立劳动关系有关事项的通知》

一、用人单位招用劳动者未订立书面劳动合同,但同时具备下列情形的,劳动关系成立。

(一)用人单位和劳动者符合法律、法规规定的主体资格;

(二)用人单位依法制定的各项劳动规章制度适用于劳动者,劳动者受用人单位的劳动管理,从事用人单位安排的有报酬的劳动;

(三)劳动者提供的劳动是用人单位业务的组成部分。

·风险提示·

用人单位: 用人单位与劳动者建立劳动关系,应当在用工之日与劳动者签订劳动合同,约定合同期限及合同终止的条件。在合同履行过程中,双方协商一致可以解除劳动合同。用人单位在生产经营过程中出现经营困难、濒临破产等情况,劳动合同订立时所依据的客观经济情况发生重大变化的,应提前30日以书面形式向工会或者全体劳动者说明情况,听取工会或者职工的意见,经向劳动行政部门报告后,进行经济性裁员,与劳动者解除劳动合同;或者订立劳动合同时所依据的客观情况发生重大变化，致使劳动合同无法履行的，应提前30日以书面形式通知劳动者或额外支付一个月的工资后，可以解除劳动合同。

在双方没有形成书面合意，劳动者事实上提供劳动的情况下，用人单位应当及时与劳动者补签劳动合同。有些用人单位和劳动者，表面上虽然签订了商事合作协议，但履行行为却体现着劳动关系的核心特征，如果发生用工争议，依据劳动和社会保障部《关于确立劳动关系有关事项的通知》第1条，仍会确认建立劳动关系。因此，用人单位与劳动者建立劳动关系，就应及时签订劳动合同，约定劳动条件、劳动报酬、劳动保护、劳动纪律等劳动合同必备条款，依法缴纳社保。当出现工伤保险责任时，劳动者可享受工伤保险基金的足额赔偿，用人单位也避免了因未及时签订劳动合同的经济处罚；当发生工伤风险时，劳动合同分散了企业自担工伤保险责任的经济压力，规范了用工，促进了企业规范管理。

劳动者：劳动者相较于用人单位而言，在用工关系中处于弱势地位。在与用人单位建立劳动关系时，劳动合同往往由用人单位提供，劳动者为获得一份工作，对于合同条款大多是接受，谈判的余地较小，合同主体平等性体现不足。即便签订合同，由于用工单位和签订合同的用人单位并不是一个主体，或者两个单位间交叉用工，以及在劳动者提供劳动过程中用人单位发生分立、合并事项，或者用人单位直接与劳动者进行口头约定用工等情形，一旦发生用工争议或工伤事故，劳动者很难确定责任主体。比如在本案中，邱某没有与用人单位签订书面合同，究竟是由山泉纯净水公司还是由剑春商贸公司来承担邱某用工主体责任，那就要分析邱某提供的劳动是哪个公司的业务组成，邱某的主张之所以被驳回，就是因为邱某诉讼主体确定的问题。因为邱某提供的劳动不属于剑春商贸公司的业务组成部分，所以李某兵个人对邱某进行指示、安排、费用结算等行为不能代表剑春商贸公司的意思。二审最终根据劳动和社会保障部《关于确立劳动关系有关事项的通知》第1条判决邱某与剑春商贸公司不存在事实劳动关系。根据相关法律规定：用人单位自用工之日起即与劳动者建立劳动关系，用人单位在招用劳动者时，应当如实告知劳动者工作内容、工作条件、工作地点、职业危害、安全生产状况、劳动报酬，以及其他情况；建立劳动关系的应当订立书面合同，用人单位自用工之日起超过1个月不满1年未与劳动者订立书面劳动合同的，应当依照《劳动合同法》第82条第1款的规定每月向劳动者支付两倍的工资，并与劳动者补订劳动合同；超过1年未与劳动者签订劳动合同的，视为与劳动者建立了无固定期限的劳动合同等。这些均体现了国家在劳动领域对劳动者的特殊保护，但同时也强调劳动者要对自身权益积极维护。

06 公司与法定代表人劳动关系的确认

适用法条

——劳动和社会保障部《关于确立劳动关系有关事项的通知》第一条

案情回顾

茂森公司，为扩大再生产，投资成立自身独资控股的绿华公司，绿华公司经营范围主要是：苗木、花卉的培育、生产、销售；园林绿化技术咨询和信息服务；园林绿化综合性养护管理工程。茂森公司法人王某与刘智某为同村长大的朋友，刘智某擅长绿化工程的综合管护，一直跟随王某在茂森公司工作，王某聘请刘智某带一班人去经营绿华公司。2020 年 1 月 7 日，绿华公司注册成立，王某正式聘请刘智某为绿华公司的法定代表人，并进行注册登记。同时，刘智某辞去茂森公司的工作。2020 年 6 月 19 日，刘智某在经营绿华公司一段时间后，觉得利润可观，便想自己单独创业，于是提出辞职，申请辞去绿华公司法定代表人一职及绿华公司园林养护工作。绿华公司准许并与刘智某结清相关费用，但绿华公司一直没有进行法定代表人手续的变更。刘智某当日便回了老家自行发展。2021 年 8 月 6 日，绿华公司因中标一绿化工程业务，需要法人签字，刘智某遂要求绿华公司为自己支付工资，补缴 2020 年 7 月至 2021 年 8 月的社会保险费用，支付未签订劳动合同的双倍工资，并出具解除劳动合同的证明，绿华公司不同意。2021 年 8 月 15 日，刘智某向绿华公司所在地劳动争议仲裁委员会提起仲裁，申请确认在 2020 年 6 月 20 日至 2021 年 8 月 6 日与绿华公司存在劳动关系。

2021 年 10 月 28 日，仲裁委员会作出裁决，认为刘智某与绿华公司在

2020年6月20日至2021年8月6日存在劳动关系，绿华公司应支付刘智某工资差额、未签订劳动合同的双倍工资，并为刘智某开具离职证明，驳回刘智某其他仲裁请求。绿华公司不服向法院提起诉讼，要求确认在2020年6月20日至2021年8月6日刘智某与绿华公司之间不存在劳动关系，绿华公司无须支付裁决款项，无须为刘智某出具离职证明。一审法院判决绿华公司与刘智某在2020年6月20日至2021年8月6日不存在劳动关系，并判决绿华公司无须支付刘智某工资差额、未签订劳动合同的双倍工资，无须出具离职证明。二审法院予以维持。

·法理分析·

法定代表人是依照法律或者法人章程的规定，代表法人从事民事活动的负责人。代理人辞去委托代理关系即终止。劳动关系是指用人单位招用劳动者为其成员，劳动者在用人单位的管理、指挥与监督下提供有报酬的劳动而产生的权利义务关系。用人单位在公司成立的时候，往往因为各种情况，由公司员工或其他人担任法定代表人，担任法定代表人是否就一定与单位建立了劳动关系，要具体问题具体分析。在本案中，刘智某与绿华公司在2020年6月20日至2021年8月6日是否存在劳动关系，还要从劳动关系的核心特征入手分析。

2020年1月7日，绿华公司聘请刘智某为绿华公司的法定代表人，并带领员工开展园林绿化综合性养护工作。根据刘智某在绿华公司的工作内容和性质，在2020年1月7日至6月19日刘智某具有双重身份。一方面对外，刘智某主要代表公司签订合同等，履行法定代表人职责，代表公司行使权利，体现公司意志，代理后果由公司来承受，这是公司赋予的身份权；另一方面对内，刘智某为公司提供园林绿化养护劳动，公司为刘智某发放劳动报酬，二者形成的是劳动关系，刘智某是提供劳动的劳动者。2020年6月19日，刘智某申请辞去法定代表人及公司园林养护工作，公司也及时结清了刘智某的相关费用，劳动关系此时已经合法解除，但绿华公司未及时变更法定代表人。2020 年 6 月 20 日至 2021 年 8 月 6 日这一期间，刘智某已回老家自行发展，未向绿华公司提供过劳动，不受绿华公司的日常管理，绿华公司也未向刘智某发放过报酬。在人身属性上，刘智某辞职当日即返回老家，不受绿华公司管理，也不向绿华公司提供劳动，刘智某人身不从属于绿华公司。在经济属性上，从刘智某辞职之日起，绿华公司即停止向刘智某发放工资，刘智某在此期间也不依靠绿华公司获取收入来源，经济上不依附于绿华公司；刘智某仅在 2021 年 8 月作为绿华公司法定代表人代表公司签署合同，因此难以确认成立劳动用工关系。

·知识拓展·

《民法典》

第六十一条　依照法律或者法人章程的规定，代表法人从事民事活动的负责人，为法人的法定代表人。

法定代表人以法人名义从事的民事活动，其法律后果由法人承受。

法人章程或者法人权力机构对法定代表人代表权的限制，不得对抗善意相对人。

第一百七十三条　有下列情形之一的，委托代理终止：

（一）代理期限届满或者代理事务完成；

（二）被代理人取消委托或者代理人辞去委托；

（三）代理人丧失民事行为能力；

（四）代理人或者被代理人死亡；

（五）作为代理人或者被代理人的法人、非法人组织终止。

《劳动合同法》

第七条　用人单位自用工之日起即与劳动者建立劳动关系。用人单位应当建立职工名册备查。

《公司法》

第十条第一款　公司的法定代表人按照公司章程的规定,由代表公司执行公司事务的董事或者经理担任。

劳动和社会保障部《关于确立劳动关系有关事项的通知》

一、用人单位招用劳动者未订立书面劳动合同,但同时具备下列情形的,劳动关系成立。

(一)用人单位和劳动者符合法律、法规规定的主体资格;

(二)用人单位依法制定的各项劳动规章制度适用于劳动者,劳动者受用人单位的劳动管理,从事用人单位安排的有报酬的劳动;

(三)劳动者提供的劳动是用人单位业务的组成部分。

· 风险提示 ·

用人单位: 在实践中,用人单位往往出于各种原因,聘请公司员工或其他人担任公司法定代表人。那么,是否如本案中所讲,所有的法定代表人都不会与公司存在劳动关系?用人单位要审慎细节,不能一概而论。若用人单位仅仅是需要一个名义上的法定代表人,并不需要法定代表人进行公司的管理等劳动付出,也不向法定代表人发放报酬,也没有为法定代表人建立社保账号,法定代表人无须遵守用人单位的规章制度,只需在合同等外在表现上进行签名等行为,那么不构成劳动关系。如果用人单位不但聘请员工或其他人作为公司的法定代表人,法定代表人还负责管理公司,从事有报酬的劳动,也受公司劳动制度的约束,符合劳动关系从属性的核心特征,则视为建立了劳动关系。不管基于何种情况,更换法定代表人后,用人单位应及时办理变更备案登记手续,解除或终止相应法律关系,明晰权利义务,防止发生纠纷。

劳动者: 劳动者在用人单位担任法定代表人,根据《公司法》第 68 条第 1 款的规定,有限责任公司董事会成员为 3 人以上,其成员中可以有公司职工代表。职工人数 300 人以上的有限责任工司,除依法设监事会并有公司职工代表的外,其董事会成员中应当有公司职工代表。职工成为用人单位的法定代表人或主要负责人是有法律依据的。但是,这并不代表劳动者仅仅是担任公司的名誉法定代表人而已,没有任何法律风险,此乃认识错误。比如,在以公司名义签署对外担保、借款等合同文件时,对于是否需要法定代表人承担连带责任,合同内容是否符合法律规定,公司经营的业务是否涉嫌违法,公司是否恶意拖欠劳动者的工资等潜存的法律风险,应当有明确的认知,应尽可能要求公司及实际控制人对名誉法定代表人承担反担保责任,来避免劳动者作为公司名誉法定代表人可能受到的损害,注意风险提前防范。作为公司员工,同时与公司存在劳动关系的,应当单独签署劳动合同,对劳动合同的内容进行明确约定,维护劳动权利。

07 车辆挂靠经营劳动关系的确认

适用法条

——劳动和社会保障部《关于确立劳动关系有关事项的通知》第一条、最高人民法院《关于车辆实际所有人聘用的司机与挂靠单位之间是否形成事实劳动关系的答复》、最高人民法院《关于审理工伤保险行政案件若干问题的规定》第三条

案情回顾

2018年2月3日，姚某入职诚运公司，从事长途货物运输工作，驾驶一辆蒙A××××重型半挂车，双方未签订劳动合同，姚某月薪为固定6800元，由张某庆每月微信转账给姚某。2018年12月3日，因肇事方疲劳驾驶发生交通事故，姚某死亡，交通事故责任认定结果为姚某无责。2018年12月28日，李某（姚某之妻）向诚运公司主张劳动赔偿发生争议，申请当地仲裁委员会确认姚某与诚运公司自2018年2月3日起至事故发生时存在事实劳动关系。

在仲裁过程中，诚运公司辩称，肇事车辆系张某庆个人购买，挂靠诚运公司名誉经营，姚某系张某庆雇用的司机，姚某为张某庆个人干活，并由张某庆向姚某支付工资。因此，诚运公司与姚某不存在事实劳动关系。诚运公司还出示了与张某庆的《车辆挂靠协议》（该协议约定：张某庆将事故车辆过户至诚运公司名下，由诚运公司代张某庆办理有关运营手续，车辆纳入诚运公司名下运营，张某庆是车辆的实际所有人，享有该车的管理和收益的权利，负有相应的义务，张某庆雇用的司机不属于诚运公司的员工，不享有职工待遇，诚

运公司收取该车年运营总额3%的管理费)，用以证明诚运公司的主张。仲裁委员会认为诚运公司是法律规定的用人主体单位，经营范围为货物运输，姚某作为司机从事的工作是诚运公司的业务组成部分，姚某向诚运公司提供有报酬的劳动，在履行职务过程中发生事故，确认姚某与诚运公司自2018年2月3日起至事故发生时存在事实劳动关系。

诚运公司不服诉至人民法院，在一审中，诚运公司申请追加张某庆为第三人，张某庆到庭后提供《个人汽车贷款还款协议》及银行还贷流水，以及每月支付报酬给姚某的微信转账记录公证书一份，证明诚运公司主张属实，自己也不是诚运公司的员工。李某出具盖有诚运公司公章的收入证明一份，落款时间为2018年12月9日，认为姚某系诚运公司的员工，双方存在事实劳动关系。一审法院认为仲裁裁决事实清楚，证据确凿，法律适用正确，维持仲裁裁决。诚运公司不服上诉至二审法院。

二审法院经审理查明，盖有诚运公司公章的收入证明是在交通事故发生后，为使姚某获得保险理赔而出具，不能仅因此认定姚某系诚运公司的职工，还应当参照最高人民法院《关于车辆实际所有人聘用的司机与挂靠单位之间是否形成事实劳动关系的答复》，以及依照劳动和社会保障部《关于确立劳动关系有关事项的通知》第1条，形成事实劳动关系的核心特征进行分析。二审法院认定诚运公司的上诉请求成立，撤销一审判决，改判确认姚某与诚运公司自2018年2月3日起至事故发生时不存在事实劳动关系。

·法理分析·

根据最高人民法院《关于车辆实际所有人聘用的司机与挂靠单位之间是否形成事实劳动关系的答复》：个人购买的车辆挂靠其他单位且以挂靠单位的名

义对外经营的，根据2008年1月1日起实施的《劳动合同法》规定的精神，其聘用的司机与挂靠单位之间不具备劳动关系的基本特征，不宜认定其形成了事实劳动关系。挂靠并非正式法律术语，本质上是以资质资格换取利益的法律否定性评价行为。在实践中，运输挂靠经营却广泛存在，目前的商业挂靠主要在建筑业和机动车运输业领域。就机动车运输业而言，经运输企业的同意，车辆的所有权人，以运输企业的名义从事运输经营，运输企业一般只负责办理营业执照、工商税务等手续，收取一定的管理费用，不参与挂靠车辆及人员的管理，不具有劳动关系的基本特征。

本案争议焦点为未签订劳动合同是否成立事实劳动关系。仲裁及一审法院均从主体资格、业务组成、接受报酬等方面予以确认存在事实劳动关系，而二审法院却给出了否定性评价。二审判决除了参照最高人民法院《关于车辆实际所有人聘用的司机与挂靠单位之间是否形成事实劳动关系的答复》外，还坚持以劳动和社会保障部《关于确立劳动关系有关事项的通知》第1条进行分析，从姚某与诚运公司之间是否具备劳动关系的基本特征出发，从而判断是否成立事实劳动关系。

张某庆个人购买蒙A××××机动车，为解决运营资质问题挂靠于诚运公司名下。根据《车辆挂靠协议》的约定，诚运公司同意将蒙A××××机动车纳入公司名下运营，诚运公司只负责办理该机动车的运营手续，收取挂靠费，不参与该挂靠车辆的其他日常管理和运营。张某庆自行雇用姚某为该车的随车司机，个人向姚某发放工资，诚运公司不对姚某进行指挥、管理。该车的运输业务由张某庆自行联系，运营收益不入诚运公司的账户，张某庆也不受诚运公司的支配，仅为解决蒙A××××车辆的运营资质进行挂靠运营。根据劳动和社会保障部《关于确立劳动关系有关事项的通知》第1条，判断姚某是否与诚运公司建立了事实劳动关系，还是要紧扣“从属性”这一核心入手。在建立合意方面：张某庆与姚某之间，蒙A××××车辆属张某庆个人所有，张某庆雇用姚某为该车随车司机,双方就工资数额、支付时间、支付方式、工作内容等进行了详谈,张某庆既不代表诚运公司,又不是诚运公司的职工,姚某系与张某庆个人达成的雇佣合意;张某庆与诚运公司之间,根据《车辆挂靠协议》的约定,诚运公司不存在授权张某庆为公司招工的意思表示,姚某仅与张某庆达成了雇佣合意。从权责一致性来看:姚某作为蒙 A××××车辆司机,提供劳动所换取的车辆运营收益为张某庆享有,诚运公司仅为蒙 A××××车辆办理运营手续,收取年运营总额 3%的挂靠费,占比甚少。同时,张某庆自行管理车辆运营,包括司机姚某也是听从张某庆的指挥、管理,并从张某庆处领取约定报酬,张某庆享有蒙 A××××车辆的运营利益,也应承担由此带来的运营风险,符合《民法典》的公平原则。民事主体从事民事活动,应当遵循公平原则,合理确定各方的权利和义务。通过以上分析可知,姚某完全不从属于诚运公司,不管是在建立合意方面,还是在人身从属性、经济从属性方面,都不具有与诚运公司建立劳动关系的基本特征。因此,应当根据劳动和社会保障部《关于确立劳动关系有关事项的通知》综合判断,不能随意扩大劳动关系的认定范围,应确认姚某与诚运公司之间不存在事实劳动关系。

·知识拓展·

《民法典》

第六条　民事主体从事民事活动,应当遵循公平原则,合理确定各方的权利和义务。

第一百四十六条　行为人与相对人以虚假的意思表示实施的民事法律行为无效。

以虚假的意思表示隐藏的民事法律行为的效力,依照有关法律规定处理。

劳动和社会保障部《关于确立劳动关系有关事项的通知》

一、用人单位招用劳动者未订立书面劳动合同，但同时具备下列情形的，劳动关系成立。

（一）用人单位和劳动者符合法律、法规规定的主体资格；

（二）用人单位依法制定的各项劳动规章制度适用于劳动者，劳动者受用人单位的劳动管理，从事用人单位安排的有报酬的劳动；

（三）劳动者提供的劳动是用人单位业务的组成部分。

最高人民法院《关于适用〈中华人民共和国民事诉讼法〉的解释》

第五十四条　以挂靠形式从事民事活动，当事人请求由挂靠人和被挂靠人依法承担民事责任的，该挂靠人和被挂靠人为共同诉讼人。

第六十五条　借用业务介绍信、合同专用章、盖章的空白合同书或者银行账户的，出借单位和借用人为共同诉讼人。

最高人民法院《关于审理工伤保险行政案件若干问题的规定》

第三条　社会保险行政部门认定下列单位为承担工伤保险责任单位的，人民法院应予支持：

（一）职工与两个或两个以上单位建立劳动关系，工伤事故发生时，职工为之工作的单位为承担工伤保险责任的单位；

（二）劳务派遣单位派遣的职工在用工单位工作期间因工伤亡的，派遣单位为承担工伤保险责任的单位；

（三）单位指派到其他单位工作的职工因工伤亡的，指派单位为承担工伤保险责任的单位；

（四）用工单位违反法律、法规规定将承包业务转包给不具备用工主体资格的组织或者自然人，该组织或者自然人聘用的职工从事承包业务时因工伤亡的，用工单位为承担工伤保险责任的单位；

(五)个人挂靠其他单位对外经营,其聘用的人员因工伤亡的,被挂靠单位为承担工伤保险责任的单位。

前款第(四)、(五)项明确的承担工伤保险责任的单位承担赔偿责任或者社会保险经办机构从工伤保险基金支付工伤保险待遇后,有权向相关组织、单位和个人追偿。

最高人民法院《关于车辆实际所有人聘用的司机与挂靠单位之间是否形成事实劳动关系的答复》

个人购买的车辆挂靠其他单位且以挂靠单位的名义对外经营的,根据2008年1月1日起实施的《劳动合同法》规定的精神,其聘用的司机与挂靠单位之间不具备劳动关系的基本特征,不宜认定其形成了事实劳动关系。

最高人民法院《关于审理劳动争议案件适用法律问题的解释(一)》

第三十条　未办理营业执照、营业执照被吊销或者营业期限届满仍继续经营的用人单位,以挂靠等方式借用他人营业执照经营的,应当将用人单位和营业执照出借方列为当事人。

第三十一条　当事人不服劳动争议仲裁机构作出的仲裁裁决,依法提起诉讼,人民法院审查认为仲裁裁决遗漏了必须共同参加仲裁的当事人的,应当依法追加遗漏的人为诉讼当事人。

被追加的当事人应当承担责任的,人民法院应当一并处理。

·风险提示·

用人单位:这里特别提醒被挂靠单位,如果挂靠单位借用被挂靠单位的营业执照与劳动者建立劳动关系,挂靠单位与劳动者在履行劳动过程中发生争议,劳动者可以单独将被挂靠单位作为被告要求被挂靠单位承担责任,也可以将挂靠单位与被挂靠单位列为共同被告,要求二者承担连带责任。比如,挂靠单位不具备合法的经营资格,在未办理营业执照,营业执照被吊销,营业期限届满未续期等情形下,这些挂靠单位无法与劳动者签订有效的劳动合同,劳动者可将挂靠单位与被挂靠单位作为共同被告要求二者承担连带责任。还有一种情况,在挂靠单位同样不具备合法经营资格的情形下,以挂靠单位的名义与劳动者签订劳动合同,挂靠单位只借用被挂靠单位的营业执照对外经营使用,在履行劳动合同过程中发生争议的,劳动者同样可以将被挂靠单位作为被告,要求被挂靠单位承担连带责任。除非被挂靠单位能证明劳动合同是与挂靠单位签订,此时挂靠单位和出资人先承担责任,不足部分由被挂靠单位补充清偿。现行法律对挂靠行为予以否定性评价,要求被挂靠人承担责任;挂靠是对市场主体进入市场从事经营活动要求的资质、资格等行政许可秩序的严重扰乱,被挂靠人还会受到行政处罚;若在国家专营、专卖或限制买卖的领域违反规定,进行挂靠经营,情节严重的可能构成非法经营罪,应承担刑事责任。因此,被挂靠单位一定要规范企业管理,强化风险防范意识。

劳动者:在挂靠普遍存在的建筑业和运输业,劳动者在与用人单位建立劳动关系时处于弱势地位,不能苛责劳动者对用人单位是否具有经营资格进行审核。但是,为维护自身利益,劳动合同的签订当然是固定用人主体的首选形式。如果出于各种原因未能签订劳动合同,一定要清楚指挥、监督、管理的主体,留存发放报酬的主体等间接证据,将那些表面虚构为雇佣关系而实质上完全具备劳动特征的劳动关系剥离出来,准确地找到劳动争议责任主体,从而最大限度地保障劳动者的合法权益。

08 用人单位与实习期内实习生劳动关系的确认

适用法条

——劳动和社会保障部《关于确立劳动关系有关事项的通知》第一条、劳动部《关于贯彻执行〈中华人民共和国劳动法〉若干问题的意见》第十二条

案情回顾

2016年9月，席某19岁，考入某汽车学院电焊专业学习。2018年6月28日，席某完成全部文化课的学习，汽车学院与东方汽车股份有限公司（以下简称东方公司）和席某等实习生签订了《实习合作三方协议》，约定："东方公司作为汽车学院的实习基地，为汽车学院的实习生提供学习实践与就业的机会，根据东方公司实际岗位需要，实习生具体岗位由车间进行分配。实习期自2018年7月1日起至2019年6月底止，东方公司车间老师负责实习生的实践指导，实习生应严格遵守东方公司的各项管理制度，东方公司根据考勤、考核情况给予一定的实习补贴……"2018年7月1日，席某进入东方公司厂三电焊科开始实践学习。2018年12月3日，席某下班回家途中因交通事故当场死亡，实习期间东方公司分别向席某转账7～11月实习补贴2300元、2150元、2080元、2205元、2100元。席某家属与东方公司就席某与东方公司是否存在劳动关系发生争议，申请当地仲裁委员会确认席某与东方公司自2018年7月1日起至事故发生时存在劳动关系，并提出经济补偿等其他仲裁请求。2019年3月14日，仲裁委员会根据劳动部《关于贯彻执行〈中华

人民共和国劳动法〉若干问题的意见》第12条和劳动和社会保障部《关于确立劳动关系有关事项的通知》第1条的规定，驳回了席某家属的仲裁请求。席某家属不服诉至法院，一、二审均予以维持。

·法理分析·

1995年1月1日，《劳动法》实施后，同年8月4日，劳动部印发了《关于贯彻执行〈中华人民共和国劳动法〉若干问题的意见》，其中第12条为在校学生利用业余时间勤工助学，不视为就业，未建立劳动关系，可以不签订劳动合同。2005年5月25日，劳动和社会保障部针对有些用人单位招用劳动者不签订劳动合同，劳动争议发生时劳动关系难以确定的问题，为规范用人单位用工行为，保护劳动者合法权益，就用人单位与劳动者确立劳动关系有关事项公布了《关于确立劳动关系有关事项的通知》，其中第1条规定，用人单位招用劳动者未签订书面劳动合同，但同时具备下列情形的，劳动关系成立：(1)用人单位和劳动者符合法律、法规规定的主体资格；(2)用人单位依法制定的各项劳动规章制度适用于劳动者，劳动者受用人单位的劳动管理，从事用人单位安排的有报酬的劳动；(3)劳动者提供的劳动是用人单位业务的组成部分。

结合以上规定，一般年满18周岁的大学生，在劳动者主体资格方面就符合法律规定，实习生提供的劳动也是用人单位的业务组成部分，实习生受用人单位指挥、管理，用人单位向实习生发放报酬。那么，对于实习生是否与企业建立了劳动关系，应从是否符合劳动关系核心特征的角度进行分析。

从劳动部《关于贯彻执行〈中华人民共和国劳动法〉若干问题的意见》第12条来看，在校生利用业余时间勤工助学不视为就业。在校生一边在校学习，一边利用业余时间来勤工助学，无法为企业提供《劳动法》常规的每天不超过8小时，每周不超过44小时的劳动，在校学生也无法接受用人单位的日常管理，不具有劳动用工的完整性。勤工助学往往不具有建立劳动关系主观的意志，用工没有劳动关系的持续性、稳定性，而是择机、临时、短暂地换取劳务报酬。在本案中，席某虽然脱离汽车学院进入东方公司实践学习，但仍应为在校学生，实习是对课堂知识的社会实践检验，是课堂教学的延伸。因此，勤工助学尚不能视为就业，席某教学实践更不可能视为就业。

再根据劳动和社会保障部《关于确立劳动关系有关事项的通知》第 1 条进行关于劳动特征的分析。

第一，看合意。2018 年 6 月 28 日，席某完成了全部文化课的学习，与汽车学院、东方公司签订了《实习合作三方协议》。基于该协议，席某在取得毕业证之前，进入东方公司并将东方公司作为实习基地进行毕业前的实践学习，目的是对学校课本知识的实践应用，对学校教学内容的实践延续。席某的身份是学生，而不是东方公司的员工，协议内容不具有劳动就业的意思表示，双方就劳动关系的建立没有合意。

第二，看报酬性质。《实习合作三方协议》约定："东方公司根据考勤、考核情况给予一定的实习补贴……"实习期间，东方公司向席某转账 7 ~ 11 月实习补贴 2300 元、2150 元、2080 元、2205 元、2100 元。汽车学院、席某与东方公司的三方合意，是为即将毕业的学生提供社会实践的机会，席某到东方公司是为了将课本知识与实践结合起来，为正式走向社会积累经验。此时，劳动实践不是为了换取等额的劳动报酬，东方公司的转账是基于席某在实习过程中对东方公司付出一定辛苦进行的补贴，该转账不属于劳动报酬。

第三，看管理属性。《实习合作三方协议》约定："席某须严格遵守东方公司的各项管理制度，并接受考勤、考核管理，具体实践课程由车间老师对席某进行指导。"东方公司根据汽车学院的委托，对席某做正式进入工作岗位前最后的实践培训，作为即将走上工作岗位的"准员工"，席某对用人单位各项工作制度的遵守，同样为达到毕业标准的内容之一。因此，席某具有与东方公司员工同等的注意义务，受公司管理，维护公司形象。并且，东方公司车间作业特殊，对于尚未毕业的实习生有一定的风险，东方公司作为汽车学院的实习基地，现实地管理控制着实习人员，对实习人员有安全保障的责任和义务。席某作为汽车学院派送的实习生，实践学习是课堂教学的延伸，遵守东方公司各项管理制度相当于对课堂秩序的遵守，东方公司对席某的管理不属于劳动管理。另外，东方公司对席某的考核是受汽车学院的委托，对席某专业水平能否达到毕业标准进行考察评定，与东方公司对本公司员工的考核有实质性的区别。东方公司员工的考核依据、考核标准、考核后果均有公司的员工手册或劳动合同作为依据，与员工的岗位、报酬、奖金等劳动权益直接挂钩，与东方公司对席某的考核并非同等意义。东方公司对席某的考勤、管理、考核不具有对劳动者管理的属性。

通过以上分析可知，席某以实习生这一特殊身份进入东方公司实践学习，工作内容虽然也是东方公司的业务组成部分，席某接受东方公司的考核、管理，东方公司也支付一定的实习补贴，但这些均不改变双方没有建立劳动关系的意思，席某的目的也并非获取报酬，体现不出劳动关系人身从属性、经济从属性的本质特征，最终无法得出席某与东方公司之间存在劳动关系的结论。

·知识拓展·

《劳动保障监察条例》

第九条　任何组织或者个人对违反劳动保障法律、法规或者规章的行为，有权向劳动保障行政部门举报。

劳动者认为用人单位侵犯其劳动保障合法权益的，有权向劳动保障行政部门投诉。

劳动保障行政部门应当为举报人保密；对举报属实，为查处重大违反劳动保障法律、法规或者规章的行为提供主要线索和证据的举报人，给予奖励。

第十一条　劳动保障行政部门对下列事项实施劳动保障监察：

（一）用人单位制定内部劳动保障规章制度的情况；

（二）用人单位与劳动者订立劳动合同的情况；

（三）用人单位遵守禁止使用童工规定的情况；

（四）用人单位遵守女职工和未成年工特殊劳动保护规定的情况；

（五）用人单位遵守工作时间和休息休假规定的情况；

（六）用人单位支付劳动者工资和执行最低工资标准的情况；

（七）用人单位参加各项社会保险和缴纳社会保险费的情况；

（八）职业介绍机构、职业技能培训机构和职业技能考核鉴定机构遵守国家有关职业介绍、职业技能培训和职业技能考核鉴定的规定的情况；

（九）法律、法规规定的其他劳动保障监察事项。

劳动和社会保障部《关于确立劳动关系有关事项的通知》

一、用人单位招用劳动者未订立书面劳动合同，但同时具备下列情形的，劳动关系成立。

（一）用人单位和劳动者符合法律、法规规定的主体资格；

（二）用人单位依法制定的各项劳动规章制度适用于劳动者，劳动者受用人单位的劳动管理，从事用人单位安排的有报酬的劳动；

（三）劳动者提供的劳动是用人单位业务的组成部分。

劳动部《关于贯彻执行〈中华人民共和国劳动法〉若干问题的意见》

12. 在校生利用业余时间勤工助学，不视为就业，未建立劳动关系，可以不签订劳动合同。

·风险提示·

用人单位：实习，是指高等学校按照专业培养目标和教学计划，组织学生到国家机关、企业事业单位、社会团体及其他社会组织进行与专业相关的实践性教学活动。用人单位与学校和学生应当签订三方实习协议，明确各方的权利、义务和责任。协议应包括学校和实习单位的名称、地址、法定代表人或者主要负责人，实习学生的姓名、住址和注册学号，实习期限，实习方式、内容和岗位，实习终止条件，违约责任，争议的解决方式等基本内容。实习协议可以根据实习的性质和需要，约定意外伤害保险的投保人、投保额度、损害赔偿、实习报酬、保密等其他事项。实习单位应当履行好实习学生在单位内的管理工作，提供合适的实习岗位、必要的实习条件和安全健康的实习环境。根据实习要求，实习单位应选派有经验的实习指导人员，对学生进行安全培训和技能培训，向学校反馈学生的实习情况。若实习单位为实习协议确定的投保人，应当及时为学生办理意外伤害保险等相关保险。在实习结束时，实习单位应当根据学生实习期间的表现进行考核评定，出具实习鉴定意见书。

实习单位不得安排未满16周岁的学生顶岗实习，不得安排学生从事高毒、易燃易爆、国家规定的第四级体力劳动强度以及其他具有安全隐患的劳动（但完成学生本专业实习所必需的除外），不得安排学生在需要相应职业资格的岗位上顶岗实习，不得安排学生周实习时间超过40小时等其他影响实习学生人身安全、身心健康的行为（具体参见各地关于高等学校学生实习与毕业生就业见习条例）。

实习生：学生参加实习有助于提升自身的专业水平，积累社会经验；将所学知识用于实践，可以为社会注入新鲜的血液，创造价值，为社会培养、输送人才。但由于法律法规的不完善，以及相关部门监管不到位，一些企业利用实习生初入社会的迫切心理,往往以实习为借口,剥削实习生进行劳动,无限时加班加点,在实习期内不计报酬地要求实习生从事繁重的劳动。对此乱象,实习生不能一味地逆来顺受,应形成维权意识。如果用人单位以实习的名义为企业招用劳动者,双方之间意在建立劳动关系,完全符合劳动关系的特征,则实习生应以劳动相关法律规定来主张自己的劳动者权益。

09 用人单位与实习期满后实习生劳动关系的确认

适用法条

——劳动和社会保障部《关于确立劳动关系有关事项的通知》第一条、《劳动合同法》第七条、第三十三条

案情回顾

赵某系某外国语大学编导专业的大三学生，2017 年 6 月 20 日，赵某与博雅艺术培训学校（以下简称博雅学校）签订了毕业实习登记表，赵某申请实习该校编导老师一职，实习期自 2017 年 7 月 1 日起至 2018 年 6 月 30 日止，实习补贴每月 800 元，博雅学校在实习单位处盖章。2018 年 6 月 30 日，博雅学校为赵某出具了就业登记表，载明：用人单位为博雅学校，该生在我校实习期间工作认真，能将所学专业熟练地应用到实际领域中，具有较强的专业能力，达到毕业标准。2018 年 7 月 18 日，赵某顺利领取毕业证。2018 年 7 月 21 日，赵某在博雅学校为学生上课期间突然发病，抢救无效于当日死亡。2018 年 8 月 16 日，博雅学校更名为卓越艺术培训学校（以下简称卓越学校），后赵某家属要求确认在 2018 年 7 月 18 日至 21 日，赵某与卓越学校存在事实劳动关系，双方就此产生分歧。2018 年 9 月 26 日，赵某家属向当地仲裁委员会申请确认自 2018 年 7 月 1 日起至赵某死亡时赵某与卓越学校存在事实劳动关系。2019 年 11 月 27 日，仲裁委员会裁决予以确认。卓越学校不服提起诉讼，诉请依法改判自 2018 年 7 月 1 日起至赵某死亡时赵某与卓越学校不存在劳动关系。一、二审人民法院判决均未支持卓越学校诉请。

·法理分析·

本案是实习期满后发生的人身伤亡事故，在此期间赵某的身份从实习生转变成劳动者，这是卓越学校承担责任的关键所在。对此，卓越学校辩驳赵某未与学校建立劳动关系，实习期满后赵某没有及时离开只是为了结实习期未完成事项，不属于为卓越学校提供劳动，卓越学校也未曾向赵某发放过劳动报酬，卓越学校并未与赵某签订劳动合同等建立劳动关系的任何书面文件，双方没有建立劳动关系的合意。因此，卓越学校拒绝承认双方建立劳动关系。

2018 年 6 月 30 日，赵某实习期满，博雅学校为赵某出具就业登记表，记载“该生在我校实习期间工作认真，能将所学专业熟练地应用到实际领域中，具有较强的专业能力，达到毕业标准”的实习鉴定意见。2018 年 7 月 18 日，赵某领取毕业证，当晚，卓越学校的教导主任通过手机微信向赵某指派工作，“明天学校要开经验分享会，你作为最佳业绩老师，需要做个带卓越标识的 PPT 进行经验分享，带一带其他同事”，“另外，楼下工区新的实习生要来，准备一下搬上来，与其他正式入职的老师一起办公……”赵某回复：“好的，收到。”2018 年 7 月 20 日晚，赵某照常在家长群布置作业，并与个别家长就学生白天上课存在的问题进行沟通至晚上 11 时 42 分。

2018 年 6 月 30 日，卓越学校出具就业登记表，鉴定意见为赵某实习期满，达到毕业标准。卓越学校认可赵某编导水平达到毕业标准，具有正式入职卓越学校从事该专业教学（劳动者）的资格；赵某继续接受卓越学校教导主任的指示，从事原编导老师的工作，继续为原学生上课，跟家长交流，赵某从事的工作不属于了结实习事务，而是属于卓越学校正常开展的教学工作，属于卓越学校业务组成部分，赵某提供的劳动成果属于卓越学校。赵某从实习期满之日起向卓越学校提供劳动，卓越学校不但未提出异议，还以分享会的形式肯定赵某胜任编导老师一职,让赵某搬离实习区工位,搬至正式入职老师办公区,赵某回复"好的,收到"。从中可以看出,赵某接受卓越学校的管理,卓越学校认可赵某提供的劳动,双方有建立劳动关系的合意。然而,卓越学校却未能自用工之日起1个月内与赵某就劳动期限、工作内容、劳动条件、劳动报酬等订立书面劳动合同。赵某实习期满后不到1个月,尚未发放劳动报酬,便在工作岗位、工作时间突发疾病身亡,劳动报酬虽不明确,但根据赵某工作时间(上午7:30~11:30,下午2:40~6:40)可以推出,卓越学校发放的报酬为赵某的主要劳动收入,赵某经济上从属于卓越学校。因此,卓越学校自2018年7月18日起即与赵某建立了事实劳动关系。博雅学校更名为卓越学校不影响用人单位的责任承担,由更名后的卓越学校来承继博雅学校的权利和义务。

·知识拓展·

《劳动合同法》

第七条　用人单位自用工之日起即与劳动者建立劳动关系。用人单位应当建立职工名册备查。

第十一条　用人单位未在用工的同时订立书面劳动合同,与劳动者约定的劳动报酬不明确的,新招用的劳动者的劳动报酬按照集体合同规定的标准执行;没有集体合同或者集体合同未规定的,实行同工同酬。

第十八条　劳动合同对劳动报酬和劳动条件等标准约定不明确,引发争议的,用人单位与劳动者可以重新协商;协商不成的,适用集体合同规定;没有集体合同或者集体合同未规定劳动报酬的,实行同工同酬;没有集体合同或者集体合同未规定劳动条件等标准的,适用国家有关规定。

第三十三条　用人单位变更名称、法定代表人、主要负责人或者投资人等事项，不影响劳动合同的履行。

《劳动合同法实施条例》

第六条　用人单位自用工之日起超过一个月不满一年未与劳动者订立书面劳动合同的，应当依照劳动合同法第八十二条的规定向劳动者每月支付两倍的工资，并与劳动者补订书面劳动合同；劳动者不与用人单位订立书面劳动合同的，用人单位应当书面通知劳动者终止劳动关系，并依照劳动合同法第四十七条的规定支付经济补偿。

前款规定的用人单位向劳动者每月支付两倍工资的起算时间为用工之日起满一个月的次日，截止时间为补订书面劳动合同的前一日。

最高人民法院《关于审理劳动争议案件适用法律问题的解释(一)》

第三十四条　劳动合同期满后，劳动者仍在原用人单位工作，原用人单位未表示异议的，视为双方同意以原条件继续履行劳动合同。一方提出终止劳动关系的，人民法院应予支持。

根据劳动合同法第十四条规定，用人单位应当与劳动者签订无固定期限劳动合同而未签订的，人民法院可以视为双方之间存在无固定期限劳动合同关系，并以原劳动合同确定双方的权利义务关系。

第四十六条　劳动者非因本人原因从原用人单位被安排到新用人单位工作，原用人单位未支付经济补偿，劳动者依据劳动合同法第三十八条规定与新用人单位解除劳动合同，或者新用人单位向劳动者提出解除、终止劳动合同，在计算支付经济补偿或赔偿金的工作年限时，劳动者请求把在原用人单位的工作年限合并计算为新用人单位工作年限的，人民法院应予支持。

用人单位符合下列情形之一的，应当认定属于“劳动者非因本人原因从原用人单位被安排到新用人单位工作”：

(一)劳动者仍在原工作场所、工作岗位工作，劳动合同主体由原用人单位变更为新用人单位；

（二）用人单位以组织委派或任命形式对劳动者进行工作调动；

（三）因用人单位合并、分立等原因导致劳动者工作调动；

（四）用人单位及其关联企业与劳动者轮流订立劳动合同；

（五）其他合理情形。

《劳动争议调解仲裁法》

第六条　发生劳动争议，当事人对自己提出的主张，有责任提供证据。与争议事项有关的证据属于用人单位掌握管理的，用人单位应当提供；用人单位不提供的，应当承担不利后果。

劳动和社会保障部《关于确立劳动关系有关事项的通知》

一、用人单位招用劳动者未订立书面劳动合同，但同时具备下列情形的，劳动关系成立。

（一）用人单位和劳动者符合法律、法规规定的主体资格；

（二）用人单位依法制定的各项劳动规章制度适用于劳动者，劳动者受用人单位的劳动管理，从事用人单位安排的有报酬的劳动；

（三）劳动者提供的劳动是用人单位业务的组成部分。

·风险提示·

用人单位：劳动合同是劳动者与用人单位确立劳动关系，明确双方权利和义务的协议；用人单位自用工之日起即与劳动者建立了劳动关系；建立劳动关系就应当订立书面劳动合同；劳动合同应当对合同期限、工作内容、劳动报酬、劳动条件、社会保险等必备条款进行约定，约定不明发生争议的可以重新协商；劳动合同由用人单位与劳动者协商一致，经双方签字、盖章生效，双方各执一份。已建立劳动关系，未订立书面劳动合同的，应当自用工之日起 1 个月内订立书面劳动合同；用人单位自用工之日起超过 1 个月不满 1 年未与劳动者订立书面劳动合同的，应当向劳动者支付 2 倍的工资；等等。这些规定说明劳动合同的订立不但是用人单位的权利，同时也是用人单位的义务。劳动合同自劳动者提供劳动时就应该订立，最迟也应在 1 个月内进行补签，否则用人单位会承担 2 倍工资的处罚，用人单位超过 1 年未与劳动者订立书面劳动合同的，视为订立了无固定期限的劳动合同。对于已经构成事实劳动关系的情形，应尽可能以书面劳动合同的形式固定下来，并规范企业尽快为员工缴纳社会保险，降低企业用工风险。

劳动者： 劳动合同的订立，应当遵循平等自愿、协商一致、诚实信用的原则。但是，在实践中，劳动者在劳动合同订立时通常属于弱势方，对于用人单位提供的劳动合同未仔细审查，往往在工作内容、工作地点、工作报酬等主要关心的条件谈妥的情况下，就开始提供劳动，对于工作环境、安全生产状况及劳动者有权了解的其他合同条款，甚至都没有仔细阅读，就签字确认。一旦用人单位想辞去劳动者，就会利用当初设计的合同条款，巧妙地达到解除合同还不用负担经济补偿、赔偿等目的。比如，用人单位以“严重违反用人单位的规章制度”为由解除劳动合同，而哪些情形是对用人单位的规章制度的违反，怎样才算严重的程度，如何判断严重失职给用人单位造成重大损害等，在不同的用人单位有不同的衡量标准，也经常被用人单位利用，是用人单位合法解除劳动关系的惯用手段。因此，劳动者在签订劳动合同时一定要慎重、仔细。

另外，没有订立劳动合同的劳动者，一定要积极主动要求用人单位补签劳动合同，确定自己劳动者的身份，维护自己作为劳动者依法应当享有的养老、基本医疗、工伤、失业等社会保险待遇；对于未在 1 个月内与劳动者签订劳动合同的用人单位，应主张双倍工资，或者对于超过 1 年未与劳动者签订劳动合同的用人单位，主张已订立无固定期限的劳动合同，并进行补签。该权益的确认与劳动者工作年限、经济补偿金的计算等权益息息相关。

10 达到退休年龄的职工继续在原单位工作劳动关系的确认

适用法条

——人力资源社会保障部《关于执行〈工伤保险条例〉若干问题的意见（二）》第二条、最高人民法院行政审判庭《关于离退休人员与现工作单位之间是否构成劳动关系以及工作时间内受伤是否适用〈工伤保险条例〉问题的答复》、《劳动合同法实施条例》第二十一条

案情回顾

2000年3月1日，某中医医院聘请擅长风湿病的诊断和针灸治疗的刘某，由刘某担任医院针灸科主任，同时对工资、福利、社会保险等进行了约定，刘某次日上岗。2019年5月22日，刘某达到法定退休年龄，继续保持原待遇、岗位不变。刘某达到法定退休年龄后，未办理退休手续，也未开始享受基本养老保险待遇，继续在某中医医院从事风湿病的诊断和针灸治疗。2022年12月20日，刘某在诊室给病人诊疗过程中倒地，经抢救无效于当日去世。刘某家属与某中医医院就赔偿事宜无法达成一致意见。2023年1月27日，刘某家属向当地人事劳动仲裁委员会申请确认自2000年3月2日至2022年5月22日，刘某与某中医医院存在劳动关系。2023年3月12日，仲裁委员会裁定自2000年3月2日至2022年5月22日刘某与某中医医院之间存在劳动关系。刘某家属不服起诉至人民法院，一审人民法院审理后维持了仲裁裁决结果。

·法理分析·

本案的争议焦点是能否认定刘某在达到法定退休年龄后至去世这段时间与某中医医院存在劳动关系。本案法律适用的一个关键点是已经达到法定退休年龄,但未开始享受养老保险待遇,继续在原单位工作的定性问题。之所以仲裁委和一审人民法院认为刘某达到退休年龄后就与用人单位之间不存在劳动关系,主要分析如下:

其一,劳动者开始依法享受基本养老保险待遇,并非劳动合同终止的唯一判断标准。

《劳动合同法》第 44 条第 2 项规定,劳动者开始依法享受养老保险待遇的,劳动合同终止。《劳动合同法实施条例》第 21 条规定,劳动者达到法定退休年龄的,劳动合同终止。就本案而言,如何适用上述规定,为刘某家属诉讼请求成立与否的关键。刘某家属认为,刘某从 2000 年开始至去世时一直在某中医医院工作,中途从未中断劳动关系,即便达到法定退休年龄,也没有开始享受基本养老保险待遇,因此,劳动关系并未终止。而仲裁委和一审人民法院一致认为,即便刘某未开始享受基本养老保险待遇,但刘某达到法定退休年龄时,劳动关系应当终止。上述条款虽均是对劳动关系应当终止的情形作出的规定,但两规定之间并不存在冲突。2007 年《劳动合同法》实施,其第 44 条规定,有下列情形之一的,劳动合同终止:(1)劳动合同期满的;(2)劳动者开始依法享受基本养老保险待遇的;(3)劳动者死亡,或者被人民法院宣告死亡或者宣告失踪的;(4)用人单位被依法宣告破产的;(5)用人单位被吊销营业执照、责令关闭、撤销或者用人单位决定提前解散的;(6)法律、行政法规规定的其他情形。从其中第 6 项规定可知,《劳动合同法》对劳动合同终止可能出现的其他情形留下了适用的空间。该条只是列举劳动合同终止的情形,对未能完全列举的情形通过第 6 项进行兜底规定。劳动者开始依法享受基本养老保险待遇只是《劳动合同法》规定的劳动合同终止情形之一，不能倒推得出只要劳动者未开始依法享受基本养老保险待遇，就一定存在劳动关系。如果说依照刘某家属之主张，刘某未开始享受基本养老保险待遇，劳动关系就没有终止，那么是否只要刘某不领取退休金或开始享受养老保险待遇，某中医医院就不得与刘某终止劳动关系，直到刘某去世或某中医医院注销？这对某中医医院来说无疑是不公平的，答案必然是否定的。继2007年公布的《劳动合同法》实施后，2008年实施的《劳动合同法实施条例》第21条规定，劳动者达到法定退休年龄的，劳动合同终止。该条正是对《劳动合同法》第44条第6项的补充与完善。仲裁委和一审法院正是在领会了上述规定的法理逻辑顺序的基础上作出合乎法理的裁决。

其二，从立法目的来看，劳动者在用人单位工作期间，用人单位已足额为劳动者缴纳社会保险的，劳动者达到法定退休年龄后，继续返聘至该用人单位，未开始领取退休金或未开始享受养老保险待遇的原因在于劳动者本人，不可归责于用人单位。《劳动合同法》第44条第2项规定，劳动者开始依法享受基本养老保险待遇的，劳动合同终止。立法本意是保障劳动者的休息权。《社会保险法》第2条规定，国家建立基本养老保险、基本医疗保险、工伤保险、失业保险、生育保险等社会保险制度，保障公民在年老、疾病、工伤、失业、生育等情况下依法从国家和社会获得物质帮助的权利。国务院《关于工人退休、退职的暂行办法》第1条第1项、第2项规定，全民所有制企业、事业单位和党政机关、群众团体的工人，符合下列条件之一的，应该退休：(1)男年满60周岁，女年满50周岁，连续工龄满10年的。(2)从事井下、高空、高温、特别繁重体力劳动或者其他有害身体健康的工作，男年满55周岁、女年满45周岁，连续工龄满10年的。因此，《劳动合同法实施条例》第21条规定的达到法定退休年龄的，劳动合同终止，是对劳动者达到一定年龄后享有休息权，且同时有权开始依法享受基本养老保险待遇的保障，完整地保护了劳动者在年老或疾病等情况下休息权和生存权相互衔接。

如果说只要劳动者未开始领取退休金或未开始享受基本养老保险待遇，达到退休年龄后还可以保持劳动关系，那么对用人单位也是不公平的。一方面，这要求用人单位承担劳动关系中用人单位的主体责任，比如依法为员工缴纳社会保险的义务；另一方面，对于达到退休年龄的人员，社保机构是无法为该人员开设社保账号，接受该人员社会保险的缴纳的。故如果确认劳动者在达到退休年龄后，未开始依法享受基本养老保险待遇或未开始领取退休金时，仍可以和用人单位保持劳动关系，用人单位将面临重大的风险责任，容易激化社会矛盾，也有违立法本意。

在劳动者达到法定退休年龄后，劳动关系的不成立，不否定其他关系的建立，如果继续招用达到法定退休年龄的人员，仍可以签订民事协议，约定相应的权利和义务。

·知识拓展·

《劳动法》

第三条　劳动者享有平等就业和选择职业的权利、取得劳动报酬的权利、休息休假的权利、获得劳动安全卫生保护的权利、接受职业技能培训的权利、享受社会保险和福利的权利、提请劳动争议处理的权利以及法律规定的其他劳动权利。

劳动者应当完成劳动任务，提高职业技能，执行劳动安全卫生规程，遵守劳动纪律和职业道德。

第十七条　订立和变更劳动合同，应当遵循平等自愿、协商一致的原则，不得违反法律、行政法规的规定。

劳动合同依法订立即具有法律约束力，当事人必须履行劳动合同规定的义务。

第十八条 下列劳动合同无效:

(一)违反法律、行政法规的劳动合同;

(二)采取欺诈、威胁等手段订立的劳动合同。

无效的劳动合同,从订立的时候起,就没有法律约束力。确认劳动合同部分无效的,如果不影响其余部分的效力,其余部分仍然有效。

劳动合同的无效,由劳动争议仲裁委员会或者人民法院确认。

《劳动合同法》

第二十七条 劳动合同部分无效,不影响其他部分效力的,其他部分仍然有效。

第二十八条 劳动合同被确认无效,劳动者已付出劳动的,用人单位应当向劳动者支付劳动报酬。劳动报酬的数额,参照本单位相同或者相近岗位劳动者的劳动报酬确定。

《劳动合同法实施条例》

第十三条 用人单位与劳动者不得在劳动合同法第四十四条规定的劳动合同终止情形之外约定其他的劳动合同终止条件。

第二十一条 劳动者达到法定退休年龄的,劳动合同终止。

最高人民法院《关于审理劳动争议案件适用法律问题的解释(一)》

第三十二条 用人单位与其招用的已经依法享受养老保险待遇或者领取退休金的人员发生用工争议而提起诉讼的,人民法院应当按劳务关系处理。

企业停薪留职人员、未达到法定退休年龄的内退人员、下岗待岗人员以及企业经营性停产放长假人员,因与新的用人单位发生用工争议而提起诉讼的,人民法院应当按劳动关系处理。

第四十一条 劳动合同被确认为无效,劳动者已付出劳动的,用人单位应当按照劳动合同法第二十八条、第四十六条、第四十七条的规定向劳动者支付劳动报酬和经济补偿。

由于用人单位原因订立无效劳动合同，给劳动者造成损害的，用人单位应当赔偿劳动者因合同无效所造成的经济损失。

人力资源社会保障部《关于执行〈工伤保险条例〉若干问题的意见（二）》

二、达到或超过法定退休年龄，但未办理退休手续或者未依法享受城镇职工基本养老保险待遇，继续在原用人单位工作期间受到事故伤害或患职业病的，用人单位依法承担工伤保险责任。

用人单位招用已经达到、超过法定退休年龄或已经领取城镇职工基本养老保险待遇的人员，在用工期间因工作原因受到事故伤害或患职业病的，如招用单位已按项目参保等方式为其缴纳工伤保险费的，应适用《工伤保险条例》。

最高人民法院行政审判庭《关于离退休人员与现工作单位之间是否构成劳动关系以及工作时间内受伤是否适用〈工伤保险条例〉问题的答复》

根据《工伤保险条例》第二条、第六十一条等有关规定，离退休人员受聘于现工作单位，现工作单位已经为其缴纳了工伤保险费，其在受聘期间因工作原因受到事故伤害的，应当适用《工伤保险条例》的有关规定处理。

·风险提示·

用人单位： 面临激烈竞争，专业、经验丰富的优秀人才是用人单位不可或缺的宝贵财富，用人单位为了企业更大的收益，往往给予丰厚的待遇留住人才，甚至在其退休后继续返聘人才至原岗位工作。在本案中，刘某是某中医医院针灸科非常有名的老中医，全国各地的病人慕名而来，刘某对某中医医院的重要性不言而喻，刘某在达到退休年龄时，继续在某中医医院工作。然而，在某中医医院一味追求利益最大化的时候,法律风险悄然而至。

国务院《关于工人退休、退职的暂行办法》第1条规定,全民所有制企业、事业单位和党政机关、群众团体的工人,符合以下条件的,应该退休:男年满60周岁,女年满50周岁,连续工龄满10年的。《劳动合同法实施条例》第21条规定,劳动者达到法定退休年龄的,劳动合同终止。《劳动法》第18条第1款第1项规定,违反法律、行政法规的劳动合同无效。在刘某达到法定退休年龄时,劳动合同应依法终止,且仅向后发生法律效力。某中医医院应当在刘某达到退休年龄时,主动向刘某提出终止劳动合同,出具劳动合同终止的证明,刘某应退出工作岗位,依法开始享受养老保险待遇。但某中医医院与刘某之间依旧按照之前签订的劳动合同履行,刘某原工作岗位、工资待遇均不变。实际上在刘某达到法定退休年龄时,双方无法再建立有效的劳动关系,已经存在的劳动关系因刘某达到退休年龄而终止,超过法定退休年龄部分的劳动合同因违反法律、行政法规而变得无效。当超龄劳动者因工作受到事故伤害时,用人单位便会产生相应的责任。那么,如何使用人单位既能留住人才,又不违反法律规定,降低风险呢?用人单位可以考虑签订其他民事协议,通过投保人身意外险等险种的方式来化解用工风险,既能有效降低用人单位的法律风险,还能保证人才的不流失。

劳动者: 一些劳动者,在达到退休年龄后,身体状况良好,又有一身好技能加持,在用人单位留用时,往往会继续在用人单位原岗位提供劳动。劳动者在超龄后提供劳动的,相较于用人单位,最大的风险在于提供劳动过程中因工作受到意外伤害时的赔付保障程度。

超龄劳动者在用人单位工作期间,因工作受到事故伤害的,不要动辄提起确认劳动关系的仲裁请求。根据目前法律、行政法规的规定,劳动合同自劳动者达到法定退休年龄时终止,超龄期间申请确认劳动关系大概率是得不到支持的。劳动者应该换个角度,主张按工伤保险待遇处理。在本案中,刘某的家属,即可以主张刘某达到退休年龄后劳动合同虽然无效,但在刘某已经为某中医医院提供劳动的情况下，根据《劳动合同法》第 28 条的规定，劳动合同被确认无效，劳动者已付出劳动的，用人单位应当向劳动者支付劳动报酬。最高人民法院《关于审理劳动争议案件适用法律问题的解释(一)》第 41 条规定，劳动合同被确认为无效，劳动者已付出劳动的，用人单位应当按照《劳动合同法》第 28 条、第 46 条、第 47 条的规定向劳动者支付劳动报酬和经济补偿。由于用人单位而订立无效劳动合同，给劳动者造成损害的，用人单位应当赔偿劳动者合同无效所造成的经济损失。刘某家属仍享有支付劳动报酬的请求权，还可以同时主张刘某的工伤保险待遇。根据最高人民法院行政审判庭〔2007〕行他字第 6 号的答复，以及人力资源和社会保障部《关于执行〈工伤保险条例〉若干问题的意见(二)》第 2 条的规定，离退休人员受聘于现工作单位，现工作单位已经为离退休人员缴纳了工伤保险费，离退休人员在受聘期间因工作受到事故伤害的，应当适用《工伤保险条例》的有关规定处理。因此，劳动者在用人单位工作期间工伤保险费的缴纳与否，直接关系到超龄劳动者因工受到伤害时劳动者能否获得足额赔偿。如果用人单位在劳动合同履行期间没有足额为劳动者缴纳工伤保险费，劳动者在超龄后无法根据上述规定要求用人单位按工伤保险待遇进行赔偿。若用人单位赔偿能力差，又没有其他保险保障，超龄劳动者不但申请确认劳动关系的打算会落空，而且自身权益也无法得到足够的保障。因此，超龄劳动者在被用人单位留用时，可以签订其他民事协议，投保人身意外险等险种，如此既能减轻风险的负担，又能保障超龄劳动者权益的最大化。

11 用人单位与超过法定退休年龄进城务工的农民劳动关系的确认

适用法条

——劳动和社会保障部《关于确立劳动关系有关事项的通知》第一条、《劳动合同法实施条例》第二十一条、最高人民法院《关于审理劳动争议案件适用法律问题的解释(一)》第三十二条、最高人民法院《关于超过法定退休年龄的进城务工农民在工作时间内因公伤亡的,能否认定工伤的答复》

案情回顾

2014 年 7 月,真爱新衣公司(个人独资)有限公司注册成立,向各酒店、医院、学校等各企事业单位提供床单、窗帘、工服的无尘杀菌、健康洗护等综合服务,张景某为该公司法人。2018 年 9 月,许某(男,1954 年 5 月生,农民)被招聘到该厂从事清洁洗护工作,工资由底薪 2700 元加计件提成组成,每个月的工资由许某和公司财务对账签字后在下个月初发放,工作内容包括物品清洗以及城区内的跟车配送。2021 年 2 月 12 日,许某在跟车配送清洗好的物品给景天大酒店的途中被迎面驶来的大货车撞伤,送医后当晚不治身亡。交通部门出具了乘车人许某无责的交通事故责任认定书。许某家属在获得真爱新衣公司为许某投保的雇主责任险的赔偿后,就许某是否与真爱新衣公司成立劳动关系发生争议。

2021 年 5 月 7 日,许某的家属(妻子高某、女儿许某媛、儿子许某健)向当地仲裁委申请确认自 2018 年 9 月起至 2021 年 2 月 12 日止,许某与真爱新衣公司之间存在事实劳动关系。在审理中，许某家属认可许某已开始领取新型农村养老保险金，在被真爱新衣公司聘用前一直到处打零工，无零活就在家，在受聘至真爱新衣公司时已年满60周岁，仲裁委员会遂根据《劳动合同法实施条例》第21条之规定，裁定驳回许某家属的仲裁请求。许某家属不服起诉至人民法院，一审法院认为，许某具备劳动和社会保障部《关于确立劳动关系有关事项的通知》第1条之情形，劳动关系成立。因此，一审法院确认许某自2018年9月起至2021年2月12日止与真爱新衣公司存在事实劳动关系。真爱新衣公司不服上诉至二审法院，二审法院维持一审判决。真爱新衣公司不服申请再审，再审驳回了真爱新衣公司的再审申请。真爱新衣公司仍不服向省人民检察院申请抗诉，同级人民法院立案审理后，判决撤销了一、二审人民法院的判决，改判驳回许某家属的诉讼请求。

·法理分析·

本案的争议焦点是劳动者达到法定退休年龄后为用人单位提供劳动的，能否与用人单位建立劳动关系。

在本案中，真爱新衣公司招聘许某从事清洁洗护及跟车配送工作，入职时许某已达64周岁，在提供劳动过程中因本人无责的交通事故死亡，人身损害由真爱新衣公司投保的雇主责任险进行理赔。许某生前已经开始享受新型农村养老保险待遇。许某家属与真爱新衣公司因许某是否与真爱新衣公司建立劳动关系发生争议，不同审理机关对此做出了不同的审理结果，主要原因是适用了不同的法律依据。高级人民法院最终确认自2018年9月起至2021年2月12日止许某与真爱新衣公司之间不存在劳动关系。

仲裁委员会依据《劳动合同法实施条例》第21条的规定，认为劳动者达到法定退休年龄的，劳动合同终止。该第21条是《劳动合同法》第44条法律、行政法规规定的其他情形下劳动合同终止的情形之一。劳动者达到法定退休年龄的，劳动合同终止，是指与用人单位已经建立劳动关系的劳动者达到法定退休年龄时，用人单位应当主动与该劳动者解除劳动合同，终止劳动关系，劳动者应退出工作岗位，开始依法享受国家养老保险待遇。终止劳动关系是对已经存续的劳动关系向后发生消灭劳动关系的法律效果，适用前提是双方已经存在劳动关系。许某在入职时已经超过法定退休年龄，能否与真爱新衣公司建立劳动关系是本案待确认的一个法律问题，虽然仲裁委员会没有支持许某家属的仲裁请求，但在本案中许某与真爱新衣公司劳动关系的存在与否没有《劳动合同法实施条例》第21条适用的余地。一审法院认为，许某生前在真爱新衣公司从事洗衣、跟车配送工作，符合劳动和社会保障部《关于确立劳动关系有关事项的通知》第1条的规定。一审法院同时认定许某受真爱新衣公司的管理和支配；真爱新衣公司按月发放报酬，许某的主要收入来自真爱新衣公司；许某工作持续且稳定，许某的洗护、跟车配送工作是真爱新衣公司的主要业务；并且许某是在履行职责的过程中发生本人无责的事故而身亡。真爱新衣公司未与许某签订劳动合同，发生劳动争议难以确定时，判决确认许某与真爱新衣公司自2018年9月起至2021年2月12日止存在劳动关系。二审（包括二审法院再审）均维持一审判决。真爱新衣公司不服申请省人民检察院抗诉，省高级人民法院立案受理后，依据最高人民法院《关于审理劳动争议案件适用法律问题的解释（一）》第32条第1款的规定，用人单位与其招用的已经依法享受养老保险待遇的人员发生用工争议而提起诉讼的，人民法院应按劳务关系处理，作出了否定许某与真爱新衣公司劳动关系建立的判决。

省高级人民法院的审判思路就是对劳动关系的建立严格适用法律法规的规定，在保护劳动者权益的同时，也要保护企业的健康发展。对于达到退休年龄的人员，再参加社会劳动能否认定为劳动关系，不能一味地按照劳动和社会保障部

《关于确立劳动关系有关事项的通知》第 1 条进行机械判断，还应当结合《劳动合同法实施条例》第 21 条、国务院《关于安置老弱病残干部的暂行办法》、国务院《关于工人退休、退职的暂行办法》，劳动者达到法定退休年龄的，劳动合同终止，符合男年满 60 周岁、女年满 50 周岁条件的应该退休等相关法律规定，进行全面分析。对于那些在达到法定退休年龄后才入职为用人单位提供劳动的，应当否定劳动关系的建立。对于达到法定退休年龄的人员，用人单位应当与该劳动者终止劳动关系，让劳动者依法开始享受退休生活，享受养老保险待遇，领取退休金。用人单位应当为员工缴纳社会保险，目的是保障劳动者在年老、失业、工伤等情况下获得帮助和补偿。达到法定退休年龄的人员失去了建立劳动关系的主体资格条件，企业不适合与这类人员再建立劳动关系，从法律主体资格上予以否定。另外，达到退休年龄的人员，再参加就业劳动的，用人单位无法为该人员缴纳社会保险费用，这一特殊劳动者的权益无法得到保障。再加上劳动者达到退休年龄后，各项身体机能下降，为用人单位提供劳动的能力下降，发生疾病的概率提高，如果在这种情况下劳动关系可以建立，在用人单位无法参保又要承担责任的机制下，不能体现平等用工，用人单位的用工风险更大，不利于企业的健康发展，也不利于劳动者权益的保护。因此，省高级人民法院最终判决达到退休年龄的人员不宜与用人单位再建立劳动关系。

·知识拓展·

《劳动法》

第七十条　国家发展社会保险事业，建立社会保险制度，设立社会保险基金，使劳动者在年老、患病、工伤、失业、生育等情况下获得帮助和补偿。

第七十二条　社会保险基金按照保险类型确定资金来源，逐步实行社会统筹。用人单位和劳动者必须依法参加社会保险,缴纳社会保险费。

《劳动合同法实施条例》

第二十一条　劳动者达到法定退休年龄的,劳动合同终止。

最高人民法院《关于审理劳动争议案件适用法律问题的解释(一)》

第三十二条　用人单位与其招用的已经依法享受养老保险待遇或者领取退休金的人员发生用工争议而提起诉讼的,人民法院应当按劳务关系处理。

企业停薪留职人员、未达到法定退休年龄的内退人员、下岗待岗人员以及企业经营性停产放长假人员,因与新的用人单位发生用工争议而提起诉讼的,人民法院应当按劳动关系处理。

最高人民法院《关于超过法定退休年龄的进城务工农民在工作时间内因公伤亡的,能否认定工伤的答复》

江苏省高级人民法院:

你院(2012)苏行他字第0902号《关于杨通诉南京市人力资源和社会保障局终止工伤行政确认一案的请示》收悉。经研究,答复如下:

同意你院倾向性意见。相同问题我庭2010年3月17日在给山东省高级人民法院的《关于超过法定退休年龄的进城务工农民因公伤亡的,应否适用〈工伤保险条例〉请示的答复》(〔2010〕行他字第10号)中已经明确。即,用人单位聘用的超过法定退休年龄的务工农民,在工作时间内、因工作原因伤亡的,应当适用《工伤保险条例》的有关规定进行工伤认定。

·风险提示·

用人单位:用人单位在招聘时,劳动者的主体资格是用人单位首先要审查的问题。《劳动法》第15条明确禁止用人单位招用未满16周岁的未成年人,文艺、体育和特种工艺单位招用未满16周岁的未成年人，必须遵守国家有关规定，并保障未成年人接受义务教育的权利。对于已经达到退休年龄的劳动者应当立即终止劳动关系，解除劳动合同。用人单位在招用达到法定退休年龄的人员时，一定要明确所建立关系的性质，比如以《劳务合同》《承揽合同》等方式明确双方的合意。尤其是用人单位招聘超过法定退休年龄的进城务工农民的情况。最高人民法院曾于给山东省高级人民法院的《关于超过法定退休年龄的进城务工农民因公伤亡的，应否适用〈工伤保险条例〉请示的答复》（〔2010〕行他字第10号）中，同意山东省高级人民法院的倾向性意见，即用人单位聘用的超过法定退休年龄的务工农民在工作时间内，因工作伤亡的，应当适用《工伤保险条例》的有关规定进行工伤认定。因此，不确认劳动关系并不代表不承担工伤责任，在法律有特殊规定的情况下，超过退休年龄的劳动者继续在用人单位工作，在工作时间内因公伤亡的，由用人单位依照工伤保险待遇的项目和标准向劳动者支付费用。

劳动者：随着改革开放和工业化发展，进城务工人员已经成为一支劳动主力军涌向城市，这些劳动者虽然户口在农村，但长期在外务工，常住在务工城市，以非农业收入为主要收入，早已成为产业工人的重要组成部分。国务院《关于工人退休、退职的暂行办法》第1条第1项规定，全民所有制企业、事业单位和党政机关、群众团体的工人，男年满60周岁，女年满50周岁，连续工龄满10年的应该退休。而国务院《关于开展新型农村社会养老保险试点的指导意见》（已失效）第7条第1款，明确年满60周岁，未享受城镇职工基本养老保险待遇的农村户籍的老年人，可以按月领取养老金。因此，进城务工人员年满60周岁时，达到领取退休金的年龄，用人单位应当终止劳动关系，进行劳动合同的解除。但在实践中，用人单位未与年满60周岁的进城务工人员解除劳动合同，进城务工人员继续为用人单位提供劳动，用人单位也没有为进城务工人员缴纳社保，导致进城务工人员达到法定退休年龄时不能领取退休金。根据最高人民法院《关于超过法定退休年龄的进城务工农民在工作时间内因公伤亡的，能否认定工伤的答复》，用人单位聘用的超过法定退休年龄的务工农民在工作时间内，因工作伤亡的，应当适用《工伤保险条例》的有关规定进行工伤认定。超过退休年龄的劳动者继续在用人单位工作，在工作时间内因公伤亡的，由用人单位依照工伤保险待遇的项目和标准向劳动者支付费用。

12 退休返聘人员劳动关系的确认

适用法条

——最高人民法院《关于审理劳动争议案件适用法律问题的解释(一)》第一条、第三十二条,最高人民法院行政审判庭《关于离退休人员与现工作单位之间是否构成劳动关系以及工作时间内受伤是否适用〈工伤保险条例〉问题的答复》,人力资源和社会保障部《关于执行〈工伤保险条例〉若干问题的意见(二)》第二条

案情回顾

2016年1月13日,文某达到法定退休年龄,退休前在中成公司担任工程监理一职,中成公司依法为文某缴纳社会保险。中成公司就继续聘请文某一事与文某商议,双方口头约定由文某继续在中成公司担任工程监理一职,劳动待遇等均按劳动合同的内容履行。2016年6月19日,文某在中成公司的建筑工地工作时从脚手架上掉落,经抢救无效去世。文某未办理退休手续,也未开始依法享受养老保险待遇。文某之子高仲某与中成公司就文某与中成公司在退休返聘期间是否存在劳动关系发生争议。2016年8月3日,高仲某向当地人事争议仲裁委员会申请确认在2016年1月13日至6月19日,文某与中成公司存在劳动关系。2016年9月28日,当地人事争议仲裁委员会裁定不予受理此案,出具不予受理通知书。高仲某不服诉至人民法院。经审理,一审人民法院认为文某已达到法定退休年龄,不具有再建立劳动合同的主体资格,确认文某在2016年1月13日至6月19日与中成公司不存在劳动关系;高仲某不服,继续上诉至二审人民法院,二审人民法院维持了一审判决。

·法理分析·

本案争议焦点为文某达到法定退休年龄后劳动关系的认定。

文某之子高仲某认为，文某虽然达到法定退休年龄，但中成公司继续与文某履行原劳动合同，文某的工作内容没有任何改变，并且文某没有办理退休手续，也尚未开始享受养老保险待遇，依然接受中成公司的管理，为中成公司提供有报酬的劳动。依照劳动和社会保障部《关于确立劳动关系有关事项的通知》第1条，用人单位招用劳动者未订立书面劳动合同，但同时具备下列情形的，劳动关系成立：(1)用人单位和劳动者符合法律、法规规定的主体资格；(2)用人单位依法制定的各项劳动规章制度适用于劳动者，劳动者受用人单位的劳动管理，从事用人单位安排的有报酬的劳动；(3)劳动者提供的劳动是用人单位业务的组成部分。高仲某认为文某与中成公司之间仍存续着劳动关系。

中成公司认为，根据《劳动合同法实施条例》第21条的规定，劳动者达到法定退休年龄的，劳动合同终止。文某于2016年1月13日达到法定退休年龄，双方的劳动关系依法终止。

一审法院认为，根据《劳动合同法》第44条第2项的规定，劳动者开始依法享受基本养老保险待遇的，劳动合同终止。《劳动合同法实施条例》第21条规定，劳动者达到法定退休年龄的，劳动合同终止。人力资源社会保障部《关于执行〈工伤保险条例〉若干问题的意见(二)》第2条第1款规定，达到或超过法定退休年龄，但未办理退休手续或者未依法享受城镇职工基本养老保险待遇，继续在原用人单位工作期间受到事故伤害或患职业病的，用人单位依法承担工伤保险责任。通过以上规定可知，文某在达到法定退休年龄时，中成公司应当主动与文某终止劳动关系，文某依法开始享受基本养老保险待遇。用人单位不应当与文某再建立劳动关系，文某达到法定退休年龄就是劳动关系终止的法定情形，这从主体资格方面否定了文某与中成公司劳动关系的建立可能性，一审法院判决驳回高仲某的诉讼请求。

劳动和社会保障部《关于确立劳动关系有关事项的通知》第1条的规定，适用于已经建立了事实劳动关系，但用人单位为了规避用工主体责任，故意不与劳动者签订书面合同的情形。该情形导致大量事实劳动关系处于不稳定的状态，一旦发生用工争议，用人单位就有逃避法律责任的风险。为规范用人单位用工行为，保护劳动者合法权益，促进社会稳定，劳动和社会保障部出台了《关于确立劳动关系有关事项的通知》，该通知所指向的情形与文某达到退休年龄后又提供劳动的情形不同。

文某在达到法定退休年龄时，应当依法开始享受基本养老保险待遇，劳动关系终止。最高人民法院《关于审理劳动争议案件适用法律问题的解释（一）》第32条第1款规定，用人单位与其招用的已经依法享受养老保险待遇或者领取退休金的人员发生用工争议而提起诉讼的，人民法院应当按劳务关系处理。文某虽然达到法定退休年龄，但未依法开始享受养老保险待遇，而是继续为用人单位提供劳动，对此如何进行认定？人力资源社会保障部《关于执行〈工伤保险条例〉若干问题的意见（二）》第2条规定，达到或超过法定退休年龄，但未办理退休手续或者未依法享受城镇职工基本养老保险待遇，继续在原用人单位工作期间受到事故伤害或患职业病的，如招用单位已按项目参保等方式为其缴纳工伤保险费的，应适用《工伤保险条例》的规定。由此可以看出，虽然劳动相关法规定对劳动者提供劳动的年龄上限未作明确规定，但规定了达到法定退休年龄的，已经存在的劳动关系应当终止，对于劳动者已经开始依法享受养老保险待遇或领取退休金，用人单位还继续用工的应当按劳务关系处理；对于用人单位已经足额缴纳社会保险，但劳动者还未开始享受养老保险待遇或领取退休金，因工作受到事故伤害的情况，用人单位依法承担工伤保险责任，这种工伤保险责任的承担不以劳动关系的存在为前提条件。

因此，文某在达到法定退休年龄时，中成公司与文某的劳动关系依法终止。至于中成公司在文某退休返聘期间工伤保险责任的承担，并不是以存在劳动关系为前提的逻辑结果，而是基于法律法规的特殊规定。

·知识拓展·

《劳动法》

第十七条　订立和变更劳动合同，应当遵循平等自愿、协商一致的原则，不得违反法律、行政法规的规定。

劳动合同依法订立即具有法律约束力，当事人必须履行劳动合同规定的义务。

第十八条　下列劳动合同无效：

（一）违反法律、行政法规的劳动合同；

（二）采取欺诈、威胁等手段订立的劳动合同。

无效的劳动合同，从订立的时候起，就没有法律约束力。确认劳动合同部分无效的，如果不影响其余部分的效力，其余部分仍然有效。

劳动合同的无效，由劳动争议仲裁委员会或者人民法院确认。

第二十三条　劳动合同期满或者当事人约定的劳动合同终止条件出现，劳动合同即行终止。

第二十四条　经劳动合同当事人协商一致，劳动合同可以解除。

《劳动合同法》

第四十四条　有下列情形之一的，劳动合同终止：

（一）劳动合同期满的；

（二）劳动者开始依法享受基本养老保险待遇的；

（三）劳动者死亡，或者被人民法院宣告死亡或者宣告失踪的；

（四）用人单位被依法宣告破产的；

（五）用人单位被吊销营业执照、责令关闭、撤销或者用人单位决定提前解散的；

（六）法律、行政法规规定的其他情形。

第五十条　用人单位应当在解除或者终止劳动合同时出具解除或者终止劳动合同的证明，并在十五日内为劳动者办理档案和社会保险关系转移手续。

劳动者应当按照双方约定，办理工作交接。用人单位依照本法有关规定应当向劳动者支付经济补偿的，在办结工作交接时支付。

用人单位对已经解除或者终止的劳动合同的文本，至少保存二年备查。

最高人民法院《关于审理劳动争议案件适用法律问题的解释（一）》

第一条　劳动者与用人单位之间发生的下列纠纷，属于劳动争议，当事人不服劳动争议仲裁机构作出的裁决，依法提起诉讼的，人民法院应予受理：

（一）劳动者与用人单位在履行劳动合同过程中发生的纠纷；

（二）劳动者与用人单位之间没有订立书面劳动合同，但已形成劳动关系后发生的纠纷；

（三）劳动者与用人单位因劳动关系是否已经解除或者终止，以及应否支付解除或者终止劳动关系经济补偿金发生的纠纷；

（四）劳动者与用人单位解除或者终止劳动关系后，请求用人单位返还其收取的劳动合同定金、保证金、抵押金、抵押物发生的纠纷，或者办理劳动者的人事档案、社会保险关系等移转手续发生的纠纷；

（五）劳动者以用人单位未为其办理社会保险手续，且社会保险经办机构不能补办导致其无法享受社会保险待遇为由，要求用人单位赔偿损失发生的纠纷；

（六）劳动者退休后，与尚未参加社会保险统筹的原用人单位因追索养老金、医疗费、工伤保险待遇和其他社会保险待遇而发生的纠纷；

（七）劳动者因为工伤、职业病，请求用人单位依法给予工伤保险待遇发生的纠纷；

（八）劳动者依据劳动合同法第八十五条规定，要求用人单位支付加付赔偿金发生的纠纷；

（九）因企业自主进行改制发生的纠纷。

第三十二条　用人单位与其招用的已经依法享受养老保险待遇或者领取退休金的人员发生用工争议而提起诉讼的，人民法院应当按劳务关系处理。

企业停薪留职人员、未达到法定退休年龄的内退人员、下岗待岗人员以及企业经营性停产放长假人员，因与新的用人单位发生用工争议而提起诉讼的，人民法院应当按劳动关系处理。

最高人民法院行政审判庭《关于离退休人员与现工作单位之间是否构成劳动关系以及工作时间内受伤是否适用〈工伤保险条例〉问题的答复》

根据《工伤保险条例》第二条、第六十一条等有关规定，离退休人员受聘于现工作单位，现工作单位已经为其缴纳了工伤保险费，其在受聘期间因工作受到事故伤害的，应当适用《工伤保险条例》的有关规定处理。

人力资源和社会保障部《关于执行〈工伤保险条例〉若干问题的意见（二）》

二、达到或超过法定退休年龄，但未办理退休手续或者未依法享受城镇职工基本养老保险待遇，继续在原用人单位工作期间受到事故伤害或患职业病的，用人单位依法承担工伤保险责任。

用人单位招用已经达到、超过法定退休年龄或已经领取城镇职工基本养老保险待遇的人员，在用工期间因工作原因受到事故伤害或患职业病的，如招用单位已按项目参保等方式为其缴纳工伤保险费的，应适用《工伤保险条例》。

·风险提示·

用人单位：用人单位作为法定用工主体，不仅在用工之初应与劳动者建立合法的用工关系，签订劳动合同，在用工过程中也应依法建立和完善规章制度，保障劳动者享有劳动权利和履行劳动义务，促进劳动用工的合法规范，同时还要为劳动者缴纳社会保险，分散用工风险。在劳动合同的履行过程中，用人单位应遵循平等自愿、协商一致的原则进行劳动关系的变更或解除，还要在劳动者达到法定或约定情形时，按照法定程序及时解除或终止劳动关系。对于离职返聘人员，应当以劳务关系等书面形式及时确定双方的合意，有效预防用人单位劳动关系的解除、终止风险及承担工伤保险责任的风险。随着社会的不断进步，新型用工大量涌现，新的用工风险也接踵而至，相关法律法规也在不断补充完善，用人单位应当及时跟进，适用最新法律法规，不断完善用人单位的各项规章制度，有效规避用工风险，为企业的稳健运行提供制度保障。

劳动者：劳动者在离退休期间被返聘至用人单位发生用工争议的，在申请仲裁或诉讼时到底是进行劳动关系的确认，还是要求承担工伤保险责任，是工伤本人或家属首先要确定的思路。在本案中，文某在中成公司达到退休年龄后，又继而被中成公司返聘到原工作岗位，既未领取退休金，也未依法开始享受养老保险待遇。中成公司在文某劳动期间依法缴纳了社会保险，文某在返聘期间因工作受到事故伤害，中成公司须依法承担工伤保险责任。文某因工作而身亡，文某近亲属可以从工伤保险基金领取丧葬补助金、供养亲属抚恤金和一次性工亡补助金。对于不同的损害情况，在工伤和工亡情形下，不同的赔偿主张，适用不同的法律法规，得到的赔偿结果也不同。如果用人单位同时为返聘人员进行其他保险投保，在赔偿项目上相互有没有冲突等，会对劳动者和家属产生影响。因此，在特殊情形下，劳动关系的建立与否并不影响工伤责任的承担，准确把握不同思路下产生的诉讼结果，才能更好地诉求最大化，诉累最少化。

13 因用人单位原因导致无法享受养老保险待遇劳动关系的确认

适用法条

——《劳动合同法》第四十四条、最高人民法院《关于审理劳动争议案件适用法律问题的解释(一)》第三十二条

案情回顾

2004年7月,江城物业服务有限公司招聘(景秀小区门卫一职)物业服务人员,月工资2600元,有"五险一金",及其他劳保福利待遇等。2004年7月27日,江城物业与张某签订聘用合同,合同期限2年,试用期2个月,试用期间的工资为正式工资的80%。2004年9月27日,张某试用期满正式上岗。2006年7月26日,张某提醒江城物业合同即将到期,江城物业负责人回复"没事,随后就给你补签就行",之后就补签劳动合同事宜双方均未提及。2020年3月1日,张某达到法定退休年龄,江城物业没有提出与张某终止劳动关系。张某便继续在景秀小区担任门卫一职,工资仍由江城物业按月发放。2020年3月10日,景秀小区因防疫政策暂时对小区进行封闭管理,小区业主刘某某因就医需要进出小区,与张某发生争议,在与张某推搡过程中致张某倒地,头部磕到道沿,张某当即送医抢救,昏迷两日后去世(刘某某已另案处理)。张某家属与江城物业就张某自2004年7月27日起至2020年3月12日止是否存在劳动关系发生争议。

2020年5月17日,张某家属申请当地仲裁委员会裁决确认江城物业与张某自2004年7月27日起至2020年3月12日止存在劳动关系。2020年6

月 13 日,仲裁委员会以张某超过法定退休年龄为由裁定不予受理张某家属的仲裁请求。张某家属不服诉至一审人民法院。一审人民法院经审理查明,自张某入职江城物业一直没有给张某缴纳社会保险费用,确认张某自 2004 年 7 月 27 日起至 2020 年 3 月 1 日止双方不存在劳动关系,驳回张某家属的其他诉讼主张。张某家属不服上诉至二审人民法院,二审人民法院经审理,撤销一审判决,改判确认张某与江城物业自 2004 年 7 月 27 日起至 2020 年 3 月 12 日止存在劳动关系。

·法理分析·

本案的争议焦点是张某达到法定退休年龄后继续为用人单位提供劳动是否属于劳动关系。江城物业与张某之间的关系可以划分为 3 个阶段进行分析。第一阶段:2004 年 7 月 27 日至 2006 年 7 月 26 日。双方签订了劳动合同,对劳动内容有明确的约定,对这一阶段劳动关系的确认没有异议。第二阶段:2006 年 7 月 27 日至 2020 年 3 月 1 日。合同到期后至张某达到法定退休年龄前,张某与江城物业没有续签劳动合同,张某继续在原岗位担任门卫一职,江城物业继续为张某支付劳动报酬。对于这一阶段,一审人民法院在确认劳动关系时,依据《劳动合同法》第 14 条第 3 款的规定,用人单位自用工之日起满 1 年不与劳动者订立书面劳动合同的,视为用人单位与劳动者已订立无固定期限劳动合同;第 44 条第 2 项的规定,劳动者开始依法享受基本养老保险待遇的,劳动合同终止,确认张某与江城物业在 2006 年 7 月 27 日至 2020 年 3 月 1 日存在劳动关系,将张某在达到退休年龄后继续给江城物业提供的劳动排除在劳动关系之外。在此阶段,一审人民法院已经查明江城物业没有为张某依法缴纳社会保险,在张某达到法定退休年龄时,江城物业也没有通知张某终止劳动合同,张某还继续为江城物业提供劳动,接受江城物业的管理,张某没有开始依法享受养老保险待遇。但一审人民法院仍旧依照《劳动合同法》第44条第2项的规定，认为张某达到退休年龄时，劳动关系终止。张某家属不予认同。第三阶段：就是本案最具争议的阶段，自2020年3月1日张某达到法定退休年龄时起至张某2020年3月12日去世时止这一期间。张某在达到退休年龄后继续为江城物业提供的劳动，与案例12文某达到退休年龄后进入公司参加劳动有着本质的区别。因此，这两个案件也得到了截然相反的裁判结果。张某在2004年7月就与江城物业建立了劳动关系，在两年劳动合同期满后直至达到退休年龄前的十几年内，江城物业没有与张某续签劳动合同。根据最高人民法院《关于审理劳动争议案件适用法律问题的解释(一)》第34条第1款的规定，劳动合同期满后，劳动者仍在原用人单位工作，原用人单位未表示异议的，视为双方同意以原条件继续履行劳动合同。截至2014年7月27日，根据《劳动合同法》第14条第2款第1项的规定，张某在江城物业连续工作满10年，江城物业应当与张某签订无固定期限的劳动合同而未签订，视为双方之间存在无固定期限劳动合同关系，并以原劳动合同确定双方的权利义务关系。2020年3月1日，张某达到法定退休年龄，仍继续为江城物业提供劳动，江城物业也没有通知张某终止劳动关系。虽然《劳动合同法实施条例》第21条规定，劳动者达到法定退休年龄的，劳动合同终止。但同时《劳动合同法》第44条第2项规定，劳动者开始依法享受基本养老保险待遇的，劳动合同终止；《劳动法》第73条第1款第1项规定，劳动者退休的，依法享受社会保险待遇；最高人民法院《关于审理劳动争议案件适用法律问题的解释(一)》第32条第1款规定，用人单位与其招用的已经依法享受养老保险待遇或者领取退休金的人员发生用工争议而提起诉讼的，人民法院应当按劳务关系处理。据此，虽然张某达到国家法律规定的退休年龄，但劳动关系并未自动终止。张某自2004年7月27日开始为江城物业提供劳动直到退休，无法领取退休金，无法享受养老保险待遇是江城物业未依法给张某缴纳养老保险造成的。根据上述规定并不能倒推得出达到法定退休年龄就否定劳动关系存在这一结论，而是把达到法定退休年龄,并已经开始依法享受养老保险待遇或领取退休金的情形排除在劳动关系之外。张某在达到法定退休年龄时,因江城物业而无法享受养老保险待遇,江城物业并未向张某发出终止劳动关系的通知,张某持续为江城物业提供劳动,依旧接受江城物业的管理,江城物业按月支付劳动报酬,符合劳动关系的构成要件。张某是进城务工的农民,在 2004 年就进入江城物业提供劳动,江城物业一直没有依法给张某缴纳社保费用,导致张某在达到退休年龄后从根本上不可能享受养老保险待遇。在这种情形下,依照法定退休年龄绝对地排除张某提供劳动的权利,有违劳动法对劳动者权益的保护。劳动者达到退休年龄后劳动合同终止,是针对用人单位而言,此时用人单位不得再与退休人员建立劳动关系,先前存在的劳动关系应当终止,而江城物业对张某并没有终止劳动关系的意思表示,张某也因江城物业而无法开始享受养老保险待遇,在张某继续为江城物业提供劳动的情形下,张某从事劳动的资格不能依法剥夺。从保护劳动者的角度来看,双方之间的劳动关系并未自动终止。因此,张某自 2004 年 7 月 27 日起至 2020 年 3 月 12 日止与江城物业存在劳动关系。

《劳动合同法》《劳动合同法实施条例》等规定,均是针对劳动者提供劳动和退休养老之间的相互衔接,劳动者要么依靠提供劳动获取劳动报酬来保障基本生活,要么开始领取退休金或养老保险待遇来保障退休生活,总之,要有一个基本生活保障。但是,已经达到退休年龄,还未领取退休金或未开始享受养老保险待遇的劳动者,继续为用人单位提供劳动的,劳动关系是否持续?在正常情况下,劳动者在用人单位工作期间,用人单位依法为员工代扣代缴社会保险费用,由社会保险基金负担劳动者在年老、疾病、工伤等情形下的基本生活保障。根据相关法律法规的规定,达到法定退休年龄,开始享受养老保险待遇的,终止劳动关系。两个条件相互支撑,不可或缺。本案如果仅考虑张某达到法定退休年龄,而不考虑张某未依法开始享受养老保险待遇的原因,则确认终止劳动关系是矛盾的、违背法理的。一方面,因劳动者达到法定退休年龄需要终止劳动关系;另一方面,用人单位使劳动者最终无法享受养老保险待遇。最终若由劳动者为用人单位的违法行为承担基本生活无法保障的结果,有违法理。因此,在张某达到法定退休年龄的情形下,江城物业继续与张某保持劳动关系,管理张某提供劳动的行为,足以认定用人单位有继续接受劳动者提供劳动的意思。张某因用人单位无法享受养老保险待遇时,基本生活保障依赖于通过向用人单位提供劳动获取的劳动报酬来维持,不能单因年龄界限机械地终止劳动关系,不能使用人单位通过"劳动者达到法定退休年龄的,劳动合同终止"之规定规避用人单位的法定义务,不应发生终止劳动关系的法律效果。

·知识拓展·

《劳动法》

第十六条　劳动合同是劳动者与用人单位确立劳动关系、明确双方权利和义务的协议。

建立劳动关系应当订立劳动合同。

第十八条　下列劳动合同无效:

(一)违反法律、行政法规的劳动合同;

(二)采取欺诈、威胁等手段订立的劳动合同。

无效的劳动合同,从订立的时候起,就没有法律约束力。确认劳动合同部分无效的,如果不影响其余部分的效力,其余部分仍然有效。

劳动合同的无效,由劳动争议仲裁委员会或者人民法院确认。

第二十三条　劳动合同期满或者当事人约定的劳动合同终止条件出现,劳动合同即行终止。

第二十四条　经劳动合同当事人协商一致,劳动合同可以解除。

《劳动合同法》

第十条　建立劳动关系,应当订立书面劳动合同。

已建立劳动关系,未同时订立书面劳动合同的,应当自用工之日起一个月内订立书面劳动合同。

用人单位与劳动者在用工前订立劳动合同的,劳动关系自用工之日起建立。

第十二条　劳动合同分为固定期限劳动合同、无固定期限劳动合同和以完成一定工作任务为期限的劳动合同。

第十三条　固定期限劳动合同,是指用人单位与劳动者约定合同终止时间的劳动合同。

用人单位与劳动者协商一致,可以订立固定期限劳动合同。

第十四条　无固定期限劳动合同,是指用人单位与劳动者约定无确定终止时间的劳动合同。

用人单位与劳动者协商一致,可以订立无固定期限劳动合同。有下列情形之一,劳动者提出或者同意续订、订立劳动合同的,除劳动者提出订立固定期限劳动合同外,应当订立无固定期限劳动合同:

(一)劳动者在该用人单位连续工作满十年的;

(二)用人单位初次实行劳动合同制度或者国有企业改制重新订立劳动合同时,劳动者在该用人单位连续工作满十年且距法定退休年龄不足十年的;

(三)连续订立二次固定期限劳动合同,且劳动者没有本法第三十九条和第四十条第一项、第二项规定的情形,续订劳动合同的。

用人单位自用工之日起满一年不与劳动者订立书面劳动合同的,视为用人单位与劳动者已订立无固定期限劳动合同。

第十五条　以完成一定工作任务为期限的劳动合同,是指用人单位与劳动者约定以某项工作的完成为合同期限的劳动合同。

用人单位与劳动者协商一致,可以订立以完成一定工作任务为期限的劳动合同。

第四十四条 有下列情形之一的,劳动合同终止:

(一)劳动合同期满的;

(二)劳动者开始依法享受基本养老保险待遇的;

(三)劳动者死亡,或者被人民法院宣告死亡或者宣告失踪的;

(四)用人单位被依法宣告破产的;

(五)用人单位被吊销营业执照、责令关闭、撤销或者用人单位决定提前解散的;

(六)法律、行政法规规定的其他情形。

《劳动合同法实施条例》

第十三条 用人单位与劳动者不得在劳动合同法第四十四条规定的劳动合同终止情形之外约定其他的劳动合同终止条件。

第二十一条 劳动者达到法定退休年龄的,劳动合同终止。

第二十四条 用人单位出具的解除、终止劳动合同的证明,应当写明劳动合同期限、解除或者终止劳动合同的日期、工作岗位、在本单位的工作年限。

最高人民法院《关于审理劳动争议案件适用法律问题的解释(一)》

第三十二条 用人单位与其招用的已经依法享受养老保险待遇或者领取退休金的人员发生用工争议而提起诉讼的,人民法院应当按劳务关系处理。

企业停薪留职人员、未达到法定退休年龄的内退人员、下岗待岗人员以及企业经营性停产放长假人员,因与新的用人单位发生用工争议而提起诉讼的,人民法院应当按劳动关系处理。

第三十四条 劳动合同期满后,劳动者仍在原用人单位工作,原用人单位未表示异议的,视为双方同意以原条件继续履行劳动合同。一方提出终止劳动关系的,人民法院应予支持。

根据劳动合同法第十四条规定,用人单位应当与劳动者签订无固定期限劳动合同而未签订的,人民法院可以视为双方之间存在无固定期限劳动合同关系,并以原劳动合同确定双方的权利义务关系。

劳动部《关于贯彻执行〈中华人民共和国劳动法〉若干问题的意见》

26. 劳动合同的解除是指劳动合同订立后,尚未全部履行以前,由于某种原因导致劳动合同一方或双方当事人提前消灭劳动关系的法律行为。劳动合同的解除分为法定解除和约定解除两种。根据劳动法的规定,劳动合同既可以由单方依法解除,也可以双方协商解除。劳动合同的解除,只对未履行的部分发生效力,不涉及已履行的部分。

·风险提示·

用人单位:劳动合同是劳动者与用人单位确立劳动关系,明确双方权利和义务的协议。建立劳动关系应当订立劳动合同,对劳动合同期限、工作内容、劳动保护和劳动条件、劳动报酬、劳动纪律、劳动合同终止的条件等内容当事人可以协商确定。依法订立的劳动合同对双方当事人都具有法律约束力,当事人双方必须履行劳动合同规定的义务。劳动合同成立后相应地就会有劳动合同的终止或解除,不同的情形就会产生不同的效果。

劳动合同的终止是指在合同期满或者法律法规规定的劳动合同终止的条件出现时,劳动合同即行终止。《劳动合同法》第44条对劳动合同依法终止的情形进行了列举,除该条规定的劳动合同期满,劳动者开始依法享受基本养老保险待遇,劳动者死亡(或被人民法院宣告死亡、失踪),用人单位被依法宣告破产、吊销营业执照、责令关闭、撤销或提前解散情形之外,用人单位不得与劳动者约定其他合同终止的情形。因此,发生上述法定情形时就会产生劳动合同终止的法律效果。在劳动合同终止时,除国家另有规定外,用人单位可以不支付劳动者经济补偿金。但在劳动合同期满时,劳动者有《劳动法》第 29 条、《劳动合同法》第 42 条规定的情形的,用人单位应当顺延至相应情形消失时终止劳动合同。

劳动合同的解除是指劳动合同订立后,尚未全部履行以前,出于某种原因,劳动合同一方或双方当事人提前消灭劳动关系的法律行为。与劳动合同的终止相比,用人单位更容易因为劳动合同的解除而发生纠纷,劳动合同可以双方协商一致解除,也可以单方依法解除。解除也只对未履行的部分发生效力,不涉及已履行的部分。双方协商解除原则上只要不违反法律法规的强制性规定,解除协议是合法有效的。劳动者和用人单位在具备法定情形时都享有单方解除劳动合同的权利。用人单位单方解除劳动合同的,应当事先将理由通知工会。一般情形下,劳动者提前 30 日以书面形式通知用人单位的,可以解除劳动合同;试用期内提前 3 日通知用人单位的,可以解除劳动合同。如果用人单位未按照劳动合同约定提供劳动保护或者劳动条件,未及时足额支付劳动报酬,未依法为劳动者缴纳社会保险费,用人单位的规章制度违反法律法规的规定,损害劳动者权益,用人单位以欺诈胁迫的手段或乘人之危,使劳动者在违背真实意思的情况下订立或者变更劳动合同,用人单位免除自己的法定责任,排除劳动者权利,违反法律、行政法规强制性规定致使劳动合同无效,以及用人单位以暴力、威胁或者非法限制人身自由的手段强迫劳动者劳动,或者用人单位违章指挥,强令冒险作业危及劳动者人身安全,劳动者可以立即解除劳动合同,无须事先告知用人单位。劳动者患病或者非因工负伤,在规定的医疗期满后不能从事原工作,也不能从事由用人单位另行安排的工作的,劳动者不能胜任工作,经过培训或者调整工作岗位,仍不能胜任工作的,劳动合同订立时所依据的客观情况发生重大变化,致使劳动合同无法履行的,经用人单位与劳动者协商,未能就变更劳动合同内容达成协议的,用人单位提前 30 日或额外支付劳动者 1 个月工资便可以解除劳动合同。如果劳动者在试用期间被证明不符合录用条件,严重违反用人单位的规章制度,严重失职,营私舞弊,给用人单位造成重大损害,劳动者同时与其他用人单位建立劳动关系,对完成本单位的工作任务造成严重影响,或者经用人单位提出,拒不改正,被依法追究刑事责任等,具有《劳动法》第25条规定情形之一,用人单位可以立即与劳动者解除劳动合同,并不用支付经济补偿金。劳动者属于从事接触职业病危害作业的劳动者未进行离职前健康检查的,或疑似职业病病人在诊断或观察期的,在用人单位患职业病或因工负伤被确认丧失或部分丧失劳动能力的,患病或非因工负伤,在规定的医疗期内的,女职工在孕期、产期、哺乳期的,在用人单位连续工作满15年且距法定退休年龄不足5年等《劳动合同法》第42条规定的情形之一的,用人单位不得提前30日以书面形式通知劳动者本人或额外支付1个月工资后解除劳动合同,也不得在企业破产、重整等情况下将上述人员作为企业被裁减的人员。根据《劳动合同法》第46条、第47条、第48条的规定,除非劳动者具有《劳动法》第25条、《劳动合同法》第39条的情形导致劳动合同解除,用人单位解除劳动合同应当向劳动者支付经济补偿金或赔偿金。如果劳动者既有即时解除的情形,又具有应当顺延的情形,根据劳动部《关于贯彻执行〈中华人民共和国劳动法〉若干问题的意见》第30条的规定,用人单位仍可以行使即时解除权。

劳动合同的中止履行,是指劳动合同订立后,劳动者因涉嫌违法犯罪被有关机关收容审查、拘留、逮捕的,用人单位可与劳动者暂时停止履行劳动合同。在暂时停止履行劳动合同期间,用人单位不承担劳动合同规定的相应义务。

劳动者: 劳动者作为人力资源的输出者,在劳动关系中,具有付出劳动获得相应报酬的权益。劳动者在就业时享有平等就业和选择职业的权利,在提供劳动时享有取得劳动报酬的权利,休息休假的权利,获得劳动安全卫生保护的权利,接受职业技能培训的权利,享受社会保险和福利的权利,提请劳动争议处理的权利以及法律规定的其他劳动权利等。劳动合同在履行过程中,会因法定或约定情形的出现,产生劳动合同的终止、解除、中止的法律效果,这对劳动者至关重要,不但会对劳动者当下的生活水平产生影响,更会在劳动者未来劳动能力下降或患病、因工负伤、年老、失业时产生更重要的影响。因此,劳动相关法律法规在用人单位解除、终止劳动合同方面进行了全方位的规制。例如,在劳动合同履行期间,有最低工资标准,用人单位应当依法为劳动者缴纳社会保险,劳动者提供劳动满1年用人单位未与劳动者签订劳动合同的,视为劳动者和用人单位订立了无固定期限的劳动合同,以及在解除、终止劳动合同时,除因劳动者本人的过错外,用人单位都应当支付经济补偿金、赔偿金等。这些规定从不同角度,全方位保护劳动者的合法权益。

本案的判决结果,是比较少见的突破了"达到退休年龄劳动关系终止"的一个例外,在实践中也颇具争议。法院之所以支持了张某家属的诉讼请求,主要是因为物业公司从张某入职16年来,没有依法给张某缴纳社会保险,从根本上导致张某已经无法享受养老保险待遇,无法领取退休金享受退休生活。如果简单地以张某达到法定退休年龄为由否定张某的劳动者主体资格,否定张某与物业公司之间的劳动关系,违反公平原则。具体分析如下:其一,物业公司未依法为张某缴纳社会保险,从根本上导致张某退休后的生活没有基本的保障,且无法进行补缴。其二,物业公司在张某达到退休年龄时,并没有向张某发出终止劳动关系的通知,而是继续接受张某的劳动,向张某支付劳动报酬,张某也未提出异议,继续在原岗位提供劳动,双方愿意以原劳动合同约定的条件继续履行。其三,物业公司导致张某无法保障退休生活,不能据此剥夺张某作为劳动者的资格;并且张某并不是达到退休年龄后另行与其他用人单位建立劳动关系,而是与物业公司继续履行原劳动合同。其四,张某为维护物业公司的利益,在达到退休年龄后不到两周的时间遭受伤害去世,张某本人已无法通过物业公司未依法缴纳社会保险来主张损失赔偿。综合本案具体情形,法院基于权利义务相一致原则,判决确认张某退休后至去世前的12天也属于劳动合同存续期间。

14 长期两不找情形下用人单位与劳动者的权利与义务

适用法条

——《劳动合同法》第二十九条、陕西省高级人民法院《关于审理劳动争议案件若干问题的解答》第七条

案情回顾

自2000年起，某县街道办计划生育工作站(以下简称某计生站)，因工作需要聘用计生工作人员数名，江某于2001年4月13日入职该计生站，从事妇女三查工作，该工作要求具备影像医师资格证，月工资2080元。江某与某计生站签订了3年的聘用合同。2004年4月12日合同到期，双方并未续签，江某还在原岗位从事原工作，某计生站继续为江某发放工资。自2014年起，计划生育三查工作逐步放缓，包括江某在内的三查工作人员基本没有工作任务。自2015年起，江某逐渐不到岗，某计生站也不对江某进行管理，也没有相应的工作提供给江某。2015年7月底，江某再未来某计生站上班，某计生站向包括江某在内的12名计生人员发放基本工资1400元。自2016年3月起，某计生站停发了江某的工资。

2022年1月14日，某计生站接到仲裁通知书：江某申请裁决某计生站向其支付自2004年5月13日起11个月的2倍工资，2015年7月至2016年2月的工资差额，2016年3月至今的工资；申请裁决某计生工作站继续履行劳动合同。当地仲裁委逾期未作出裁决。2022年2月25日，江某向人民法院起诉，诉请同仲裁。一审人民法院审理后，驳回了江某的全部诉讼请求。江

某不服提起上诉，二审维持了一审判决。

·法理分析·

本案的争议焦点是某计生站与江某自2016年3月起至起诉之日止，双方是否存在劳动关系。

江某诉称，她在2001年4月13日入职该计生站，从事妇女三查工作，月工资2080元。2004年4月12日，聘用合同到期，双方并未续签，江某还在原岗位从事原工作。2015年7月底，某计生站向江某发放基本工资1400元。自2016年3月起，某计生站停发了江某的工资。根据劳动法相关规定，建立劳动关系应当订立劳动合同；劳动者在同一用人单位连续工作10年以上，应当订立无固定期限劳动合同；工资应当以货币形式按月足额支付给劳动者本人，不得克扣或者无故拖欠劳动者的工资。依据上述规定，在2004年4月12日聘用合同到期后，某计生站未依法与江某签订聘用合同，自2004年5月13日起至2005年4月12日止，江某有权要求某计生站支付2倍工资。2015年7月底，某计生站向江某发放基本工资每月1400元，低于聘用合同约定的2080元，应当补足差额至2016年2月。自2016年3月起，某计生站停发了江某的工资，应当依法支付至仲裁之日。自2004年4月12日聘用合同到期后，双方已经形成事实劳动关系，聘用期限早已超过10年，江某并无法律规定的解除情形，某计生站也并没有向江某发送解除或终止合同的通知，江某有权要求某计生站继续履行聘用合同。

某计生站辩称，2001年，县人民政府为安置就业困难人员提供公益性岗位，以解决青年就业问题，招聘包括江某在内的12名计生人员至本机关。自2015年以来，计生工作大幅减少，该批招用的计生人员基本在家待岗，自2015年7月底起江某再未到某计生站上班，某计生站将江某的工资支付至2016年2月。从此双方处于长期两不找的状态，聘用关系已经解除，本站不应当再支付江某的任何工资报酬等，江某的诉讼请求应当依法驳回。

法院经审理查明，2001 年 4 月 13 日，县政府为安置就业困难人员招用江某，江某与某计生站签订《聘用合同》，从事妇女三查公益工作岗，聘用期限 3 年，月工资 2080 元。聘用合同到期后，双方未再续签，江某继续提供劳动至 2015 年 7 月底。自 2015 年 7 月起，某计生站向江某发放基本工资每月 1400 元至 2016 年 2 月；此后停发了江某的工资。双方对以上查明的事实无异议。

对于江某与某计生站自 2016 年 3 月起至今是否存在劳动合同关系，法院认为，依法订立的劳动合同具有约束力，用人单位与劳动者应当按照劳动合同的约定全面履行自己的义务。自 2015 年 7 月起，江某再未到岗提供劳动，未履行聘用合同约定的义务，江某再未到岗的行为说明江某不愿再接受某计生站的用工管理，事实上已经严重违反了某计生站管理制度。不管是基于江某未提供劳动，还是基于江某对某计生站管理制度的违反，江某都不应当在未提供劳动的情况下获取劳动报酬。另外，江某长期不到岗的行为，有解除聘用关系的意思表示，双方在长期两不找期间，互未履行劳动权利和义务，聘用关系从某计生站停发工资之日起事实上已经解除。在江某自 2015 年 7 月起再未提供劳动的情况下，某计生站一直支付江某工资至 2016 年 2 月。对于江某要求某计生站支付 2015 年 7 月至 2016 年 2 月的工资差额，以及 2016 年 3 月至今的工资的诉讼请求，法院不予支持。对于江某主张的 2 倍工资，根据《劳动争议调解仲裁法》第 27 条第 1 款的规定，劳动争议的仲裁时效期间为 1 年，仲裁时效期间从当事人知道或应当知道其权利被侵害之日起计算。2004 年 4 月 12 日聘用合同到期后，某计生站与江某未续签聘用合同，江某对此已明知，故 2 倍工资的仲裁时效自 2005 年 4 月 12 日起算，截至仲裁时已超过法定时效期间，不予认定。

江某属于政策性公益岗招用的劳动者，江某主张与某计生站已经建立无固定期限劳动合同。对于江某要求继续履行聘用合同的主张，根据《劳动合同法实施条例》第12条的规定，地方各级人民政府及县级以上地方人民政府有关部门为安置就业困难人员提供的给予岗位补贴和社会保险补贴的公益性岗位，其劳动合同不适用劳动合同法有关无固定期限劳动合同的规定以及支付经济补偿的规定，法院不予支持。因此，法院判决驳回江某的全部诉讼请求。

·知识拓展·

《劳动法》

第十六条　劳动合同是劳动者与用人单位确立劳动关系、明确双方权利和义务的协议。

建立劳动关系应当订立劳动合同。

第二十条　劳动合同的期限分为有固定期限、无固定期限和以完成一定的工作为期限。

劳动者在同一用人单位连续工作满十年以上，当事人双方同意续延劳动合同的，如果劳动者提出订立无固定期限的劳动合同，应当订立无固定期限的劳动合同。

第五十条　工资应当以货币形式按月支付给劳动者本人。不得克扣或者无故拖欠劳动者的工资。

《劳动合同法》

第三条　订立劳动合同，应当遵循合法、公平、平等自愿、协商一致、诚实信用的原则。

依法订立的劳动合同具有约束力，用人单位与劳动者应当履行劳动合同约定的义务。

第二十九条　用人单位与劳动者应当按照劳动合同的约定，全面履行各自的义务。

第三十九条　劳动者有下列情形之一的，用人单位可以解除劳动合同：

（一）在试用期间被证明不符合录用条件的；

（二）严重违反用人单位的规章制度的；

（三）严重失职，营私舞弊，给用人单位造成重大损害的；

（四）劳动者同时与其他用人单位建立劳动关系，对完成本单位的工作任务造成严重影响，或者经用人单位提出，拒不改正的；

（五）因本法第二十六条第一款第一项规定的情形致使劳动合同无效的；

（六）被依法追究刑事责任的。

《劳动合同法实施条例》

第七条　用人单位自用工之日起满一年未与劳动者订立书面劳动合同的，自用工之日起满一个月的次日至满一年的前一日应当依照劳动合同法第八十二条的规定向劳动者每月支付两倍的工资，并视为自用工之日起满一年的当日已经与劳动者订立无固定期限劳动合同，应当立即与劳动者补订书面劳动合同。

第十二条　地方各级人民政府及县级以上地方人民政府有关部门为安置就业困难人员提供的给予岗位补贴和社会保险补贴的公益性岗位，其劳动合同不适用劳动合同法有关无固定期限劳动合同的规定以及支付经济补偿的规定。

《劳动争议调解仲裁法》

第二十七条　劳动争议申请仲裁的时效期间为一年。仲裁时效期间从当事人知道或者应当知道其权利被侵害之日起计算。

前款规定的仲裁时效，因当事人一方向对方当事人主张权利，或者向有关部门请求权利救济，或者对方当事人同意履行义务而中断。从中断时起，仲裁时效期间重新计算。

因不可抗力或者有其他正当理由，当事人不能在本条第一款规定的仲裁时效期间申请仲裁的，仲裁时效中止。从中止时效的原因消除之日起，仲裁时效期间继续计算。

劳动关系存续期间因拖欠劳动报酬发生争议的，劳动者申请仲裁不受本条第一款规定的仲裁时效期间的限制；但是，劳动关系终止的，应当自劳动关系终止之日起一年内提出。

陕西省高级人民法院《关于审理劳动争议案件若干问题的解答》

7. 问："长期两不找"的案件如何处理？

答：劳动者长期未向用人单位提供劳动，用人单位也长期不再向劳动者支付劳动报酬等相关待遇，双方互不履行劳动关系项下的义务，可以认定双方在此期间不享有劳动法赋予的权利和承担劳动法规定的义务。根据《最高人民法院关于审理劳动争议案件适用法律若干问题的解释（二）》第一条第二项的规定，不能以超过仲裁时效为由驳回当事人的请求，应从劳动者的诉请不符合权利义务对等的事实理由驳回其劳动争议项下的请求。但劳动者要求用人单位出具解除劳动关系证明及办理档案和社会保险关系转移手续的，人民法院应予支持。

·风险提示·

用人单位：长期两不找，指的是劳动者与用人单位之间基于某种原因，劳动者长期未到岗上班，但用人单位也长期未通知劳动者到岗上班。在实践中，不管是用人单位的原因还是劳动者一方的原因，"长期两不找"这种劳动状态大量存在，引发不少纠纷。"长期两不找"本身不是一个法律专业术语，如何认定长期两不找劳动状态，法律法规目前没有明确的制度指引。第一，关于"长期"的认定。劳动者长期未向用人单位提供劳动，用人单位也长期不向劳动者支付劳动报酬的，这种状态持续多长期间属于长期？一般用人单位的规章制度对劳动者的劳动管理通常是以天为单位计算旷工或请病假事假,对累计旷工超过若干天的职工视为具有严重违反用人单位规章制度的行为,达到立即解除劳动关系的效果。那么,相对于旷工等劳动管理制度,长期一般是指明显长于劳动管理制度规定期限的天数,几个月、几年,甚至十几年都属于。第二,关于“两不找”的认定。两不找就是劳动者和用人单位互不主张劳动合同的履行,互不负担劳动合同约定的义务,劳动合同约定的权利义务处于停止状态。第三,在双方两不找期间,劳动关系怎样认定。在司法实务中,各地司法机关以会议纪要、通知等对此问题出台裁判规则,形成了大致 3 种裁判思路。一是认为劳动关系存在。主张在长期两不找期间劳动关系存在的,主要是因为《劳动合同法》对劳动合同的解除有明确的规定,未按法律规定的方式解除的,劳动关系则未解除,故认为劳动关系依然存在。比如,辽宁省、吉林省。二是认为劳动关系已经解除。主张劳动关系已经解除的,认为双方在此期间互不履行权利义务,劳动关系失去了存在的基础。比如,湖北省、陕西省。三是认为劳动关系处于中止履行状态。主张劳动关系存续但属于中止履行状态的,认为在长期两不找期间用人单位和劳动者暂停履行劳动合同,互不履行劳动权利义务。比如,上海市、江苏省。

如果劳动者不辞而别,用人单位应当及时依据劳动管理制度,作出相应的处理决定;达到解除劳动合同条件的,用人单位应以劳动者可知悉的方式送达解除劳动关系通知书,发生解除的法律效果。及时解除劳动关系,可以避免用人单位在长期两不找期间对不履行劳动合同义务劳动者基本生活费的负担,以及对待岗工资的支付、社保费用的缴纳等义务的承担。另外,对劳动者仲裁时效进行明确固定,可以防止加重用人单位的义务。

劳动者:劳动者应当注意收集证据,如何时入职、离职或待岗,何时解除劳动关系等,确定劳动关系存续期间。另外,如应当在仲裁时效期间内主张权利,对未支付的工资报酬,未签订书面劳动合同而产生的 2 倍工资,未依法缴纳社保等,应从知道或应当知道权利被侵害之日起积极主张,不宜在权利上睡眠。

当劳动者与用人单位形成长期两不找的事实状态时，劳动者要想主张由用人单位支付两不找期间的劳动报酬，缴纳社保，继续履行劳动合同，一般不会得到司法机关的支持。稳定的工作是劳动者赖以生存的经济来源，劳动者不应被用人单位空置，应积极重新投入社会，创造经济价值。

Chapter two

第二章

劳动合同的履行和变更

15 用人单位认为劳动者不符合录用条件的证明责任

适用法条

——《劳动合同法》第二十一条、最高人民法院《关于审理劳动争议案件适用法律问题的解释(一)》第四十四条

案情回顾

2019年4月,某电信公司招聘一级营销员1名,招聘条件:(1)应当取得大学本科及以上市场营销专业学历;(2)在试用期间应当每周至少去一个支公司进行营销业务实地拓展,对支公司所属区域小区内业务宣传进行全程指导;(3)在试用期间要对属于公司的10个支公司全部进行第2项业务实地拓展和宣传指导……2019年4月15日,刘某和某电信公司签订了以招聘条件作为核心内容的《一级营销员录用条件确认书》,刘某应聘为市场营销部一级营销员,双方签订了3年的劳动合同,约定刘某的试用期为6个月,试用期间基本工资为14,080元,转正后为17,600元,同日刘某上岗提供劳动。2019年5月10日,某电信公司高层领导和各支公司负责人就刘某一级营销员试用期间的表现进行开会汇总,其中刘某未按《一级营销员录用条件确认书》约定的内容去各支公司进行业务宣传指导,公司招聘刘某为一级营销员完全达不到招聘条件约定的预期效果,各负责人对刘某试用期间的工作表现均给出了否定性评价,各负责人签字确认刘某不能胜任该工作,并形成会议纪要。2019年5月16日,某电信公司向刘某邮箱发送了解除劳动合同决定书,称刘某不符合某电信公司录用条件,某电信公司于2019年5月20日解

除与刘某的劳动关系，并发放报酬至解除之日，刘某应当在收到该决定书之日起15日内前来办理解除劳动关系的证明，交接相关手续，归还公司笔记本电脑一台。刘某不服，当即回复邮件，称自己并不符合解除条件，向某电信公司主张继续履行劳动合同。2019年5月21日，某电信公司解除了刘某员工卡的密码，并注销了刘某工作账号，刘某无法正常进入公司大楼，无法登录公司系统签到，待业在家。

2019年5月30日，刘某向当地仲裁委员会申请仲裁，请求依法确认某电信公司解除劳动关系违法，并要求继续履行劳动合同。仲裁委员会认为刘某在试用期间，不按招聘条件履行合同约定的义务，在试用期间某电信公司可以随时与刘某解除劳动合同，事实清楚，证据确凿，程序合法，驳回了刘某的全部仲裁请求。刘某不服诉至人民法院，一审人民法院审理后维持了仲裁的裁决结果。刘某不服继续上诉至中级人民法院，二审人民法院审理后认为，某电信公司就刘某"不符合录用条件"在未能举证证明的情况下与刘某解除劳动关系，确认某电信公司解除劳动合同违法；但基于用人单位在试用期间就不认可刘某的工作态度、工作业绩，日后合同的履行没有信任的基础，判决双方无须继续履行劳动合同。刘某同意就某电信公司违法解除劳动合同赔偿金事宜另行主张权利。

·法理分析·

根据法律规定，劳动合同的解除是指劳动合同订立后，尚未全部履行以前，出于某种原因劳动合同一方或双方当事人提前消灭劳动关系的法律行为。劳动合同可以单方依法解除，也可以双方协商解除。劳动合同的解除，只对未履行的部分发生效力，不涉及已履行的部分。用人单位与劳动者建立劳动合同可以约定试用期限,试用期最长不超过6个月,试用期包含在劳动合同期限内。在劳动合同履行过程中,双方应当按照劳动合同的约定,全面履行各自的义务。《劳动合同法》第39条第1项规定,劳动者在试用期间被证明不符合录用条件的,用人单位可以解除劳动合同。第40条第1项、第2项规定,劳动者患病或者非因工负伤,在规定的医疗期满后不能从事原工作,也不能从事由用人单位另行安排的工作的,劳动者不能胜任工作,经过培训或者调整工作岗位,仍不能胜任工作的,用人单位提前30日以书面形式通知劳动者本人或者额外支付1个月的工资后,可以解除劳动合同。《劳动合同法实施条例》第19条等相关法律法规均对用人单位解除劳动合同进行了明确的规定。除此之外,用人单位不得与劳动者解除劳动合同。用人单位违反《劳动合同法》的规定与劳动者解除或终止劳动合同,劳动者要求用人单位继续履行的,用人单位应当继续履行。劳动者不要求继续履行或者劳动合同已经不能继续履行的,用人单位应当依照《劳动合同法》第87条的规定向劳动者支付赔偿金。根据法律、法规的规定,当事人对自己提出的主张,有责任提供证据。人民法院应当以证据证明的案件事实依法作出裁判。

本案的争议焦点为:(1)某电信公司解除劳动合同是否违法;(2)刘某与某电信公司的劳动合同能否继续履行。

首先,关于某电信公司解除劳动合同是否违法的问题。2019年4月15日,某电信公司与刘某签订了《一级营销员录用条件确认书》,建立了劳动关系。双方应当按合同约定各自履行相应的义务,一方履行行为不符合约定的,另一方可以行使解除权。2019年5月10日,某电信公司经过近1个月的观察了解,认为刘某作为一级营销员,完全达不到公司的预期效果,各负责人对刘某试用期间的工作表现均给出了否定性评价,各负责人签字确认刘某不能胜任工作,并形成会议纪要,并以此为由解除与刘某的劳动关系。然而,刘某需达到什么样的条件,或者在什么样的情形下才"符合录用条件"双方约定不明。依照最高人民法院《关于审理劳动争议案件适用法律问题的解释(一)》第44条之规定,因用人单位作出的开除、除名、辞退、解除劳动合同、减少劳动报酬、计算劳动者工作年限等决定而发生的劳动争议，用人单位负举证责任。某电信公司应当就刘某“不符合录用条件”即时解除劳动合同承担举证责任。某电信公司以公司内部形成的刘某“不能胜任工作”的会议纪要为根据，便认为刘某不符合《一级营销员录用条件确认书》约定的录用条件，行使了试用期间用人单位的即时解除权。“不能胜任工作”与“不符合录用条件”，适用于不同情形下用人单位劳动合同的解除权，不能相互代替。“不符合录用条件”属于《劳动合同法》第 39 条第 1 项规定的在试用期间的劳动者被证明不符合录用条件的，用人单位可以单方行使即时解除权；“不能胜任工作”属于《劳动合同法》第 40 条第 1 项和第 2 项规定的情形，适用于已经正式录用的劳动者，因特殊原因不能胜任原工作，在用人单位另行安排、培训、调岗后仍不能胜任的情况下的预告解除权。某电信公司依据刘某在试用期间“不符合录用条件”行使即时解除权，某电信公司应当就录用条件和刘某未达到录用条件进行举证，以证明某电信公司行使解除权合法。某电信公司认为招聘刘某就是为了提升公司的效益，刘某到岗近 1 个月，公司的效益仍停留在原地，故认为刘某营销业务实地拓展和宣传指导没有达到招聘预期的效果，进而公司一致认为刘某不能胜任工作，解除劳动合同。刘某认为自己按照招聘条件的要求每周到支公司所在区域小区进行宣传业务指导，对公司下属的 10 个支公司逐步按约定进行指导，完全在依约履行合同义务；再者，公司效益的好坏不能直接与刘某挂钩，刘某的营销业务和支公司的指导业务仅是公司业务的一部分，效益的好坏是公司的一个综合发展的结果，以此转嫁风险有违公平公正。某电信公司所举的刘某不能胜任工作的会议纪要属于公司内部决议，刘某作为利益相关方，在某电信公司作出决议时，没有陈述申辩的机会，并且在没有得到刘某的认可的情况下，单纯依据公司一方的认知形成刘某“不能胜任工作”的“事实”，并不能证明刘某“不符合录用条件”。该会议纪要在证据形式上属当事人单方制作的书证，在没有其他证据佐证且刘某不认可的情况下，依法不能作为认定刘某“不符合录用条件”事实的依据。在某电信公司不能提供其他证据证明刘某“不符合录用条件”的情况下，确认某电信公司解除劳动合同违法。

其次，关于刘某与某电信公司劳动合同能否继续履行的问题。对此，还应当以刘某与某电信公司所处的合同阶段进行分析。根据劳动法相关规定，某电信公司与刘某约定了6个月的试用期限。规定试用期的意义在于，劳动者与用人单位建立劳动关系不仅仅是劳动力和用人单位工作岗位的简单组合，基于劳动关系的特殊性，劳动者在提供劳动的同时，在一定程度上人身也受用人单位管理和支配，劳动者业务水平、劳动素养以及与用人单位的契合程度等，决定着劳动合同能否正常得以履行。因此，给予用人单位和劳动者一个相对较短的相互考察期，使劳资双方均可以较低成本地、及时地解除与之不相适应的劳动关系。

在本案中，刘某与某电信公司尚处于试用阶段，彼此都处于一个了解、适应、磨合的阶段。在此阶段，虽然某电信公司解除劳动合同被确认违法，但劳动合同能否继续履行是一个需要继续分析的问题。根据《劳动合同法》第48条的规定，用人单位违反本法规定解除或者终止劳动合同，劳动者要求继续履行劳动合同的，用人单位应当继续履行；劳动者不要求继续履行劳动合同或者劳动合同已经不能继续履行的，用人单位应当依照本法第87条规定支付赔偿金。

用人单位违法解除劳动合同，劳动者要求继续履行劳动合同的，继续履行合同是用人单位的首选方式；劳动合同已经不能继续履行的，用人单位才以支付赔偿金的方式替代违法解除责任的承担。在劳动者要求继续履行的前提下，认定劳动合同已经不能继续履行，要看劳动合同本身是否具有继续履行的可能性。现刘某要求继续履行劳动合同，劳动合同能否继续履行，就须从该劳动合同有无继续履行的可能性进行判断。根据《劳动合同法》第41条第1款第4项、第44条的规定，因劳动合同订立时所依据的客观经济情况发生重大变化，劳动合同无法履行的，劳动合同期满的，劳动者开始依法享受养老保险待遇的，用人单位被依法宣告破产的，用人单位被依法吊销营业执照、责令关闭、撤销或用人单位提前决定解散的等情形，均属于客观上无法继续履行劳动合同的情形。《民法典》第578条规定，当事人一方明确表示或者以自己的行为表明不履行合同义务的，对方可以在履行期限届满前请求其承担违约责任。第580条规定，当事人一方不履行非金钱债务或者履行非金钱债务不符合约定的，对方可以请求履行，但是有下列情形之一的除外：(1)法律上或者事实上不能履行；(2)债务的标的不适于强制履行或者履行费用过高；(3)债权人在合理期限内未请求履行。有前款规定的除外情形之一，致使合同目的不能实现的，人民法院或者仲裁机构可以根据当事人的请求终止合同权利义务关系，但是不影响违约责任的承担。《劳动合同法》第48条规定，用人单位违反本法规定解除或者终止劳动合同，劳动者要求继续履行劳动合同的，用人单位应当继续履行；劳动者不要求继续履行劳动合同或者劳动合同已经不能继续履行的，用人单位应当依照本法第87条规定支付赔偿金。从上述规定可以看出，当违约情况发生时，继续履行是违约方承担责任的首选方式，但是对于非金钱债务，不适合强制履行的，为平衡合同双方的利益，可以允许违约方解除合同，但本应承担的违约责任不能因解除合同而减少或免除。主要理由如下：

其一，劳动合同也属于民事合同的一类，合同关系需要在合同主体双方意思表示一致的基础上建立，一方以行为或意思表示不愿意建立或继续使合同存续的，另一方可依法主张赔偿。这强调了民事法律关系建立和继续的自愿性，民事主体的一致履行意愿对于合同能正常履行有重要作用。回到本案，劳动合同也是特殊的民事合同，在劳动关系中，劳动者在提供劳动过程中，一定程度上人身要受用人单位调用支配，在用人单位管理和指挥下进行劳动，人身附属性是劳动合同的特别之处，不适合强制履行。某电信公司通过向刘某送达解除劳动合同决定书以及解除刘某员工卡的密码，注销刘某工作账号，使刘某无法正常进入公司大楼，无法登录公司系统签到等行为，表明双方合同履行形成僵局，某电信公司不愿意再接受刘某提供的劳动。

其二,还应考虑用人单位与劳动者的主观因素,即双方的信任基础。从刘某入职以来的近1个月的试用期考察结果来看,某电信公司高层领导及各支公司负责人在确认刘某不能胜任工作上已经形成共识,某电信公司没有与刘某继续建立劳动关系的意愿,相反有与刘某结束劳动关系的意思表示。刘某尚处于试用期,在短短不到1个月的试用考察期内,某电信公司高层领导及各支公司负责人均对刘某作出否定评价,认为刘某不能胜任该岗位,双方没有充分建立信任基础,这对后续工作的开展及用人单位的发展走向都有重要的意义。

其三,刘某作为公司一级营销员,反馈的基层数据直接影响公司的发展策略和营销计划的制定,刘某一级营销员的岗位直接与高层领导及各支公司负责人对接业务,对某电信公司的发展非常重要。刘某在试用期便无法与高层领导和谐沟通,某电信公司主观上不认可刘某的工作,如果坚持劳动合同的继续履行对公司的发展非常不利。从公平公正的角度来看,劳动相关法律法规既要保护处于弱势地位的劳动者的利益,也要从企业的长线发展考虑,既能从赔偿金上补偿刘某的损失,又能保护公司的长效发展,使双方从劳动合同僵局中解放出来,重新投入社会。

综上,刘某的工作绩效直接关系到公司的经营发展和长期规划,基于已经失去和谐、稳定、积极劳动意愿的劳动关系,在审慎考量和平衡双方利益的基础上,劳动合同已经不适合强制履行,某电信公司无须继续履行劳动合同,刘某仍可就某电信公司违法解除劳动合同另行主张赔偿金事宜。

·知识拓展·

《劳动合同法》

第二十一条　在试用期中,除劳动者有本法第三十九条和第四十条第一项、第二项规定的情形外，用人单位不得解除劳动合同。用人单位在试用期解除劳动合同的，应当向劳动者说明理由。

第三十五条　用人单位与劳动者协商一致，可以变更劳动合同约定的内容。变更劳动合同，应当采用书面形式。

变更后的劳动合同文本由用人单位和劳动者各执一份。

第三十九条　劳动者有下列情形之一的，用人单位可以解除劳动合同：

（一）在试用期间被证明不符合录用条件的；

（二）严重违反用人单位的规章制度的；

（三）严重失职，营私舞弊，给用人单位造成重大损害的；

（四）劳动者同时与其他用人单位建立劳动关系，对完成本单位的工作任务造成严重影响，或者经用人单位提出，拒不改正的；

（五）因本法第二十六条第一款第一项规定的情形致使劳动合同无效的；

（六）被依法追究刑事责任的。

第四十条　有下列情形之一的，用人单位提前三十日以书面形式通知劳动者本人或者额外支付劳动者一个月工资后，可以解除劳动合同：

（一）劳动者患病或者非因工负伤，在规定的医疗期满后不能从事原工作，也不能从事由用人单位另行安排的工作的；

（二）劳动者不能胜任工作，经过培训或者调整工作岗位，仍不能胜任工作的；

（三）劳动合同订立时所依据的客观情况发生重大变化，致使劳动合同无法履行，经用人单位与劳动者协商，未能就变更劳动合同内容达成协议的。

第四十八条　用人单位违反本法规定解除或者终止劳动合同，劳动者要求继续履行劳动合同的，用人单位应当继续履行；劳动者不要求继续履行劳动合同或者劳动合同已经不能继续履行的，用人单位应当依照本法第八十七条规定支付赔偿金。

第五十条　用人单位应当在解除或者终止劳动合同时出具解除或者终止劳动合同的证明，并在十五日内为劳动者办理档案和社会保险关系转移手续。

劳动者应当按照双方约定，办理工作交接。用人单位依照本法有关规定应当向劳动者支付经济补偿的，在办结工作交接时支付。

用人单位对已经解除或者终止的劳动合同的文本，至少保存二年备查。

《劳动合同法实施条例》

第十九条　有下列情形之一的，依照劳动合同法规定的条件、程序，用人单位可以与劳动者解除固定期限劳动合同、无固定期限劳动合同或者以完成一定工作任务为期限的劳动合同：

（一）用人单位与劳动者协商一致的；

（二）劳动者在试用期间被证明不符合录用条件的；

（三）劳动者严重违反用人单位的规章制度的；

（四）劳动者严重失职，营私舞弊，给用人单位造成重大损害的；

（五）劳动者同时与其他用人单位建立劳动关系，对完成本单位的工作任务造成严重影响，或者经用人单位提出，拒不改正的；

（六）劳动者以欺诈、胁迫的手段或者乘人之危，使用人单位在违背真实意思的情况下订立或者变更劳动合同的；

（七）劳动者被依法追究刑事责任的；

（八）劳动者患病或者非因工负伤，在规定的医疗期满后不能从事原工作，也不能从事由用人单位另行安排的工作的；

（九）劳动者不能胜任工作，经过培训或者调整工作岗位，仍不能胜任工作的；

（十）劳动合同订立时所依据的客观情况发生重大变化，致使劳动合同无法履行，经用人单位与劳动者协商，未能就变更劳动合同内容达成协议的；

（十一）用人单位依照企业破产法规定进行重整的；

（十二）用人单位生产经营发生严重困难的；

（十三）企业转产、重大技术革新或者经营方式调整，经变更劳动合同后，仍需裁减人员的；

（十四）其他因劳动合同订立时所依据的客观经济情况发生重大变化，致使劳动合同无法履行的。

最高人民法院《关于审理劳动争议案件适用法律问题的解释（一）》

第四十四条　因用人单位作出的开除、除名、辞退、解除劳动合同、减少劳动报酬、计算劳动者工作年限等决定而发生的劳动争议，用人单位负举证责任。

劳动部《关于贯彻执行〈中华人民共和国劳动法〉若干问题的意见》

18. 劳动者被用人单位录用后，双方可以在劳动合同中约定试用期，试用期应包括在劳动合同期限内。

19. 试用期是用人单位和劳动者为相互了解、选择而约定的不超过六个月的考察期。一般对初次就业或再次就业的职工可以约定。在原固定工进行劳动合同制度的转制过程中，用人单位与原固定工签订劳动合同时，可以不再约定试用期。

40. 劳动者依据劳动法第三十二条第（一）项解除劳动合同，用人单位可以不支付经济补偿金，但应按照劳动者的实际工作天数支付工资。

·风险提示·

用人单位：为了保护劳动者权益，防止用人单位随意解除劳动合同，根据劳动法的相关规定，用人单位想单方解除劳动关系的，主要在《劳动合同法》第39条和第40条规定的9种，以及《劳动合同法实施条例》第19条的14种情形下才能行使解除权。如果用人单位要与劳动者解除劳动合同,在遵守法律法规的同时,还应当发挥好企业的用工自主权。不同的用人单位需要不同的工作岗位,或者说同一用人单位也招用不同的工种和岗位,在录用劳动者时签订好每一份录用协议,对将来灵活解除劳动合同至关重要。在实践中用人单位解除试用期间劳动合同的纠纷中,大量解除行为被认定为违法,用人单位不但没有合法解除与单位不适应的劳动关系,还导致了继续履行或支付赔偿金的后果,原因在于用人单位没有将用工自主权发挥好。用人单位在招用劳动者时往往使用用人单位的模板协议,没有针对每一位劳动者签订详细的招聘录用协议,对录用条件未作出明确约定,以至于在试用期想解除劳动关系时骑虎难下。在本案中,某电信公司的招聘录用条件约定不明确,在想解除与刘某的劳动关系时没有实操性,后期某电信公司自行形成的会议纪要也无法证明刘某不符合录用条件。这些导致了某电信公司败诉,继而导致了赔偿金的支付。一份好的招聘录用协议如何让用人单位既能留住人才,又能低成本解除与单位不适应的劳动者的劳动关系?比如,关于试用期约定,劳动者具有下列情形之一的,用人单位视为不符合录用条件,有权终止与劳动者的劳动关系:(1)请假:在试用期内劳动者请假超过两次、迟到两次、旷工一次的;(2)考试:在试用期间用人单位根据录用岗位的需要安排各种测试,包括但不限于以新员工培训考试、转正答辩、笔试等方式进行满意度评估,劳动者考试不合格或分数低于60分的;(3)考核:劳动者试用期间届满时用人单位进行最终考核,考核结果分为优秀、合格、不合格3个等级,劳动者经考核不合格的;(4)业绩:劳动者在试用期的签约款或回款至少达到多少万元,未达到前述业绩的等。企业应当发挥自主用工的权益,并应在程序上让劳动者充分知晓及签字确认录用条件,只有这样才能最终发生适用的效果。因此,应用好企业用工自主权,不但能减少用人单位的败诉风险,减少赔偿损失,还能更好地、及时地选拔有用人才,为企业更好更快地发展构建合法的营商环境。

劳动者:劳动者作为提供劳动的一方,应与用人单位签订劳动合同时,应诚实守信，提供真实合法的个人资料，如实告知前用工单位的竞业限制内容；对合同条款应仔细阅读，对不理解的地方应要求用人单位进行解释，包括录用条件，在进行全面了解后签字确认。劳动关系建立后，劳动者应遵守劳动法相关规定、用人单位的各项规章制度，还应为用人单位提供劳动合同约定的义务，在试用期间还应遵守录用条件的内容，在用人单位不当行使单方解除权时，应及时进行维权，既可选择由用人单位继续履行劳动合同，也可选择赔偿金。

16 劳动者在不同企业之间连续用工工作年限的计算

适用法条

——《劳动合同法》第八十二条

案情回顾

2014年6月，李某入职阳光公司，在病理检验科任检验员一职，月薪8030元，“五险一金”。合同期限1年，合同期满后，任何一方未提出终止，继续履行则视为建立一个新合同，合同内容不变。2017年6月13日，阳光公司通过工作群发通知称，为了规范公司管理和行政检查需要，未签订劳动合同的员工3日内到人事处补签劳动合同，未按通知前往办理，导致无法缴纳社会保险及办理其他事项的，由此造成的损失由员工自行负责，特此通知。李某回复“收到”。2017年6月14日，李某与阳光公司分别补签了2015年、2016年、2017年的劳动合同。2017年8月2日，阳光公司又通过工作群发布通知如下：企业为了寻求更大的发展空间，相关业务由新成立的科迈公司承接，经营范围、工作岗位、工作内容、劳动报酬等均无变化，员工只需要与阳光公司解除劳动合同，再重新与科迈公司签订劳动合同即可，同意的回复收到并于3日内前往人事处办理相关手续，不同意的劳动合同履行至期满即可。当天晚上李某回复“收到，同意”。2017年8月14日，李某与阳光公司签订了《劳动合同解除协议》，协议称双方是在充分沟通，意思清楚明白的情况下确认解除劳动合同，双方协商确定的未付工资、经济补偿、加班费、赔偿金等达成“一揽子”数额5800元，日后不得反悔，不得通过仲裁诉讼等任何渠道再行主张任何权利，李某在落款处签字捺印，并签字领取了5800元现金。同日，李某又与科迈公司签订了《劳动合同》，内容除主体由阳光公司变为科迈公司外，其余约定没有变化。2017年8月28日，所有员工均与阳光公司签订了《劳动合同解除协议》，阳光公司将员工社保缴至该月，随即注销。2019年10月2日，李某发现医保刷卡失败，遂向科迈公司财务处询问，才知科迈公司从未给李某等人进行社保的缴纳，由此引发争议，协商无果。2019年11月15日，李某申请当地仲裁委员会解除与科迈公司的劳动合同，并提出要求科迈公司支付赔偿金44,165元，未签订劳动合同的双倍工资差额88,330元等其他仲裁请求。经当地劳动仲裁委员会裁决，科迈公司依法支付李某经济补偿金20,075元，李某的其他仲裁请求被驳回。李某不服向法院提起诉讼，一审法院维持仲裁裁决，判决驳回了李某的诉讼请求。双方均未提起上诉。

·法理分析·

本案的争议焦点：(1)关于李某经济补偿金的计算年限；(2)关于李某主张双倍工资是否超过仲裁时效。

首先，关于李某经济补偿金的计算年限。根据劳动部办公厅《对〈关于如何理解“同一用人单位连续工作时间”和“本单位工作年限”的请示〉的复函》，“同一用人单位连续工作时间”是指劳动者与同一用人单位保持劳动关系的时间，与“本单位工作年限”在计算医疗期、经济补偿时为同一概念。最高人民法院《关于审理劳动争议案件适用法律问题的解释(一)》第35条第1款规定，劳动者与用人单位就解除或者终止劳动合同办理相关手续，支付工资报酬、加班费、经济补偿或者赔偿金等达成的协议，不违反法律、行政法规的强制性规定，且不存在欺诈、胁迫或者乘人之危情形的，应当认定有效。2017年8月14日，李某与阳光公司签署《劳动合同解除协议》，称双方是在充分沟通，意思清楚明白的情况下确认解除劳动合同，并就未付工资、经济补偿、加班费、赔偿金等达成“一揽子”协议，并当场履行完毕。该情形不违反最高人民法院《关于审理劳动争议案件适用法律问题的解释(一)》中的相关规定，应当认定劳动补偿协议合法有效。《劳动合同法实施条例》第10条规定：劳动者非因本人原因从原用人单位被安排到新用人单位工作的，劳动者在原用人单位的工作年限合并计算为新用人单位的工作年限。原用人单位已经向劳动者支付经济补偿的，新用人单位在依法解除、终止劳动合同计算支付经济补偿的工作年限时，不再计算劳动者在原用人单位的工作年限。2017年8月14日，李某与阳光公司协商解除了劳动关系，且协议不违反法律法规的强制性规定。同日，李某又与科迈公司签订《劳动合同》，重新与科迈公司建立了劳动关系。李某坚持认为科迈公司与阳光公司是一家公司，只是换了名称而已，李某的工作条件、工作内容、劳动报酬等合同内容均与原合同一模一样；并称自己是接到阳光公司发布的“企业为了寻求更大的发展空间，相关业务由新成立的科迈公司承接……”的通知，才与阳光公司解除劳动关系，又与科迈公司建立劳动关系；认为科迈公司承接了阳光公司，自己是被阳光公司安排到科迈公司工作，并非本人原因，阳光公司的工作年限应合并计算至科迈公司。根据《民事诉讼法》第67条第1款的规定，当事人对自己提出的主张，有责任提供证据。根据李某提供的2017年8月2日阳光公司的群通知“企业为了寻求更大的发展空间，相关业务由新成立的科迈公司承接，经营范围、工作岗位、工作内容、劳动报酬等均无变化，员工只需要与阳光公司解除劳动合同，再重新与科迈公司签订劳动合同即可，同意的回复收到并于3日内前往人事处办理相关手续，不同意的劳动合同履行至期满即可”可知，阳光公司并没有强制员工与公司解除劳动合同，也没有承诺科迈公司与阳光公司属同一法人的表述。李某作为成年人，在阳光公司发布通知后，本可以选择继续履行劳动合同，但李某选择了解除劳动合同，并就解除劳动合同一事与阳光公司达成补偿协议，领取了相应款项。阳光公司在这一过程中没有附加条件，没有隐瞒欺诈，系与李某平等协商解除劳动关系，不符合最高人民法院《关于审理劳动争议案件适用法律问题的解释(一)》第46条第2款第1项规定的“劳动者仍在原工作场所、工作岗位工作，劳动合同主体由原用人单位变更为新用人单位”的全部条件。因此，本案不属于《劳动合同法实施条例》第10条规定的劳动者非因本人原因被安排到新用人单位工作，工作年限应当合并计算的情形，李某应当就非因本人原因被阳光公司安排到科迈公司继续举证。经国家企业信用信息公示系统查询可知，阳光公司与科迈公司具有独立的法人资格，系不同的投资主体投资设立，既不存在人员、财务等法人人格混同，也不存在公司之间变更、合并、分立的情形，系两个独立的法人。2017年8月14日，李某与科迈公司签订《劳动合同》，系重新与科迈公司建立劳动关系。因此，科迈公司未承继阳光公司的权利和义务，李某在阳光公司的工作年限因解除劳动关系而终止。在本案中，李某经济补偿金工作年限的计算，应当从2017年8月14日与科迈公司签订《劳动合同》时起重新计算。依据《劳动合同法》第47条第1款之规定，经济补偿按劳动者在本单位工作的年限，每满1年支付1个月工资的标准向劳动者支付。6个月以上不满1年的，按1年计算；不满6个月的，向劳动者支付半个月工资的经济补偿，即李某2017年8月14日至2019年11月15日供职于科迈公司，共2年3个月，按照李某固定月工资8030元计算，李某的经济补偿金为20,075元。

其次，关于李某主张双倍工资是否超过仲裁时效问题。最高人民法院《关于审理劳动争议案件适用法律问题的解释(一)》第34条第1款规定，劳动合同期满后，劳动者仍在原用人单位工作，原用人单位未表示异议的，视为双方同意以原条件继续履行劳动合同。一方提出终止劳动关系的，人民法院应予支持。《劳动法》第16条第2款规定，建立劳动关系应当订立劳动合同。《劳动合同法》第14条第3款规定，用人单位自用工之日起满1年不与劳动者订立书面劳动合同的，视为用人单位与劳动者已订立无固定期限劳动合同。第82条规定，用人单位自用工之日起超过1个月不满1年未与劳动者订立书面劳动合同的，应当向劳动者每月支付2倍的工资。《劳动争议调解仲裁法》第27条第1款规定，劳动争议申请仲裁的时效期间为1年。仲裁时效期间从当事人知道或者应当知道其权利被侵害之日起计算。

2017年8月14日，李某入职科迈公司，劳动合同的内容同阳光公司基本一致，合同期限1年。2018年8月13日合同到期后，双方期满未续，李某继续提供劳动，科迈公司也未提出异议，双方以原条件继续履行劳动合同，视为订立了一个新的劳动合同。截至2019年11月，李某主张科迈公司应当支付超过1个月不满1年未与自己签订劳动合同期间的双倍工资，双方僵持不下。根据《劳动争议调解仲裁法》第27条第1款的规定，劳动争议申请仲裁的时效期间为1年，从当事人知道或者应当知道其权利被侵害之日起计算。自2018年8月14日起，科迈公司在劳动合同到期后，未与李某进行书面劳动合同的续签，李某仍像原来一样提供劳动，科迈公司也未提出异议。虽然以2017年合同的约定，双方视为续订了一个新的1年期劳动合同，但根据《劳动法》第16条第2款的规定，建立劳动关系应当订立书面劳动合同，科迈公司应当在2018年8月14日与李某订立劳动合同，至2018年9月13日李某就应当知道自身权利受到了侵害，开始计算仲裁时效期间。然而，李某直至2019年11月才主张未签劳动合同双倍工资的差额，已经超过1年的仲裁时效，且李某没有其他证据证明存在中止、中断时效的事由。因此，李某的该项仲裁请求被驳回。

·知识拓展·

《劳动合同法》

第三十三条　用人单位变更名称、法定代表人、主要负责人或者投资人等事项，不影响劳动合同的履行。

第三十四条　用人单位发生合并或者分立等情况，原劳动合同继续有效，劳动合同由承继其权利和义务的用人单位继续履行。

第三十五条　用人单位与劳动者协商一致，可以变更劳动合同约定的内容。变更劳动合同，应当采用书面形式。

变更后的劳动合同文本由用人单位和劳动者各执一份。

第四十七条　经济补偿按劳动者在本单位工作的年限，每满一年支付一个月工资的标准向劳动者支付。六个月以上不满一年的，按一年计算；不满六个月的，向劳动者支付半个月工资的经济补偿。

劳动者月工资高于用人单位所在直辖市、设区的市级人民政府公布的本地区上年度职工月平均工资三倍的，向其支付经济补偿的标准按职工月平均工资三倍的数额支付，向其支付经济补偿的年限最高不超过十二年。

本条所称月工资是指劳动者在劳动合同解除或者终止前十二个月的平均工资。

第八十二条　用人单位自用工之日起超过一个月不满一年未与劳动者订立书面劳动合同的，应当向劳动者每月支付二倍的工资。

用人单位违反本法规定不与劳动者订立无固定期限劳动合同的，自应当订立无固定期限劳动合同之日起向劳动者每月支付二倍的工资。

《劳动合同法实施条例》

第十条　劳动者非因本人原因从原用人单位被安排到新用人单位工作的，劳动者在原用人单位的工作年限合并计算为新用人单位的工作年限。原用人单位已经向劳动者支付经济补偿的，新用人单位在依法解除、终止劳动合同计算支付经济补偿的工作年限时，不再计算劳动者在原用人单位的工作年限。

最高人民法院《关于审理劳动争议案件适用法律问题的解释(一)》

第三十四条　劳动合同期满后,劳动者仍在原用人单位工作,原用人单位未表示异议的,视为双方同意以原条件继续履行劳动合同。一方提出终止劳动关系的,人民法院应予支持。

根据劳动合同法第十四条规定,用人单位应当与劳动者签订无固定期限劳动合同而未签订的,人民法院可以视为双方之间存在无固定期限劳动合同关系,并以原劳动合同确定双方的权利义务关系。

第三十五条　劳动者与用人单位就解除或者终止劳动合同办理相关手续、支付工资报酬、加班费、经济补偿或者赔偿金等达成的协议,不违反法律、行政法规的强制性规定,且不存在欺诈、胁迫或者乘人之危情形的,应当认定有效。

前款协议存在重大误解或者显失公平情形,当事人请求撤销的,人民法院应予支持。

第四十六条　劳动者非因本人原因从原用人单位被安排到新用人单位工作,原用人单位未支付经济补偿,劳动者依据劳动合同法第三十八条规定与新用人单位解除劳动合同,或者新用人单位向劳动者提出解除、终止劳动合同,在计算支付经济补偿或赔偿金的工作年限时,劳动者请求把在原用人单位的工作年限合并计算为新用人单位工作年限的,人民法院应予支持。

用人单位符合下列情形之一的,应当认定属于“劳动者非因本人原因从原用人单位被安排到新用人单位工作”:

(一)劳动者仍在原工作场所、工作岗位工作,劳动合同主体由原用人单位变更为新用人单位;

(二)用人单位以组织委派或任命形式对劳动者进行工作调动;

(三)因用人单位合并、分立等原因导致劳动者工作调动;

(四)用人单位及其关联企业与劳动者轮流订立劳动合同;

(五)其他合理情形。

·风险提示·

用人单位：用人单位的人事管理是一个比较系统且琐碎的工作，并需要时时刻刻注意相关法律知识的更新，稍有不慎就会引发支付经济补偿金或赔偿金的用工风险。用人单位在用工合同签订时可以参考以下建议。

第一，主动签订劳动合同。劳动合同由用人单位与劳动者协商一致，并经用人单位与劳动者在劳动合同文本上签字或者盖章生效。劳动合同文本由用人单位和劳动者各执一份。《劳动合同法》第10条第1款明确规定，建立劳动关系，应当订立书面劳动合同。用人单位与劳动者在用工前订立劳动合同的，劳动关系自用工之日起建立。劳动合同不但能证明劳动关系的建立时间，还能对劳动期限、劳动报酬、劳动条件、工作岗位、工作地点、竞业限制、保密期限的约定等其他事项起到证明作用。如果用人单位就上述事项与劳动者发生争议，不至于陷入被动举证地位。最高人民法院《关于审理劳动争议案件适用法律问题的解释（一）》第44条规定，因用人单位作出的开除、除名、辞退、解除劳动合同、减少劳动报酬、计算劳动者工作年限等决定而发生的劳动争议，用人单位负举证责任。由此可知，用人单位容易利用自身优势地位，在订立、解除劳动合同，开除劳动者，计算工作年限上有决定权，很容易损害劳动者的利益，故法律直接把举证责任分配给用人单位。因此，用人单位在人事管理中，需要特别注意劳动合同的签订，防止承担举证不能的后果。

第二，及时补签劳动合同。劳动者与用人单位已建立劳动关系，未同时订立书面劳动合同的，应当自用工之日起1个月内订立书面劳动合同。用人单位自用工之日起满1年不与劳动者订立书面劳动合同的，视为用人单位与劳动者已订立无固定期限劳动合同。用人单位自用工之日起超过1个月不满1年未与劳动者订立书面劳动合同的，应当向劳动者每月支付2倍的工资。劳动合同的及时补签,不但有助于用人单位在续签劳动者时掌握确定合同期限的主动权,还有助于减轻用人单位的赔偿义务。

第三,口头或实际对劳动内容变更的,要及时签订变更协议。用人单位与劳动者协商一致,可以变更劳动合同约定的内容。变更劳动合同,应当采用书面形式。变更后的劳动合同文本由用人单位和劳动者各执一份。用人单位与劳动者协商一致变更劳动合同,虽未采用书面形式,但已经实际履行了口头变更的劳动合同超过 1 个月,变更后的劳动合同内容不违反法律、行政法规且不违背公序良俗,当事人以未采用书面形式为由主张劳动合同变更无效的,人民法院不予支持。劳动者和用人单位在劳动合同履行过程中,出于各种原因,往往会进行劳动合同内容的变更,如果先前的劳动合同已经对变更内容有详细约定,从约定。但在实际中,变更往往是基于在原合同履行过程中出现的特殊情形双方对原劳动合同内容作出的改变,需要重新以书面方式进行确认。

第四,双方在协商解除劳动关系时,签署一份有效的协议书应注意的事项。劳动者与用人单位就解除劳动合同办理相关手续,支付工资报酬、加班费、经济补偿或者赔偿金等达成的协议,不违反法律、行政法规的强制性规定,且不存在欺诈、胁迫或者乘人之危情形的,应当认定有效。协议存在重大误解或者显失公平情形,当事人请求撤销的,人民法院应予支持。在现实中,劳动者和用人单位经常会通过协商方式解除劳动关系,协商解除对用人单位和劳动者来讲都是最高效的。用人单位可以及时解除冗余劳动者,又可协商确定补偿数额,低成本结束用工关系;劳动者也可以及时离开没有前途的工作岗位,或者到更适合自己发展的用人单位去工作,往往也迫切需要与用人单位协商解除劳动关系。一份有效的解除协议能带来上述效果,一份违反法律、行政法规强制性规定的协议,不但不会低成本结束用工,相反有被确认无效、被撤销的法律风险。

因此,在与劳动者协商解除劳动关系时应注意平衡各方的合法权益,以防引发因显失公平被撤销的情况。

劳动者：劳动者作为提供劳动的一方，在劳动岗位竞争日渐激烈的现实背景下，为了留住职位，或是出于对法律法规的不了解，抑或出于对用人单位的信任，对用人单位提供的合同文件往往不加分析就轻易签署，十分被动，被用人单位一步步控制用工权，直至劳动合同解除时才恍然大悟。因此，劳动者在提供劳动过程中，应主动提出签订书面劳动合同，将约定内容真实地写入合同中。对于在劳动过程中与用人单位口头达成的变更劳动合同内容的部分也应及时签订书面协议，尤其是对于在劳动者工资、工作岗位、福利待遇方面比原劳动合同提高待遇条件的，应当以书面方式固定口头变更的内容，防止用人单位不认可变更内容，减轻劳动者的举证责任。在本案中，李某看到阳光公司的通知后不假思索，直接与阳光公司解除了劳动合同，紧接着又与科迈公司签订了劳动合同，看似没有影响工作条件，实则阳光公司通过签订协议的方式与李某达成“一揽子”补偿协议。科迈公司实际上是购买了阳光公司的所有办公器材、设施设备，重新注册成立的新公司，并不是阳光公司的承继者，李某在没有搞清楚事实的情况下，作出了错误的判断，导致自己在阳光公司的经济补偿金不能续至科迈公司。

17 劳动者违反服务期约定的违约责任

适用法条

——《劳动合同法》第二十二条

案情回顾

2018年3月,公交公司决定对公开招聘的人员进行A3驾驶证培训。2018年4月,公交公司与兴盛驾校签订了《A3驾驶员委托合同》,约定由公交公司委托兴盛驾校培训A3驾驶员,培训费为11,000元/人,住宿期间每人每天30元等,还约定了其他内容。2018年5月14日,公交公司与马某签订了《定向培训协议书》,约定培训内容为机动车驾驶员培训和从业资格培训(实习培训),驾驶员培训由兴盛驾校进行,从业资格培训由公交公司进行;马某先参加驾驶员培训,培训合格并取得A3驾驶证后,再由公交公司进行从业资格培训,实习期满1年参加公交公司从业资格考试,取得从业资格后方可与公交公司签订劳动合同;马某取得从业资格后须与公交公司签订不低于5年的劳动合同,马某享有各种社会保险待遇;兴盛驾校培训期间的培训费马某与公交公司各自负担50%,住宿费由公交公司负担,用餐及其他费用马某自理。2018年8月4日,马某取得了A3驾驶证。2018年8月6日,公交公司与马某签订了《实习协议书》,约定马某在公交公司实习期间,公交公司每月按照2000元的工资标准发放马某的实习补贴,其他费用马某自理;并约定马某实习期满未取得从业资格证的,马某取得A3驾驶证后不在公交公司实习的,未经公交公司同意私自离开的,不与公交公司签订5年劳动合同的,公交公司可单方通知马某解除协议,并且马某应赔偿公交公司损失(包括公交公司向驾校支付的培训费、住宿费，实习期间公交公司提供人员、车辆、油气电、管理等的各项费用，公交公司重新招录、培训驾驶员的时间成本损失)。2018 年 8 月 7 日，马某开始在公交公司处实习培训。2019 年 7 月 5 日 19 时许，马某驾驶公交车操作不当，造成 4 车连撞的交通事故，当地交通管理部门出具道路交通事故认定书，认定马某负全部责任。2019 年 7 月 7 日，公交公司对马某作出处理决定："即日起暂停马某实习 20 天，马某应深刻反思事故教训，并形成书面检讨材料，期满后交回公司。"马某 7 月 10 日离开，再未返回公交公司，亦未按照公交公司要求递交书面检讨材料。2019 年 9 月 8 日，公交公司向当地人事争议仲裁委员会申请劳动仲裁，该仲裁委员会以仲裁请求不属于仲裁委员会受理争议范围为由，作出不予受理案件通知书。公交公司不服向人民法院起诉，要求马某承担不与公交公司签订 5 年劳动合同的违约行为给公交公司造成的损失共计 132,460 元(驾校培训期间发生的费用 13,460 元，公司实习期间发生的费用 49,000 元，公司重新招募、培训驾驶员的时间成本损失 70,000 元)及诉讼费用。一审法院判决马某赔偿公交公司损失 12,946 元，驳回公交公司的其他诉讼请求。公交公司不服提起上诉，二审法院驳回上诉，维持原判。

·法理分析·

要厘清本案，首先要弄清：《定向培训协议书》《实习协议书》中培训的性质；马某是否违约、是否给公交公司造成损失及损失的范围；实习期的约定是否违反法律法规的强制性规定。

首先，关于《定向培训协议书》《实习协议书》中培训的性质。《劳动合同法》第 22 条第 1 款、第 2 款规定，用人单位为劳动者提供专项培训费用，对该劳动者进行专业技术培训的,可以与该劳动者订立协议,约定服务期。劳动者违反服务期约定的,应当按照约定向用人单位支付违约金。违约金的数额不得超过用人单位提供的培训费用。用人单位要求劳动者支付的违约金不得超过服务期尚未履行部分所应分摊的培训费用。第25条规定,除《劳动合同法》第22条和第23条规定的情形外,用人单位不得与劳动者约定由劳动者承担违约金。公安部《机动车驾驶证申领和使用规定》第76条第1款规定,驾驶员新取得城市公交驾驶资格的,必须进行12个月的实习期。因此,公交公司与马某签订了《定向培训协议书》《实习协议书》。《定向培训协议书》内容为通过专业培训,使马某获得A3驾驶员资格,提升马某的专业技能。公交公司为获得具有相应资格的驾驶员,投入了人力、物力,双方可以就服务期限和违约金进行约定。《实习协议书》内容为新取证的城市公交驾驶员上岗前必须进行为期12个月的培训,公交公司在通过对马某进行定向培训使马某取得A3驾驶证后,继续对马某培训驾驶理论知识、交法交规、一人一车实际跟车操作,仍是对马某知识技能提高的延伸。因此,《定向培训协议书》《实习协议书》约定的培训的性质属于《劳动合同法》第22条第1款所规定的"专业技术"培训范畴,用人单位可以与劳动者约定服务期限和违约金。

其次,马某是否存在违约行为,若存在违约行为,是否给公交公司造成损失及损失范围的认定。马某在履行《定向培训协议书》《实习协议书》合同过程中,利用公交公司提供的"专业技术"培训,获得了比培训之前更高的资质资格和实践技能,该资质资格的获取,依赖于公交公司对《定向培训协议书》《实习协议书》合同义务的完全履行。公交公司投入人力物力对马某进行技术培训,马某所获得的A3驾驶证、实践驾驶技能的提升已经成为公交公司的生产要素,对公交公司发展具有重要的价值,直接影响公交公司的运营效益。马某通过放弃一定年限的择业自由换取公交公司提供的"专业技术"培训,符合《劳动合同法》第22条规定的服务期的性质,在公交公司已经完全履行合同义务时,马某也应依约履行为公交公司工作满一定年限并在该期限内不另谋职业的契约内容。但是，在马某取得 A3 驾驶证后在公交公司实习期间，发生了马某个人全责的交通事故，公交公司按规定让马某书面检讨并通知马某回家等通知，马某未经公交公司同意私自离开，最终马某未能在公交公司处继续实习及因未取得从业资格证而无法与公交公司签订劳动合同，马某的行为已经构成违约，公交公司有权要求马某赔偿损失。至于赔偿的范围，公交公司根据《定向培训协议书》《实习协议书》的约定，主张培训项目下发生的差旅费、理论课时费、实操教员费用、车辆燃气费、折旧费、保险费及重新招募驾驶员的时间成本均属于用于马某培训而产生的直接费用共计 132, 460 元（驾校培训期间发生的费用 13, 460 元，公司实习期间发生的费用 49, 000 元，公司重新招募、培训驾驶员的时间成本损失 70, 000 元）及诉讼费用。《劳动合同法》第 22 条第 2 款规定，劳动者违反服务期约定的，应当按照约定向用人单位支付违约金，违约金的数额不得超过用人单位提供的培训费用。用人单位要求劳动者支付的违约金不得超过服务期尚未履行部分所应分摊的培训费用。《劳动合同法实施条例》第 16 条、《劳动合同法》第 22 条第 2 款规定的培训费用，包括用人单位为了对劳动者进行专业技术培训而支付的有凭证的培训费用、培训期间的差旅费用以及因培训产生的用于该劳动者的其他直接费用。马某在驾校培训期间发生的费用，按约定减去马某自行负担的部分为 7960 元（包括 5500 元培训费、2460 元住宿费），马某履行《实习协议书》的过程并不是公交公司的工作内容，也没有为公交公司创造价值，此阶段的实习补贴视为培训马某而产生的费用（公交公司实际支付实习补贴 12, 000 元、住宿费 1200 元）。其他公交公司主张的培训项目下为马某培训而产生的差旅费、理论课时费、实操教员费用、车辆燃气费、折旧费、保险费及重新招募驾驶员的时间成本均不属于因培训而产生的直接费用，因此，马某共计应赔偿公交公司 12, 946 元。

最后，关于马某实习期的约定是否违反《劳动合同法》的强制性规定的问题。公安部《机动车驾驶证申领和使用规定》第 76 条第 1 款、第 2 款规定，机动车驾驶人初次申请机动车驾驶证和增加准驾车型后的 12 个月为实习期。新取得大型客车、牵引车、城市公交车、中型客车、大型货车驾驶证的，实习期结束后 30 日内应当参加道路交通安全法律法规、交通安全文明驾驶、应急处置等知识考试，并接受不少于半小时的交通事故案例警示教育。而《劳动合同法》第 19 条第 1 款规定，劳动合同期限 3 个月以上不满 1 年的，试用期不得超过 1 个月；劳动合同期限 1 年以上不满 3 年的，试用期不得超过 2 个月；3 年以上固定期限和无固定期限的劳动合同，试用期不得超过 6 个月。《实习协议书》中的“试用期”系《机动车驾驶证申领和使用规定》中规定的实习期，是对马某在新取得城市公交车驾驶证后强制规定的实习期间。马某只有在履行《机动车驾驶证申领和使用规定》中的 12 个月实习期满后，才能与公交公司就岗位约定《劳动合同法》第 19 条规定的试用期，故《机动车驾驶证申领和使用规定》与《劳动合同法》中的试用期是不同的概念，公交公司未违反《劳动合同法》的强制性规定。

·知识拓展·

《劳动法》

第六十八条　用人单位应当建立职业培训制度，按照国家规定提取和使用职业培训经费，根据本单位实际，有计划地对劳动者进行职业培训。

从事技术工种的劳动者，上岗前必须经过培训。

《劳动合同法》

第十条　建立劳动关系，应当订立书面劳动合同。

已建立劳动关系，未同时订立书面劳动合同的，应当自用工之日起一个月内订立书面劳动合同。

用人单位与劳动者在用工前订立劳动合同的，劳动关系自用工之日起建立。

第十七条　劳动合同应当具备以下条款：

（一）用人单位的名称、住所和法定代表人或者主要负责人；

（二）劳动者的姓名、住址和居民身份证或者其他有效身份证件号码；

（三）劳动合同期限；

（四）工作内容和工作地点；

（五）工作时间和休息休假；

（六）劳动报酬；

（七）社会保险；

（八）劳动保护、劳动条件和职业危害防护；

（九）法律、法规规定应当纳入劳动合同的其他事项。

劳动合同除前款规定的必备条款外，用人单位与劳动者可以约定试用期、培训、保守秘密、补充保险和福利待遇等其他事项。

第十九条　劳动合同期限三个月以上不满一年的，试用期不得超过一个月；劳动合同期限一年以上不满三年的，试用期不得超过二个月；三年以上固定期限和无固定期限的劳动合同，试用期不得超过六个月。

同一用人单位与同一劳动者只能约定一次试用期。

以完成一定工作任务为期限的劳动合同或者劳动合同期限不满三个月的，不得约定试用期。

试用期包含在劳动合同期限内。劳动合同仅约定试用期的，试用期不成立，该期限为劳动合同期限。

第二十条　劳动者在试用期的工资不得低于本单位相同岗位最低档工资或者劳动合同约定工资的百分之八十，并不得低于用人单位所在地的最低工资标准。

第二十一条　在试用期中，除劳动者有本法第三十九条和第四十条第一项、第二项规定的情形外,用人单位不得解除劳动合同。用人单位在试用期解除劳动合同的,应当向劳动者说明理由。

第二十二条　用人单位为劳动者提供专项培训费用,对其进行专业技术培训的,可以与该劳动者订立协议,约定服务期。

劳动者违反服务期约定的,应当按照约定向用人单位支付违约金。违约金的数额不得超过用人单位提供的培训费用。用人单位要求劳动者支付的违约金不得超过服务期尚未履行部分所应分摊的培训费用。

用人单位与劳动者约定服务期的,不影响按照正常的工资调整机制提高劳动者在服务期期间的劳动报酬。

第三十九条　劳动者有下列情形之一的,用人单位可以解除劳动合同:

(一)在试用期间被证明不符合录用条件的;

(二)严重违反用人单位的规章制度的;

(三)严重失职,营私舞弊,给用人单位造成重大损害的;

(四)劳动者同时与其他用人单位建立劳动关系,对完成本单位的工作任务造成严重影响,或者经用人单位提出,拒不改正的;

(五)因本法第二十六条第一款第一项规定的情形致使劳动合同无效的;

(六)被依法追究刑事责任的。

第八十三条　用人单位违反本法规定与劳动者约定试用期的,由劳动行政部门责令改正;违法约定的试用期已经履行的,由用人单位以劳动者试用期满月工资为标准,按已经履行的超过法定试用期的期间向劳动者支付赔偿金。

《劳动合同法实施条例》

第十五条　劳动者在试用期的工资不得低于本单位相同岗位最低档工资的80%或者不得低于劳动合同约定工资的80%,并不得低于用人单位所在地的最低工资标准。

公安部《机动车驾驶证申领和使用规定》

第七十六条　机动车驾驶人初次取得汽车类准驾车型或者初次取得摩托车类准驾车型后的 12 个月为实习期。

在实习期内驾驶机动车的，应当在车身后部粘贴或者悬挂统一式样的实习标志（附件 3）。

·风险提示·

用人单位：国家通过各种途径，采取各种措施，发展职业培训事业，开发劳动者的职业技能，提高劳动者素质，增强劳动者的就业能力和工作能力。各级人民政府应当把发展职业培训纳入社会经济发展的规划，鼓励和支持有条件的企业、事业组织、社会团体和个人进行各种形式的职业培训。用人单位应当建立职业培训制度，按照国家规定提取和使用职业培训经费，根据本单位实际，有计划地对劳动者进行职业培训。从事技术工种的劳动者，上岗前必须经过培训。企业要发展离不开人才这一要素，精英人才的加入更使企业如虎添翼。在现实中，人才选拔竞争激烈，用人单位不得不通过委托相关培训机构进行专业培训来增强劳动者的工作能力，逐步实现劳动者专业技能的更新和提升，使用人单位拥有更强的竞争力，尤其是在用人单位的支柱性岗位，人才更是不可或缺。但是，用人单位在人才培养计划中，如何保障不竹篮打水一场空？这就涉及对《劳动合同法》第 22 条的巧妙应用。用人单位为劳动者提供专项培训费用，对劳动者进行专业技术培训的，可以与该劳动者订立协议，约定服务期。劳动者违反服务期约定的，应当按照约定向用人单位支付违约金（劳动者利用用人单位提供的专业技能培训，使自己的专业技能得到大幅提升，同时以失去一定年限的择业自由为用人单位进行服务，如果违反该约定就要向用人单位支付违约金）。用人单位要求劳动者支付的违约金不得超过服务期尚未履行部分所应分摊的培训费用。用人单位一定要将专业技术培训与一般劳动者所接受的涉及企业文化、规章制度、岗位职责、岗位技能等简单、必要的职业培训区别开来。职业培训不可能使劳动者的工作能力或资质水平发生较大变化，并不是针对技能的提高而做的专门培训，对用人单位的入职人员均具有普遍适用性，与专业技能培训不同；而用人单位针对特定人提供专业技能培训后，劳动者的技能比之前有了更高的价值，直接关系到用人单位的生产发展。将两种培训区分清楚就可以针对性地签订协议，从而保障企业的合法权益。

劳动者：劳动者也是一样，要区分清专业技能培训与职业培训，不能仅从所签订协议的字面意思去定性，而应从专业技能培训的实质角度去考量与用人单位签订的所谓《专项技能培训协议》，保障自身合法自由择业权，又不致支付违约金。当与用人单位签订了真正意义上的《专项技能培训协议》并实际履行时，一旦服务年限未满就擅自离职，将会产生违约责任。在认定违约金数额时，一定要注意支付的范围，即用人单位支付的专项技能培训费，以及因培训而支付的合理的住宿费、交通费等，分摊至尚未履行的期间对应的部分。

18 变更工作地点须经劳动者同意

适用法条

——《劳动合同法》第三十五条、最高人民法院《关于审理劳动争议案件适用法律问题的解释(一)》第五十条

案情回顾

2010年4月,许某东入职西安某软件公司签订《劳动合同》,担任公司软件开发师一职,许某东年薪21万元,含年终奖、奖金,工作地点位于高新区某软件园,劳动合同期限两年,西安某软件公司同时将《员工管理手册》作为附件,一并交许某东阅读后签字确认,合同还约定了其他事项。后许某东与西安某软件公司连续签订合同至2021年1月13日,合同到期后,双方再未续签书面劳动合同,许某东继续向西安某软件公司提供劳动。2021年2月14日,西安某软件公司向许某东送达通知书,请许某东等附件1中的4名员工从下周起前往位于灞桥区某港国际16层1601室(西安某软件公司在灞桥区新设的分工作点)上班,工作岗位仍为软件工程师,其他待遇不变,逾期报到,按旷工处理。许某东不同意,当日向公司提异议,公司未回复。许某东在接到通知书后依旧前往原工作地点上班,软件公司却将许某东高新区某软件园员工门禁卡消磁,许某东无法进入高新区某软件园公司大楼。2021年3月1日,西安某软件公司向许某东送达解除劳动合同通知书,称许某东严重违反公司的管理制度,旷工天数达到解除劳动合同的标准,即日起解除与许某东的劳动关系,许某东应在接到解除劳动合同通知书起7日内前来公司办理离职交接手续。

许某东向当地仲裁委员会提起仲裁，要求西安某软件公司提供劳动条件，继续履行劳动合同，并支付2021年3月1日至仲裁期间的工资。2021年4月20日，当地仲裁委员会裁决西安某软件公司继续履行与许某东的劳动关系，并要求西安某软件公司支付许某东2021年4月1日至4月20日的工资。西安某软件公司不服诉至人民法院，一审人民法院维持了仲裁裁决。

·法理分析·

本案的争议焦点为，许某东是否严重违反了西安某软件公司的管理制度，以及工作地点的变更是否应当得到许某东的同意。

许某东与西安某软件公司约定的工作地点为西安市高新区某软件园。2021年2月14日，西安某软件公司向许某东送达通知书，通知许某东前往西安市灞桥区某港国际16层1601室工作。许某东当即回复不同意将劳动合同工作地点由原来的高新区变为同城的灞桥区，依旧前往高新区某软件园工作。西安某软件公司将许某东员工卡消磁，许某东无法进入大楼，也未按照通知书的要求前往灞桥区上班。后西安某软件公司根据《员工手册》第3.1条“劳动者应当服从用人单位的调配，违反者三日内给警告处理，超过十日用人单位有权解除劳动关系”的规定，认为许某东严重违反用人单位的管理制度，于2021年3月1日，解除与许某东劳动关系。而许某东认为，自己并没有违反《员工手册》的管理制度。相反，许某东认为西安某软件公司应当依法按照劳动合同的约定，全面履行自己的义务，恢复许某东高新区某软件园的工作。

首先，许某东是否严重违反了西安某软件公司的管理制度。

《劳动合同》作为用人单位与劳动者签订的确认双方权利义务的依据，由用人单位与每位劳动者分别签订，体现的是劳动合同相对性的效果，因劳动合同内容发生争议时《劳动合同》有优先适用的效力。《员工手册》是用人单位的人事管理规定,作为劳动合同附件,普遍适用于与用人单位签订劳动合同的所有劳动者,具有普遍适用的效果。《劳动合同》与《员工手册》并不矛盾,反而相互补充,有效形成了用人单位的人事管理体系。在本案中,对于许某东工作地点的变动,到底按《劳动合同》中工作地点的变更须征得本人同意,还是由用人单位按照《员工手册》自主适用管理权,关键在于,工作地点的变动是否超出《劳动合同》约定的“工作地点位于高新区某软件园”这一合理预期,以此作为判断标准。

工作地点是《劳动合同法》第17条规定的劳动合同应当具备的条款。用人单位要变更劳动合同约定的内容,应当取得劳动者的同意。《员工手册》中用人单位对员工的调配权,范围不仅仅局限于对于工作地点的合理调配,还包括加班加点、临时顶岗、休假安排、学习培训等,强调用人单位的日常自主管理权。在《劳动合同》约定的可预期的合理范围内,劳动地点的变更属于用人单位经营自主权,即调配权的正当行使范围,无须征得劳动者本人的同意;劳动者必须遵守,否则就视为违反了用人单位的规定制度,用人单位可以进行相应的处罚。比如,用人单位从高新区某软件园的A栋搬至相隔几百米远的C栋,既未超出劳动者对劳动合同的合理预期,也能使用人单位应对瞬息万变的市场情况,及时应对市场竞争,创造企业利润,是企业自主经营权必要性的体现。现西安某软件公司提供的新的工作地点与原来的工作地点相隔30多公里,已经超出了许某东对《劳动合同》约定的工作地点的合理预期,给许某东带来了极大的通勤不便和经济成本。在实践中,不能只考虑用人单位的经济利益,允许用人单位无限制地行使自主管理权,应平衡双方利益,劳动者权益也应得到保障。因此,西安某软件公司《员工手册》第3.1条规定的调配权,缺乏明确、具体的适用情形,没有可操作性,凭该规定认定许某东严重违反用人单位的规章制度,进而解除与许某东的劳动关系,缺乏依据。

其次,工作地点的变更是否应当得到许某东的同意。

《劳动合同法》第29条规定,用人单位与劳动者应当按照劳动合同的约定,全面履行各自的义务。第35条第1款规定,用人单位与劳动者协商一致,可以变更劳动合同约定的内容。变更劳动合同,应当采用书面形式。最高人民法院《关于审理劳动争议案件适用法律问题的解释(一)》第50条第2款规定,用人单位制定的内部规章制度与集体合同或者劳动合同约定的内容不一致,劳动者请求优先适用合同约定的,人民法院应予支持。工作地点作为劳动合同必须具备的条款之一,与劳动者利益切实相关,许某东与西安某软件公司签订的《劳动合同》对工作地点进行了明确的约定,西安某软件公司应当全面履行自己的权利义务。《员工手册》是西安某软件公司管理劳动者的具体准则,在适用时同样需要明确、具体,只有这样才可以作为适用依据。西安某软件公司为了囊括更多的管理权限,泛泛规定调配权并据此变更许某东工作地点,依据不足,在许某东请求以《劳动合同》作为确定双方权利义务的依据时,人民法院应当优先适用《劳动合同》,排除《员工手册》作为优先处罚许某东严重违反管理制度的依据。该工作地点的变更,给许某东的通勤时间和经济成本造成了一定的负担,给许某东带来了不便,西安某软件公司并未提出代替履行方案或弥补措施;西安某软件公司仅针对许某东4人进行办公地点的调整,许某东同岗位的其他同事的办公地点依然不变,许某东不认可西安某软件公司所说的办公地点的变化是出于公司客观原因。因此,本案工作地点的变更不具有合理性,违反了《劳动合同法》的规定,应当取得许某东的同意。

·知识拓展·

《劳动合同法》

第十七条　劳动合同应当具备以下条款:

(一)用人单位的名称、住所和法定代表人或者主要负责人;

（二）劳动者的姓名、住址和居民身份证或者其他有效身份证件号码；

（三）劳动合同期限；

（四）工作内容和工作地点；

（五）工作时间和休息休假；

（六）劳动报酬；

（七）社会保险；

（八）劳动保护、劳动条件和职业危害防护；

（九）法律、法规规定应当纳入劳动合同的其他事项。

劳动合同除前款规定的必备条款外，用人单位与劳动者可以约定试用期、培训、保守秘密、补充保险和福利待遇等其他事项。

第二十九条　用人单位与劳动者应当按照劳动合同的约定，全面履行各自的义务。

第三十五条　用人单位与劳动者协商一致，可以变更劳动合同约定的内容。变更劳动合同，应当采用书面形式。

变更后的劳动合同文本由用人单位和劳动者各执一份。

最高人民法院《关于审理劳动争议案件适用法律问题的解释（一）》

第三十四条　劳动合同期满后，劳动者仍在原用人单位工作，原用人单位未表示异议的，视为双方同意以原条件继续履行劳动合同。一方提出终止劳动关系的，人民法院应予支持。

根据劳动合同法第十四条规定，用人单位应当与劳动者签订无固定期限劳动合同而未签订的，人民法院可以视为双方之间存在无固定期限劳动合同关系，并以原劳动合同确定双方的权利义务关系。

第五十条　用人单位根据劳动合同法第四条规定，通过民主程序制定的规章制度，不违反国家法律、行政法规及政策规定，并已向劳动者公示的，可以作为确定双方权利义务的依据。

用人单位制定的内部规章制度与集体合同或者劳动合同约定的内容不一致，劳动者请求优先适用合同约定的，人民法院应予支持。

·风险提示·

用人单位：劳动规章制度是用人单位加强企业内部劳动管理的具体措施，是规范劳动者义务，保障劳动者权益的准则。依法、科学、规范的劳动规章制度，是企业人力资源管理的重要依据，对企业的长期发展具有非常重要的作用。劳动规章制度常常被称作用人单位与劳动者之间的"法律"，双方都要受该制度约束，不得随意违反。另外，根据《劳动法》、最高人民法院《关于审理劳动争议案件适用法律问题的解释（一）》第50条第1款的规定，用人单位依法制定的规章制度，已向劳动者公示的，可以作为确定双方权利义务的依据。好的规章制度不仅能保障用人单位规范用工，有序运转，还能最大限度地避免劳动纠纷的发生，降低用人单位的违法成本。同时，用人单位应注意劳动规章制度各条款之间的协调，要与劳动合同保持一致。最高人民法院《关于审理劳动争议案件适用法律问题的解释（一）》第50条第2款规定，用人单位制定的内部规章制度与集体合同或者劳动合同约定的内容不一致，劳动者请求优先适用合同约定的，人民法院应予支持。在本案中，西安某软件公司没有健全的规章制度，《员工手册》中关于调配权的规定也未列详细、具体、明确的适用情形，应用起来没有可操作性，又与劳动合同的内容冲突，最终用人单位以败诉而告终。

劳动者：为了完善劳动合同制度，明确劳动合同双方当事人的权利和义务，保护劳动者的合法权益，构建和发展和谐稳定的劳动关系，《劳动合同法》出台以后，劳动合同的订立、履行、变更、解除或者终止，依照该法执行。依法订立的劳动合同具有约束力，用人单位与劳动者应当履行劳动合同约定的义务。建立劳动关系，应当订立书面劳动合同。劳动合同应当具备用人单位的名称、住所和法定代表人或者主要负责人；劳动者的姓名、住址和居民身份证或者其他有效身份证件号码；劳动合同期限；工作内容和工作地点；工作时间和休息休假；劳动报酬；社会保险；劳动保护、劳动条件和职业危害防护等法律、法规规定的应当纳入劳动合同的其他事项。对于劳动合同的变更，用人单位与劳动者应协商一致。这些规定，从立法精神上都是在倾向保护弱势的劳动者，包括随后出台的《劳动合同法实施条例》也细化了对劳动者的保护，但用人单位还是利用自身制度的建设，通过用人单位的"小法律"规章制度，加强对劳动者的管理，调整劳动关系。因此，在建立劳动关系时，用人单位就会将管理制度以附件形式交劳动者签阅，即产生了适用于该劳动者的程序效力。那么，是否只要向劳动者公示了用人单位的规章制度，该规章制度就一定具备"小法律"的效力呢？规章制度同时还需要具备实体要件，内容要合法、合理。因此，劳动者面临用人单位动辄适用《员工手册》等规章制度限制劳动者的权力，甚至解除劳动关系的，不应被动接受。实践中应当从劳动规章制度的程序和实体方面来判断该规章制度的合法性、合理性，从而排除对劳动者权益的侵害。

Chapter three

第三章

劳动合同的解除和终止

19 协商一致解除劳动关系协议的有效性

适用法条

——最高人民法院《关于审理劳动争议案件适用法律问题的解释(一)》

第三十五条

案情回顾

2018年4月,李某入职某乐超市担任理货员一职,双方签订了书面《劳动合同》,约定月工资2300元。2022年8月至12月,李某多次请病假,不能正常提供劳动,其间某乐超市每月向李某发放基本工资1950元。2022年12月28日,某乐超市与李某商量协议解除劳动关系,并签订《协议书》,主要内容为:(1)李某自愿提出与某乐超市解除劳动合同;(2)双方于2022年12月30日正式解除劳动关系;(3)经李某自愿提出,某乐超市向李某支付3300元,该3300元包括8月至12月的工资、解除劳动关系的经济补偿金,及李某在某乐超市工作期间的所有费用;(4)本协议签订后,双方劳动关系存续期间的所有问题和纠纷处理完毕,李某今后不得以任何方式、任何借口向某乐超市提出任何主张。某乐超市当日履行完毕。后李某咨询相关专业人士后提起劳动仲裁,请求撤销与某乐超市签订的《协议书》,并请求某乐超市支付解除劳动合同赔偿金23,000元,支付2022年8月至12月的工资差额1750元。劳动争议仲裁机构驳回了李某的仲裁请求。李某不服提起诉讼,一审人民法院经审理认为,《协议书》虽然是某乐超市与李某协商签订,但某乐超市在与李某协商解除劳动合同时所支付的费用与依法应当向李某支付的经济补偿金11,500元、8月至12月的工资差额1750元相差过大,《协议书》约定的补偿金仅为3300元,显失公平,依法予以撤销。一审法院判令某乐超市向李某支付13,250元,减去已经支付的3300元,应再向李某支付9950元。某乐超市不服向上级人民法院提起上诉,请求撤销一审判决,改判某乐超市无须向李某支付9950元,并驳回李某的全部诉讼请求。二审法院审理后维持了一审判决。

·法理分析·

本案的焦点是《协议书》是否有效,协议内容是否显失公平,达到应当撤销的程度。

关于《协议书》是否显失公平。首先需要对《协议书》的性质进行判断,虽然《劳动法》相关规定并没有关于撤销权的规定,但劳动者和用人单位对劳动合同的解除,是双方共同对劳动合同权利义务进行的意思安排,是双方一致通过意思表示解除民事法律关系的行为。《协议书》体现着民事主体的自治意思,此时《协议书》具有私法的属性,具有民事协议的效力。但在劳动关系领域,如果劳动者与用人单位就解除或者终止劳动合同办理相关手续,支付工资报酬、加班费、经济补偿金或者赔偿金等达成的《协议书》在协议内容上存在显失公平的情形,则应当突破意思自治,同时《协议书》应受《劳动法》等具备社会法属性的法律规范的约束。其中《劳动法》关于最低工资、解除劳动合同经济补偿金、违法解除劳动合同赔偿金等规定,均是对民法自治协议效力的强行干预。因此,在实践中既要鼓励劳资双方依照相关规定,自主协商处理争议,同时还要突破私法自治,结合《劳动合同法》《民法典》的规定,保护弱势一方劳动者对在协商解除劳动关系过程中签署的对劳动者显失公平的《协议书》进行撤销的权利,以实现劳动相关法律对弱势一方的基本保护。因此,关于《协议书》是否可撤销,应依照《民法典》《劳动合同法》判断《协议书》显失公平的程度,从而决定是否应当撤销。

在本案中，李某与某乐超市自主达成解除劳动关系的《协议书》，《协议书》不存在欺诈、胁迫李某的情形，也不存在其他无效的情形，应为有效；但是李某通过向仲裁机构提出重新核算离职待遇，视为李某对《协议书》的撤销。某乐超市与李某自愿达成《协议书》，属于协商一致解除劳动关系。李某自2018年4月入职至2022年12月底离职，某乐超市应当向李某支付11,500元（2300元/月×5个月）经济补偿金。在职期间的最后5个月，虽然李某因身体原因未能按劳动合同的约定出勤，但也是在某乐超市允许的情况下短暂休息，并不存在旷工等违反劳动合同的情形，李某在职期间理应获得正常工资待遇，某乐超市不得以最低工资标准发放李某工资，应补足李某在职期间的工资差额1750元（2300元－1950元＝350元，350元/月×5个月＝1750元）。因此，某乐超市应当向李某支付解除劳动合同经济补偿金及工资差额合计13,250元，该款项与《协议书》约定的3300元补偿差额明显过大，损害了劳动者的合法权益，显失公平，《协议书》应当予以撤销。

·知识拓展·

《民法典》

第一百三十三条　民事法律行为是民事主体通过意思表示设立、变更、终止民事法律关系的行为。

第一百三十四条　民事法律行为可以基于双方或者多方的意思表示一致成立，也可以基于单方的意思表示成立。

法人、非法人组织依照法律或者章程规定的议事方式和表决程序作出决议的，该决议行为成立。

第一百三十六条　民事法律行为自成立时生效,但是法律另有规定或者当事人另有约定的除外。

行为人非依法律规定或者未经对方同意,不得擅自变更或者解除民事法律行为。

第一百四十三条　具备下列条件的民事法律行为有效:

(一)行为人具有相应的民事行为能力;

(二)意思表示真实;

(三)不违反法律、行政法规的强制性规定,不违背公序良俗。

第一百四十七条　基于重大误解实施的民事法律行为,行为人有权请求人民法院或者仲裁机构予以撤销。

第一百四十八条　一方以欺诈手段,使对方在违背真实意思的情况下实施的民事法律行为,受欺诈方有权请求人民法院或者仲裁机构予以撤销。

第一百五十一条　一方利用对方处于危困状态、缺乏判断能力等情形,致使民事法律行为成立时显失公平的,受损害方有权请求人民法院或者仲裁机构予以撤销。

第一百五十二条　有下列情形之一的,撤销权消灭:

(一)当事人自知道或者应当知道撤销事由之日起一年内、重大误解的当事人自知道或者应当知道撤销事由之日起九十日内没有行使撤销权;

(二)当事人受胁迫,自胁迫行为终止之日起一年内没有行使撤销权;

(三)当事人知道撤销事由后明确表示或者以自己的行为表明放弃撤销权。

当事人自民事法律行为发生之日起五年内没有行使撤销权的,撤销权消灭。

第一百五十五条　无效的或者被撤销的民事法律行为自始没有法律约束力。

《劳动合同法》

第二十六条　下列劳动合同无效或者部分无效:

（一）以欺诈、胁迫的手段或者乘人之危，使对方在违背真实意思的情况下订立或者变更劳动合同的；

（二）用人单位免除自己的法定责任、排除劳动者权利的；

（三）违反法律、行政法规强制性规定的。

对劳动合同的无效或者部分无效有争议的，由劳动争议仲裁机构或者人民法院确认。

第三十六条　用人单位与劳动者协商一致，可以解除劳动合同。

第四十六条　有下列情形之一的，用人单位应当向劳动者支付经济补偿：

（一）劳动者依照本法第三十八条规定解除劳动合同的；

（二）用人单位依照本法第三十六条规定向劳动者提出解除劳动合同并与劳动者协商一致解除劳动合同的；

（三）用人单位依照本法第四十条规定解除劳动合同的；

（四）用人单位依照本法第四十一条第一款规定解除劳动合同的；

（五）除用人单位维持或者提高劳动合同约定条件续订劳动合同，劳动者不同意续订的情形外，依照本法第四十四条第一项规定终止固定期限劳动合同的；

（六）依照本法第四十四条第四项、第五项规定终止劳动合同的；

（七）法律、行政法规规定的其他情形。

第四十七条　经济补偿按劳动者在本单位工作的年限，每满一年支付一个月工资的标准向劳动者支付。六个月以上不满一年的，按一年计算；不满六个月的，向劳动者支付半个月工资的经济补偿。

劳动者月工资高于用人单位所在直辖市、设区的市级人民政府公布的本地区上年度职工月平均工资三倍的，向其支付经济补偿的标准按职工月平均工资三倍的数额支付，向其支付经济补偿的年限最高不超过十二年。

本条所称月工资是指劳动者在劳动合同解除或者终止前十二个月的平均工资。

最高人民法院《关于审理劳动争议案件适用法律问题的解释(一)》

第三十五条　劳动者与用人单位就解除或者终止劳动合同办理相关手续、支付工资报酬、加班费、经济补偿或者赔偿金等达成的协议,不违反法律、行政法规的强制性规定,且不存在欺诈、胁迫或者乘人之危情形的,应当认定有效。

前款协议存在重大误解或者显失公平情形,当事人请求撤销的,人民法院应予支持。

《工资支付暂行规定》

第九条　劳动关系双方依法解除或终止劳动合同时,用人单位应在解除或终止劳动合同时一次付清劳动者工资。

·风险提示·

用人单位:用人单位与劳动者之间劳动关系的解除,是劳动合同履行过程中不可回避的现实问题。或许是劳动者的原因,或许是用人单位的原因,或许是不可抗力,也有可能是政策法规的变化,总之,劳动关系的解除并不是劳动合同正常履行的结果,而是劳动合同在履行过程中,因其他因素的介入,产生的劳动合同提前结束的法律效果,劳动合同的解除不涉及已经履行的部分,只对剩余未履行部分发生效力。

《协议书》是用人单位与劳动者对劳动关系协商解除的结果,属于当事人对自身的权益处分。《协议书》属于民事协议的范畴,应当依据民事法律的相关规定对《协议书》的效力进行分析认定。同时,协议源于劳动合同,属于对劳动合同的二次安排,在对《协议书》进行效力认定时,同时应受劳动法律规范的约束。

若用人单位与劳动者协议解除劳动关系,要使《协议书》有效或不被撤销,需把握好如下两个方面:第一,保证《协议书》合法有效。首先,劳动者对劳动关系的解除一定要体现真实的意思表示，不存在对劳动者欺诈、胁迫的情形，未违背劳动者意愿；其次，协议中用人单位未免除自己的法定责任，排除劳动者权利；最后，协议本身不违反法律法规的强制性规定。《民法典》第148条、第150条，将欺诈、胁迫情形规定为可撤销的事由，而《劳动合同法》第26条第1款第1项将欺诈、胁迫规定为无效情形，《劳动合同法》相对于《民法典》来讲属于特别法，具有优先适用性。因此，用人单位在与劳动者解除劳动关系时，应在协商过程中如实告知劳动者应当享有的权益，避免欺诈、胁迫等无效情形的出现。另外，用人单位应对劳动者的工作年限、工资报酬、加班费、工资差额、经济补偿金等相关待遇，一一列明，逐个核对确认，并在解除劳动关系时一次性支付给劳动者，保障协议合法有效。第二，防止《协议书》内容显失公平。最高人民法院《关于审理劳动争议案件适用法律问题的解释（一）》第35条第2款、《民法典》第151条，将显失公平规定为可撤销事由。由于劳动者对法律法规不了解，用人单位利用自身优势地位，使《协议书》的权利义务明显不对等，使劳动者一方遭受重大不利，这种不对等违反了公平原则，超过了法律允许的限度，此时，《协议书》将会存在被撤销的法律风险，应尽量避免这种情况。

劳动者：劳动者在与用人单位解除劳动关系时，最愿意采用协议方式解除劳动关系，该方式在快速便捷解除劳动关系的同时，往往也是纠纷最容易发生的地方，尤其是在工伤赔偿领域。发生工伤事故后，用人单位在没有为劳动者缴纳工伤保险的情况下，大多积极寻求“私了”，希望与劳动者就工伤赔偿达成“一揽子”协议，劳动者也为了尽快拿到补偿，不愿经历漫长的诉讼和仲裁程序而与用人单位签订《协议书》。但是，劳动者在拿到补偿后，如果补偿数额过低，依法可以申请确认协议无效或者申请予以撤销，从而保证自身合法权益。特别是对工伤保险待遇赔偿“显失公平”标准的把握。在实践中，把低于法定赔偿标准70%作为认定工伤赔偿协议显失公平的参考标准。工伤赔偿协议与合同属同一阶位，但是其中还含有对身体健康权的保护。在实践中，在认定是否显失公平时应适当从宽认定，区别于对于其他工资、经济补偿金等款项的从严认定，以保护协商化解纠纷的诚信机制。

特别提示，劳动者对显失公平的《协议书》的撤销权应受到《民法典》第152条撤销权行使除斥期间的限制。撤销权应自当事人知道或应当知道撤销事由之日起1年内行使，自民事法律行为发生之日起5年内没有行使撤销权的，撤销权消灭。

20 客观情况发生重大变化用人单位的解除权

适用法条

——《劳动合同法》第四十条

案情回顾

上海某中勤公司，主要从事高铁车辆配套设备检修工作。2010年5月18日，徐某强进入上海某中勤公司工作，双方签订了劳动合同，约定徐某强为高铁设备检修技术人员，派至全国各地的高铁车厢进行设备维修检查，每月基础工资4500元，现场出勤补贴500~800元，具体由现场出勤次数决定。上海某中勤公司每月月底通过银行发放当月工资。最后一次签订劳动合同的时间是2016年，双方签订了无固定期限劳动合同，2020年2月前的基础工资逐渐涨至8700元，现场出勤补贴未变。

2020年3月至2021年9月，上海某中勤公司安排徐某强放假，并按照当地最低工资标准向徐某强发放工资。2021年10月1日，上海某中勤公司安排徐某强到公司外营处工作，月基本工资调整为3600元。次日，徐某强向上海某中勤公司出具说明书一份，称"公司应当遵守劳动合同的约定，调岗应当与劳动者协商一致，并应保持工资不变"。当月月底上海某中勤公司向徐某强发放工资3600元。徐某强自此再未提供劳动。

2021年11月15日，上海某中勤公司向徐某强出具解除劳动合同通知书，载明："……受新冠疫情影响，全国高铁运营基本停滞，导致检修量锐减，因此与您合同约定的高铁车辆设备检修业务没有订单产生，这一客观情况的重大变化，非公司一己之力所能扭转，现与您协商转岗无果，又无其他合适岗位提供给您，公司决定自今日起与您解除劳动关系……”上海某中勤公司向徐某强支付了经济补偿金及代通知金。

2021 年 11 月 28 日，徐某强不服，依法向当地仲裁委员会提起仲裁申请，主张上海某中勤公司应依法向其支付违法解除劳动合同赔偿金 10 余万元及其他仲裁请求。仲裁委员会于 2022 年 1 月 23 日驳回了徐某强对上海某中勤公司支付违法解除劳动合同赔偿金的仲裁请求。徐某强不服，起诉到法院，一审人民法院维持了仲裁结果，徐某强不服继续上诉至二审人民法院，二审法院对此项仲裁结果还是予以维持。

·法理分析·

本案经过一仲两审，始终围绕“上海某中勤公司能否依据劳动合同订立时所依据的客观情况发生重大变化，致使劳动合同无法履行，解除与徐某强的劳动合同”这一争议焦点。关于劳动合同订立时所依据的客观情况发生重大变化，通俗理解，重大变化即劳动合同签订时无法预知的变化，通常指自然灾害等形成的不可抗力，法律、法规、政策变化导致的用人单位迁移，资产转移，或者停产、转产、转(改)制等重大变化。这一重大变化直接导致劳动合同无法履行或履行成本过高，继续履行将对一方明显不公，或根本无法实现劳动合同的目的，如果双方无法协商，法律赋予了用人单位解除“僵尸合同”的救济权。

自 2020 年 3 月以来，上海某中勤公司受新冠疫情影响，响应疫情防控政策通知员工放假，车辆设备检修技术员在收到高铁设备检修组无限期停运告知书数份的同时，也全部被遣回公司。2021 年 9 月复工后，上海某中勤公司业务受到了很大的冲击，业务量大幅减少，上海某中勤公司陆续与高铁设备检修技术员协议解除劳动合同，其他岗位的员工也与公司终止了劳动合同。除少量日常事务外，上海某中勤公司其余业务处于停滞状态。上海某中勤公司与徐某强积极协商调岗事宜(会议记录、视频、照片),徐某强出具不同意调岗说明书。上海某中勤公司证明是客观情况发生重大变化,导致合同目的不能实现,经与徐某强协商无果后,与徐某强的劳动合同系合法解除。

劳动相关法律法规对用人单位解除劳动合同的情形限制较为严格,但是对于陷入合同僵局,又无法履行这一特殊情况,《劳动合同法》第40条第3项规定,劳动合同订立时所依据的客观情况发生重大变化,致使劳动合同无法履行,经用人单位与劳动者协商,未能就变更劳动合同内容达成协议的,用人单位提前30日以书面形式通知劳动者本人或者额外支付劳动者1个月工资后,可以解除劳动合同。虽然该条针对客观情况发生重大变化导致的合同僵局为用人单位提供了救济渠道,但在适用这一条时,因裁判标准不明确、不统一,往往是劳资双方最具争议的地方。在实践中,对"客观情况发生重大变化"的认定标准也是争论不休。在正确理解这一情形时应把握好如下几点:第一,客观性。什么情况为客观情况?客观是一个事实状态,不含人的主观意志。例如,疫情肆虐、火山爆发等灾害形成的不可抗拒性,不以人的意志转移性。又如,法律、法规、政策的变化,导致某些企业经营范围发生变化,对于原来合法经营的业务,在法规政策出台后,企业不再具有相应的经营的资格资质,需要停产、迁移,导致大量劳动合同目的落空,无法继续履行。因此,将这种不以人的意志为转移的,被排除在人的主观意志之外的因素称为客观。第二,重大性。什么情况才称得上重大变化?就是指这种变化是实质性、根本性、异常性的,足以动摇劳动合同签订时双方所依据的基础,这种变化足以导致劳动合同无法顺利履行,甚至导致根本不可能实现合同目的。比如在本案中,上海某中勤公司与徐某强签订劳动合同,约定徐某强为上海某中勤公司提供高铁列车设备检修技术。然而,合同签订后,受新冠疫情影响,全国高铁列车停运,上海某中勤公司与徐某强签订的劳动合同也相应地受到根本性影响,该变化足以导致劳动合同的目的落空。因此,用人单位和劳动者签订劳动合同时所依据的基础事实发生了彻底性的改变,属于重大变化。

·知识拓展·

《劳动合同法》

第四十条　有下列情形之一的，用人单位提前三十日以书面形式通知劳动者本人或者额外支付劳动者一个月工资后，可以解除劳动合同：

（一）劳动者患病或者非因工负伤，在规定的医疗期满后不能从事原工作，也不能从事由用人单位另行安排的工作的；

（二）劳动者不能胜任工作，经过培训或者调整工作岗位，仍不能胜任工作的；

（三）劳动合同订立时所依据的客观情况发生重大变化，致使劳动合同无法履行，经用人单位与劳动者协商，未能就变更劳动合同内容达成协议的。

第四十一条　有下列情形之一，需要裁减人员二十人以上或者裁减不足二十人但占企业职工总数百分之十以上的，用人单位提前三十日向工会或者全体职工说明情况，听取工会或者职工的意见后，裁减人员方案经向劳动行政部门报告，可以裁减人员：

（一）依照企业破产法规定进行重整的；

（二）生产经营发生严重困难的；

（三）企业转产、重大技术革新或者经营方式调整，经变更劳动合同后，仍需裁减人员的；

（四）其他因劳动合同订立时所依据的客观经济情况发生重大变化，致使劳动合同无法履行的。

裁减人员时，应当优先留用下列人员：

（一）与本单位订立较长期限的固定期限劳动合同的；

（二）与本单位订立无固定期限劳动合同的；

（三）家庭无其他就业人员，有需要扶养的老人或者未成年人的。

用人单位依照本条第一款规定裁减人员，在六个月内重新招用人员的，应当通知被裁减的人员，并在同等条件下优先招用被裁减的人员。

《劳动合同法实施条例》

第十九条　有下列情形之一的，依照劳动合同法规定的条件、程序，用人单位可以与劳动者解除固定期限劳动合同、无固定期限劳动合同或者以完成一定工作任务为期限的劳动合同：

（一）用人单位与劳动者协商一致的；

（二）劳动者在试用期间被证明不符合录用条件的；

（三）劳动者严重违反用人单位的规章制度的；

（四）劳动者严重失职，营私舞弊，给用人单位造成重大损害的；

（五）劳动者同时与其他用人单位建立劳动关系，对完成本单位的工作任务造成严重影响，或者经用人单位提出，拒不改正的；

（六）劳动者以欺诈、胁迫的手段或者乘人之危，使用人单位在违背真实意思的情况下订立或者变更劳动合同的；

（七）劳动者被依法追究刑事责任的；

（八）劳动者患病或者非因工负伤，在规定的医疗期满后不能从事原工作，也不能从事由用人单位另行安排的工作的；

（九）劳动者不能胜任工作，经过培训或者调整工作岗位，仍不能胜任工作的；

（十）劳动合同订立时所依据的客观情况发生重大变化，致使劳动合同无法履行，经用人单位与劳动者协商，未能就变更劳动合同内容达成协议的；

（十一）用人单位依照企业破产法规定进行重整的；

（十二）用人单位生产经营发生严重困难的；

（十三）企业转产、重大技术革新或者经营方式调整，经变更劳动合同后，仍需裁减人员的；

（十四）其他因劳动合同订立时所依据的客观经济情况发生重大变化，致使劳动合同无法履行的。

最高人民法院《关于审理劳动争议案件适用法律问题的解释（一）》

第四十三条　用人单位与劳动者协商一致变更劳动合同，虽未采用书面形式，但已经实际履行了口头变更的劳动合同超过一个月，变更后的劳动合同内容不违反法律、行政法规且不违背公序良俗，当事人以未采用书面形式为由主张劳动合同变更无效的，人民法院不予支持。

第四十七条　建立了工会组织的用人单位解除劳动合同符合劳动合同法第三十九条、第四十条规定，但未按照劳动合同法第四十三条规定事先通知工会，劳动者以用人单位违法解除劳动合同为由请求用人单位支付赔偿金的，人民法院应予支持，但起诉前用人单位已经补正有关程序的除外。

劳动部办公厅《关于〈劳动法〉若干条文的说明》

第二十六条　有下列情形之一的，用人单位可以解除劳动合同，但是应当提前三十日以书面形式通知劳动者本人：

（一）劳动者患病或者非因工负伤，医疗期满后，不能从事原工作也不能从事由用人单位另行安排的工作的；

（二）劳动者不能胜任工作，经过培训或者调整工作岗位，仍不能胜任工作的；

（三）劳动合同订立时所依据的客观情况发生重大变化，致使原劳动合同无法履行，经当事人协商不能就变更劳动合同达成协议的。

本条第（一）项指劳动者医疗期满后，不能从事原工作的，由原用人单位另行安排适当工作之后，仍不能从事另行安排的工作的，可以解除劳动合同。

本条第（二）项中的“不能胜任工作”，是指不能按要求完成劳动合同中约定的任务或者同工种，同岗位人员的工作量。用人单位不得故意提高定额标准，使劳动者无法完成。

本条中的“客观情况”指：发生不可抗力或出现致使劳动合同全部或部分条款无法履行的其他情况，如企业迁移、被兼并、企业资产转移等，并且排除本法第二十七条所列的客观情况。

·风险提示·

用人单位： 劳动合同签订后，若要顺利履行，实现双方的合同目的，不仅要依靠劳资双方对合同的严格遵守，还要应对各种客观情况。根据《劳动合同法》第40条的规定，有相应情形之一的，用人单位提前30日以书面形式通知劳动者本人或者额外支付劳动者1个月工资后，可以解除劳动合同。其中第3款规定的情形为，劳动合同订立时所依据的客观情况发生重大变化，致使劳动合同无法履行，经用人单位与劳动者协商，未能就变更劳动合同内容达成协议的。关于《劳动合同法》第40条第3款所称“客观情况”的具体情形，劳动部办公厅《关于〈劳动法〉若干条文的说明》第26条第4款规定，本条中的“客观情况”指：发生不可抗力或出现致使劳动合同全部或部分条款无法履行的其他情况，如企业迁移、被兼并、企业资产转移等，并且排除本法第27条所列的客观情况。以上就是关于用人单位客观情况发生重大变化导致劳动合同无法履行的相关规定。

在这种情况下，用人单位与劳动者合法解除劳动关系应注意以下几个地方：第一，需要进行协商变更劳动合同这一程序性事项。在劳动合同签订后，客观情况可能发生重大变化，这种重大的、根本性、异常性的变化，导致劳动合同没有办法继续履行。此时,用人单位应当与所涉劳动合同的劳动者就客观情况引起的变化,对劳动合同工作地点、工作内容、劳动报酬等需要变更的内容进行协商,协商既可以让劳动合同得以继续履行,又能使劳动者重新找到合适的工作岗位,不仅克服了劳动合同的履行障碍,还低成本有效化解了劳动争议。若用人单位在客观情况发生重大变化的情况下未与劳动者进行协商,直接支付劳动者 1 个月代通知金与劳动者解除劳动关系,则可能导致劳动合同违法解除的风险,进而需要支付赔偿金作为代价。第二,通知工会的义务。建立了工会组织的用人单位,依据《劳动合同法》第 40 条解除劳动合同的,应按照《劳动合同法》第 43 条事先通知工会,否则劳动者以用人单位违法解除劳动合同为由请求用人单位支付赔偿金的,将会得到人民法院依法支持。未及时通知的,用人单位在劳动者起诉前一定要积极补正这一程序。第三,对“客观情况”的正确理解。客观情况的发生,是偶发、异常且不被人的主观意志左右的,客观情况发生与否不受人的主观控制。注意将客观情况发生重大变化与用人单位的经营风险相区别,用人单位为应对市场情况的变化而调整生产经营模式的,这种策略的变化不属于“劳动合同订立时所依据的客观情况发生重大变化”的情形,而是用人单位出于经济利益的考量进行的经济方向的调整,这种调整是基于用人单位自主意识,而非不可抗拒的外因导致。第四,重大变化的程度。通常用人单位对重大变化是没有预知的,排除在商业风险之外。比如,自然灾害的发生,火山、地震等引发的变化不但不可控而且是重大的,是影响到用人单位某些项目、业务生产经营可能与否的根本性问题,而不是仅有短暂性的影响,这种影响重大到足以否定劳动合同目的的实现。

劳动者:相对于用人单位来讲,当签订劳动合同时所依据的客观情况发生重大变化,导致劳动合同无法履行时,劳动者的合同权益如何保障?首先,劳动者有机会通过变更劳动合内容的方式重新转岗到用人单位其他存续的岗位。其次,在经协商,劳动者不同意变更合同内容的情况下,劳动者可获得解除劳动合同相应的经济补偿金,以保障失业过渡期的生活。最后,如果用人单位未履行协商程序,以客观情况发生重大变化为由直接与劳动者解除劳动合同,则劳动者可以获得用人单位违法解除劳动合同的赔偿金。在本案中,徐某强所在的上海某中勤公司的客观情况发生合同签订时无法预见的重大变化,上海某中勤公司与徐某强协商后,徐某强不愿意调岗至外营处,并以拒绝到岗的方式严重违反公司的规章制度,故上海某中勤公司最终解除劳动合同并不违反劳动相关法律法规的规定,无须再向徐某强支付赔偿金。因此,最终判决驳回了徐某强的这一诉讼请求。

21 严重失职、给用人单位利益造成重大损害，用人单位的解除权

适用法条

——《劳动法》第二十五条、《劳动合同法》第三十九条

案情回顾

2002年1月1日，张某某进入某汽车4S店（以下简称4S店）从事汽车维修保养工作，月工资6800元，4S店与张某某签订了为期两年的《劳动合同》，合同期限自2002年1月2日起至2004年1月1日止。《员工手册》作为劳动合同的附件，一并由张某某阅读并签字确认。试用期为两个月，张某某试用期间参加上岗前常规业务培训，以及《4S店管理制度》的培训，经考核合格上岗。合同到期后张某某与4S店又进行了续签，自2006年起，双方签订了无固定期限劳动合同，此时张某某升为店内副店长，经手4S店派单工作及部分采购工作，知悉客户信息，月工资为9800元。

2020年6月2日，客户邹某向4S店经理来电维权，称经4S店的员工张某某介绍前往4S店对面的大同汽修进行维修本人在该4S店购买的汽车，后发现大同汽修更换的配件并非新品，4S店当即进行调查。

2020年6月3日，4S店向张某某本人送达了立即解除劳动合同通知书，称：因张某某严重违反4S店的管理制度，私自将公司客户转介给同行，利用职权将从公司获取的重要客户信息泄露给同行，并在工作过程中多次擅离岗位，现立即与张某某解除劳动合同，限张某某7日内前来交接工作，移交公司全部客户信息，另行追究张某某法律责任的权利4S店将进行保留。

2020年6月3日，张某某否认4S店的主张，依旧前来上班，下午4S店将张某某的工作牌摘除，将员工门禁卡进行消磁，并安排全体员工进行《员工手册》《4S店管理制度》的学习，进行工作整顿会议，张某某被挡在会议室门外。

2020年6月14日，张某某申请劳动仲裁，要求确认4S店解除劳动合同违法，并且要求4S店向自己支付赔偿金284,000元。劳动仲裁委员会根据4S店提交的大同汽修视频资料及证人邹某提供的证言、4S店的员工出入打卡记录等，确认张某某严重违反4S店的管理制度，确认解除劳动合同合法，驳回了张某某的仲裁请求。张某某不服，提起一、二审诉讼，最终都被维持仲裁裁决。

·法理分析·

本案的争议焦点为4S店立即解除与张某某的劳动合同是否违法。

仲裁及一、二审人民法院都认为劳动者张某某严重违反了用人单位4S店的规章制度，用人单位可以解除劳动合同，对4S店的解除行为合法性予以确认。

根据《劳动法》第25条的规定，劳动者有下列情形之一的，用人单位可以解除劳动合同：严重违反劳动纪律或者用人单位规章制度的；严重失职，营私舞弊，对用人单位利益造成重大损害的。《劳动合同法》第39条规定，劳动者有下列情形之一的，用人单位可以解除劳动合同：严重违反用人单位的规章制度的。由以上规定可以看出，用人单位享有企业自主管理权，有权依法建立和完善规章制度，劳动者在享有权利的同时，应当遵守用人单位的管理制度。当劳动者严重违反用人单位的规章制度时，用人单位享有即时解除劳动合同，并不予支付经济补偿金、赔偿金的权利。在实践中，由于法律法规没有明确对“严重”的判断标准，不同的用人单位制定有不同的规章制度，宽窄不一，有时还缺乏明确的适用情形，因此，引发了大量法律纠纷。

在实务中，用人单位是否合法解除劳动合同，应结合如下因素进行判断：

第一，用人单位制定的规章制度，要符合法律法规的规定。

首先，根据《劳动法》第 4 条之规定，用人单位应当依法建立和完善规章制度，保障劳动者享有劳动权利和履行劳动义务。可以看出，用人单位有权根据法律法规结合本单位的实际情况制定相应的规章制度，实现用人单位的自主管理权。因为用人单位千差万别，所以无法出台模式化的规章制度，用人单位需要根据自身的经营发展，确定本单位的内部规章制度，进行自主管理。其次，内部规章制度的制定程序要求。企业享有自主管理权，可以自行制定内部规章制度，但这并不等于完全自由不受限制。内部规章制度在制定过程中需要经过民主程序，只有在职工大会、职工代表大会、董事会、股东大会中职工代表参加，职工发表意见，内部管理制度才能成为处罚依据，该程序强调内部规章制度制定过程中职工参与的重要性；同时，内部规章制度不得违反法律法规的强制性规定。在本案中，4S 店制定的《4S 店管理制度》《员工手册》中的劳动纪律、奖罚规则、休息休假、劳动保护、劳动条件、福利待遇等，远远优于该行业的集体合同对劳动者的待遇，并在 4S 店成立时经职工代表商议通过，是劳动者和用人单位在平等协商下对权利义务的细化和明确，经民主程序制定，并且不违反法律法规及政策规定，合法有效。

第二，依法向劳动者公示的规章制度可以作为确定权利义务的根据。

根据最高人民法院《关于审理劳动争议案件适用法律问题的解释(一)》第 50 条第 1 款之规定，用人单位根据《劳动合同法》第 4 条的规定，通过民主程序制定的规章制度，不违反国家法律、行政法规及政策规定，并已向劳动者公示的，可以作为确定双方权利义务的依据。在本案中，4S 店在与张某某签订《劳动合同》的同时将《员工手册》交张某某阅读签收，在试用期间对张某某进行了岗前技术规程业务培训,并针对《4S 店管理制度》进行了为期 1 周的培训,4S 店已经通过各种方式明确向张某某进行告知店内规章制度,完成了法律规定的对规章制度的公示行为。在与张某某发生纠纷时,《劳动合同》《员工手册》《4S 店管理制度》的内容,可以作为处罚张某某的依据。

第三,“严重”违反用人单位的规章制度应当有明确的适用情形。

本案 4S 店《劳动合同》第 5 条为劳动纪律,第 5. 3 款规定乙方(张某某)具有严重违反甲方《4S 店管理制度》第 5 条情形之一的,可以立即解除劳动关系;第 5. 4 款规定乙方若有特殊情况需要休息,应当履行请假手续,须在经理批准并进行工作交接后方可离开。《员工手册》第 2 条为员工义务,第 2. 2 款规定员工应当遵守公司的管理制度,擅自离岗造成维修订单未及时派单,导致待保养车辆等候 2 小时以上或等候维修保养车辆达到 3 辆时,公司有权决定是否解除劳动关系。《4S 店管理制度》第 5 条为视为严重违反公司规章制度的情形:第 5. 3 款为每月迟到或早退 7 次以上的;第 5. 4 款为私自将公司业务转介给同行的;第 5. 5 款为私下从事与公司相同业务的;第 5. 6 款为私自将所经手的客户信息泄露给同行的……这些明确了“严重”违反用人单位规章制度对应的情形。2020 年 4 月、5 月 4S 店的监控显示,张某某利用手中的便利,以外出采购为由,在上班期间随意进出 4S 店,也未履行请假手续,其中 4 月出去 13 次,5 月出去 15 次。通过 4S 店对面的便利店监控视频可知,张某某每次离开 4S 店,通过便利店径直走进大同汽修,4S 店对面的大同汽修法人为张某某的弟弟,所经营维修的车辆包括 4S 店品牌车辆。4S 店在张某某登录的工作电脑中发现了 4 月、5 月,张某某将 4S 店的客户推送给其弟弟的 10 余次微信记录,涉及客户 100 多人。据此,张某某违反了《4S 店管理制度》第 5 条之第 5. 3 款、第 5. 4 款、第 5. 5 款、第 5. 6 款之规定,属于 4S 店规定的严重违反用人单位规章制度的情形,4S 店可以立即与张某某解除劳动关系。

第四,用人单位对劳动者“严重违反用人单位的规章制度的立即解除劳动合同”条款的适用要合理、适当。

用人单位的规章制度又称为用人单位内部“小法律”。那么,是不是只要劳动者满足一定条件就应立即与该劳动者解除劳动关系?合理、适当也是其中应当考量的因素。在实践中,用人单位为了规范管理,往往制定各种各样的规章制度,想尽办法让劳动者听从用人单位的调遣安排,以最大化实现劳动产值。有些用人单位为了应对瞬息万变的当下,将一些不公平、不合理的条款纳入“劳动者严重违反用人单位的规章制度”中,通过利用该条款,实现劳动合同的立即解除,并且规避由此带来的经济补偿金、赔偿金的承担,从而损害劳动者的合法权益,法律应当对此给予否定性评价,以维护法律的公平正义。对于合理、适当,如果单纯根据用人单位规章制度的标准进行判断,失之偏颇,应当结合劳动者给用人单位造成的损失及劳动者的主观过错进行实质判断。这样既能维护用人单位的用工管理权,又能保护劳动者的合法权益,符合劳动立法的本意。在本案中,维修保养服务是4S店的主要收入来源之一,客户是4S店的重要资源,张某某作为副店长,利用职务便利,私通亲属输送利益,违背了职业道德,主观过错极大,实质上也给4S店造成了不可挽回的损失。张某某的行为已经严重违反了用人单位的规章制度,用人单位应当立即予以解除劳动关系。因此,《4S店管理制度》第5条第5.3款、第5.4款、第5.5款、第5.6款关于“严重”情形之规定合理、适当,仲裁委员会及一、二审法院对张某某的行为进行否定评价。

·知识拓展·

《劳动法》

第十九条　劳动合同应当以书面形式订立,并具备以下条款:

(一)劳动合同期限;

（二）工作内容；

（三）劳动保护和劳动条件；

（四）劳动报酬；

（五）劳动纪律；

（六）劳动合同终止的条件；

（七）违反劳动合同的责任。

劳动合同除前款规定的必备条款外，当事人可以协商约定其他内容。

第二十五条　劳动者有下列情形之一的，用人单位可以解除劳动合同：

（一）在试用期间被证明不符合录用条件的；

（二）严重违反劳动纪律或者用人单位规章制度的；

（三）严重失职，营私舞弊，对用人单位利益造成重大损害的；

（四）被依法追究刑事责任的。

第三十二条　有下列情形之一的，劳动者可以随时通知用人单位解除劳动合同：

（一）在试用期内的；

（二）用人单位以暴力、威胁或者非法限制人身自由的手段强迫劳动的；

（三）用人单位未按照劳动合同约定支付劳动报酬或者提供劳动条件的。

第八十九条　用人单位制定的劳动规章制度违反法律、法规规定的，由劳动行政部门给予警告，责令改正；对劳动者造成损害的，应当承担赔偿责任。

第九十八条　用人单位违反本法规定的条件解除劳动合同或者故意拖延不订立劳动合同的，由劳动行政部门责令改正；对劳动者造成损害的，应当承担赔偿责任。

《劳动合同法》

第三十八条　用人单位有下列情形之一的，劳动者可以解除劳动合同：

（一）未按照劳动合同约定提供劳动保护或者劳动条件的；

（二）未及时足额支付劳动报酬的；

（三）未依法为劳动者缴纳社会保险费的；

（四）用人单位的规章制度违反法律、法规的规定，损害劳动者权益的；

（五）因本法第二十六条第一款规定的情形致使劳动合同无效的；

（六）法律、行政法规规定劳动者可以解除劳动合同的其他情形。

用人单位以暴力、威胁或者非法限制人身自由的手段强迫劳动者劳动的，或者用人单位违章指挥、强令冒险作业危及劳动者人身安全的，劳动者可以立即解除劳动合同，不需事先告知用人单位。

第三十九条　劳动者有下列情形之一的，用人单位可以解除劳动合同：

（一）在试用期间被证明不符合录用条件的；

（二）严重违反用人单位的规章制度的；

（三）严重失职，营私舞弊，给用人单位造成重大损害的；

（四）劳动者同时与其他用人单位建立劳动关系，对完成本单位的工作任务造成严重影响，或者经用人单位提出，拒不改正的；

（五）因本法第二十六条第一款第一项规定的情形致使劳动合同无效的；

（六）被依法追究刑事责任的。

第七十四条　县级以上地方人民政府劳动行政部门依法对下列实施劳动合同制度的情况进行监督检查：

（一）用人单位制定直接涉及劳动者切身利益的规章制度及其执行的情况；

（二）用人单位与劳动者订立和解除劳动合同的情况；

（三）劳务派遣单位和用工单位遵守劳务派遣有关规定的情况；

（四）用人单位遵守国家关于劳动者工作时间和休息休假规定的情况；

（五）用人单位支付劳动合同约定的劳动报酬和执行最低工资标准的情况；

（六）用人单位参加各项社会保险和缴纳社会保险费的情况；

（七）法律、法规规定的其他劳动监察事项。

第八十条　用人单位直接涉及劳动者切身利益的规章制度违反法律、法规规定的，由劳动行政部门责令改正，给予警告；给劳动者造成损害的，应当承担赔偿责任。

《劳动合同法实施条例》

第十九条　有下列情形之一的，依照劳动合同法规定的条件、程序，用人单位可以与劳动者解除固定期限劳动合同、无固定期限劳动合同或者以完成一定工作任务为期限的劳动合同：

（一）用人单位与劳动者协商一致的；

（二）劳动者在试用期间被证明不符合录用条件的；

（三）劳动者严重违反用人单位的规章制度的；

（四）劳动者严重失职，营私舞弊，给用人单位造成重大损害的；

（五）劳动者同时与其他用人单位建立劳动关系，对完成本单位的工作任务造成严重影响，或者经用人单位提出，拒不改正的；

（六）劳动者以欺诈、胁迫的手段或者乘人之危，使用人单位在违背真实意思的情况下订立或者变更劳动合同的；

（七）劳动者被依法追究刑事责任的；

（八）劳动者患病或者非因工负伤，在规定的医疗期满后不能从事原工作，也不能从事由用人单位另行安排的工作的；

（九）劳动者不能胜任工作，经过培训或者调整工作岗位，仍不能胜任工作的；

（十）劳动合同订立时所依据的客观情况发生重大变化，致使劳动合同无法履行，经用人单位与劳动者协商，未能就变更劳动合同内容达成协议的；

（十一）用人单位依照企业破产法规定进行重整的；

（十二）用人单位生产经营发生严重困难的；

（十三）企业转产、重大技术革新或者经营方式调整，经变更劳动合同后，仍需裁减人员的；

（十四）其他因劳动合同订立时所依据的客观经济情况发生重大变化，致使劳动合同无法履行的。

第二十六条　用人单位与劳动者约定了服务期，劳动者依照劳动合同法第三十八条的规定解除劳动合同的，不属于违反服务期的约定，用人单位不得要求劳动者支付违约金。

有下列情形之一，用人单位与劳动者解除约定服务期的劳动合同的，劳动者应当按照劳动合同的约定向用人单位支付违约金：

（一）劳动者严重违反用人单位的规章制度的；

（二）劳动者严重失职，营私舞弊，给用人单位造成重大损害的；

（三）劳动者同时与其他用人单位建立劳动关系，对完成本单位的工作任务造成严重影响，或者经用人单位提出，拒不改正的；

（四）劳动者以欺诈、胁迫的手段或者乘人之危，使用人单位在违背真实意思的情况下订立或者变更劳动合同的；

（五）劳动者被依法追究刑事责任的。

最高人民法院《关于审理劳动争议案件适用法律问题的解释（一）》

第五十条　用人单位根据劳动合同法第四条规定，通过民主程序制定的规章制度，不违反国家法律、行政法规及政策规定，并已向劳动者公示的，可以作为确定双方权利义务的依据。

用人单位制定的内部规章制度与集体合同或者劳动合同约定的内容不一致，劳动者请求优先适用合同约定的，人民法院应予支持。

·风险提示·

用人单位: 用人单位的规章制度,是指用人单位依照法律和民主程序制定的,在本单位范围内实行的组织生产经营和进行劳动管理的规则。根据《劳动法》第4条的规定,依法建立和完善规章制度不仅是用人单位的权利,同时也是义务。要使用人单位保持正常有序的生产经营,有效的规章制度必不可少,健全的规章制度不但能保障用人单位的健康持续发展,还能保障劳动者权益,有利于共同推进劳动关系的和谐健康发展。可见好的规章制度对企业自主管理权的重要性。

用人单位在制定规章制度时应当把握好几点。在程序上,用人单位的规章制度只有经过民主程序,通过职工大会、职工代表大会、股东会、董事会中职工代表的参与制定,并且向劳动者公示,才能作为处理劳动争议的依据。在内容上,用人单位的规章制度必须符合法律法规、政策的规定,不能与法律相抵触,应保证规章制度合法有效。同时用人单位对劳动者处罚还须合理、适当,在判断劳动者是否严重违反用人单位的规章制度时,除了依照用人单位的规章制度外,还应结合劳动者的主观过错、客观结果进行综合评价,防止处罚结果最终被认定为明显失当,排除适用,引起不必要的赔偿责任。因此,用人单位在制定规章制度时,要用好用工自主管理权,使规章制度内容合理适当,兼顾实体与程序合法,保障用人单位的规章制度可以作为合法解除劳动关系的有效依据。

劳动者: 在劳资关系中,劳动者不仅在合同签订上处于弱势一方,而且在对法律知识的了解上也相对薄弱。劳动者与用人单位建立劳动关系时,对用人单位提供的劳动合同、员工手册、管理制度等应进行充分阅读,并就存疑部分要求用人单位进行解答。建立劳动关系后,劳动者应当认真遵守用人单位的规章制度,勤勉尽责、诚实守信。对于严重违反职业操守,违法违纪的行为,无论用人单位的规章制度是否有明确的规定,都可视为严重违反规章制度的行为。在用人单位就劳动报酬、劳动保护、劳动条件、休息休假、保险福利、劳动纪律等直接涉及劳动者切身利益的规章制度或重大事项征求劳动者意见时,劳动者应当积极发表意见,并应与工会保持联系,参加职工大会、职工代表大会进行讨论和提出意见,积极协商,修改或完善保障劳动者权益的事项。对于未经公示直接适用于劳动者的规章制度,劳动者应当就该规章制度效力提出异议,使该规章制度不能作为解除劳动关系或处罚劳动者的依据。直接涉及劳动者切身利益的规章制度违反法律法规的,劳动者应当向劳动行政主管部门进行投诉,由劳动行政部门责令改正,给劳动者造成损害的,用人单位还应当赔偿损失。

22 “三期”女职工严重违反规章制度，用人单位的解除权

适用法条

——《劳动法》第二十五条、《劳动合同法》第三十九条

案情回顾

2018年4月2日，韩某梅与某生物制药有限公司（以下简称生物公司）签订劳动合同，合同期限2年，韩某梅从事质检部门的技术顾问一职，入职当天韩某梅参加上岗前培训，同时接受《员工管理制度》《休假考勤管理制度》培训。2020年6月7日，韩某梅向生物公司请假并出示受孕B超单，告知生物公司自己已怀孕，需要定期孕检，生物公司当日批准假期2天。2020年12月3日，韩某梅以身体不适为由要求开始休产假，生物公司同意并交接工作。2021年1月19日，韩某梅产下一女。2021年4月9日，生物公司通过企业微信向韩某梅发送返岗通知书，称：韩某梅女士，您的产假已于今日期满，请安排妥帖，尽快返岗，逾期未报到，则依据公司有关规定按旷工处理。韩某梅在企业微信中回复：收到。次日，韩某梅向生物公司提交某一附院开具的诊断证明书一份。其中，主诉：产后抑郁；诊断：产后抑郁；诊治意见：在家静养，加强锻炼，不适随诊；休假起止时间：2021年4月10日至24日。该证明书右下角有医生签字并盖有诊断证明章。2021年4月25日，韩某梅再次前来告假，又向生物公司提交某一附院的诊断证明书一份，内容同前份。韩某梅称身体不适，要求继续请假，生物公司未批准。韩某梅随即离开生物公司再未返回上班。2021年4月28日，生物公司向韩某梅特快专递一份解除劳动合同通

知书，称：韩某梅女士，您的产假于2021年4月9日期满，您严重违反公司的规章制度，未按期返岗报到，视为旷工数日，现与您解除劳动关系，7日内前来办理交接手续。次日，生物公司将韩某梅的工作岗位另行安排人员代替，对韩某梅工号进行消磁，门禁进行限制处理。韩某梅不服，于2021年5月20日，向当地仲裁委员会提请仲裁，请求依法确认生物公司解除劳动关系违法，要求继续履行劳动合同。2021年6月28日，仲裁委员会裁定驳回了韩某梅的全部仲裁请求。韩某梅不服继续向人民法院提起诉讼，一审法院判决驳回了韩某梅诉讼请求。

·法理分析·

本案的争议焦点是用人单位与严重违反用人单位规章制度的"三期"（孕期、产期、哺乳期）女工解除劳动关系是否合法。

我国对女职工实行特殊保护，尤其对"三期"女职工的休息休假时间有明确的规定。其中，《劳动法》第62条规定，女职工生育享受不少于90天的产假。《劳动合同法》第42条第4项规定，用人单位不得依照本法第40条、第41条的规定解除在孕期、产期、哺乳期的女职工。《女职工劳动保护特别规定》第5条规定，用人单位不得因女职工怀孕、生育、哺乳降低其工资，予以辞退，与其解除劳动或者聘用合同。第6条规定，女职工在孕期不能适应原劳动的，用人单位应当根据医疗机构的证明，予以减轻劳动量或者安排其他能够适应的劳动。对怀孕7个月以上的女职工，用人单位不得延长劳动时间或者安排夜班劳动，并应当在劳动时间内安排一定的休息时间。怀孕女职工在劳动时间内进行产前检查，所需时间计入劳动时间。第7条规定，女职工生育享受98天产假。

根据以上规定，生物公司解除与韩某梅的劳动关系似乎是违法的，那么，仲裁委员会和一审法院为什么驳回了韩某梅的诉请，反而支持了生物公司的主张？

其中一个关键逻辑点在于，“三期”内的女职工若严重违反用人单位的规章制度，用人单位能否跨过对“三期”女职工的特殊保护，径行与“三期”女职工解除劳动关系？答案是肯定的。“三期”不是女职工的绝对护身符，在符合一定条件的情况下，用人单位照样可以立即解除与“三期”女职工的劳动合同，本案就是“三期”内的女职工严重违反用人单位的规章制度，用人单位立即解除与“三期”女职工劳动关系的情形之一。

韩某梅不服提请仲裁。第一，诉称生物公司是与尚处于产假期间的自己违法解除劳动关系。韩某梅称 2021 年 1 月 19 日自己才产下一女，根据相关法律规定，2021 年 4 月 9 日自己的产假并未到期。第二，诉称自己并没有违反生物公司的规章制度。为了证明该主张，韩某梅向仲裁委员会提供了《劳动合同》一份、出生证明一份、诊断证明书两份，用以证明自己没有违反用人单位的规章制度，确认生物公司解除劳动关系违法。生物公司答辩并提交相关证据：第一，韩某梅从 2020 年 12 月 3 日开始休产假至 2021 年 4 月 9 日止，共休假 98 天，符合法律规定。至于韩某梅诉称应当从 2021 年 1 月 19 日开始计算产假时间，没有法律依据。劳动法规定产前可以休假，至于从何时开始，孕妇可以根据身体情况提前休产假，法律没有强制性规定，因此，韩某梅的产假时间应当从 2020 年 12 月 3 日开始计算。第二，对于韩某梅称未参加《员工管理制度》《休假考勤管理制度》的培训，该制度未向韩某梅公示，故应排除适用，生物公司提交证据 3 组。第一组照片 6 张，根据照片可以看到韩某梅于 2018 年 4 月 2 日参加了生物公司《员工管理制度》《休假考勤管理制度》的培训。第二组，生物公司员工许某的证人证言，证明当时未亲自签名是因为韩某梅当时手上正好拿着东西，许某帮忙代签，许某认为没有什么就代签了，实际上韩某梅也参加了培训，并且就坐在许某旁边。第三组，韩某梅的微信朋友圈的视频，视频发表于 2018 年 4 月 2 日，视频显示韩某梅于当日参加了《员工管理制度》《休假考勤管理制度》的培训，并就座于许某的旁边，桌上放有每人一份的《员工管理制度》《休假考勤管理制度》，配文:我韩某人今天入职啦,从公司管理制度学习开始(微笑表情),定位:某大楼某生物公司。第三,生物公司提交第四组某一附院的证明一份,证明 2021 年 4 月 10 日、25 日,韩某梅并未前往该院就诊,该院也未向韩某梅出具诊断证明书,韩某梅向生物公司提交的诊断证明书是虚假的。根据生物公司《员工管理制度》第 2 条员工的义务,员工应当诚实守信,勤勉尽职,遵守职业道德;员工因事、因病请假,应当如实向公司提供假条、诊断证明书,公司根据诊断证明批准休息、休假时间。《休假考勤管理制度》第 4 条旷工情形包括:未履行请假手续擅离职守的;弄虚作假,以虚假的证明文件骗取假期的。第 7 条立即解除劳动关系的情形包括:旷工达 3 天以上,或旷工 1 天给公司造成损失达 3 万元以上的;到假后续假未批准未返岗 3 天以上的。故韩某梅利用虚假诊断证明书骗取公司休假达 15 天之多,该骗取休假的行为视为旷工,已具有生物公司立即解除劳动关系的情形。综上,生物公司解除与韩某梅的劳动关系合法。

仲裁委员会和一审法院在保护"三期"女职工权益的前提下,同时也要保护劳动关系的健康发展,劳动关系也是民事关系的一种,同样要遵循法律规定,民事主体从事民事活动的,应当按照法律规定或约定,履行民事义务,承担民事责任。劳动合同也是劳动者与用人单位确立劳动关系,明确权利和义务的协议。依法订立的劳动合同具有法律约束力,当事人必须履行劳动合同约定的义务。孕期、产期、哺乳期的女职工,虽然是劳动法特殊保护的对象,但韩某梅在生物公司有明确规定的前提下,弄虚作假,骗取假期,违反诚信原则,不尽勤勉之责,不仅严重违反了用人单位规章制度,同时制作虚假的证明文件,会扰乱社会秩序。为弘扬社会风尚,保障劳资关系的健康发展,仲裁委员会和一审法院依据《劳动合同法》第 39 条的规定,确认生物公司解除劳动关系合法。

·知识拓展·

《劳动法》

第二十五条 劳动者有下列情形之一的，用人单位可以解除劳动合同：

（一）在试用期间被证明不符合录用条件的；

（二）严重违反劳动纪律或者用人单位规章制度的；

（三）严重失职，营私舞弊，对用人单位利益造成重大损害的；

（四）被依法追究刑事责任的。

第五十八条 国家对女职工和未成年工实行特殊劳动保护。

未成年工是指年满十六周岁未满十八周岁的劳动者。

第五十九条 禁止安排女职工从事矿山井下、国家规定的第四级体力劳动强度的劳动和其他禁忌从事的劳动。

第六十条 不得安排女职工在经期从事高处、低温、冷水作业和国家规定的第三级体力劳动强度的劳动。

第六十一条 不得安排女职工在怀孕期间从事国家规定的第三级体力劳动强度的劳动和孕期禁忌从事的劳动。对怀孕七个月以上的女职工，不得安排其延长工作时间和夜班劳动。

第六十二条 女职工生育享受不少于九十天的产假。

第六十三条 不得安排女职工在哺乳未满一周岁的婴儿期间从事国家规定的第三级体力劳动强度的劳动和哺乳期禁忌从事的其他劳动，不得安排其延长工作时间和夜班劳动。

《劳动合同法》

第三十九条 劳动者有下列情形之一的，用人单位可以解除劳动合同：

（一）在试用期间被证明不符合录用条件的；

（二）严重违反用人单位的规章制度的；

（三）严重失职，营私舞弊，给用人单位造成重大损害的；

（四）劳动者同时与其他用人单位建立劳动关系，对完成本单位的工作任务造成严重影响，或者经用人单位提出，拒不改正的；

（五）因本法第二十六条第一款第一项规定的情形致使劳动合同无效的；

（六）被依法追究刑事责任的。

第四十条　有下列情形之一的，用人单位提前三十日以书面形式通知劳动者本人或者额外支付劳动者一个月工资后，可以解除劳动合同：

（一）劳动者患病或者非因工负伤，在规定的医疗期满后不能从事原工作，也不能从事由用人单位另行安排的工作的；

（二）劳动者不能胜任工作，经过培训或者调整工作岗位，仍不能胜任工作的；

（三）劳动合同订立时所依据的客观情况发生重大变化，致使劳动合同无法履行，经用人单位与劳动者协商，未能就变更劳动合同内容达成协议的。

第四十二条　劳动者有下列情形之一的，用人单位不得依照本法第四十条、第四十一条的规定解除劳动合同：

（一）从事接触职业病危害作业的劳动者未进行离岗前职业健康检查，或者疑似职业病病人在诊断或者医学观察期间的；

（二）在本单位患职业病或者因工负伤并被确认丧失或者部分丧失劳动能力的；

（三）患病或者非因工负伤，在规定的医疗期内的；

（四）女职工在孕期、产期、哺乳期的；

（五）在本单位连续工作满十五年，且距法定退休年龄不足五年的；

（六）法律、行政法规规定的其他情形。

第四十八条　用人单位违反本法规定解除或者终止劳动合同，劳动者要求继续履行劳动合同的，用人单位应当继续履行；劳动者不要求继续履行劳动合同或者劳动合同已经不能继续履行的，用人单位应当依照本法第八十七条规定支付赔偿金。

《女职工劳动保护特别规定》

第五条　用人单位不得因女职工怀孕、生育、哺乳降低其工资、予以辞退、与其解除劳动或者聘用合同。

第六条　女职工在孕期不能适应原劳动的，用人单位应当根据医疗机构的证明，予以减轻劳动量或者安排其他能够适应的劳动。

对怀孕7个月以上的女职工，用人单位不得延长劳动时间或者安排夜班劳动，并应当在劳动时间内安排一定的休息时间。

怀孕女职工在劳动时间内进行产前检查，所需时间计入劳动时间。

第七条　女职工生育享受98天产假，其中产前可以休假15天；难产的，增加产假15天；生育多胞胎的，每多生育1个婴儿，增加产假15天。

女职工怀孕未满4个月流产的，享受15天产假；怀孕满4个月流产的，享受42天产假。

第九条　对哺乳未满1周岁婴儿的女职工，用人单位不得延长劳动时间或者安排夜班劳动。

用人单位应当在每天的劳动时间内为哺乳期女职工安排1小时哺乳时间；女职工生育多胞胎的，每多哺乳1个婴儿每天增加1小时哺乳时间。

·风险提示·

用人单位：自1995年1月1日《劳动法》实施以来，相关法律法规也不断出台，国家采取各种措施促进劳动就业，制定劳动标准，完善社会保险，劳动者法律意识不断提高，劳动争议肉眼可见地居高不下，用人单位自主管理权受到极大的挑战。要高效化解劳动争议，离不开合法的用人单位管理制度内容和人事管理人员对法律法规的熟知。用人单位应通过巧妙应用企业的用工自主权，将主要用工争议消化在诉讼前端，化解用人单位的补偿、赔偿风险，这对企业健康稳定发展至关重要。要主动掌握用人的自主管理权，应把握好以下几点：

第一，用人单位一定要制定好企业“小法律”，即企业的规章制度。建立健全合法有效的企业规章制度，是企业自主用工的集中体现，这使用人单位在内部管理上有“法”可依。《劳动法》规定，用人单位与劳动者建立劳动关系应当签订劳动合同，劳动合同可以就劳动合同期限，劳动报酬，劳动条件，工作内容，劳动纪律，劳动合同变更、解除与终止，违反劳动合同责任等进行约定，依法成立的劳动合同对双方都有约束力，当事人必须按约履行自己的权利和义务。《劳动合同法》第 4 条第 1 款、第 4 款规定，用人单位应当依法建立和完善劳动规章制度，保障劳动者享有劳动权利，履行劳动义务。用人单位应当将直接涉及劳动者切身利益的规章制度和重大事项决定公示，或者告知劳动者。第 39 条规定，劳动者有下列情形之一的，用人单位可以解除劳动合同：(1) 在试用期间被证明不符合录用条件的；(2) 严重违反用人单位的规章制度的；(3) 严重失职，营私舞弊，给用人单位造成重大损害的；(4) 劳动者同时与其他用人单位建立劳动关系，对完成本单位的工作任务造成严重影响，或者经用人单位提出，拒不改正的；(5) 因本法第 26 条第 1 款第 1 项规定的情形致使劳动合同无效的；(6) 被依法追究刑事责任的。根据以上规定可以看出，用人单位建立健全企业规章制度既是权利也是责任。当劳动者严重违反用人单位的规章制度时，用人单位可以依此立即与劳动者解除劳动关系。而要让规章制度成为处理双方争议的有效依据，规章制度内容的合法性不可忽略。《劳动合同法》第 4 条第 2 款规定，用人单位在制定、修改或者决定有关劳动报酬、工作时间、休息休假、劳动安全卫生、保险福利、职工培训、劳动纪律以及劳动定额管理等直接涉及劳动者切身利益的规章制度或者重大事项时，应当经职工代表大会或者全体职工讨论，提出方案和意见，与工会或者职工代表平等协商确定。第8条规定，用人单位招用劳动者时，应当如实告知劳动者工作内容、工作条件、工作地点、职业危害、安全生产状况、劳动报酬，以及劳动者要求了解的其他情况；用人单位有权了解劳动者与劳动合同直接相关的基本情况，劳动者应当如实说明。由以上规定可以看出，用人单位制定规章制度时并不是完全的自主，与劳动者切身利益相关的事项，比如录用的条件、严重违反劳动纪律或规章制度的情形、给用人单位造成重大损害的标准等，需要用人单位在制定规章制度时充分考虑，适当时用人单位可以寻求工会的帮助，一定要使规章制度符合法律法规的规定，这同时也是创建和谐劳动关系的应有之义。好的规章制度能够使一些高耗多冗劳动力与用人单位解绑，使劳动者重新投入合适的岗位来创造财富，而不是消耗用人单位，浪费劳动资源，这也是劳动法律赋予劳动双方解除权的应有之义。对于那些严重违反用人单位规章制度的劳动者，企业能够依据规章制度自主决定劳动者的去留，不但可以立即与劳动者解除劳动关系，同时支付补偿金或承担赔偿的责任还可以免除，在体现法律法规公平公正的同时，还是构建和谐劳动关系的平衡阀。不同企业有不同的经营管理内容，在建立规章制度时应结合用人单位的特殊情况，有针对性地制定合理的规章制度，为用人单位的发展保驾护航。

第二，好的规章制度还要结合实施行为，才能完整发挥它应有的作用。用人单位的人事管理人员一定要熟知法律法规。用人单位制定了好的规章制度后，还需要在劳动合同履行过程中发挥它的管理作用。在管理过程中，尤其是一些程序上的公示、告知程序未履行，往往是用人单位败诉的原因。很多用人单位的人事部门在劳动管理过程中比较混乱，在劳动合同签订时，未将企业的规章制度一并交付劳动者阅读签收，未向劳动者公示；合同到期后没有及时续签，导致应支付双倍工资或视为签订了无固定期限劳动合同。未能即时行使解除权而是继续接受劳动者提供的劳动。劳动者主动辞职时没有及时固定证据等。这些都是用人单位在实际管理中的薄弱地方,忽略这些细节,足以使用人单位立于败诉之地,应当引起用人单位的足够重视。

因此,只有将合法制定和有效实施结合起来,才能使用人单位的管理做到真正的自主,才能使制度发挥出应有的作用,才能使用人单位稳健高效运营。

劳动者: 通过对用人单位规章制度的分析,是不是就能认为用人单位可以随心所欲地打发劳动者?答案肯定是否定的。《劳动合同法》第4条第1款虽然规定用人单位应当依法建立和完善劳动规章制度,保障劳动者享有劳动权利,履行劳动义务;但紧接着在第2款、第3款规定,用人单位在制定、修改或者决定有关劳动报酬、工作时间、休息休假、劳动安全卫生、保险福利、职工培训、劳动纪律以及劳动定额管理等直接涉及劳动者切身利益的规章制度或者重大事项时,应当经职工代表大会或者全体职工讨论,提出方案和意见,与工会或者职工代表平等协商确定。在规章制度和重大事项决定实施过程中,工会或者职工认为不适当的,有权向用人单位提出,通过协商予以修改完善。用人单位应当将直接涉及劳动者切身利益的规章制度和重大事项决定公示,或者告知劳动者。《劳动合同法》第8条同时规定,用人单位招用劳动者时,应当如实告知劳动者工作内容、工作条件、工作地点、职业危害、安全生产状况、劳动报酬,以及劳动者要求了解的其他情况。可以看出,法律在赋予用人单位自主管理权的同时,对一些直接涉及劳动者切身利益的规章制度或者重大事项进行了明确的限制,用人单位需要履行告知、公示、协商程序。法律既要保障用人单位自主管理的主动性,又要保护劳动者的劳动权益。

结合本案,生物公司以韩某梅严重违反公司的《员工管理制度》《休假考勤管理制度》为由,解除与韩某梅的劳动关系是否合法?需要结合三点进行判断。其一,处罚"依据"合法。法律在赋予用人单位自主制定管理制度的权力的同时,也要求用人单位对管理制度的不合法承担损害赔偿义务。因劳动者的过错,用人单位解除与劳动者的劳动关系，是对劳动者非常严厉的处罚。因此，法律对用人单位的管理制度合法性有较高的要求，以平衡劳资双方的权利义务。在本案中，韩某梅明知正常情况下自己不符合生物公司《员工管理制度》《休假考勤管理制度》的请假条件，韩某梅伪造病历向生物公司请假的情形属于严重违反生物公司规章制度的行为。生物公司的规章制度在制定过程和制定内容方面均符合法律法规的规定，生物公司的《员工管理制度》《休假考勤管理制度》合法有效，依法适用于韩某梅。其二，解除行为“程序”合法。在韩某梅入职后，生物公司进行全体员工《员工管理制度》《休假考勤管理制度》的培训，虽然韩某梅否认培训名单有本人亲笔签字，但结合其他证据足以认定生物公司向韩某梅完成了公示。因此，生物公司解除依据有效适用于韩某梅。其三，劳动者违反规章制度应达到“严重”程度。《劳动法》第 29 条第 3 项规定，女职工在孕期、产期、哺乳期的，用人单位不得依照本法第 26 条、第 27 条的规定解除劳动合同。《劳动合同法》第 42 条第 4 项规定，女职工在孕期、产期、哺乳期的，用人单位不得依照本法第 40 条、第 41 条与“三期”女职工解除劳动合同。用人单位与劳动者应当按照劳动合同的约定，全面履行各自的义务。作为劳动者，不仅应当完成劳动任务，还应遵守劳动纪律和职业道德。根据《劳动法》第 25 条第 2 项、《劳动合同法》第 39 条第 2 项的规定，劳动者严重违反用人单位规章制度的，用人单位可以立即解除劳动关系。虽然劳动相关法律法规对“三期”女职工有特殊的保护，但这并不是“三期”女职工绝对的护身符，当“三期”女职工具有对用人单位规章制度严重违反的情形时，用人单位可以依据上述规定立即解除与“三期”女职工的劳动合同，并不支付经济补偿金。

23 虚假“泡假”用人单位的解除权

适用法条

——《劳动合同法》第三十九条、第四十二条

案情回顾

蒋某，女，2019 年 3 月 1 日入职某地新华职业培训机构（以下简称培训机构），双方签订了 3 年的劳动合同，岗位为高二年级的英语老师，试用期 2 个月，试用期工资为 2400 元，试用期满后月工资 17,500 元，双方另外对上班地点等进行了约定，蒋某同时签收阅读了《员工手册》、《管理制度》、薪资确认单。

2021 年 1 月 3 日，蒋某称自己怀孕，请假休息 3 天，培训机构予以批准。2021 年 2 月 15 日，蒋某持某附属医院的诊断证明，称自己有先兆流产迹象，请假休息 1 周。2021 年 2 月 22 日，蒋某又持某工会医院的诊断证明，称医院建议卧床休息 10 天。对于二者培训机构均予批准休息。2021 年 3 月 5 日，培训机构收到蒋某乘坐某航空公司的机票，得知 2021 年 2 月 15 日至 3 月 2 日，蒋某往返上海、苏州、重庆。2021 年 3 月 4 日，培训机构要求蒋某说明情况，并要求蒋某与培训机构一起前往某附属医院、某工会医院核实诊断证明书的真伪，蒋某拒绝。经培训机构前往两医院核实，两医院均出具了该时间段没有此人前来就诊的情况说明。另外，培训机构发现 2021 年 2 月 26 日，上海某游乐园网站发布了“庆元宵游园灯会”活动，其中有蒋某参加活动的现场视频。2021 年 3 月 5 日，培训机构现场向蒋某送达解除劳动合同通知书，称：由于蒋某严重违反培训机构的管理制度，违法“泡病假”，机构决定根

据《员工手册》第5.6款、《管理制度》第4.4.1款的规定，解除与蒋某的劳动合同，并不支付任何经济补偿，劳动合同于2021年3月6日解除。培训机构随之收回蒋某办公笔记本电脑一台，工牌一张，并通知蒋某于3日内前来办理相关交接手续及离职证明。蒋某不服，于2021年3月21日向当地仲裁委员会申请确认培训机构解除违法，要求培训机构继续履行劳动合同，并补发试用期间的工资3200元。仲裁委员会驳回了蒋某的仲裁请求。蒋某不服该仲裁裁决，于法定期限内向法院提起诉讼。2021年5月29日，一审法院审理后判决培训机构于判决生效之日起10日内支付蒋某3200元试用期工资差额，驳回了蒋某的其他诉讼请求。蒋某不服上诉至二审人民法院，二审人民法院维持了一审判决。

·法理分析·

本案系劳动者违规“泡病假”与用人单位引发的争议，案件争议焦点为用人单位能否将虚假“泡假”视为严重违反规章制度以解除劳动合同。

在本案中，培训机构《管理制度》第4.4.1款规定，劳动者1个季度擅自离岗累计达5天，或1个月内连续擅自离岗达3天的，视为旷工。第4.4.3款规定，用人单位不得与“三期”内的女职工解除劳动合同，应顺延至相应情形消失时。《员工手册》第5.6款规定，劳动者申请事假、病假，应当按本规定提供事假、病假相应证明材料，若有下列情形之一，视为擅自离岗，按旷工处理。第5.6.1款规定，劳动者未按规定提交相应的足以证明请假事由真实存在的请假材料或提交的请假材料系伪造、变造的。第5.6.2款规定，劳动者请事假或病假后，所从事的活动应当属于处理该事情或恢复身体健康的相关活动，实际所从事的活动与请假不符的，同样视为擅自离岗，按旷工处理。劳动合同约定的内容之间是否存在冲突,培训机构是否可以解除与蒋某的劳动合同,是决定培训机构解除是否合法的关键。首先,《员工手册》《管理制度》的规定,内容合法合理,制定程序合法;蒋某在签订劳动合同的同时对该手册进行了阅读签收,该手册依法可以作为认定劳动者旷工与否的依据。其次,《员工手册》第5.6.1款、第5.6.2款,都是关于请假程序和批假管理的规定,是用人单位根据企业的性质,行使自主管理权的体现。《管理制度》第4.4.1款是对员工旷工和视为旷工的情形的明确约定。第4.4.3款是对劳动相关法规中关于“三期”女职工权益的复述,内容并没有违背劳动相关法规的规定。因此,蒋某两次利用虚假、伪造的病假资料申请病假的行为,是违反劳动者职业基本素养和职业道德的行为,不应当鼓励,依法应当给予否定性评价。蒋某两次利用虚假材料申请病假达17天之久,谎称自己怀孕,骗取公司假期,公然违反职业道德,应当排除“明修栈道,暗度陈仓”行为的保护外衣。“泡假”期间,蒋某带薪外出旅游达16天,该行为不符《管理制度》第4.4.3款制定的初衷,也与劳动相关法中关于“三期”女职工特殊保护的目的不符。而被用人单位发现后,蒋某态度蛮横拒绝配合调查。因此,蒋某“泡假”期间并不适用《员工手册》和《管理制度》中关于“三期”女职工的特殊保护,用人单位解除劳动关系并不违法。即便蒋某在孕期,如果严重违反用人单位规章制度,用人单位仍然可以依法解除劳动合同。

·知识拓展·

《劳动法》

第二十五条　劳动者有下列情形之一的,用人单位可以解除劳动合同:

(一)在试用期间被证明不符合录用条件的;

(二)严重违反劳动纪律或者用人单位规章制度的;

（三）严重失职，营私舞弊，对用人单位利益造成重大损害的；

（四）被依法追究刑事责任的。

第二十九条　劳动者有下列情形之一的，用人单位不得依据本法第二十六条、第二十七条的规定解除劳动合同：

（一）患职业病或者因工负伤并被确认丧失或者部分丧失劳动能力的；

（二）患病或者负伤，在规定的医疗期内的；

（三）女职工在孕期、产期、哺乳期内的；

（四）法律、行政法规规定的其他情形。

第六十一条　不得安排女职工在怀孕期间从事国家规定的第三级体力劳动强度的劳动和孕期禁忌从事的劳动。对怀孕七个月以上的女职工，不得安排其延长工作时间和夜班劳动。

第六十二条　女职工生育享受不少于九十天的产假。

第六十三条　不得安排女职工在哺乳未满一周岁的婴儿期间从事国家规定的第三级体力劳动强度的劳动和哺乳期禁忌从事的其他劳动，不得安排其延长工作时间和夜班劳动。

《劳动合同法》

第三十九条　劳动者有下列情形之一的，用人单位可以解除劳动合同：

（一）在试用期间被证明不符合录用条件的；

（二）严重违反用人单位的规章制度的；

（三）严重失职，营私舞弊，给用人单位造成重大损害的；

（四）劳动者同时与其他用人单位建立劳动关系，对完成本单位的工作任务造成严重影响，或者经用人单位提出，拒不改正的；

（五）因本法第二十六条第一款第一项规定的情形致使劳动合同无效的；

（六）被依法追究刑事责任的。

第四十二条　劳动者有下列情形之一的，用人单位不得依照本法第四十条、第四十一条的规定解除劳动合同：

（一）从事接触职业病危害作业的劳动者未进行离岗前职业健康检查，或者疑似职业病病人在诊断或者医学观察期间的；

（二）在本单位患职业病或者因工负伤并被确认丧失或者部分丧失劳动能力的；

（三）患病或者非因工负伤，在规定的医疗期内的；

（四）女职工在孕期、产期、哺乳期的；

（五）在本单位连续工作满十五年，且距法定退休年龄不足五年的；

（六）法律、行政法规规定的其他情形。

第四十三条　用人单位单方解除劳动合同，应当事先将理由通知工会。用人单位违反法律、行政法规规定或者劳动合同约定的，工会有权要求用人单位纠正。用人单位应当研究工会的意见，并将处理结果书面通知工会。

《女职工劳动保护特别规定》

第五条　用人单位不得因女职工怀孕、生育、哺乳降低其工资、予以辞退、与其解除劳动或者聘用合同。

第六条　女职工在孕期不能适应原劳动的，用人单位应当根据医疗机构的证明，予以减轻劳动量或者安排其他能够适应的劳动。

对怀孕7个月以上的女职工，用人单位不得延长劳动时间或者安排夜班劳动，并应当在劳动时间内安排一定的休息时间。

怀孕女职工在劳动时间内进行产前检查，所需时间计入劳动时间。

第七条　女职工生育享受98天产假，其中产前可以休假15天；难产的，增加产假15天；生育多胞胎的，每多生育1个婴儿，增加产假15天。

女职工怀孕未满4个月流产的，享受15天产假；怀孕满4个月流产的，享受

42 天产假。

第八条　女职工产假期间的生育津贴，对已经参加生育保险的，按照用人单位上年度职工月平均工资的标准由生育保险基金支付；对未参加生育保险的，按照女职工产假前工资的标准由用人单位支付。

女职工生育或者流产的医疗费用，按照生育保险规定的项目和标准，对已经参加生育保险的，由生育保险基金支付；对未参加生育保险的，由用人单位支付。

第九条　对哺乳未满 1 周岁婴儿的女职工，用人单位不得延长劳动时间或者安排夜班劳动。

用人单位应当在每天的劳动时间内为哺乳期女职工安排 1 小时哺乳时间；女职工生育多胞胎的，每多哺乳 1 个婴儿每天增加 1 小时哺乳时间。

第十条　女职工比较多的用人单位应当根据女职工的需要，建立女职工卫生室、孕妇休息室、哺乳室等设施，妥善解决女职工在生理卫生、哺乳方面的困难。

《女职工劳动保护特别规定》附录：女职工禁忌从事的劳动范围

三、女职工在孕期禁忌从事的劳动范围：

（一）作业场所空气中铅及其化合物、汞及其化合物、苯、镉、铍、砷、氰化物、氮氧化物、一氧化碳、二硫化碳、氯、己内酰胺、氯丁二烯、氯乙烯、环氧乙烷、苯胺、甲醛等有毒物质浓度超过国家职业卫生标准的作业；

（二）从事抗癌药物、己烯雌酚生产，接触麻醉剂气体等的作业；

（三）非密封源放射性物质的操作，核事故与放射事故的应急处置；

（四）高处作业分级标准中规定的高处作业；

（五）冷水作业分级标准中规定的冷水作业；

（六）低温作业分级标准中规定的低温作业；

（七）高温作业分级标准中规定的第三级、第四级的作业；

（八）噪声作业分级标准中规定的第三级、第四级的作业；

（九）体力劳动强度分级标准中规定的第三级、第四级体力劳动强度的作业；

（十）在密闭空间、高压室作业或者潜水作业，伴有强烈振动的作业，或者需要频繁弯腰、攀高、下蹲的作业。

四、女职工在哺乳期禁忌从事的劳动范围：

（一）孕期禁忌从事的劳动范围的第一项、第三项、第九项；

（二）作业场所空气中锰、氟、溴、甲醇、有机磷化合物、有机氯化合物等有毒物质浓度超过国家职业卫生标准的作业。

·风险提示·

用人单位：作为用人单位，不管在招用劳动者时，还是在用工管理过程中，或是在与“三期”女职工解除或终止劳动合同时，每一步都须谨慎处理，避免法律风险的负担。

在招聘环节，用人单位发布的招聘广告，不得因民族、种族、性别、宗教信仰的不同而表现歧视，妇女享有与男子平等的就业权利。除国家规定的不适合妇女的工种或者岗位外，不得以性别、是否婚育作为理由拒绝录用妇女或者提高对妇女的录用标准。

在用工环节，国家对女职工实行特殊的劳动保护。禁止安排女职工从事矿山井下、国家规定的第四级体力劳动强度的劳动。对于经期女职工不得安排高处、低温、冷水作业和国家规定的第三级体力劳动强度的劳动。对孕期女职工不得安排国家规定的第三级体力劳动强度的劳动和孕期禁忌从事的劳动，对怀孕7个月以上的女职工，不得安排延长工作时间和夜班劳动。对哺乳未满1周岁婴儿的女职工，不得安排国家规定的第三级体力劳动强度的劳动和哺乳期禁忌从事的劳动，不得安排延长工作时间和夜班劳动。用人单位不得因女职工怀孕、生育、哺乳降低女职工工资，予以辞退，与女职工解除劳动或者聘用合同。

在解除或终止劳动合同环节，当女职工处于孕期、产期、哺乳期时劳动合同期满的，劳动合同应当顺延至相应情形消失时止。

虽然法律对“三期”女职工有着特殊的保护，但并不能当然地理解为“三期”女职工可以受到100%的保障，“三期”内的女职工仍应遵守最基本的职业道德，遵守用人单位的规章制度。法律不仅要考虑对女职工的特殊保护，同时也要尊重用人单位的用工管理权，这样不但有利于良好用工关系的长久建立，而且也能平衡劳资双方的合法权益。

劳动者：劳动相关法律法规对“三期”女职工在工作时间、劳动强度、假期时间、费用补贴等方面都有相应的规定。女职工应当对“三期”女职工的权益有基本的了解。

孕期：女职工怀孕期间用人单位应按国家规定给女职工安排相应体力劳动强度的劳动，女职工怀孕7个月以上的，不得安排女职工加班或夜班劳动。因怀孕不能胜任原劳动的，劳动者应当取得医务部门的证明，用人单位予以减轻劳动量或安排其他劳动。劳动者参加孕期体检的时间应当算入劳动时间。怀孕期间的医疗检查费用，由用人单位参保的生育保险基金支付，未参加的由用人单位支付。产期：女职工生育享受不少于90天的产假，其中产前休假15天。难产的增加产假15天。生育多胞胎的，每多育一个婴儿，增加产假15天。女职工流产的，根据医务部门的证明，用人单位应给予一定的产假。产假期间工资照发。在此基础上，每个地方对产假的待遇有所不同，详细情况劳动者对应当地的优惠政策，可以享受更多的假期。哺乳期：有不满1周岁婴儿的女职工，该女职工所在单位应当在每班劳动时间内给予该女职工两次哺乳(含人工喂养)时间，每次30分钟。生育多胞胎的，每多哺乳一个婴儿，每次哺乳时间增加30分钟。女职工每班劳动时间内的两次哺乳时间，可以合并使用。哺乳时间和在本单位内哺乳往返途中的时间，算作劳动时间。

除“三期”女职工工作期间的禁忌事项和劳动强度外，以上是有关“三期”女职工的假期时间等方面的劳动保护，“三期”女职工应该对特殊时期的合法权益有大致的了解，如果遇到侵害自己合法权益的情形，要拿起法律武器保护自己。

24 不得随意解除符合订立无固定期限劳动合同的劳动者

适用法条

——《劳动合同法》第四十一条、第四十八条，最高人民法院《关于审理劳动争议案件适用法律问题的解释(一)》第三十四条

案情回顾

2008年3月12日，贾某通过某电子科技公司面试考核合格，入职担任信息部主编，合同期限3年，合同期限截至2011年3月11日，月工资6800元，试用期2个月，其中《劳动合同》第9条第9.3款约定，自合同到期之日起30天内，双方应当重新签订书面劳动合同。2011年3月12日合同到期后，双方再未续签劳动合同，贾某的工作地点、岗位、待遇均未发生变化，直到2020年4月，某电子科技公司受疫情影响，通知员工放长假，长假期间发放最低工资。2020年11月5日，某电子科技公司企业微信工作群发送2020年某司19号会议决议，称公司经营困难，需要裁员，公司已向工会报告，同时告知全体员工……；附件裁员名单中贾某在列。贾某点击阅读了文件内容，并发送难过的表情符号。当日，贾某邮箱收到解除劳动关系通知书，该通知书称：公司受疫情影响，根据《劳动合同法》第41条之规定，决定从今日起解除与您的劳动关系……若公司在6个月内重新招用原岗位人员，同等条件下可以优先招用您，代通知金将会与您的本月工资稍后一并到账，请您在7日内办理交接事宜。贾某咨询法律专业人士后，提起仲裁，请求某电子科技公司继续履行劳动合同。仲裁委员会支持了贾某的仲裁请求，裁定某电子科技公司继续

履行劳动合同。某电子科技公司不服,起诉至人民法院,一审人民法院判决驳回某电子科技公司诉讼请求,维持了仲裁裁决。

·法理分析·

本案的争议焦点为贾某与某电子科技公司之间是否建立了无固定期限劳动合同,贾某是否属于《劳动合同法》第41条第2款规定的裁员时应当优先留用的人员。

贾某于2008年3月12日入职某电子科技公司,于2011年3月11日合同到期后再未续签书面劳动合同,但贾某仍在原岗位工作,待遇等均未发生变化,直到2020年11月贾某收到解除劳动关系通知书止,合同履行期间已长达12年之久。《劳动合同法》第14条第2款、第3款规定,用人单位与劳动者协商一致,可以订立无固定期限劳动合同。有下列情形之一,劳动者提出或者同意续订、订立劳动合同的,除劳动者提出订立固定期限劳动合同外,应当订立无固定期限劳动合同:(1)劳动者在该用人单位连续工作满10年的;(2)用人单位初次实行劳动合同制度或者国有企业改制重新订立劳动合同时,劳动者在该用人单位连续工作满10年且距法定退休年龄不足10年的;(3)连续订立二次固定期限劳动合同,且劳动者没有本法第39条和第40条第1项、第2项规定的情形,续订劳动合同的。用人单位自用工之日起满1年不与劳动者订立书面劳动合同的,视为用人单位与劳动者已订立无固定期限劳动合同。本规定授权劳动者在符合上述所列情形时享有的选择权,除非劳动者提出订立固定期限劳动合同外,用人单位应当与劳动者订立无固定期限劳动合同。贾某于2008年3月进入某电子科技公司,3年固定期限劳动合同期满后,再未续签书面劳动合同,但贾某实际连续提供劳动已超过10年。

《劳动合同法》第10条第1款、第2款规定,建立劳动关系,应当订立书面劳动合同。已建立劳动关系,未同时订立书面劳动合同的,应当自用工之日起 1 个月内订立书面劳动合同。《劳动合同法实施条例》第 5 条规定,自用工之日起 1 个月内,经用人单位书面通知后,劳动者不与用人单位订立书面劳动合同的,用人单位应当书面通知劳动者终止劳动关系,无须向劳动者支付经济补偿,但是应当依法向劳动者支付其实际工作时间的劳动报酬。最高人民法院《关于审理劳动争议案件适用法律问题的解释(一)》第 34 条规定,劳动合同期满后,劳动者仍在原用人单位工作,原用人单位未表示异议的,视为双方同意以原条件继续履行劳动合同。一方提出终止劳动关系的,人民法院应予支持。根据《劳动合同法》第 14 条规定,用人单位应当与劳动者签订无固定期限劳动合同而未签订的,人民法院可以视为双方之间存在无固定期限劳动合同关系,并以原劳动合同确定双方的权利义务关系。由此可见,本案劳动合同于 2011 年 3 月 11 日到期后,贾某继续向某电子科技公司提供劳动,某电子科技公司未提出异议,视为双方同意以原条件继续履行劳动合同。《劳动合同法》第 14 条第 3 款规定,用人单位自用工之日起满 1 年不与劳动者订立书面劳动合同的,视为用人单位与劳动者已订立无固定期限劳动合同。自 2011 年 4 月 12 日起,某电子科技公司与贾某再未签订立书面劳动合同,至 2020 年 11 月 5 日已长达 9 年之久,早已产生了法律拟制的无固定期限劳动合同的法律效果,贾某属于《劳动合同法》第 41 条第 2 款规定的优先留用人员。但某电子科技公司在经营发生严重困难进行裁员时,未加以区分,而是将年龄稍大的贾某裁掉,违反了法律的规定。《劳动合同法》第 48 条规定,用人单位违反本法规定解除或者终止劳动合同,劳动者要求继续履行劳动合同的,用人单位应当继续履行;劳动者不要求继续履行劳动合同或者劳动合同已经不能继续履行的,用人单位应当依照本法第 87 条规定支付赔偿金。因此,某电子科技公司裁减贾某的行为被仲裁委员会及一审法院给予了否定性评价,某电子科技公司被判决继续履行与贾某的劳动合同。

·知识拓展·

《劳动合同法》

第十条　建立劳动关系,应当订立书面劳动合同。

已建立劳动关系,未同时订立书面劳动合同的,应当自用工之日起一个月内订立书面劳动合同。

用人单位与劳动者在用工前订立劳动合同的,劳动关系自用工之日起建立。

第十一条　用人单位未在用工的同时订立书面劳动合同,与劳动者约定的劳动报酬不明确的,新招用的劳动者的劳动报酬按照集体合同规定的标准执行;没有集体合同或者集体合同未规定的,实行同工同酬。

第十二条　劳动合同分为固定期限劳动合同、无固定期限劳动合同和以完成一定工作任务为期限的劳动合同。

第十三条　固定期限劳动合同,是指用人单位与劳动者约定合同终止时间的劳动合同。

用人单位与劳动者协商一致,可以订立固定期限劳动合同。

第十四条　无固定期限劳动合同,是指用人单位与劳动者约定无确定终止时间的劳动合同。

用人单位与劳动者协商一致,可以订立无固定期限劳动合同。有下列情形之一,劳动者提出或者同意续订、订立劳动合同的,除劳动者提出订立固定期限劳动合同外,应当订立无固定期限劳动合同:

(一)劳动者在该用人单位连续工作满十年的;

(二)用人单位初次实行劳动合同制度或者国有企业改制重新订立劳动合同时,劳动者在该用人单位连续工作满十年且距法定退休年龄不足十年的;

（三）连续订立二次固定期限劳动合同，且劳动者没有本法第三十九条和第四十条第一项、第二项规定的情形，续订劳动合同的。

用人单位自用工之日起满一年不与劳动者订立书面劳动合同的，视为用人单位与劳动者已订立无固定期限劳动合同。

第十六条　劳动合同由用人单位与劳动者协商一致，并经用人单位与劳动者在劳动合同文本上签字或者盖章生效。

劳动合同文本由用人单位和劳动者各执一份。

第十七条　劳动合同应当具备以下条款：

（一）用人单位的名称、住所和法定代表人或者主要负责人；

（二）劳动者的姓名、住址和居民身份证或者其他有效身份证件号码；

（三）劳动合同期限；

（四）工作内容和工作地点；

（五）工作时间和休息休假；

（六）劳动报酬；

（七）社会保险；

（八）劳动保护、劳动条件和职业危害防护；

（九）法律、法规规定应当纳入劳动合同的其他事项。

劳动合同除前款规定的必备条款外，用人单位与劳动者可以约定试用期、培训、保守秘密、补充保险和福利待遇等其他事项。

第四十一条　有下列情形之一，需要裁减人员二十人以上或者裁减不足二十人但占企业职工总数百分之十以上的，用人单位提前三十日向工会或者全体职工说明情况，听取工会或者职工的意见后，裁减人员方案经向劳动行政部门报告，可以裁减人员：

（一）依照企业破产法规定进行重整的；

（二）生产经营发生严重困难的；

（三）企业转产、重大技术革新或者经营方式调整，经变更劳动合同后，仍需裁减人员的；

（四）其他因劳动合同订立时所依据的客观经济情况发生重大变化，致使劳动合同无法履行的。

裁减人员时，应当优先留用下列人员：

（一）与本单位订立较长期限的固定期限劳动合同的；

（二）与本单位订立无固定期限劳动合同的；

（三）家庭无其他就业人员，有需要扶养的老人或者未成年人的。

用人单位依照本条第一款规定裁减人员，在六个月内重新招用人员的，应当通知被裁减的人员，并在同等条件下优先招用被裁减的人员。

第四十八条　用人单位违反本法规定解除或者终止劳动合同，劳动者要求继续履行劳动合同的，用人单位应当继续履行；劳动者不要求继续履行劳动合同或者劳动合同已经不能继续履行的，用人单位应当依照本法第八十七条规定支付赔偿金。

第八十二条　用人单位自用工之日起超过一个月不满一年未与劳动者订立书面劳动合同的，应当向劳动者每月支付二倍的工资。

用人单位违反本法规定不与劳动者订立无固定期限劳动合同的，自应当订立无固定期限劳动合同之日起向劳动者每月支付二倍的工资。

最高人民法院《关于审理劳动争议案件适用法律问题的解释（一）》

第三十四条　劳动合同期满后，劳动者仍在原用人单位工作，原用人单位未表示异议的，视为双方同意以原条件继续履行劳动合同。一方提出终止劳动关系的，人民法院应予支持。

根据劳动合同法第十四条规定，用人单位应当与劳动者签订无固定期限劳动合同而未签订的，人民法院可以视为双方之间存在无固定期限劳动合同关系，并以原劳动合同确定双方的权利义务关系。

·风险提示·

用人单位：用人单位在经济性裁员时，想留用优秀精尖人才，却忽略了法律规定的应当优先留用的人员，尤其是一些在法律上被拟制为与用人单位之间存在无固定期限劳动合同的劳动者。用人单位解除这一类劳动者时，稍有不慎就会引发支付赔偿金或继续履行的用工风险。要避免此类用工风险的发生，人事部门应当做好如下常项工作：第一，劳动合同的拟制。《劳动合同法》第 13 条第 2 款规定，用人单位与劳动者协商一致，可以订立固定期限劳动合同。第 14 条第 2 款、第 3 款规定，用人单位与劳动者协商一致，可以订立无固定期限劳动合同。有下列情形之一，劳动者提出或者同意续订、订立劳动合同的，除劳动者提出订立固定期限劳动合同外，应当订立无固定期限劳动合同。用人单位自用工之日起满 1 年不与劳动者订立书面劳动合同的，视为用人单位与劳动者已订立无固定期限劳动合同。结合法条来看，法律并未强制劳动者在符合订立无固定期限劳动合同的情形时必须要与用人单位订立无固定期限劳动合同，而是给予了劳动者更多的选择，如果劳动者一方选择再次订立固定期限劳动合同，法律是不强行干预的，双方还可以继续订立固定期限劳动合同。因此，用人单位可以利用合同条款的设计，将法律规定转化为与劳动者可协商事项，在签订劳动合同时列明自动续签条款。例如，“双方于本合同期满前 30 天内未提出异议的，视为双方协商一致，继续以本合同内容确定合同期限，以此类推”。用人单位可以利用自主管理权，通过合同条款，与需要订立无固定期限劳动合同的劳动者通过合同条款协商订立固定期限劳动合同。第二，劳动合同的管理。虽然用人单位可以利用合同条款与劳动者约定固定期限劳动合同的续签，但是，人事管理部门仍需要对劳动合同的实际履行进行管理，在续签劳动合同时，在合同约定的时间内与劳动者进行书面沟通，征询劳动者的最终意见，防止协商结果被认定为格式条款或违反法律强制性规定而无效，在平时的管理过程中应注意证据的收集、固定。第三，法律法规的适用。《劳动合同法》第13条第2款规定，用人单位与劳动者协商一致，可以订立固定期限劳动合同。第14条第2款规定，用人单位与劳动者协商一致，可以订立无固定期限劳动合同。可以看出，法律保护劳动者与用人单位之间的自由意志，双方可以自行约定劳动合同的终止时间，可以订立固定期限劳动合同，也可以订立无固定期限劳动合同，只要双方协商一致即可。《劳动合同法》第14条第2款紧接着又规定，劳动者在该用人单位连续工作满10年的；用人单位初次实行劳动合同制度或者国有企业改制重新订立劳动合同时，劳动者在该用人单位连续工作满10年且距法定退休年龄不足10年的；连续订立二次固定期限劳动合同，且劳动者没有本法第39条和第40条第1项、第2项规定的情形，续订劳动合同的，除劳动者提出或者同意续订、订立固定期限劳动合同外，用人单位应当与劳动者订立无固定期限劳动合同。劳动合同虽然是民事合同的一种，但鉴于用人单位在合同签订上的优势地位，为平衡劳资双方的利益，防止用人单位利用优势地位损害劳动者的利益，在双方可以平等协商订立劳动合同的同时，若劳动者达到应当订立无固定期限劳动合同的情形，用人单位没有选择权，除非劳动者一方提出或者同意续订固定期限劳动合同。因此，劳动者的“提出或者同意续订”是用人单位利用好合同条款的核心。《劳动合同法》第14条第3款规定，用人单位自用工之日起满1年不与劳动者订立书面劳动合同的，视为用人单位与劳动者已订立无固定期限劳动合同。对于相关法律规定的熟知，通常都是用人单位人事管理的重点防控环节，加强合同管理，也是有效避免企业支付经济补偿金、赔偿金的途径。

劳动者：劳动合同是劳动者与用人单位遵循合法、公平、平等自愿、协商一致原则的结果，也是发生劳动争议时的主要依据。除以欺诈、胁迫的手段或者乘人之危，使对方在违背真实意思的情况下订立或者变更劳动合同的，或用人单位免除自己的法定责任，排除劳动者权益的，或者违反法律、行政法规定强制性规定的无效情形外，依法订立的劳动合同具有约束力，双方应当自觉履行。作为劳动者应当注意以下几点：首先，签订劳动合同时仔细阅读合同条款。劳动者订立劳动合同时，应当与用人单位充分沟通，对用人单位提供的格式劳动合同应当仔细阅读，尤其是关于劳动合同期限、工作内容、工作地点、工作时间、劳动报酬、社会保险以及劳动合同的履行、变更、解除、终止等重点条款，防止被动陷入用人单位设计的条款陷阱。其次，平时注意工作留痕。有的劳动者为谋得一份不错的工作，对劳动合同内容并不关心，一旦发生劳动争议，有可能无法得到应有的赔偿或补偿。针对这种情形，劳动者应注意在平时工作过程中留存证据，弥补先前的不足。最后，在用人单位单方提出对劳动者工作岗位、工作地点等内容的变更时，劳动者若有异议应尽快以书面形式提出。劳动合同签订后，并不一定完全按合同约定履行完毕。在现实中，或许是基于国家法律法规政策的变化，或许是由于用人单位的经营困难，再或许是因为劳动者本人的各种情况等，劳动合同在履行过程中可能会发生变更，甚至解除、终止。这将引发一系列的重新协商、裁员等谈判过程。劳动者在这些情形发生后，一定要及时将自己的意见书面反馈至用人单位，不能通过行为默认用人单位的变更。否则，超过一定的时限视为对用人单位变更内容的接受。例如，用人单位变更工作地点，造成劳动者时间成本和经济成本的增加，劳动者不能默认到新工作地点上班，而是应当提出工作地点变更协商要求，并坚持到原工作地点报到并留存证据。又如，用人单位因生产经营发生严重困难而进行裁员，若劳动者属于法律拟制的与用人单位建立了无固定期限劳动合同的人员，用人单位在经济性裁员时应当优先留用；若用人单位违法解除，劳动者应当及时提出书面异议，可以请求继续履行劳动合同或者确认解除违法。因此，劳动者也应注意在程序上及时提出异议，主张自身合法权利。

25 用人单位应当按照劳动合同的约定提供劳动条件

适用法条

——《劳动合同法》第二十九条、第三十八条

案情回顾

2014 年 2 月 11 日，乔某入职科图公司，双方签订 4 年的《劳动合同》，合同期限至 2018 年 2 月 10 日止，约定由乔某担任开发部工程师，月基本工资 7000 元，另加绩效、公司福利等。2019 年 2 月 10 日，双方续签《劳动合同》。2020 年 1 月 16 日，科图公司给乔某发送员工待岗通知书，该通知书称："公司受疫情影响，自 1 月起无生产订单，预计自下月起公司将陆续停工，为公司能渡过本次危机，安排乔某自次日起待岗。"2020 年 1 月 17 日，乔某接受科图公司待岗安排，待岗期间科图公司只给乔某发放基本工资的 80%。2020 年 4 月 2 日，乔某请求返岗。2020 年 4 月 14 日，科图公司通知乔某返岗。返岗后，乔某的开发岗安排了新的人员，乔某暂时被安置于普通的工作岗，只有办公桌一张，脱离了具备原开发条件的开发部，也没有领到相应的工程师开发任务，除了偶尔收发几份文件外，再无工作内容，乔某向科图公司申请安排工作，科图公司未理会。2020 年 5 月，乔某的工资由以前平均 16,000 元/月左右降至 8000 元/月左右，乔某再次找科图公司理论，无果。科图公司停止了乔某开发部的门禁权限，并将开发相关的办公权限全部予以禁止。2020 年 5 月 17 日，乔某一气之下离开了普通办公岗位再未返回。2020 年 5 月 24 日，科图公司向乔某送达解除劳动合同通知书，称：乔某严重违反《公司规章

制度》第 5 条第 5.3 款，无故连续旷工达到 5 天，符合立即解除劳动关系的情形，故立即解除与乔某的劳动合同。2020 年 6 月 12 日，乔某向当地仲裁委员会申请确认科图公司解除劳动关系违法，要求科图公司提供劳动条件，继续履行劳动合同。2020 年 8 月 4 日，仲裁委员会驳回了乔某的仲裁请求。乔某不服向当地人民法院起诉，一审人民法院确认科图公司违法解除劳动合同，判决科图公司继续履行劳动合同。科图公司不服向中级人民法院提起上诉，二审人民法院维持了一审判决。

·法理分析·

法律对具体的劳动条件没有明确的规定，毕竟不同的行业，劳动条件也是不同的。用人单位最起码应该具备《劳动法》规定的劳动者在劳动过程中所必需的物质设备条件，如有一定空间和阳光的厂房、通风和除尘装置、安全和调温设备以及卫生设施等，未提供劳动条件包括未提供劳动工具。在本案中，科图公司之所以败诉，最主要的原因不是科图公司未具备最起码的办公条件，而是科图公司对乔某进行了违法调岗降薪。不同的“岗”就对应不同的“劳动条件”。科图公司与乔某在《劳动合同》中约定的工作岗位是开发部工程师一职，科图公司就应该为乔某提供完成开发工作应当具备的劳动条件。比如，用于开发的电脑、开发软件系统、用于开发的其他劳动条件等。而科图公司则认为，乔某是科图公司的劳动者，科图公司有权根据生产经营的需要对乔某进行管理。

用人单位虽然享有用工管理权，但工作岗位是劳资双方在《劳动合同》中确定的内容，对工作岗位进行调整属于劳动合同的变更，应与劳动者协商一致，重新签订《劳动合同》或《补充协议》。根据《劳动法》第 26 条第 1 项、第 2 项的规定，只有劳动者患病或非因工负伤，医疗期满后，不能从事原工作也不能从事由用人单位另行安排的工作的，劳动者不能胜任工作，经过培训或者调整工作岗位，仍不能胜任工作的，用人单位才能在此情形下享有调岗权。除上述规定外，用人单位不能擅自调岗，即便公司要行使用工管理权，也要讲求合理性，应重新与劳动者协商一致，并应在相同或相近岗位之间调岗，尽量不改变工作性质和强度，使劳动者能够胜任。比如，对于公司的“会计”，可以在“会计”这一岗位间合理地进行工作调整，但不应超出“会计”这一专业范畴。另外，调岗也不应当具有侮辱性、歧视性，不应跨专业、跨领域，更不应大幅降低劳动报酬等，不应含有故意解除劳动者的恶意。乔某本是科图公司聘任的开发部工程师，对调岗一事并无事前约定。科图公司安排乔某待岗两个多月，乔某要求返岗后，科图公司却安排乔某从事与原工作内容无关的行政工作，只提供办公桌一张；同时，科图公司收回了乔某开发岗的办公权限，禁止乔某进入开发部，拒绝乔某使用开发岗位的劳动条件，乔某被迫只能在大厅行政岗偶尔收发几份文件，薪资报酬也大幅降低。科图公司主张行使用工管理权缺乏合理性，乔某从工程师岗被调到行政前台，科图公司的岗位调整明显跨领域和带有歧视性，属于劳动相关法律规定的未提供劳动条件。科图公司迫使劳动者离开工作岗位，以劳动者违反管理制度为由的解除行为违法。

·知识拓展·

《劳动法》

第三条　劳动者享有平等就业和选择职业的权利、取得劳动报酬的权利、休息休假的权利、获得劳动安全卫生保护的权利、接受职业技能培训的权利、享受社会保险和福利的权利、提请劳动争议处理的权利以及法律规定的其他劳动权利。

劳动者应当完成劳动任务，提高职业技能，执行劳动安全卫生规程，遵守劳动纪律和职业道德。

第十七条 订立和变更劳动合同，应当遵循平等自愿、协商一致的原则，不得违反法律、行政法规的规定。

劳动合同依法订立即具有法律约束力，当事人必须履行劳动合同规定的义务。

第十九条 劳动合同应当以书面形式订立，并具备以下条款：

（一）劳动合同期限；

（二）工作内容；

（三）劳动保护和劳动条件；

（四）劳动报酬；

（五）劳动纪律；

（六）劳动合同终止的条件；

（七）违反劳动合同的责任。

劳动合同除前款规定的必备条款外，当事人可以协商约定其他内容。

《劳动合同法》

第十七条 劳动合同应当具备以下条款：

（一）用人单位的名称、住所和法定代表人或者主要负责人；

（二）劳动者的姓名、住址和居民身份证或者其他有效身份证件号码；

（三）劳动合同期限；

（四）工作内容和工作地点；

（五）工作时间和休息休假；

（六）劳动报酬；

（七）社会保险；

（八）劳动保护、劳动条件和职业危害防护；

（九）法律、法规规定应当纳入劳动合同的其他事项。

劳动合同除前款规定的必备条款外,用人单位与劳动者可以约定试用期、培训、保守秘密、补充保险和福利待遇等其他事项。

第三十五条　用人单位与劳动者协商一致,可以变更劳动合同约定的内容。变更劳动合同,应当采用书面形式。

变更后的劳动合同文本由用人单位和劳动者各执一份。

第三十八条　用人单位有下列情形之一的,劳动者可以解除劳动合同:

(一)未按照劳动合同约定提供劳动保护或者劳动条件的;

(二)未及时足额支付劳动报酬的;

(三)未依法为劳动者缴纳社会保险费的;

(四)用人单位的规章制度违反法律、法规的规定,损害劳动者权益的;

(五)因本法第二十六条第一款规定的情形致使劳动合同无效的;

(六)法律、行政法规规定劳动者可以解除劳动合同的其他情形。

用人单位以暴力、威胁或者非法限制人身自由的手段强迫劳动者劳动的,或者用人单位违章指挥、强令冒险作业危及劳动者人身安全的,劳动者可以立即解除劳动合同,不需事先告知用人单位。

第四十三条　用人单位单方解除劳动合同,应当事先将理由通知工会。用人单位违反法律、行政法规规定或者劳动合同约定的,工会有权要求用人单位纠正。用人单位应当研究工会的意见,并将处理结果书面通知工会。

第四十八条　用人单位违反本法规定解除或者终止劳动合同,劳动者要求继续履行劳动合同的,用人单位应当继续履行;劳动者不要求继续履行劳动合同或者劳动合同已经不能继续履行的,用人单位应当依照本法第八十七条规定支付赔偿金。

最高人民法院《关于审理劳动争议案件适用法律问题的解释(一)》

第四十五条　用人单位有下列情形之一,迫使劳动者提出解除劳动合同的,用人单位应当支付劳动者的劳动报酬和经济补偿，并可支付赔偿金：

（一）以暴力、威胁或者非法限制人身自由的手段强迫劳动的；

（二）未按照劳动合同约定支付劳动报酬或者提供劳动条件的；

（三）克扣或者无故拖欠劳动者工资的；

（四）拒不支付劳动者延长工作时间工资报酬的；

（五）低于当地最低工资标准支付劳动者工资的。

·风险提示·

用人单位：用人单位享有调整劳动者工作岗位的用工管理权是必要的，该权利也是企业自主管理的主要权能，但不应超过一定的界限，即合理性。在本案中，科图公司之所以败诉，主要原因不是企业的管理制度不健全，也不是程序不合法，而是调岗不合理，降薪幅度过大，超出了合理用工的管理权，属于对劳动合同的变更，应当与劳动者协商一致。不是每一份劳动合同都能得以完整地履行，用人单位与劳动者的劳动关系往往因为各种情况的出现而解除或终止，有时候是劳动者的身体患病，有时候是用人单位的经营状况改变，有时候则是不可控的流行病等。因此，用人单位在一些人员冗余的情况下，就会利用用工管理权调岗调薪，迫使劳动者违反劳动纪律，从而以劳动者违反用人单位规章制度为由解除劳动关系，达到用人单位不支付经济补偿金的目的。随着劳动者法律意识的提高，大量的用人单位调岗降薪迫使劳动者离岗的行为被裁判文书确认为违法，以这种方式解除劳动者的败诉风险正在逐日提高。

那么，用人单位应如何进行合法有效的调岗调薪？首先，在劳动者的工资结构上，优化工资结构模式，从而通过对浮动类工资的构架搭建达到合法降薪。其次，在劳动者入职时，对浮动类工资获得标准加以细化，使用人单位每一项工资的扣减都有据可依。最后，签订劳动合同时对劳动者工作岗位进行类化约定，避免过度精确到某一个岗位，可以多约定几个同类岗，约定在几个岗位之间用人单位可以根据生产经营的需要单方面调岗等，通过制度机制给用人单位创造更灵活的用工主动权。

劳动者：劳动者作为提供劳动的一方，结合现实的就业情况，在签订劳动合同时很难与用人单位平起平坐，更多时候就接受与否，不存在议价权。因此，《劳动合同法》等相关法律法规对劳动者作出了特殊的倾斜保护，本案的法官就是通过对法律法规的深层次的解读，透过现象看本质，最终确认科图公司解除违法。但是在现实中，不是每个劳动者在遇到不公平待遇时都会去主张权益，主张了也未必都能得到保护。

那么，劳动者在遇到用人单位违法调岗降薪时，应如何保障自己的合法权益？作为用人单位的相对方，劳动者应从用人单位的反面来应对。首先，在签订劳动合同时，对岗位进行明确，范围不应过大。比如，行政、后勤岗。劳动者有可能是行政前台，负责收发文件，会议准备，迎来送往；有可能是行政辅助，负责打印文件，发传单；有可能是后勤，负责订餐，拿快递；更有可能是保洁岗，负责清洁工作。因此，岗位要明确，应把用人单位的调岗权提前关进笼子里。其次，岗位对应的工资标准要明确。比如，同样是行政、后勤岗，应当明确每个岗的工作范围，保证薪不随岗变。最后，工资结构。劳动者在接到一份满意的录用通知书后，往往只记住月工资 10,000 元，就不假思索地签订了一系列的入职文件，对于工资的结构更不会留意，劳动合同一旦签订，劳动者就处于被动一方。而忽略了其中的风险，比如作为劳动合同附件的工资结构确认单将招聘信息中的工资 10,000 元/月，设置为由固定类与浮动类工资组成，固定工资仅占 20%，其他都设定为浮动类，以年底在职鼓励奖、全勤奖、业务提成等方式分散设定，劳动者最后发现用人单位很难兑现 10,000 元/月的工资。所有合同签订时的风险不能一一列举，总之就是应在签订劳动合同时，详细阅读合同条款，能明确尽量明确，尽量缩小风险范围，成功入职。

26 劳动者达到法定退休年龄劳动合同终止

适用法条

——《劳动合同法》第四十四条、《劳动合同法实施条例》第二十一条

案情回顾

张某，于1984年进入红旗纺织厂，担任纺织员，后纺织厂进行公转民改革，红旗纺织厂更名为金纺有限公司（以下简称金纺公司）。2008年1月1日，张某与金纺公司第一次签订《劳动合同》，合同期为5年，月工资3200元，张某纺织部一处纺织工岗位不变。合同到期后双方再未续签劳动合同。2017年12月13日，张某达到法定退休年龄，并已开始领取退休金，但是，金纺公司未向张某发出劳动合同终止通知，张某继续在金纺公司从事原工作。自2018年以来，金纺公司更新生产设备，新的生产设备线的纺织工需求量大幅降低，而且原纺织岗工人的技术水平已经不能适应新生产线技术操作的要求。因此，金纺公司首先对到龄人员进行清退。2019年5月10日，金纺公司对包括张某在内的6人发出解除劳务关系通知书。张某不服，申请劳动仲裁，请求仲裁委员会依法确认金纺公司解除劳动关系违法，并提出要求金纺公司支付赔偿金等仲裁请求。仲裁委员会确认2008年1月1日至2017年12月12日，张某与金纺公司之间存在劳动关系。另外，张某提出的支付赔偿金等其他仲裁请求未获支持。张某不服提起诉讼，一、二审人民法院均维持了仲裁裁决。

·法理分析·

劳动合同的解除，是指当事人双方提前终止劳动合同的法律效力，解除双方

的权利义务关系。劳动合同的解除和终止都会导致劳动关系的结束,但两者又有区别。从解除和终止发生的原因来看,劳动合同的解除是由于在履行过程中发生了一方或双方协商提前结束劳动合同的意思表示,解除权是形成权,意思表示到达相对方时就发生劳动合同解除的效果。基于不同的解除原因会发生不同的解除后果:(1)双方协商一致,可以解除劳动合同。协商解除劳动合同没有实体、程序上的限定条件,只要双方达成一致,内容、形式、程序不违反法律禁止性、强制性规定即可。若是用人单位提出解除劳动合同,用人单位应向劳动者支付解除劳动合同的经济补偿金。(2)劳动者单方解除。在具备法律规定的条件时,劳动者可以单方解除与用人单位的劳动合同,无须征得用人单位同意。其中,又可以分为预告解除和即时解除。预告解除就是劳动者在试用期内提前3日通知用人单位,可以解除劳动合同;试用期满后提前30日以书面形式通知用人单位,可以解除劳动合同。即时解除是指在存在用人单位未按照劳动合同约定提供劳动保护或者劳动条件的,用人单位未及时足额支付劳动报酬的,用人单位未依法为劳动者缴纳社会保险费的,用人单位的规章制度违反法律、法规的规定,损害劳动者权益的,用人单位存在以欺诈、胁迫的手段或者乘人之危,使劳动者在违背真实意思的情况下订立或者变更劳动合同的,用人单位在劳动合同中免除自己的法定责任,排除劳动者权利的,用人单位违反法律、行政法规强制性规定的,用人单位以暴力、威胁或者非法限制人身自由的手段强迫劳动者劳动的,用人单位违章指挥、强令冒险作业危及劳动者人身安全的情形时,劳动者可立即解除与用人单位的劳动合同,并可主张经济补偿金。(3)用人单位单方解除劳动合同。其中,又可以分为过错性辞退、非过错性辞退及经济性裁员。在劳动者严重违反用人单位规章制度,劳动者严重失职营私舞弊给用人单位造成重大损害,劳动者同时与其他用人单位建立劳动关系,对完成工作任务造成严重影响,或者经用人单位提出,拒不改正;劳动者以欺诈、胁迫的手段或者乘人之危,使用人单位在违背真实意思的情况下订立或者变更劳动合同致使劳动合同无效;劳动者被依法追究刑事责任的情况下,用人单位可以以劳动者存在以上过错为由,解除与劳动者的劳动关系,并不用支付经济补偿金或赔偿金。对于非过错性辞退,即使劳动者本人没有过错,用人单位也可以提前30日以书面形式通知劳动者本人或者额外支付劳动者1个月工资后,与劳动者解除劳动合同。但非过错性辞退在适用程序上有严格限制,只有在劳动者患病或非因工负伤,在规定的医疗期满后仍不能从事原工作,也不能从事用人单位另行安排的工作的,或劳动者不能胜任工作,经过培训或者调整工作岗位,仍不能胜任工作的情况下,才可以解除劳动合同并依法支付经济补偿金;抑或在劳动合同订立时所依据的客观情况发生重大变化,导致劳动合同无法履行,经用人单位与劳动者协商,仍未能就变更劳动合同内容达成协议的情况下,才能进行辞退劳动者,并应支付劳动者经济补偿。经济性裁员是指用人单位为降低劳动成本,改善经营管理,因经济或技术等一次裁减20人以上或者不足20人但占企业职工总数10%以上的劳动者。经济性裁员同样具有严格的条件限制,只有在用人单位依照企业破产法规定进行重整的,生产经营发生严重困难的,企业转产、重大技术革新或者经营方式调整,经变更劳动合同后,仍需裁减人员的,其他因劳动合同订立时所依据的客观经济情况发生重大变化,劳动合同无法履行的情况下才能启动裁员程序,并且在裁员过程中应严格按程序进行。用人单位对与本单位订立较长期限的固定期限劳动合同的,与本单位订立无固定期限劳动合同的,家庭无其他就业人员,有需要扶养的老人或者未成年人的劳动者,应优先留用;在裁员后6个月内重新招录时,应当优先招用被裁员的劳动者。对于以下劳动者,用人单位不得裁员:从事接触职业病危害作业的劳动者未进行离岗前职业健康检查,或者疑似职业病病人在诊断或者医学观察期间的;在本单位患职业病或者因工负伤并被确认丧失或者部分丧失劳动能力的;患病或者非因工负伤,在规定的医疗期内的;女职工在孕期、产期、哺乳期的;在本单位连续工作满15年,且距法定退休年龄不足5年的;及法律、行政法规规定的其他不得裁员的情形。实行经济性裁员时,用人单位应当支付劳动者经济补偿金。

劳动合同的终止，是指劳动合同的法律效力依法被消灭，劳动者与用人单位之间的权利义务消灭，劳动合同关系自然失效，双方不再履行。关于劳动合同的终止事由，劳动合同的终止情形只能由法律、行政法规规定，主要规定在《劳动合同法》第44条、《劳动合同法实施条例》第21条和第22条，包括劳动合同期满，劳动者开始依法享受养老保险待遇，劳动者死亡或被人民法院宣告死亡或宣告失踪，用人单位被依法宣告破产，被吊销营业执照、责令关闭、撤销或用人单位提前解散以及法律、行政法规规定的其他情形。当事人不得在法定情形外约定终止条件。比如，劳动合同期满终止劳动合同的，除用人单位维持或提高劳动合同约定条件续订劳动合同，劳动者不同意续订的情形外，用人单位需要向劳动者依法支付经济补偿。劳动合同因劳动者自身终止，劳动者已开始享受基本养老待遇，或者劳动者死亡或被人民法院宣告死亡、失踪而终止劳动合同的，无经济补偿。用人单位主体资格消亡，用人单位被依法宣告破产，被吊销营业执照，责令关闭，撤销或者用人单位决定提前解散而终止劳动合同的，用人单位需要依法向劳动者支付经济补偿。

在本案中，张某达到退休年龄，并已办理了退休手续，领取退休金，与金纺公司劳动关系自动终止。法律之所以强制规定终止年龄，是因为劳动者达到退休年龄后，身体机能大幅下降，进而引起了劳动能力的下降，继续提供劳动会加大劳动者工伤或患职业病的可能性；另外，也是为了平衡企业用工风险的负担。因此，劳动者在达到法定退休年龄时应当依法退出工作岗位，开始依法享受养老保险待遇或者领取退休金。根据最高人民法院《关于审理劳动争议案件适用法律问题的解释（一）》第32条第1款的规定，用人单位与其招用的已经依法享受养老保险待遇或者领取退休金的人员发生用工争议而提起诉讼的，人民法院应当按劳务关系处理。张某在达到法定退休年龄后，与金纺公司的劳动合同已经依法终止了。从法律上来讲，达到退休年龄后劳动者就不再具备提供劳动的主体资格，继续提供劳动的不得认定为劳动关系。在金纺公司生产设备更新后，原生产线上老员工的工作技能操作不了现有的技术设备，并且新生产线的高度智能化，代替了大量人工操作，在这种情况下，金纺公司为了控制成本解除一部分员工的劳动合同。金纺公司之所以成为被告，就是因为在张某达到法定退休年龄时，没有及时依法终止与张某的劳动合同，而是通过解除劳务关系的方式进行清退，进而引发了争议。张某的仲裁请求之所以没有被支持，不是因为金纺公司解除方式正确，而是因为张某在具备达到法定退休年龄并领取退休金这一法定条件后，再提供劳动的行为在法律上被视为劳务性质。因此，张某的赔偿金等主张一并被驳回。

·知识拓展·

《劳动合同法》

第四十四条　有下列情形之一的，劳动合同终止：

（一）劳动合同期满的；

（二）劳动者开始依法享受基本养老保险待遇的；

（三）劳动者死亡，或者被人民法院宣告死亡或者宣告失踪的；

（四）用人单位被依法宣告破产的；

（五）用人单位被吊销营业执照、责令关闭、撤销或者用人单位决定提前解散的；

（六）法律、行政法规规定的其他情形。

第四十五条　劳动合同期满，有本法第四十二条规定情形之一的，劳动合同应当续延至相应的情形消失时终止。但是，本法第四十二条第二项规定丧失或者部分丧失劳动能力劳动者的劳动合同的终止，按照国家有关工伤保险的规定执行。

《劳动合同法实施条例》

第二十一条　劳动者达到法定退休年龄的，劳动合同终止。

第二十二条　以完成一定工作任务为期限的劳动合同因任务完成而终止的，用人单位应当依照劳动合同法第四十七条的规定向劳动者支付经济补偿。

最高人民法院《关于审理劳动争议案件适用法律问题的解释(一)》

第三十二条　用人单位与其招用的已经依法享受养老保险待遇或者领取退休金的人员发生用工争议而提起诉讼的，人民法院应当按劳务关系处理。

企业停薪留职人员、未达到法定退休年龄的内退人员、下岗待岗人员以及企业经营性停产放长假人员，因与新的用人单位发生用工争议而提起诉讼的，人民法院应当按劳动关系处理。

第四十五条　用人单位有下列情形之一，迫使劳动者提出解除劳动合同的，用人单位应当支付劳动者的劳动报酬和经济补偿，并可支付赔偿金：

(一)以暴力、威胁或者非法限制人身自由的手段强迫劳动的；

(二)未按照劳动合同约定支付劳动报酬或者提供劳动条件的；

(三)克扣或者无故拖欠劳动者工资的；

(四)拒不支付劳动者延长工作时间工资报酬的；

(五)低于当地最低工资标准支付劳动者工资的。

《关于分类推进事业单位改革中从事生产经营活动事业单位转制为企业的若干规定》

18. 转制单位应当按照劳动合同法的有关规定，自工商注册登记之日起与全部在职职工签订劳动合同。职工在事业单位的工作年限合并计算为转制后企业的工作年限。

·风险提示·

用人单位：用人单位在用工管理过程中，一定要弄清楚劳动合同的终止与解除。劳动合同出现终止情形时适用的是终止劳动合同通知书，需要解除劳动合同时适用的是解除劳动合同通知书，二者所产生的法律后果不同。

关于终止劳动合同，根据《劳动合同法》第44条的规定，除第1项劳动合同期满外，其余劳动者依法开始享受基本养老保险待遇，劳动者死亡或被人民法院宣告死亡、宣告失踪，用人单位被依法宣告破产，吊销营业执照，责令关闭，撤销或提前决定解散，都是劳动者或用人单位主体资格灭失的情形。在这几种情形出现后，劳动合同事实上没有办法继续履行，并且上述终止情形是法定的，不允许用人单位与劳动者协商，主体资格灭失的法定情形一旦出现，劳动关系便自行终止。对于这几种情形，终止劳动合同通知书送达与否只是程序要求，并不阻却事实上终止劳动合同的法律效果。比如，本案张某于2017年12月13日达到法定退休年龄时，办理了退休手续并开始领取退休金，虽然金纺公司并未向张某发送终止劳动关系通知书，但事实上劳动合同因张某年满60周岁，劳动者主体资格已经丧失而终止，并不会因张某未退出工作岗位而延长。但应当注意《劳动合同法》第44条规定的劳动关系终止后，是否应当支付补偿金方面的区别。对于该条第1项，劳动合同期满，除用人单位维持或提高劳动合同约定条件续订劳动合同，劳动者不同意续订的情形外，用人单位应当向劳动者支付经济补偿金。对于该条第2项、第3项规定，劳动者死亡或被人民法院宣告死亡，宣告失踪，因为劳动者一方主体资格自然或法律拟制的灭失，用人单位无须向劳动者支付经济补偿金。对于该条第4项、第5项规定，用人单位被依法宣告破产，吊销营业执照，责令关闭，撤销或提前决定解散时劳动关系的终止，是用人单位经营不善、违法等所导致的主体资格的灭失，用人单位应当依法为劳动者支付经济补偿金。

关于解除劳动合同,《民法典》第 562 条规定,双方当事人协商一致,可以解除合同。当事人可以约定一方解除合同的事由。解除合同事由发生时,解除权人可以解除合同。根据劳动相关法律的规定,劳动合同的解除是指在履行过程中约定解除情形的出现使得劳动合同提前结束。这些情形有可能是劳动者严重违反用人单位的规章制度,或劳动者不能胜任工作,经培训后仍不能胜任等劳动者一方的原因;也有可能是用人单位一方无正当理由不按时足额向劳动者支付劳动报酬,未依法或依约为劳动者提供劳动条件,未依法为劳动者缴纳社会保险等用人单位一方的原因。在劳动领域,解除事由并非像《民法典》规定的那样完全让渡给合同双方当事人决定,而是由劳动相关法规进行了一定的干预,目的是保护劳动者在这一领域的弱势地位,防止用人单位利用优势地位不当侵害劳动者的合法权益。合同约定的解除情形出现,使守约方订立劳动合同时的预期不能完全得以实现,不愿意继续履行劳动合同,因此形成了守约方提前解除合同的权利。解除权人主张解除合同的,需要向对方发出明确的解除的意思表示,并需要将该意思表示有效送达给对方。解除权是形成权,享有解除权人应该在一定期间内向违约方做出解除的意思表示,但不需要征得对方的同意,到达对方时即产生解除的法律效果。用人单位在解除劳动合同时,还需要注意两点:第一点,注意解除前应当事先将解除理由通知工会这一特别程序要件。第二点,以经济性裁员解除劳动合同时,应当特别留意《劳动合同法》第 41 条第 2 款规定的应当优先留用人员;劳动合同到期时,应当注意《劳动合同法》第 42 条的规定,对于从事接触职业病危害作业的未进行离岗前职业健康检查或疑似职业病病人在诊断或者医学观察期间的人员,患病或者非因工负伤,在规定的医疗期内的人员,在孕期、产期、哺乳期的女职工,连续在本单位工作满 15 年,且距法定退休年龄不足 5 年的人员,不得以《劳动合同法》第 40 条、第 41 条的规定解除劳动合同,但是,不影响用人单位以《劳动合同法》第 39 条的规定解除劳动合同。

通过上述分析,用人单位要正确区分劳动合同的终止与解除的适用,以及在不同情况下劳动合同解除与终止时的注意事项,以及适用的法律后果,只有将这些情况理清楚了,合法合理地解除或终止劳动合同,才有可能减少或免去用人单位由此产生的补偿或赔偿法律风险。

劳动者: 劳动者与用人单位一样,当首先区分清楚劳动合同解除与终止的性质,以及各自适用的情形、法律后果。劳动者在劳动合同终止方面,应注意以下几种情况:

第一种,劳动合同期满后劳动合同的终止。用人单位与劳动者签订的固定期限劳动合同期满后,用人单位维持或提高劳动合同约定条件续订劳动合同,劳动者不同意续订的,用人单位不需要给劳动者支付经济补偿金。但是,用人单位经常会利用"维持或提高劳动合同条件"进行陷阱设计,看似提高了劳动者的劳动报酬,实际上是变相降低了劳动合同条件,以达到不向劳动者支付经济补偿金的目的。比如,原劳动合同的月工资报酬是15,000元,其中,固定类工资是5000元,浮动类工资是10,000元;用人单位在原劳动合同的基础上将工资总额从15,000元提高到17,000元,看似是"维持或提高劳动合同条件",其实,用人单位在薪资结构上进行了非常不利于劳动者的调整,大幅降低了固定类工资的基数,将固定类工资从5000元降低到了2000元,接近最低工资标准,将浮动类工资提高到了15,000元。通过这样的薪资架构调整,用人单位可以将企业效益、员工表现直接挂钩到劳动者的薪资上,劳动者被扣减薪资的风险大大增加。通过这样的操作,劳动者要么被迫续订劳动合同,要么不续订也领不到经济补偿金,该调整实质上是对"劳动合同条件"的变相降低。因此,劳动者在这种情况下不再续订合同时,应当向用人单位主张经济补偿金。

第二种,用人单位导致劳动者主体资格灭失的。对于这一类劳动合同的终止,劳动者应当分析自己是否有《劳动合同法》第42条规定的特殊延长情形,是否属于第41条第2款规定的应当优先留用的人员。在都不属于的情形下,劳动者应当主张经济补偿金,并根据《劳动合同法》第47条的规定计算工作年限,计算经济补偿金，包括企业改制前的工作年限。

关于劳动合同的解除，劳动者应尤其注意用人单位是否变相违法解除。这是用人单位惯用伎俩，主要目的就是迫使劳动者主动离职，免去用人单位支付经济补偿金。劳动者在规避这一风险时应注意以下几点：第一点，岗位确定。在劳动合同签订过程中，应将工作岗位、工作内容约定明确具体，尽量不要签署大岗类的岗位。一般用人单位在签订这一条款的同时会约定在大岗类内可以调岗且薪随岗变。一旦签订了这样的条款，用人单位想变相解除劳动者时，就会利用这一管理权限对劳动者进行大岗类内小岗位间的自主调岗，紧接着就是降薪。第二点，管理制度。例如，用人单位的《员工手册》对上下班时间规定的是 8 ~ 18 时，中午 12 ~ 14 时休息。其中，8 ~ 9 时、18 ~ 19 时为避开交通高峰期实行弹性上下班。同时约定，劳动者加班需提前一天向用人单位打报告，审批通过的方可视为加班，计算加班工资。用人单位实际执行统一 8 时上班，19 时下班，正常上班期间劳动者每天都为用人单位免费加班 1 小时。如果签订了这样的《员工手册》，在用人单位解除劳动合同时，劳动者主张加班工资就会特别被动，即便有正常上下班 8 小时之外的视频或打卡证明，也有可能被认为是弹性上下班期间员工的自主留岗，无效加班行为。最高人民法院《关于审理劳动争议案件适用法律问题的解释(一)》第 42 条规定，劳动者主张加班费的，应当就加班事实的存在承担举证责任。但劳动者有证据证明用人单位掌握加班事实存在的证据，用人单位不提供的，由用人单位承担不利后果。因此，劳动者平时应当注意留存用人单位指派其加班的派单、聊天、视频、录音、加班内容等初步证据，用以证明加班事实存在。第三点，待岗留薪。用人单位一旦想辞退某个员工，就会以放假的方式要求该劳动者回家待岗，待岗事由需要由劳动者自主以事假或病假形式通过用人单位的管理流程进行完善。劳动者完善相应请假流程后，用人单位就会停发待岗期间的浮动类奖金、提成、绩效等，只发放最低的固定工资。待岗期间劳动者不到岗打卡，不接受安排的工作内容，达到用人单位管理制度的解除条件时，用人单位就会以违规“泡”事假、病假或旷工为由解除与该劳动者的劳动关系，并不支付经济补偿金。提起仲裁或诉讼的，案件的审理焦点即劳动者是否存在违规行为，违规是否达到应当解除劳动合同的程度。因此，劳动者应当切记每个流程的陷阱，千万不要跟着用人单位的节奏主动申请本不存在的事假、病假。在用人单位首次提出调岗意见时，应及时做好应对风险的准备，除保留相关沟通证据外，待岗后一定要按时打卡并书面向用人单位主张按约履行劳动合同，提供劳动条件，以及保留相关证据。

关于劳动合同解除应注意的风险，无法一一列举，本书跟随不同的章节，分别分析不同情形下的风险点。随着社会用工的千变万化，用人单位各种管理制度的条款设计层出不穷，劳动者在合同履行过程中也要加强维权意识、证据意识，积极主张自己的合法权益。

Chapter four

第四章

特殊情形下的劳动用工

27 劳务派遣单位履行用人单位对劳动者的义务

适用法条

——《劳动合同法》第六十二条、第九十二条

案情回顾

2020年8月14日，金顺人力资源公司（以下简称金顺公司）与某新美医疗公司（以下简称新美公司）签订《劳务派遣协议》，约定由金顺公司向新美公司派遣劳务人员，派遣期限自2020年8月15日起至2022年8月14日止。协议约定：(1)被派遣劳动者及工作地点。金顺公司根据新美公司的要求进行劳务派遣，派遣人数暂定为8人（包括本案陆某在内），以上人数不作为结算依据，具体以实际到岗人数、用工时间据实结算。被派遣劳动者在新美公司的工商注册登记地工作，岗位具体以新美公司书面通知为准。(2)费用组成。①新美公司向金顺公司支付的费用包括服务管理费、派遣人员劳动报酬（含福利、补贴及奖金等）、社会保险费等按照本协议应向金顺公司支付的一切费用；②具体金额按实际派遣人员到岗数量、时间据实结算；③新美公司根据工作岗位、出勤天数及绩效考核等情况确定被派遣劳动者每月应发劳动报酬、社会保险费等费用，并于次月15日前编制被派遣劳动者的费用表，且在发放上述费用前交付金顺公司一份，作为金顺公司支付被派遣劳动者工资的凭据；④支付方式：金顺公司收到新美公司的上述费用后，按时进行发放工资、缴纳社保等事宜；⑤违约保证：金顺公司如果延时、拖欠或未足额支付上述人员劳动报酬、社保（费用缴纳、待遇申办及发放）、残疾人保障金，由此导

致的纠纷、赔偿、行政处罚等相关责任由其自行承担，新美公司有权暂停向金顺公司支付后续的约定费用，并有权直接向被派遣劳动者发放约定的劳动报酬。(3)工伤处理。被派遣劳动者发生工伤、工亡、职业病等情形的，由金顺公司负责向社保机构为被派遣劳动者办理申请认定、鉴定手续，并负责办理申报和理赔事宜，新美公司予以协助提供相关证据材料。(4)新美公司的义务。①派遣员工因法定理由要求解除劳动合同而最终产生经济补偿的，除证明是金顺公司的原因导致外，由新美公司承担。②若派遣人员发生工伤，鉴定有伤残等级员工离职后需用人单位承担的工伤赔偿费用由新美公司承担等，协议还进行了其他约定。

2020年8月15日，陆某与金顺公司签订劳动合同，被派遣至新美公司，职业为医美医师。2020年11月14日，因陆某工作期间自行摔伤，后经治疗痊愈伤残等级评定为十级，陆某向金顺公司主张工伤待遇，才知金顺公司并没有给陆某在内的8人缴纳社保费用，因此发生争议。

2021年3月12日，陆某申请金顺公司依照工伤保险待遇项目和标准向其支付一次性伤残补助金、一次性工伤医疗补助金、一次性伤残就业补助金和经济补偿金，新美公司对此承担连带赔偿责任。仲裁委依法予以支持。金顺公司与新美公司均不服提起诉讼，一审期间，金顺公司与新美公司之间另行提起“劳务派遣合同纠纷”诉讼，判决金顺公司返还国家减免期间新美公司向其支付的社保费用，并判决陆某社保未缴纳的责任由金顺公司负责。本案一审判决由金顺公司向陆某支付一次性伤残补助金、一次性工伤医疗补助金、一次性伤残就业补助金和经济补偿金，新美公司无须承担连带赔偿责任。金顺公司和陆某不服上诉至二审人民法院，二审维持了一审判决。

·法理分析·

劳务派遣，派遣所需要的临时性、辅助性或者替代性工作岗位上的人员。使用的被派遣劳动者数量不得超过其用工总量的10%。劳务派遣包含三对法律关系，即劳务派遣单位与劳动者之劳动合同关系；劳务派遣单位与用工单位之委托合同关系；用工单位与劳动者之用工管理关系。劳务派遣公司是用人单位，使用被派遣劳动者的是用工单位。劳务派遣公司与用工单位签订《劳务派遣协议》，劳务派遣公司与被派遣人员签订《劳动合同》，实际用工单位与被派遣人员之间只有劳务关系，没有劳动合同关系。

本案的争议焦点为陆某的工伤赔偿责任是否应当由金顺公司与新美公司承担连带赔偿责任。

根据金顺公司与新美公司签订的《劳务派遣协议》约定，新美公司向金顺公司支付的费用除服务管理费、派遣人员劳动报酬，还包括社会保险费。新美公司根据陆某的出勤天数及绩效考核等情况确定每月应发劳动报酬、社会保险费等费用，编制费用表提供给金顺公司，作为支付陆某工资的凭据。金顺公司收到上述费用后，根据费用表按时发放陆某的工资，为其缴纳社保。金顺公司收到新美公司支付的费用后延时、拖欠或未足额支付陆某劳动报酬、社保费用的，由此导致的纠纷、赔偿、行政处罚等由其自行承担。

协议签订后，国家即开始对疫情期间小微企业实行税费减免，新美公司请求金顺公司返还减免期间的社保费用，金顺公司拒绝返还，新美公司在下一支付周期将这部分费用从金顺公司的服务费中扣除，金顺公司便拒绝陆某等人的社保申报、缴纳。2020年11月14日陆某因工受伤。

《劳务派遣协议》系双方真实意思表示，不违反法律法规的强制性规定，应属合法有效，双方应按照协议履行。根据约定和法规政策可知，国家发布减免新冠疫情期间中小微企业社会保险单位缴费部分的相关政策，目的在于减轻企业缴纳员工社会保险费用的负担，降低企业用工成本，鼓励企业复工复产，而金顺公司作为派遣单位，并不承担陆某的社会保险费用，国家减免社保费用节约的用工成本属于新美公司，金顺公司占有陆某等人的社保费用没有根据，在新美公司主张返还未果时，通过减少支付服务费的方式系合法的自助行为，金顺公司不得以此对抗作为用人单位的社保申报义务。

另外，双方还约定，被派遣劳动者发生工伤、工亡、职业病等情形，鉴定有伤残等级员工离职后，由用人单位承担的工伤赔偿费用由新美公司承担。派遣员工因法定的理由要求解除劳动合同而最终产生经济补偿的，除证明是金顺公司的原因导致外，由新美公司承担。

陆某由金顺公司进行招募、入职体检、用工登记，并与金顺公司签订劳动合同，金顺公司将陆某派遣至新美医疗工作，新美公司向其支付服务费，以及劳动者的劳动报酬、社保费用，由金顺公司向陆某支付劳动报酬，缴纳社保费用。根据法定和约定，金顺公司作为用人单位，应当依法为劳动者缴纳工伤保险费。当陆某发生工伤时，该损害赔偿本应通过新美公司缴纳工伤保险就可以获得，却因金顺公司的原因不能享受。根据《工伤保险条例》的规定，应当参加工伤保险而未参加工伤保险的用人单位职工发生工伤的，由该用人单位按照本条例规定的工伤保险待遇项目和标准支付费用。另外，根据另案判决可知，金顺公司也有义务为派遣劳动者代缴社保费用，因其没有缴纳社保而导致责任在金顺公司。

就本案而言，金顺公司作为用人单位应履行社保缴纳等必要的劳动保障义务。新美公司应主动承担起用工主体责任，认真履行劳动报酬、社保费用支付义务。关于陆某受伤系自行摔伤所致，新美公司并没有违反《劳务派遣协议》的约定，并且在疫情期间社保减免，新美公司扣减金顺公司的服务费的行为并不影响金顺公司对陆某的社保申报，不应影响陆某社会保险的享受。不属于《劳动合同法》规定的“用工单位给被派遣劳动者造成损害的，劳务派遣单位与用工单位承担连带赔偿责任”的情形，因此，新美公司依法不承担连带赔偿责任。

·知识拓展·

《劳动合同法》

第五十七条　经营劳务派遣业务应当具备下列条件：

（一）注册资本不得少于人民币二百万元；

（二）有与开展业务相适应的固定的经营场所和设施；

（三）有符合法律、行政法规规定的劳务派遣管理制度；

（四）法律、行政法规规定的其他条件。

经营劳务派遣业务，应当向劳动行政部门依法申请行政许可；经许可的，依法办理相应的公司登记。未经许可，任何单位和个人不得经营劳务派遣业务。

第五十八条　劳务派遣单位是本法所称用人单位，应当履行用人单位对劳动者的义务。劳务派遣单位与被派遣劳动者订立的劳动合同，除应当载明本法第十七条规定的事项外，还应当载明被派遣劳动者的用工单位以及派遣期限、工作岗位等情况。

劳务派遣单位应当与被派遣劳动者订立二年以上的固定期限劳动合同，按月支付劳动报酬；被派遣劳动者在无工作期间，劳务派遣单位应当按照所在地人民政府规定的最低工资标准，向其按月支付报酬。

第五十九条　劳务派遣单位派遣劳动者应当与接受以劳务派遣形式用工的单位（以下称用工单位）订立劳务派遣协议。劳务派遣协议应当约定派遣岗位和人员数量、派遣期限、劳动报酬和社会保险费的数额与支付方式以及违反协议的责任。

用工单位应当根据工作岗位的实际需要与劳务派遣单位确定派遣期限，不得将连续用工期限分割订立数个短期劳务派遣协议。

第六十条　劳务派遣单位应当将劳务派遣协议的内容告知被派遣劳动者。

劳务派遣单位不得克扣用工单位按照劳务派遣协议支付给被派遣劳动者的劳动报酬。

劳务派遣单位和用工单位不得向被派遣劳动者收取费用。

第六十一条　劳务派遣单位跨地区派遣劳动者的，被派遣劳动者享有的劳动报酬和劳动条件，按照用工单位所在地的标准执行。

第六十二条　用工单位应当履行下列义务：

（一）执行国家劳动标准，提供相应的劳动条件和劳动保护；

（二）告知被派遣劳动者的工作要求和劳动报酬；

（三）支付加班费、绩效奖金，提供与工作岗位相关的福利待遇；

（四）对在岗被派遣劳动者进行工作岗位所必需的培训；

（五）连续用工的，实行正常的工资调整机制。

用工单位不得将被派遣劳动者再派遣到其他用人单位。

第六十三条　被派遣劳动者享有与用工单位的劳动者同工同酬的权利。用工单位应当按照同工同酬原则，对被派遣劳动者与本单位同类岗位的劳动者实行相同的劳动报酬分配办法。用工单位无同类岗位劳动者的，参照用工单位所在地相同或者相近岗位劳动者的劳动报酬确定。

劳务派遣单位与被派遣劳动者订立的劳动合同和与用工单位订立的劳务派遣协议，载明或者约定的向被派遣劳动者支付的劳动报酬应当符合前款规定。

第六十四条　被派遣劳动者有权在劳务派遣单位或者用工单位依法参加或者组织工会，维护自身的合法权益。

第六十五条　被派遣劳动者可以依照本法第三十六条、第三十八条的规定与劳务派遣单位解除劳动合同。

被派遣劳动者有本法第三十九条和第四十条第一项、第二项规定情形的，用工单位可以将劳动者退回劳务派遣单位，劳务派遣单位依照本法有关规定，可以与劳动者解除劳动合同。

第六十六条　劳动合同用工是我国的企业基本用工形式。劳务派遣用工是补充形式,只能在临时性、辅助性或者替代性的工作岗位上实施。

前款规定的临时性工作岗位是指存续时间不超过六个月的岗位;辅助性工作岗位是指为主营业务岗位提供服务的非主营业务岗位;替代性工作岗位是指用工单位的劳动者因脱产学习、休假等原因无法工作的一定期间内,可以由其他劳动者替代工作的岗位。

用工单位应当严格控制劳务派遣用工数量,不得超过其用工总量的一定比例,具体比例由国务院劳动行政部门规定。

第六十七条　用人单位不得设立劳务派遣单位向本单位或者所属单位派遣劳动者。

第九十二条　违反本法规定,未经许可,擅自经营劳务派遣业务的,由劳动行政部门责令停止违法行为,没收违法所得,并处违法所得一倍以上五倍以下的罚款;没有违法所得的,可以处五万元以下的罚款。

劳务派遣单位、用工单位违反本法有关劳务派遣规定的,由劳动行政部门责令限期改正;逾期不改正的,以每人五千元以上一万元以下的标准处以罚款,对劳务派遣单位,吊销其劳务派遣业务经营许可证。用工单位给被派遣劳动者造成损害的,劳务派遣单位与用工单位承担连带赔偿责任。

《劳动合同法实施条例》

第二十八条　用人单位或者其所属单位出资或者合伙设立的劳务派遣单位,向本单位或者所属单位派遣劳动者的,属于劳动合同法第六十七条规定的不得设立的劳务派遣单位。

第二十九条　用工单位应当履行劳动合同法第六十二条规定的义务,维护被派遣劳动者的合法权益。

第三十条　劳务派遣单位不得以非全日制用工形式招用被派遣劳动者。

第三十一条　劳务派遣单位或者被派遣劳动者依法解除、终止劳动合同的经济补偿,依照劳动合同法第四十六条、第四十七条的规定执行。

第三十二条　劳务派遣单位违法解除或者终止被派遣劳动者的劳动合同的,依照劳动合同法第四十八条的规定执行。

·风险提示·

用人单位:我国改革开放初期,由于存在外国法人驻华机构不得在我国境内直接招工的政策限制,为解决这一问题便催生了我国的劳务派遣行业。随着我国市场经济的不断发展,劳务派遣的用工方式在我国迅速普及。《劳动合同法》规定,劳动合同用工是我国的企业基本用工形式。劳务派遣用工是补充形式,只能在临时性、辅助性、替代性岗位上实施。但现在不少用工单位在各种类型、各种时长的工作岗位上接收劳务派遣用工,有的甚至在主营业务中接收大量的劳务派遣用工。因此,劳务派遣的优势也是不可忽略的。大体可以做如下分析:第一,劳动关系模式下,用人单位与劳动者建立长期、稳定的劳动关系,有利于企业人才计划的实施和培养,保障企业敢于最大限度投入培养精尖人才。但是,如今经济快速发展,劳动用工的弊端也显而易见,经济技术日益更新,企业生产用工对劳动者需求也并非一成不变,要么面临员工知识的更新,要么面临设备的更新,对员工的专业及数量需求都在不断地变化。往往会出现企业养人不用人、用人不养人的矛盾。劳务派遣就很好地弥补了这一缺陷。使企业用工负担更轻,人员就业更灵活,实现企业和员工权益的最大化。第二,用人和管理相分离。劳务派遣就是你找人我用人,社会分工进一步细化。劳务派遣单位负责招人、选人,与其建立劳动关系,通过平台向劳动者推荐大量工作岗位,大大提高劳动者的就业机会。通过与用工单位建立服务协议,保障劳动者劳动报酬支付、缴纳社保、工伤的赔偿等一系列的日常事务，让用工单位一心搞建设，大幅减少了用工单位非主营业务的工作量和行政人员的负担。第三，劳务派遣机构的双向作用。劳务派遣是三方关系的两两对接，劳动者和用工单位通过劳务派遣这一平台可以实现双向需求的便利。并且，派遣单位在中间不仅发挥着中介人的作用，而且将“人”“管”“用”连接起来，各司其职，各取所需，大大简化了劳动关系中的用工单位和劳动者关系。

以上优点都需建立在一定的基础之上，才能发挥好劳务派遣用工模式的作用。其中要掌握好以下几点：第一，劳务派遣单位要符合法律规定的要件，注册资本不少于200万元，有与开展业务相适应的固定场所和设施，有法律法规规定的管理制度。第二，劳务派遣单位要承担法律规定的用人单位对劳动者的义务，应当与劳动者签订不少于两年的劳动合同，劳务派遣期间应当为劳动者缴纳社保、按月支付劳动报酬，并不得向劳动者收取费用。第三，劳务派遣单位应当实行同工同酬、依法参加工会组织，以及提供劳动相关法规规定的获得劳动报酬、相关福利待遇、用工所需的培训、工资调整机制等权益。

用工单位：用工单位在劳务派遣法律关系中，在降低招聘成本、降低培训成本、降低薪酬、合法避税、规避裁员、增强灵活就业的同时，还应当执行国家劳动标准，提供相应的劳动条件和劳动保护；告知被派遣劳动者的工作要求和劳动报酬；支付加班费、绩效奖金，提供与工作岗位相关的福利待遇；对在岗被派遣劳动者进行工作岗位所必需的培训；连续用工的，实行正常的工资调整机制，不得将连续用工期限分割订立数个短期劳务派遣协议。注意劳务派遣的退回机制的适用，加强用工单位的连带责任风险预防。

劳动者：劳动者在劳务派遣用工关系中，应当注意与用人单位签订劳动合同时，除应载明《劳动合同法》第17条规定的内容外，还应载明派遣期限、工作岗位、社会保险以及违反协议的责任等内容。并且合同期限应不短于2年，在被派遣劳动者无工作期间，派遣单位应发放不低于当地最低工资标准的劳动报酬。

与用工单位之间,除享有法定的权利外,还应当遵守用工单位的管理制度,否则用工单位有权向派遣单位退回劳动者,派遣单位可以依照《劳动合同法》的相关规定与劳动者解除劳动合同。

28 挂靠施工情形下劳动关系的认定、工伤责任的承担

适用法条

——人力资源和社会保障部《关于执行〈工伤保险条例〉若干问题的意见》第七条，劳动和社会保障部《关于确立劳动关系有关事项的通知》第一条、第二条、第四条

案情回顾

2020年，某高新小学进行校区1号、2号教学楼建设，杨某以某扬子工程有限公司名义与学校签订了《工程施工合同》，并对施工期限、工程价款等进行了约定，学校在发包人处盖章。某扬子工程有限公司在施工现场的项目监督牌上备注杨某系施工现场负责人。2020年8月25日，工程施工过程中，杨某对教学楼封顶作业进行查看时，2号教学楼的作业脚手架脱落，安全绳断裂，致杨某头部着地当场去世。事故发生后，杨某家属认为杨某生前为某扬子工程有限公司提供劳动，认为与该公司存在劳动关系，遂向社保部门申请工伤认定，认为杨某于工作时间、工作地点，提供劳动时发生身亡，属于因工死亡。

区人社局受理后作出《工伤认定决定书》，认为杨某受到的事故伤害符合《工伤保险条例》第14条第1项之规定，属于工伤认定范围，现予以认定为工伤。某扬子工程有限公司不服，向市人社局申请行政复议，市人社局作出《行政复议决定书》，维持了区人社局的工伤认定决定。某扬子工程有限公司仍不服向法院提起行政诉讼，请求撤销被诉工伤认定决定及复议决定。一

审法院驳回了某扬子工程有限公司的诉讼请求，二审同意一审法院的裁判意见。

·法理分析·

本案的争议焦点为杨某作为施工队的“包工头”，挂靠某扬子工程有限公司进行施工，被挂靠方某扬子工程有限公司是否需要承担杨某的工伤保险责任。

某扬子工程有限公司认为，首先，杨某作为施工队的“包工头”，是该建设工程的实际施工权益人，根据权利义务相一致原则，某扬子工程有限公司不应对杨某的工伤承担责任。虽然杨某与公司之间并未签订任何协议，但公司除收取2%的管理费外，没有任何利益。发包方已付工程款都是通过公司账号扣除部分管理费后全部支付给杨某本人，工队的其他工人也都由杨某雇用并支付工资，公司不参与工程的任何管理和监督，公司只是将资质出借，所有挂靠施工的行为都应由杨某自己负责。根据权利义务相一致原则，杨某系该工程的“包工头”，某扬子工程有限公司不应对杨某的工伤承担责任。其次，杨某与某扬子工程有限公司不存在劳动关系，杨某作为该工程的“包工头”，其身份显然不是某扬子工程有限公司招用的劳动者，不符合最高人民法院《关于审理工伤保险行政案件若干问题的规定》第3条第5项规定的“个人挂靠”聘用的人员，杨某坠亡工伤保险责任不应由某扬子工程有限公司承担。

经法庭查明，某高新小学与某扬子工程有限公司签订的《工程施工合同》《施工许可证》《安全文明施工监督牌》，施工现场、大门、施工标志牌等多处标注某扬子工程有限公司为施工单位，现场负责人为杨某。杨某个人以某扬子工程有限公司的名义承揽工程挂靠施工。

法院认为，某扬子工程有限公司应承担杨某的工伤保险责任。《建筑法》第26条规定，承包建筑工程的单位应当持有依法取得的资质证书，并在其资质等级许可的业务范围内承揽工程。禁止建筑施工企业超越本企业资质等级许可的业务范围或者以任何形式用其他建筑施工企业的名义承揽工程。禁止建筑施工企业以任何形式允许其他单位或者个人使用本企业的资质证书、营业执照,以本企业的名义承揽工程。第28条规定,禁止承包单位将其承包的全部建筑工程转包给他人,禁止承包单位将其承包的全部建筑工程肢解以后以分包的名义分别转包给他人。某扬子工程有限公司作为具备用工主体资格的承包单位,既然享有承包单位的权利,也应当履行承包单位的义务。杨某利用某扬子工程有限公司的资质挂靠施工,某扬子工程有限公司就应当承担被挂靠单位的相应责任。在工伤保险责任承担方面,双方之间虽未直接签订挂靠协议,但杨某利用其资质并挂靠施工的行为符合最高人民法院《关于审理工伤保险行政案件若干问题的规定》第3条第5项规定的"个人挂靠其他单位对外经营,其聘用的人员因工伤亡的,被挂靠单位为承担工伤保险责任的单位"的情形。因此,某扬子工程有限公司应作为承担工伤保险责任的单位。

关于杨某作为施工队的"包工头",能否作为最高人民法院《关于审理工伤保险行政案件若干问题的规定》第3条第5款规定的"个人挂靠聘用的人员"享受工伤保险待遇。根据人力资源和社会保障部《关于执行〈工伤保险条例〉若干问题的意见》第7条的规定,认定工伤保险责任或用工主体责任,已经不以存在法律上的劳动关系为必要条件,以及最高人民法院《关于审理工伤保险行政案件若干问题的规定》第3条的规定,能否进行工伤认定和是否存在劳动关系,并不存在绝对的对应关系。通过以上规定可以看出,具备建设主体资格的承包单位,将其承包的工程转包或违法分包,在施工过程中职工因工伤亡的,由承包方承担工伤保险责任并不以该劳动者与其存在法律上的劳动关系或事实上的劳动关系为前提。法律之所以直接将转包、违法分包、违法出借资质的承包单位视为用工主体,并由其承担工伤保险责任,是因为这一方面是对承包单位转包、违法分包、挂靠行为的惩戒;另一方面也是为了保障工伤职工权益的最大化。因此,被挂靠人某扬子工程有限公司应对挂靠其施工的职工因工死亡承担工伤保险责任。

“包工头”在建筑行业领域一样属于劳动者。2017 年，人力资源和社会保障部办公厅《关于进一步做好建筑业工伤保险工作的通知》要求，大力扩展建筑企业工伤保险参保覆盖面，推广采用按建设项目参加工伤保险制度。由此可见，建筑行业的特殊性，建筑施工企业对相对固定的职工，按用人单位参加工伤保险，对不能按用人单位参保的，比如农民工，则按项目参加工伤保险。因此，建筑行业工伤保险参保应当全覆盖，杨某作为工程的实际管理人，在履行管理工作过程中受到的损害属于因工受伤，享受工伤待遇符合建筑工程领域工伤保险制度的政策方向。

工伤保险并未将“包工头”排除在参保对象之外。《工伤保险条例》第 2 条规定的用人单位应当依照本条例规定参加工伤保险，为本单位全部职工或者雇工缴纳工伤保险，目的是保障职工或者雇工因工作遭受事故伤害或者患职业病时获得医疗救治和经济补偿。本条例规定的“全部职工”并未排除“包工头”这一主体，应保尽保是工伤保险的立法目的，杨某虽然存在违法挂靠行为，但其处于利益的最末端，并承担着工程施工管理工作，其损害也符合《工伤保险条例》第 14 条第 1 项“工作时间、工作场所、工作原因”的三工情形。因此，杨某符合本条例规定的参保对象标准。杨某以挂靠方式取得工程的行为虽然违法，但不能否定国家对社会保险的强制实施，工伤保险作为社会保险的一个重要组成部分，处处体现的是国家对职工的社会责任，不能因为杨某违法承揽工程的行为否认其依法应当享受的工伤待遇权利。对于某扬子工程有限公司而言，通过挂靠行为违法获利，应当给予否定性评价，要求其承担杨某的工伤保险责任，既符合权利义务一致性，也具有对违法行为的惩戒性。根据最高人民法院《关于审理工伤保险行政案件若干问题的规定》第 3 条第 1 款第 5 项的规定，个人挂靠其他单位对外经营，其聘用的人员因工伤亡的，被挂靠单位为承担工伤保险责任的单位。且第5项明确的承担工伤保险责任的单位承担赔偿责任或者社会保险经办机构从工伤保险基金支付工伤保险待遇后,有权向相关组织、单位和个人追偿。

总之,不能让转包、违法分包、挂靠行为否定建设工程这一特殊领域的工伤保险责任主体,但也不鼓励违法承揽工程的行为,某扬子工程有限公司承担工伤保险责任后,可依法享有追偿权。

·知识拓展·

《民事诉讼法》

第六十七条　当事人对自己提出的主张,有责任提供证据。

当事人及其诉讼代理人因客观原因不能自行收集的证据,或者人民法院认为审理案件需要的证据,人民法院应当调查收集。

人民法院应当按照法定程序,全面地、客观地审查核实证据。

最高人民法院《关于适用〈中华人民共和国民事诉讼法〉的解释》

第五十四条　以挂靠形式从事民事活动,当事人请求由挂靠人和被挂靠人依法承担民事责任的,该挂靠人和被挂靠人为共同诉讼人。

第九十条　当事人对自己提出的诉讼请求所依据的事实或者反驳对方诉讼请求所依据的事实,应当提供证据加以证明,但法律另有规定的除外。

在作出判决前,当事人未能提供证据或者证据不足以证明其事实主张的,由负有举证证明责任的当事人承担不利的后果。

劳动和社会保障部《关于确立劳动关系有关事项的通知》

四、建筑施工、矿山企业等用人单位将工程(业务)或经营权发包给不具备用工主体资格的组织或自然人,对该组织或自然人招用的劳动者,由具备用工主体资格的发包方承担用工主体责任。

最高人民法院《关于审理工伤保险行政案件若干问题的规定》

第三条　社会保险行政部门认定下列单位为承担工伤保险责任单位的，人民法院应予支持：

（一）职工与两个或两个以上单位建立劳动关系，工伤事故发生时，职工为之工作的单位为承担工伤保险责任的单位；

（二）劳务派遣单位派遣的职工在用工单位工作期间因工伤亡的，派遣单位为承担工伤保险责任的单位；

（三）单位指派到其他单位工作的职工因工伤亡的，指派单位为承担工伤保险责任的单位；

（四）用工单位违反法律、法规规定将承包业务转包给不具备用工主体资格的组织或者自然人，该组织或者自然人聘用的职工从事承包业务时因工伤亡的，用工单位为承担工伤保险责任的单位；

（五）个人挂靠其他单位对外经营，其聘用的人员因工伤亡的，被挂靠单位为承担工伤保险责任的单位。

前款第（四）、（五）项明确的承担工伤保险责任的单位承担赔偿责任或者社会保险经办机构从工伤保险基金支付工伤保险待遇后，有权向相关组织、单位和个人追偿。

人力资源和社会保障部《关于执行〈工伤保险条例〉若干问题的意见》

七、具备用工主体资格的承包单位违反法律、法规规定，将承包业务转包、分包给不具备用工主体资格的组织或者自然人，该组织或者自然人招用的劳动者从事承包业务时因工伤亡的，由该具备用工主体资格的承包单位承担用人单位依法应承担的工伤保险责任。

·风险提示·

用人单位：建筑企业为了追求经济效益，对其承包工程进行层层转包、违法分包、挂靠施工后，并不对承包工程进行安全建设管理，实际施工人为了压缩成本，减少安全建设的必要培训，不配备相关安全设施设备，不按规定施工等，是工伤高频发生的领域。建筑企业跨地区施工，除固定的工作人员外，大部分岗位是农民工，流动性大，基本不存在固定的劳动关系，企业更不会为农民工缴纳社会保险，导致发生工伤事故时，在劳动关系难以确认的前提下，农民工更是无法享受社会保险待遇，农民工工伤维权难成为亟待解决的问题。2013 年，人力资源和社会保障部《关于执行〈工伤保险条例〉若干问题的意见》中明确规定，依法具备用工主体资格的承包单位违反法律、法规规定，将承包业务转包、分包给不具备用工主体资格的组织或者自然人，该组织或者自然人招用的劳动者从事承包业务时因工伤亡的，由该具备用工主体资格的承包单位承担用人单位依法应承担的工伤保险责任。这一规定从制度上实现了工伤保险无须以存在劳动关系为前提。2014 年，最高人民法院《关于审理工伤保险行政案件若干问题的规定》规定，个人挂靠其他单位对外经营，其聘用的人员因工伤亡的，被挂靠单位为承担工伤保险责任的主体。2017 年，国务院办公厅《关于促进建筑业持续健康发展的意见》强调，建立健全与建筑业相适应的社会保险参保缴费方式，大力推进建筑施工单位参加工伤保险。建筑施工企业对相对固定的职工，应按用人单位参加工伤保险；对不能按用人单位参保的建筑业职工特别是农民工，可以按项目参保，并可优先办理参加工伤保险手续；对未提交按项目参加工伤保险证明、安全施工措施未落实的项目，不予核发施工许可证。大力扩展建筑企业工伤保险参加的覆盖面，应保尽保。2017 年，人力资源和社会保障部办公厅发布的《关于进一步做好建筑业工伤保险工作的通知》规定，建筑施工企业要严格按照国务院

《工伤保险条例》的规定,及时为农民工办理参加工伤保险手续,并按时足额缴纳工伤保险费。

建筑行业转包、违法分包、挂靠施工的行为屡禁不绝,鉴于此种违法行为的复杂性和隐蔽性,国家通过以上这些法规政策的出台,大力保障农民工这一特殊群体的权益,建筑企业承包方作为工伤保险责任承担主体已无异议。并且,对建筑企业的非固定类人员,可以按承包项目参保工伤保险,撇开劳动关系这一前提要件,直接落实建筑企业工伤保险参保义务以及未按上述规定参保的责任承担,对推动《工伤保险条例》的实施具有重要作用。

作为建筑企业,在承包工程过程中,关于劳动法相关领域应注意以下几点:(1)工伤保险责任风险。这一点已经在本案例中进行了充分分析。对建筑施工企业固定类员工应当缴纳社会保险,建立的是劳动关系,应当签订劳动合同。对非固定类的员工,可按项目进行工伤保险的参保,有效分散建筑施工企业的用工风险。(2)劳动用工风险。作为建筑施工企业,应当严格按照劳动和社会保障部《关于确立劳动关系有关事项的通知》第 1 条的规定,用人单位招用劳动者未订立书面劳动合同,但同时具备下列情形的,劳动关系成立。①用人单位和劳动者符合法律、法规规定的主体资格;②用人单位依法制定的各项劳动规章制度适用于劳动者,劳动者受用人单位的劳动管理,从事用人单位安排的有报酬的劳动;③劳动者提供的劳动是用人单位业务的组成部分。进行规范用工,如果具备本条规定的情形,视为与劳动者建立了劳动关系,相对应的风险就是双倍工资,社会保险的缴纳义务,无固定期限劳动合同的建立。(3)行政责任风险。施工单位将工程转包、违法分包或挂靠的,建设行政主管部门可依据《建筑法》第 67 条、《建设工程质量管理条例》第 62 条的规定对施工单位进行相应的行政处罚,具体包括:责令改正,没收违法所得,并对施工单位处工程合同价款 0.5% 以上 1% 以下的罚款;责令停业整顿,降低资质等级;情节严重的,吊销资质证书;等等。

劳动者：根据《社会保险法》第33条的规定，职工应当参加工伤保险，由用人单位缴纳工伤保险费，职工不缴纳工伤保险费。职工参加工伤保险是法律、法规的强制性规定。《劳动法》第2条、《劳动合同法》第2条、《劳动合同法实施条例》第3条、劳动部《关于贯彻执行〈中华人民共和国劳动法〉若干问题的意见》第1条，对哪些主体作为用人单位进行了明确规定，这些主体有为与其建立劳动关系的劳动者参加工伤保险的义务。但是，面对社会的不断进步，各行各业蓬勃发展，尤其是建筑业职工队伍的不断壮大，建筑工人为经济、社会发展和人民安居乐业作出了重大贡献。但建筑行业工伤风险极大，建筑工人可能会受到物体打击、高处坠落、触电、机械伤害、坍塌等伤害。建筑工人又多是进城务工的农民，为了维护建筑业职工特别是农民工的工伤权益保障，2014年，人力资源和社会保障部、住房和城乡建设部、国家安全生产监督管理总局、全国总工会《关于进一步做好建筑业工伤保险工作的意见》，对建筑业工伤保险工作、维护职工工伤权益提出要求，建筑施工企业应依法参加工伤保险。针对建筑行业的特点，建筑施工企业对相对固定的职工，应按用人单位参加工伤保险；对不能按用人单位参保的建筑工人，按项目参加工伤保险。未参加工伤保险的建设项目，职工发生工伤事故，依法由职工所在用人单位支付工伤保险待遇，施工总承包单位、建设单位承担连带责任；用人单位和承担连带责任的施工总承包单位、建设单位不支付的，由工伤保险基金先行支付，用人单位和承担连带责任的施工总承包单位、建设单位应当偿还；不偿还的，由社会保险经办机构依法追偿。建设单位、施工总承包单位或具有用工主体资格的分包单位将工程（业务）发包给不具备用工主体资格的组织或个人，该组织或个人招用的劳动者发生工伤的，发包单位与不具备用工主体资格的组织或个人承担连带赔偿责任。该意见进一步提出对建筑业工伤职工及其家属的合法权益的维护，减少工伤职工的经济负担，进而促进社会和谐稳定。实践中，建筑企业很少与建筑工人签订劳动合同，再加上在转包、违法分包、挂靠等情形下，劳动者根本不知道具体的施工主体，一旦发生工伤层层推诿扯皮，伤害建筑工人的利益。因此，人力资源和社会保障部《关于执行〈工伤保险条例〉若干问题的意见》第7条规定，具备用工主体资格的承包单位违反法律、法规规定，将承包业务转包、分包给不具备用工主体资格的组织或者自然人，该组织或者自然人招用的劳动者从事承包业务时因工伤亡的，由该具备用工主体资格的承包单位承担用人单位依法应承担的工伤保险责任。通常情况下，应以职工与用人单位存在劳动关系为前提认定工伤。然而在建设工程领域，工伤的认定并不当然以存在劳动关系为前提，当用工单位违法将承包工程转包、分包给不具备用工主体资格的组织或自然人，发生工伤事故时，工伤职工可以要求用工单位承担主体责任。

因此，本案例主要针对建筑工程领域的建筑工人，其在发生工伤事故时，若存在承包、转包、挂靠等情况，向谁主张工伤保险责任，与谁建立的劳动关系，有没有签订劳动合同，由谁发放工资，受谁指挥提供劳动等错综复杂，为了使劳动者的工伤得到及时救治或赔偿，不再将劳动关系作为工伤保险责任承担的前提条件，发生工伤事故时，工伤职工可以要求用工单位承担工伤主体责任。用工单位可在承担工伤主体责任后，再向其他主体进行追偿，减轻了工伤职工劳动关系的确认程序，在很大程度上保障了工伤职工能及时获得足额赔偿，同时规范建设工程用工单位依法与建筑工人建立劳动关系，依法足额给职工缴纳工伤保险，规范用工行为。

29 非本人原因指派到新用人单位工作年限计算

适用法条

——最高人民法院《关于审理劳动争议案件适用法律问题的解释(一)》第四十六条

案情回顾

2018年9月2日，蒋某入职旭辉传播公司(以下简称旭辉公司)，从事视频剪辑合成一职，双方签订了劳动合同，合同期限为2年，自2018年9月2日起至2020年9月1日止。2020年2月至4月因新冠疫情防控，员工均无须到岗，所有员工工资仅发放当地基本工资2200元(北京)，蒋某在家办公期间正常完成工作任务，并坚持每天在线打卡。自2019年9月2日起，蒋某接受旭辉公司人事刘某指派前往景洛公司，辅导合成部剪辑工作，其间均是马某个人每月通过手机银行向蒋某转账，备注工资。2022年1月16日，公司指派蒋某前往广州某公司辅导视频剪辑工作，蒋某拒绝。2022年1月20日，蒋某前往景洛公司发现其视频剪辑部的办公权限已被停止使用，蒋某的个人物品已放至前台。蒋某又回到旭辉公司协商无果后，签收了《解除劳动合同通知书》离开。2022年2月16日，蒋某提起仲裁，请求依法确认自2018年9月2日至2022年1月20日与旭辉公司存在劳动关系；请求依法裁决旭辉公司支付违法解除劳动合同赔偿金67,500元；请求依法裁决旭辉公司支付未签劳动合同双倍工资165,000元；请求依法裁决旭辉公司支付2020年2月至4月的工资差额25,600元。仲裁委员会支持了蒋某的仲裁请求。旭辉公司不服上诉,一、二审人民法院均予维持了仲裁裁决。

·法理分析·

通过一裁两审,本案争议的焦点:一是旭辉公司与蒋某存在劳动关系的期间;二是蒋某是否严重违反了公司的规章制度;三是蒋某的工作年限是否应当连续计算。

关于焦点一,旭辉公司与蒋某的劳动关系的存续期间。

旭辉公司提供《劳动合同》一份,证明2020年9月2日以后,蒋某并没有给公司提供劳动,公司也没有向其支付工资报酬,双方的劳动关系于2020年9月1日已经履行完毕,2020年9月2日后双方不存在劳动关系。《解除劳动关系通知书》一份,证明蒋某与旭辉公司的劳动合同于2020年9月1日已解除。因此,对蒋某的仲裁请求应当全部予以驳回。蒋某提供证据一,银行转账流水一份。2018年10月15日至2022年1月15日马某个人每月向其银行转账流水,备注为工资。2022年1月15日前12个月的月平均工资为15,000元。证据二,2020年2月至4月平台打卡记录、工作安排记录各一份。2020年2月至4月新冠疫情防控期间蒋某在家办公的工作量突增,旭辉公司主管在企业微信中表示因疫情原因,导致蒋某的工作量比往日翻倍,将加班费在下个工资周期的福利补贴中体现,蒋某回复感谢。证据三,通话录音一份。2020年8月27日,旭辉公司负责人向蒋某打电话称:"景洛公司现在刚刚成立,旭辉投资这么大,景洛公司剪辑合成这块技术肯定需要你的大力支持,虽然固定发给你15,000元,但你也知道我们从福利这块给你补足了相应待遇,公司看你还是比较重的,所以现在你得帮一把公司了,去给景洛员工辅导辅导,待遇啥的照旧。"蒋某称:"那倒没啥,我也相信公司,但是这边我刚扶上正轨,不用那么天天熬夜了,现在再去景洛我得累死呀。"主管称:"就相信你的能力,你给咱再辛苦一下,景洛那边给你再增加两个人手。”蒋某称:“领导,就这一次啊,我再不接受指派啦,太累。”主管称:“不会不会,那你这两天交接一下就过去啊,那边就等你指导呢。”蒋某称“好吧”。证据四,企业微信聊天记录一份。2022 年 1 月 16 日,旭辉公司负责人再次通知蒋某前往广州某公司指导视频剪辑合成工作,蒋某当即拒绝,并提出旭辉和景洛办公地点是同城,广州某公司办公地点在广州,蒋某认为给自己带来严重不便,未同意。证据五,视频一份。2022 年 1 月 20 日至 22 日,连续三天蒋某到景洛公司上班打卡,但办公权限被禁的视频。

结合以上证据和当事人陈述,法庭认定蒋某与旭辉公司的劳动关系自 2018 年 9 月 2 日起至 2022 年 1 月 23 日止,其间蒋某为旭辉公司的员工;劳动关系存续期间,蒋某受旭辉负责人指派前往景洛公司指导相关工作,工资一直都是由旭辉公司的会计马某支付,每月固定发放 15,000 元,绩效工资通过福利补贴以其他形式发放;2020 年 9 月 1 日,劳动合同到期后旭辉公司再未进行续签,但蒋某还受旭辉公司的指派提供劳动,双方建立了事实劳动关系;2022 年 1 月 20 日,蒋某离开工作岗位。

另查明,旭辉系景洛和广州某公司的全资投资人,企业间的业务和人员存在混同,会计马某也与另外两个投资公司之间有大量的转账行为,并且无法说明合理原因,对于旭辉公司未向蒋某支付工资的抗辩不予支持。

关于焦点二,蒋某是否严重违反了公司的规章制度。

旭辉公司辩称:2018 年 9 月 2 日,蒋某与旭辉公司签订的《劳动合同》第 4 条第 2 款约定,乙方(蒋某)的岗位为视频剪辑技术总监,负责甲方(旭辉)全公司剪辑相关工作,包括关联公司的业务指导、培训。第 7 条劳动者的义务第 3 款约定,乙方应按照甲方的要求提供合同约定的义务,若有违反,甲方可根据情况给予警告、扣除当年进步奖,有下列情形之一的可视为严重违反劳动管理制度:拒绝接受甲方合理的工作安排。蒋某拒绝旭辉公司的指派,未按规定时间前往指派单位进行剪辑培训、指导,给公司造成严重的经济损失,公司根据以上规定认为蒋某已严重违反公司的规章制度。

蒋某称:《劳动合同》第2条约定,合同履行地为××市××区××路32号,也就是旭辉公司的注册办公地点,如果其关联公司与旭辉公司的办公地点相近,不会增加通行时间或增加通行成本,蒋某可以接受前往指导和培训。但是,广州某公司的工作地与现工作地相距两千多公里,已经超出了《劳动合同》约定的工作地点,给自己的生活带来极大不便,不属于合理的工作安排,属于对《劳动合同》内容的重大变更,蒋某并没有违反公司的规章制度。

法庭认为,用人单位与劳动者应当按照《劳动合同》的约定,全面履行各自的义务。用人单位应当建立健全劳动合同制度,明确《劳动合同》双方当事人的权利和义务,保障劳动者的合法权益。工作内容和工作地点是《劳动合同》应当具备的合同条款,当《劳动合同》对约定不明确引发争议时,可以和劳动者重新协商,协商一致可以变更《劳动合同》的内容。本案中,旭辉公司作为用人单位,应当建立健全劳动合同制度,但其所提供的《劳动合同》中有关《劳动合同》的履行地点与实际指派工作地点相互冲突,仅引用对其有利的合同约定,将蒋某认定为不服从公司的合理工作安排,有违公平;蒋某可以根据《劳动合同》约定的工作地点预见到《劳动合同》约定的指派、培训的地域范围不超出同城,应当属于合理预见,应当予以保护。因此,蒋某并没有违反旭辉公司的规章制度。

关于焦点三,蒋某工作年限的计算。

蒋某从旭辉公司到景洛公司的工作年限应当连续计算,对旭辉公司抗辩的蒋某另行与景洛公司建立了事实劳动关系,法庭不予支持。最高人民法院《关于审理劳动争议案件适用法律问题的解释(一)》第46条第2款规定,"用人单位符合下列情形之一的,应当认定属于'劳动者非因本人原因从原用人单位被安排到新用人单位工作'……(二)用人单位以组织委派或任命形式对劳动者进行工作调动……"蒋某是基于旭辉公司负责人的指派前往景洛公司进行指导、培训工作,旭辉公司负责人的意思体现公司的意志,代表公司对蒋某进行工作安排，显然不是蒋某本人的原因，在计算蒋某的工作年限时，应当将景洛公司的工作年限计算在内。

·知识拓展·

《劳动法》

第十九条　劳动合同应当以书面形式订立，并具备以下条款：

（一）劳动合同期限；

（二）工作内容；

（三）劳动保护和劳动条件；

（四）劳动报酬；

（五）劳动纪律；

（六）劳动合同终止的条件；

（七）违反劳动合同的责任。

劳动合同除前款规定的必备条款外，当事人可以协商约定其他内容。

《劳动合同法》

第一条　为了完善劳动合同制度，明确劳动合同双方当事人的权利和义务，保护劳动者的合法权益，构建和发展和谐稳定的劳动关系，制定本法。

第四条　用人单位应当依法建立和完善劳动规章制度，保障劳动者享有劳动权利、履行劳动义务。

用人单位在制定、修改或者决定有关劳动报酬、工作时间、休息休假、劳动安全卫生、保险福利、职工培训、劳动纪律以及劳动定额管理等直接涉及劳动者切身利益的规章制度或者重大事项时，应当经职工代表大会或者全体职工讨论，提出方案和意见，与工会或者职工代表平等协商确定。

在规章制度和重大事项决定实施过程中，工会或者职工认为不适当的，有权向用人单位提出，通过协商予以修改完善。

用人单位应当将直接涉及劳动者切身利益的规章制度和重大事项决定公示，或者告知劳动者。

第三十三条　用人单位变更名称、法定代表人、主要负责人或者投资人等事项，不影响劳动合同的履行。

第三十四条　用人单位发生合并或者分立等情况，原劳动合同继续有效，劳动合同由承继其权利和义务的用人单位继续履行。

第三十五条　用人单位与劳动者协商一致，可以变更劳动合同约定的内容。变更劳动合同，应当采用书面形式。

变更后的劳动合同文本由用人单位和劳动者各执一份。

第八十二条　用人单位自用工之日起超过一个月不满一年未与劳动者订立书面劳动合同的，应当向劳动者每月支付二倍的工资。

用人单位违反本法规定不与劳动者订立无固定期限劳动合同的，自应当订立无固定期限劳动合同之日起向劳动者每月支付二倍的工资。

《劳动合同法实施条例》

第六条　用人单位自用工之日起超过一个月不满一年未与劳动者订立书面劳动合同的，应当依照劳动合同法第八十二条的规定向劳动者每月支付两倍的工资，并与劳动者补订书面劳动合同；劳动者不与用人单位订立书面劳动合同的，用人单位应当书面通知劳动者终止劳动关系，并依照劳动合同法第四十七条的规定支付经济补偿。

前款规定的用人单位向劳动者每月支付两倍工资的起算时间为用工之日起满一个月的次日，截止时间为补订书面劳动合同的前一日。

最高人民法院《关于审理劳动争议案件适用法律问题的解释(一)》

第四十六条　劳动者非因本人原因从原用人单位被安排到新用人单位工作,原用人单位未支付经济补偿,劳动者依据劳动合同法第三十八条规定与新用人单位解除劳动合同,或者新用人单位向劳动者提出解除、终止劳动合同,在计算支付经济补偿或赔偿金的工作年限时,劳动者请求把在原用人单位的工作年限合并计算为新用人单位工作年限的,人民法院应予支持。

用人单位符合下列情形之一的,应当认定属于"劳动者非因本人原因从原用人单位被安排到新用人单位工作":

(一)劳动者仍在原工作场所、工作岗位工作,劳动合同主体由原用人单位变更为新用人单位;

(二)用人单位以组织委派或任命形式对劳动者进行工作调动;

(三)因用人单位合并、分立等原因导致劳动者工作调动;

(四)用人单位及其关联企业与劳动者轮流订立劳动合同;

(五)其他合理情形。

·风险提示·

用人单位: 社会不断进步,用人单位为了适应发展进行转型、合并、分立,在职人员的去留安排,就是用工管理的重点领域,很多用人单位为了降低用工成本,利用关联企业交叉用人、轮换用工,通过混同用工,随意变更劳动合同,通常不具有合法性,一旦发生纠纷被判定为违法,将会给企业带来更大的赔偿责任或继续用工责任。因此,用人单位存在与关联企业混同用工的情形时,切忌抱有侥幸心理,需要规范用工。其一,应当与劳动者签订书面劳动合同,固定工作岗位、工作内容、工作期限和双方的权利义务,避免用人单位一旦涉诉举证困难,从而导致双倍工资、视为无固定期限劳动合同的订立的风险;其二,未订立劳动合同时，需要根据关联企业的用工情形与劳动者签订书面劳动合同，确定用工主体，以便对其进行考勤管理、工资发放、缴纳社保。尤其对工作地点、工作内容的安排要按劳动合同的约定履行。本案中，蒋某的诉请之所以能被支持，是因为旭辉公司应当对蒋某解除劳动合同的合法性负有举证责任，在证据不能达到所要证明的标准时，应承担举证不足的不利后果。旭辉公司承担未签订劳动合同的双倍工资，是因为旭辉公司在劳动合同到期后，继续由蒋某为其提供劳动的情况下，未及时补签订立劳动合同。旭辉公司主张蒋某与景洛公司建立劳动关系被否定，是因为蒋某在与旭辉公司存在劳动关系期间，受旭辉公司负责人的指派到景洛公司提供劳动，并且接受用工的景洛公司是旭辉公司全资投资的公司，存在人员、财务、业务上的混同，蒋某实质上还是接受旭辉公司的指派，接受旭辉公司的劳动管理，景洛公司只是作为旭辉公司的关联公司，接受旭辉公司委派技术人员的技术指导；以及从工资的支付主体及支付金额来看，景洛公司并没有与蒋某建立劳动关系的意思表示，也没有对蒋某进行考勤等劳动管理，无法认定蒋某与景洛公司建立劳动关系，蒋某的人身依附性、经济从属性还是从属于旭辉公司。违法解除劳动合同赔偿金的支付，是因为旭辉公司指派蒋某去广州履行劳动合同的行为被依法认定为违反了《劳动合同法》第35条、第38条的规定，这属于与劳动者变更劳动合同的内容，且在未与劳动者协商一致的情形下，就禁止了蒋某的办公权限，拒绝向劳动者提供劳动条件，解除与蒋某的劳动关系，这种行为被确认违法。

劳动者：我们一定要学会识别交叉用工、轮换用工的行为，用人单位通常利用割裂连续的劳动合同，即本可以连续签订两次固定期限的劳动合同，通过与关联企业轮换签订，将劳动者的连续用工主体轮换，均变成首次签订劳动合同，从而逃避劳动相关法规规定的两次续签后可以订立无固定期限劳动合同的现实。在解除与劳动者的劳动合同时，通过这样的规避方式，防止劳动年限的连续计算，降低用人单位的经济补偿成本。作为劳动者，在面对用人单位的类似操作时通常很被动。用人单位会利用企业的自主管理权,通过规章制度来实现对劳动者的管理,同时利用规章制度,让规章制度成为其违法解除劳动合同的避风港,实际上此举已经侵犯了劳动者的合法权益。对此,劳动者应当如何应对?第一,积极向用人单位主张劳动合同的签订、续签,当劳动合同到期后应当及时提出续签主张。第二,若用人单位提出让劳动者与关联企业签订劳动合同时,应当明确非因劳动者本人的原因从原用人单位被安排至新的用人单位工作,原用人单位未依法支付经济补偿金。这样无论是劳动者依法提出解除劳动合同,还是新用人单位合法、违法解除劳动合同,只要新的用人单位需要依法支付经济补偿金或赔偿金,在计算经济补偿金或赔偿金工作年限时,都应当把劳动者在原用人单位工作的年限合并计算为新用人单位的工作年限,以确定经济补偿金或赔偿金的具体数额。第三,劳动者要学会识别劳动者非因本人原因从原单位被安排到新的用人单位的情形。情形一,劳动者还在原岗位、原工作场所,用人主体由原用人单位变为新用人单位。情形二,原用人单位以指派、任命形式对劳动者工作进行调动,体现的是单位的意志,并非劳动者本人原因。情形三,用人单位发生分立、合并,就会涉及分立、合并前后用人主体的变化,显然也非劳动者本人的原因。情形四,关联企业间轮流签订劳动合同。什么是关联企业?依据国务院制定的《税收征收管理法实施细则》的标准进行认定,具有下列关系之一的公司、企业和其他经济组织:一方从资金、经营等方面直接或间接拥有、控制另一方;或直接间接地同为第三方所控制或拥有;或在利益上具有其他关联关系。关联企业间表面上为不同的法律主体,往往存在高管、股东人员的交叉、财务或业务上的混同,为规避法律风险,往往使劳动者在关联企业间轮流签订劳动合同,并非劳动者的原因。基于以上情形,劳动者原用人单位的工作年限与新用人单位的工作年限应当合并计算。

Chapter five

第五章

社会保险

30 因工作原因受到事故伤害应当认定为工伤

适用法条

——《工伤保险条例》第十四条

案情回顾

2016 年 4 月 2 日，李某入职某建筑公司，担任会计一职，月工资 6400 元，劳动合同期限为 2 年，连续签订了两次劳动合同。2021 年 8 月 4 日，在午休期间，某建筑公司的文件柜坠落，导致李某左胳膊受伤，共计住院治疗 24 天。出院石膏保护，医嘱定期门诊复查，并进行功能训练，治疗建议休息 3 个月，共花费医疗费 20,430.23 元。李某与某建筑公司因受伤之事请求赔偿协商未果。2021 年 9 月 23 日，李某向当地人力资源和社会保障局申请工伤认定。2021 年 11 月 14 日，区人力资源和社会保障局认为李某受到的事故伤害属于工伤认定的范围，予以认定为工伤，并出具《工伤认定书》。2021 年 12 月 24 日，当地劳动能力鉴定委员会出具《劳动能力鉴定结论通知书》，确认李某达到职工工伤与职业病致残等级标准十级。某建筑公司不服，在法定期限内申请行政复议，主管部门出具《行政复议决定书》，维持工伤认定结果。某建筑公司以区人力资源和社会保障局和上级主管部门为被告提起了行政诉讼，请求依法撤销《工伤认定书》《行政复议决定书》并责令区人力资源和社会保障局重新作出处理。人民法院依法维持《工伤认定书》《行政复议决定书》的一审判决，驳回某建筑公司的诉讼请求。

·法理分析·

本案的主要争议焦点为李某所遭受的事故伤害是否为工伤，区人力资源和社会保障局作出的《工伤认定书》及复议机构作出的《行政复议决定书》是否应当依法被撤销。

经审理查明，某建筑公司在2016年4月2日与李某签订2年的劳动合同，期满之后又续签了一次。2020年4月1日，第二次劳动合同到期后，双方再未签订劳动合同，李某继续在原岗位工作，某建筑公司继续为其发放6400元薪资。截至2021年8月4日李某受伤之日，某建筑公司并未依法给李某缴纳工伤保险。

某建筑公司主张，李某所受伤害并不属于《工伤保险条例》第14条、第15条规定的情形，李某是在工作时间之外，使用皮筋借助文件柜作拉伸活动，导致文件柜坠落砸伤李某，李某的伤害不在工作时间内，并且与工作原因无关，不符合工伤认定的“三工”因素，请求法院判决撤销《工伤认定书》《行政复议决定书》。

区人力资源和社会保障局辩称，首先，李某砸伤的地点属于工作场所。李某作为公司会计，不但办公室是其履行会计职责的区域，而且李某来往于银行等与会计工作相关的场所及其在途空间，均可以理解为工作场所。其次，李某所受伤害属于工作原因。工作原因从文义上理解应当是与工作有关联关系的、不局限于工作本身的、包括为完成工作所必须进行的行为。李某在上午连续工作4个小时后，中午午休是为下午继续工作进行的必要行为，没有超出与履行工作职责相关的其他个人行为范围。

李某称，自己受伤是因为公司的文件柜年久失修并且严重超重。公司已使用多年的文件柜，底角有大量锈迹，经多次搬迁，柜体松散，李某所处的办公环境不安全；再加上公司将大量文件叠加存放于柜子顶部，该文件柜早已超出使用寿命和承载重量，其并未在此文件柜上绑皮筋进行拉伸运动。关于工作时间，午休期间也是工作时间的必要延伸。李某称公司的夏季作息时间表规定中午休息1小时30分，根据李某所在城市的通勤时间，午休时李某根本无法回家吃饭休息，只能选择在办公室休息，短暂的休息是为了下午更好地工作，是为工作的原因。

李某提供了20组照片和5份视频证明其主张，照片和视频显示办公室所有柜体底角锈迹斑斑，文件柜顶部都叠放两层小文件柜及大量文件，柜体拉手部分并未绑着皮筋。其中砸向李某方向的文件柜底角生锈处折痕明显。

法院认为，根据《劳动法》《劳动合同法》的相关规定，劳动者有获得劳动安全保护的权利，用人单位应当提供劳动保护和劳动条件，劳动设施必须符合国家规定。《工伤保险条例》第14条第1款规定，职工在工作时间和工作场所内，因工作原因受到事故伤害的，应认定为工伤。第19条第2款规定，职工或其近亲属认为是工伤，用人单位不认为是工伤的，由用人单位承担举证责任。某建筑公司作为用人单位，负有其职工安全的保障义务。李某所在的办公室内，4个文件柜均年久腐锈，加之不断叠加堆放，远远超出承载重量，致李某的工作处于不安全的环境之中，最终导致李某受到伤害。关于李某所受伤害的时间为午休时间，为继续完成下午的工作而进行必要的准备，属于必要的工休时间，有为单位利益的意思。因此，李某在工作时间、工作岗位、履行工作职责的过程中受到的伤害，符合享受工伤保险待遇的标准，对区人力资源和社会保障局作出的《工伤认定书》，及复议机构作出的《行政复议决定书》依法予以维持，并判决驳回某建筑公司的全部诉讼请求。

·知识拓展·

《劳动法》

第三条　劳动者享有平等就业和选择职业的权利、取得劳动报酬的权利、休息休假的权利、获得劳动安全卫生保护的权利、接受职业技能培训的权利、享受社会保险和福利的权利、提请劳动争议处理的权利以及法律规定的其他劳动权利。

劳动者应当完成劳动任务，提高职业技能，执行劳动安全卫生规程，遵守劳动纪律和职业道德。

第四条　用人单位应当依法建立和完善规章制度，保障劳动者享有劳动权利和履行劳动义务。

第十九条　劳动合同应当以书面形式订立，并具备以下条款：

（一）劳动合同期限；

（二）工作内容；

（三）劳动保护和劳动条件；

（四）劳动报酬；

（五）劳动纪律；

（六）劳动合同终止的条件；

（七）违反劳动合同的责任。

劳动合同除前款规定的必备条款外，当事人可以协商约定其他内容。

第七十条　国家发展社会保险事业，建立社会保险制度，设立社会保险基金，使劳动者在年老、患病、工伤、失业、生育等情况下获得帮助和补偿。

第七十三条　劳动者在下列情形下，依法享受社会保险待遇：

（一）退休；

（二）患病、负伤；

（三）因工伤残或者患职业病；

（四）失业；

（五）生育。

劳动者死亡后，其遗属依法享受遗属津贴。

劳动者享受社会保险待遇的条件和标准由法律、法规规定。

劳动者享受的社会保险金必须按时足额支付。

《劳动合同法》

第十四条 无固定期限劳动合同，是指用人单位与劳动者约定无确定终止时间的劳动合同。

用人单位与劳动者协商一致，可以订立无固定期限劳动合同。有下列情形之一，劳动者提出或者同意续订、订立劳动合同的，除劳动者提出订立固定期限劳动合同外，应当订立无固定期限劳动合同：

（一）劳动者在该用人单位连续工作满十年的；

（二）用人单位初次实行劳动合同制度或者国有企业改制重新订立劳动合同时，劳动者在该用人单位连续工作满十年且距法定退休年龄不足十年的；

（三）连续订立二次固定期限劳动合同，且劳动者没有本法第三十九条和第四十条第一项、第二项规定的情形，续订劳动合同的。

用人单位自用工之日起满一年不与劳动者订立书面劳动合同的，视为用人单位与劳动者已订立无固定期限劳动合同。

第十七条 劳动合同应当具备以下条款：

（一）用人单位的名称、住所和法定代表人或者主要负责人；

（二）劳动者的姓名、住址和居民身份证或者其他有效身份证件号码；

（三）劳动合同期限；

（四）工作内容和工作地点；

（五）工作时间和休息休假；

（六）劳动报酬；

（七）社会保险；

（八）劳动保护、劳动条件和职业危害防护；

（九）法律、法规规定应当纳入劳动合同的其他事项。

劳动合同除前款规定的必备条款外，用人单位与劳动者可以约定试用期、培训、保守秘密、补充保险和福利待遇等其他事项。

第三十八条　用人单位有下列情形之一的，劳动者可以解除劳动合同：

（一）未按照劳动合同约定提供劳动保护或者劳动条件的；

（二）未及时足额支付劳动报酬的；

（三）未依法为劳动者缴纳社会保险费的；

（四）用人单位的规章制度违反法律、法规的规定，损害劳动者权益的；

（五）因本法第二十六条第一款规定的情形致使劳动合同无效的；

（六）法律、行政法规规定劳动者可以解除劳动合同的其他情形。

用人单位以暴力、威胁或者非法限制人身自由的手段强迫劳动者劳动的，或者用人单位违章指挥、强令冒险作业危及劳动者人身安全的，劳动者可以立即解除劳动合同，不需事先告知用人单位。

第八十二条　用人单位自用工之日起超过一个月不满一年未与劳动者订立书面劳动合同的，应当向劳动者每月支付二倍的工资。

用人单位违反本法规定不与劳动者订立无固定期限劳动合同的，自应当订立无固定期限劳动合同之日起向劳动者每月支付二倍的工资。

《劳动合同法实施条例》

第六条　用人单位自用工之日起超过一个月不满一年未与劳动者订立书面劳动合同的，应当依照劳动合同法第八十二条的规定向劳动者每月支付两倍的工资，并与劳动者补订书面劳动合同；劳动者不与用人单位订立书面劳动合同的，用人单位应当书面通知劳动者终止劳动关系，并依照劳动合同法第四十七条的规定支付经济补偿。

前款规定的用人单位向劳动者每月支付两倍工资的起算时间为用工之日起满一个月的次日，截止时间为补订书面劳动合同的前一日。

第二十三条　用人单位依法终止工伤职工的劳动合同的，除依照劳动合同法第四十七条的规定支付经济补偿外，还应当依照国家有关工伤保险的规定支付一次性工伤医疗补助金和伤残就业补助金。

《工伤保险条例》

第四条　用人单位应当将参加工伤保险的有关情况在本单位内公示。

用人单位和职工应当遵守有关安全生产和职业病防治的法律法规，执行安全卫生规程和标准，预防工伤事故发生，避免和减少职业病危害。

职工发生工伤时，用人单位应当采取措施使工伤职工得到及时救治。

第十条　用人单位应当按时缴纳工伤保险费。职工个人不缴纳工伤保险费。

用人单位缴纳工伤保险费的数额为本单位职工工资总额乘以单位缴费费率之积。

对难以按照工资总额缴纳工伤保险费的行业，其缴纳工伤保险费的具体方式，由国务院社会保险行政部门规定。

第十四条　职工有下列情形之一的，应当认定为工伤：

（一）在工作时间和工作场所内，因工作原因受到事故伤害的；

（二）工作时间前后在工作场所内，从事与工作有关的预备性或者收尾性工作受到事故伤害的；

（三）在工作时间和工作场所内，因履行工作职责受到暴力等意外伤害的；

（四）患职业病的；

（五）因工外出期间，由于工作原因受到伤害或者发生事故下落不明的；

（六）在上下班途中，受到非本人主要责任的交通事故或者城市轨道交通、客运轮渡、火车事故伤害的；

（七）法律、行政法规规定应当认定为工伤的其他情形。

第二十一条　职工发生工伤，经治疗伤情相对稳定后存在残疾、影响劳动能力的，应当进行劳动能力鉴定。

第二十三条　劳动能力鉴定由用人单位、工伤职工或者其近亲属向设区的市级劳动能力鉴定委员会提出申请，并提供工伤认定决定和职工工伤医疗的有关资料。

第三十七条　职工因工致残被鉴定为七级至十级伤残的，享受以下待遇：

（一）从工伤保险基金按伤残等级支付一次性伤残补助金，标准为：七级伤残为13个月的本人工资，八级伤残为11个月的本人工资，九级伤残为9个月的本人工资，十级伤残为7个月的本人工资；

（二）劳动、聘用合同期满终止，或者职工本人提出解除劳动、聘用合同的，由工伤保险基金支付一次性工伤医疗补助金，由用人单位支付一次性伤残就业补助金。一次性工伤医疗补助金和一次性伤残就业补助金的具体标准由省、自治区、直辖市人民政府规定。

第六十二条　用人单位依照本条例规定应当参加工伤保险而未参加的，由社会保险行政部门责令限期参加，补缴应当缴纳的工伤保险费，并自欠缴之日起，按日加收万分之五的滞纳金；逾期仍不缴纳的，处欠缴数额1倍以上3倍以下的罚款。

依照本条例规定应当参加工伤保险而未参加工伤保险的用人单位职工发生工伤的，由该用人单位按照本条例规定的工伤保险待遇项目和标准支付费用。

用人单位参加工伤保险并补缴应当缴纳的工伤保险费、滞纳金后，由工伤保险基金和用人单位依照本条例的规定支付新发生的费用。

最高人民法院《关于审理工伤保险行政案件若干问题的规定》

第四条　社会保险行政部门认定下列情形为工伤的，人民法院应予支持：

（一）职工在工作时间和工作场所内受到伤害，用人单位或者社会保险行政部门没有证据证明是非工作原因导致的；

(二)职工参加用人单位组织或者受用人单位指派参加其他单位组织的活动受到伤害的;

(三)在工作时间内,职工来往于多个与其工作职责相关的工作场所之间的合理区域因工受到伤害的;

(四)其他与履行工作职责相关,在工作时间及合理区域内受到伤害的。

最高人民法院《关于审理劳动争议案件适用法律问题的解释(一)》

第三十四条　劳动合同期满后,劳动者仍在原用人单位工作,原用人单位未表示异议的,视为双方同意以原条件继续履行劳动合同。一方提出终止劳动关系的,人民法院应予支持。

根据劳动合同法第十四条规定,用人单位应当与劳动者签订无固定期限劳动合同而未签订的,人民法院可以视为双方之间存在无固定期限劳动合同关系,并以原劳动合同确定双方的权利义务关系。

·风险提示·

用人单位: 本节讲述的都是关于工伤的内容,本案例就是最常见的工伤,劳动者在工作时间、工作场所、因工作原因所受到的伤害。后面的案例会逐渐深入讲述应当认定为工伤的情形、视同工伤的情形,以及最高人民法院司法解释中认定为工伤的四种情形。

借本案例主要建议用人单位注意以下几点:

第一,作为用人单位,要保障劳动者办公条件和环境的安全。本案中,李某所在的办公室,文件柜生锈无法承重和支撑,大量文件超出载重叠加堆放,发生倾倒、坠落的可能性极大,使置身于此室内的办公人员处于不特定的风险之中,最终导致李某受伤,某建筑公司作为用人单位没有尽到安全保障义务。在劳动者受到事故伤害时，应当第一时间履行救助义务。

第二，用人单位在劳动者发生工伤时“三工”要素的分析认定。（1）工作时间。本案中，某建筑公司规定，上下班时间为8～12时，13时30分～17时30分（夏季），中午休息1小时30分。《工伤保险条例》并没有对工作时间作硬性的具体规定，其中第14条第2项规定，工作时间前后在工作场所内，从事与工作有关的预备性或者收尾性工作受到事故伤害的，应当认定为工伤。本条对工作时间作了延伸规定，将工作时间前后在工作场所内，从事与工作有关的预备性或收尾性工作的时间都视为工作时间。《劳动法》第36条规定，国家实行劳动者每日工作时间不超8小时、平均每周工作时间不超过44小时的工时制度。李某每天工作8小时，中午休息的1小时30分工休时间，有为连续工作8小时而进行的必要进食和短暂休息的辅助性行为，依法应当将李某午休时间认定为工作时间。（2）工作原因。根据最高人民法院《关于审理工伤保险行政案件若干问题的规定》第4条第1项的规定，职工在工作时间和工作场所内受到伤害，用人单位或者社会保险行政部门没有证据证明是非工作原因导致的，社会保险行政部门认定为工伤的，人民法院予以支持。工作原因不能局限于字面意思，不仅包括本人的本职工作，还包括指派的其他工作；不仅包括工作时间之内的工作，还包括与工作相关的预备性、收尾性工作；不仅包括与工作相关的工作，还包括为工作所进行的必要进食、如厕、短暂休息等生理需求所衍生的事务。李某为了下午继续工作所进行的必要的身体休息，有为用人单位利益，为工作的原因。（3）工作地点。李某工作地点相对固定，很好判断，但是对于一些工作场所不固定的劳动者，在判断工作场所这一要素时，必须结合工作原因这一核心要素，将工作场所理解为履行工作职责相关的区域以及合理的、自然延伸的区域。用人单位在劳动者发生事故伤害时，判断是否构成工伤须紧紧抓住“工作时间”“工作地点”“工作原因”这“三工”要素进行判断。基于现在工作的多样性，新型用工的劳动者不一定有固定的工作场所提供劳动。比如外卖员、快递员、送水工等，他们的工作场所就是不固定的、流动的。现实情形复杂多变,法律法规没有统一明确各种情形的适用标准,用人单位在劳动者受到事故伤害时,如何判断是否构成工伤,在“三工”要素里,“工作原因”是判断工伤的核心要素,判断劳动者受到的伤害是否有为用人单位的利益所遭受。

第三,用人单位作为工伤保险缴纳义务主体,及时为劳动者缴纳社会保险,能有效分散用人单位的工伤保险责任,减轻赔偿负担。工伤保险部门在进行工伤认定时,不能无原则打破劳资双方的基本平衡,还要适当保护用人单位的利益。根据最高人民法院《关于审理工伤保险行政案件若干问题的规定》第 4 条第 1 项的规定,职工在工作时间和工作场所内受到伤害,用人单位或者社会保险行政部门没有证据证明是非工作原因导致的,社会保险行政部门认定为工伤的,人民法院予以支持。可以看出,在劳动法领域,劳动者的利益优先保护是原则,工伤认定时还是对劳动者一方的利益进行倾斜保护。《工伤保险条例》第 62 条第 1 款、第 2 款规定,“用人单位依照本条例规定应当参加工伤保险而未参加的,由社会保险行政部门责令限期参加,补缴应当缴纳的工伤保险费,并自欠缴之日起,按日加收万分之五的滞纳金;逾期仍不缴纳的,处欠缴数额 1 倍以上 3 倍以下的罚款。依照本条例规定应当参加工伤保险而未参加工伤保险的用人单位职工发生工伤的,由该用人单位按照本条例规定的工伤保险待遇项目和标准支付费用”。因此,用人单位切不可持侥幸心理,逃避劳动者社会保险的缴纳义务,最终可能要承担更多的工伤保险责任。

劳动者: 作为劳动者,要想保障自身在工作过程中受到事故伤害时的工伤待遇,应当注意以下几点:

首先,要固定与用人单位的劳动合同关系或事实用工关系。合法有效的劳动关系是保障劳动者享受工伤待遇的前提条件。劳动者在提供事实劳动时应当注重保留劳动关系存在的证据。劳动和社会保障部《关于确立劳动关系有关事项的通知》第 2 条规定,用人单位未与劳动者签订劳动合同,认定双方存在劳动关系时可参照下列凭证:(1)工资支付凭证或记录(职工工资发放花名册)、缴纳各项社会保险费的记录;(2)用人单位向劳动者发放的“工作证”“服务证”等能够证明身份的证件;(3)劳动者填写的用人单位招工招聘“登记表”“报名表”等招用记录;(4)考勤记录;(5)其他劳动者的证言等。其中,(1)(3)(4)项的有关凭证由用人单位负举证责任。另外,《社会保险法》第60条规定,用人单位应当自行申报、按时足额缴纳社会保险费,非因不可抗力等法定事由不得缓缴、减免。职工应当缴纳的社会保险费由用人单位代扣代缴,用人单位应当按月将缴纳社会保险费的明细情况告知本人。职工应当参加工伤保险,由用人单位缴纳工伤保险费,职工不缴纳工伤保险费。劳动者有权了解用人单位的社会保险缴纳情况,对未依法缴纳社会保险的用人单位有权向当地社保中心申请对其进行稽核,责令其补缴并缴纳滞纳金。

其次,劳动者受到事故伤害时,第一时间向用人单位进行报告,确定事故发生的时间、地点、原因,同时申请有关部门介入,出具相关认定文件。比如,劳动者在下班回家途中受到意外交通事故的伤害,交管部门制作的《道路交通事故责任认定书》会详细记载事故发生的时间、地点、事故双方的责任划分等,对日后申请工伤认定有非常重要的作用。

再次,进行劳动能力鉴定。在劳动者发生工伤事故后,用人单位未按规定提出工伤认定申请的,工伤职工或近亲属、工会组织在事故发生或被诊断、鉴定为职业病之日起一年内,直接向用人单位所在地社会保险行政部门提出工伤认定申请。但是根据《社会保险法》第37条规定,职工因下列情形之一导致本人在工作中伤亡的,不认定为工伤:(1)故意犯罪;(2)醉酒或者吸毒;(3)自残或者自杀;(4)法律、行政法规规定的其他情形。劳动者发生工伤后,经治疗伤情相对稳定后存在残疾、影响劳动能力的,应当向用人单位所在地设区的市级劳动能力鉴定委员会提出申请,进行劳动能力鉴定。《社会保险法》第43条规定,工伤职工有下列情形之一的,停止享受工伤保险待遇:(1)丧失享受待遇条件的;(2)拒不接受劳动能力鉴定的;(3)拒绝治疗的。

最后,根据劳动者的工伤认定决定(认定为工伤的)及劳动功能障碍等级和生活自理障碍等级确定工伤职工的待遇项目和标准。《社会保险法》第38条规定,因工伤发生的下列费用,按照国家规定从工伤保险基金中支付:(1)治疗工伤的医疗费用和康复费用;(2)住院伙食补助费;(3)到统筹地区以外就医的交通食宿费;(4)安装配置伤残辅助器具所需费用;(5)生活不能自理的,经劳动能力鉴定委员会确认的生活护理费;(6)一次性伤残补助金和一至四级伤残职工按月领取的伤残津贴;(7)终止或者解除劳动合同时,应当享受的一次性医疗补助金;(8)因工死亡的,其遗属领取的丧葬补助金、供养亲属抚恤金和因工死亡补助金;(9)劳动能力鉴定费。

31 在工作时间内因履行工作职责受到伤害应当认定为工伤

适用法条

——《工伤保险条例》第十四条

案情回顾

2019年1月14日，胡某入职某生物酶科技公司（以下简称生物酶公司），劳动合同期限为3年，实习期间为3个月，实习期间月工资为1800元，正式录用后月基本工资为3600元，另加福利、提成。2019年3月8日，胡某在下班回家途中，被大型泵车卷入车身，当即入院治疗，造成左下肢毁损伤、右胫腓骨多段开放性粉碎性骨折、右足多发性开放性粉碎性骨折等外伤，其间共住院157天，先后进行12次手术治疗，2019年10月25日治疗结束。2019年3月8日，交通部门出具《道路交通事故责任认定书》，认定胡某无责任，机动车一方100%责任。2019年12月23日，胡某从机动车一方获得保险赔偿金后，又向公司主张工伤赔偿被拒。2019年12月25日，胡某向当地社会保险行政部门提出工伤认定申请。2020年2月12日，当地社会保险行政部门依法出具《工伤认定决定书》，认定胡某所受之伤属于工伤。胡某入职后尚在实习期，公司未依法给胡某缴纳社会保险。

生物酶公司不服，向法院提起行政诉讼，请求撤销当地社会保险行政部门出具的《工伤认定决定书》。一审人民法院驳回生物酶公司的诉讼请求。生物酶公司不服向二审人民法院上诉，二审驳回上诉请求，维持一审判决。

·法理分析·

本案的争议焦点为胡某在下班回家的途中所受到的事故伤害是否属于工伤。

生物酶公司诉称，其一，胡某发生事故当天所骑行的路线并非通常回家的必经路线，不属于《工伤保险条例》第14条第6项规定的“上下班途中”，回家的时间也明显超出正常下班所需时间。其二，2019年3月8日下午，公司组织庆祝“三八”妇女节活动，胡某在活动现场饮酒，酒后在道路上骑自行车发生交通事故，不得依据《工伤保险条例》第14条、第15条的规定认定为工伤，依法属于《工伤保险条例》第16条第2项规定的“醉酒”情形，不得认定为工伤。

当地社会保险行政部门辩称，胡某居住在公司的东边，胡某母亲居住在公司的西北边，胡某居住地与其母亲居住地相距将近5公里。2019年3月8日19时30分，公司酒会结束。胡某之所以比平时回家晚近2个小时，是因为胡某骑自行车往家走的过程中接到母亲电话，称自己血压过高，希望胡某前来看望，胡某当即掉头向母亲所住方向骑行。20时25分左右发生交通事故时，胡某所骑行的时间、路线，属于最高人民法院《关于审理工伤保险行政案件若干问题的规定》第6条规定的“在合理时间内”“往返于上下班途中”的合理、必要的路线。对于胡某是否属于《工伤保险条例》第16条第2项规定的“醉酒”，交通部门出具的事故认定书中并没有关于胡某“醉酒”的记载。因此，对于生物酶公司的诉讼请求应当予以驳回，维持工伤认定决定。

胡某称，2019年3月8日，公司组织庆祝妇女节的活动，虽并非以工作为直接内容，但是为激发职工的凝聚力，增加职工的工作积极性，目标是公司的整体利益。因此，胡某当晚下班时间晚于平时属于合理的“上下班途中”。胡某当晚的骑行路线属于合理路线。子女对父母的探望，属于中华民族的传统美德，国家鼓励敬老爱老，在其母因病电话求助时，胡某更应当前往，因此来往于其母住所地也属于"上下班途中"的合理路线。

本案争议焦点为，胡某发生事故时是否属于"合理的上下班时间"，是否属于"合理的上下班路线"。

一审法院关于"上下班途中"的认定，应当综合考虑"上下班合理时间""上下班合理路线"等相关因素，判断结果应当符合《工伤保险条例》的立法精神。根据法庭查明的情况，胡某平时上下班一般需要半小时左右。2019 年 3 月 8 日事故发生当天，因为公司举办妇女节活动，结束时已 19 时 30 分。因为胡某视力不好，所以相比平时骑行慢一点，快到家时接到母亲电话掉头前往母亲住所，所以发生事故时时间是 20 时 25 分左右。法庭查明，胡母的住所是当时公职人员的分配房，入住已近 30 年，位于胡某工作单位的西北方。交通部门出具的《交通事故责任认定书》中认定胡某无责任。胡某提供的事故发生后在某高新医院的入院记录显示，其在 2019 年 3 月 8 日 21 时 30 分因交通事故受伤收住入院，检验报告单显示标本全血，申请时间为 2019 年 3 月 8 日 22 时 10 分，报告时间为 2019 年 3 月 9 日 2 时 55 分，检测结果显示血中乙醇浓度小于 5mg/100mL。生物酶公司未提供证据。另查明，生物酶公司也未依法为胡某缴纳社会保险。

综上，胡某与生物酶公司在劳动关系存续期间，下班途中发生交通事故，根据《工伤保险条例》第 14 条第 6 项的规定：职工在上下班途中，受到非本人主要责任的交通事故或者城市轨道交通、客运轮渡、火车事故伤害的，应当认定为工伤。根据现有证据及朴素人的通常认识，可以得出胡某发生事故时的地点距其母亲家不到 500 米，全程含折返时间接近其离开公司的时间，属于最高人民法院《关于审理工伤保险行政案件若干问题的规定》第 6 条第 1 项、第 2 项规定的在合理时间内往返于工作地与住所地、经常居住地以及父母、子女居住地的合理路线的上下班途中，属于行政法规规定的下班途中的"合理时间""合理路线"，在生物酶公司没有证据证明并非工伤的情形下，区社会保险行政部门依法作出的

《工伤认定决定书》结论事实清楚，证据确实、充分，适用法律正确，依法予以维持。二审法院同意一审裁判观点。

·知识拓展·

最高人民法院《关于审理工伤保险行政案件若干问题的规定》

第一条　人民法院审理工伤认定行政案件，在认定是否存在《工伤保险条例》第十四条第（六）项“本人主要责任”、第十六条第（二）项“醉酒或者吸毒”和第十六条第（三）项“自残或者自杀”等情形时，应当以有权机构出具的事故责任认定书、结论性意见和人民法院生效裁判等法律文书为依据，但有相反证据足以推翻事故责任认定书和结论性意见的除外。

前述法律文书不存在或者内容不明确，社会保险行政部门就前款事实作出认定的，人民法院应当结合其提供的相关证据依法进行审查。

《工伤保险条例》第十六条第（一）项“故意犯罪”的认定，应当以刑事侦查机关、检察机关和审判机关的生效法律文书或者结论性意见为依据。

第四条　社会保险行政部门认定下列情形为工伤的，人民法院应予支持：

（一）职工在工作时间和工作场所内受到伤害，用人单位或者社会保险行政部门没有证据证明是非工作原因导致的；

（二）职工参加用人单位组织或者受用人单位指派参加其他单位组织的活动受到伤害的；

（三）在工作时间内，职工来往于多个与其工作职责相关的工作场所之间的合理区域因工受到伤害的；

（四）其他与履行工作职责相关，在工作时间及合理区域内受到伤害的。

第六条　对社会保险行政部门认定下列情形为“上下班途中”的，人民法院应予支持：

（一）在合理时间内往返于工作地与住所地、经常居住地、单位宿舍的合理路线的上下班途中；

（二）在合理时间内往返于工作地与配偶、父母、子女居住地的合理路线的上下班途中；

（三）从事属于日常工作生活所需要的活动，且在合理时间和合理路线的上下班途中；

（四）在合理时间内其他合理路线的上下班途中。

第八条　职工因第三人的原因受到伤害，社会保险行政部门以职工或者其近亲属已经对第三人提起民事诉讼或者获得民事赔偿为由，作出不予受理工伤认定申请或者不予认定工伤决定的，人民法院不予支持。

职工因第三人的原因受到伤害，社会保险行政部门已经作出工伤认定，职工或者其近亲属未对第三人提起民事诉讼或者尚未获得民事赔偿，起诉要求社会保险经办机构支付工伤保险待遇的，人民法院应予支持。

职工因第三人的原因导致工伤，社会保险经办机构以职工或者其近亲属已经对第三人提起民事诉讼为由，拒绝支付工伤保险待遇的，人民法院不予支持，但第三人已经支付的医疗费用除外。

《工伤保险条例》

第四条　用人单位应当将参加工伤保险的有关情况在本单位内公示。

用人单位和职工应当遵守有关安全生产和职业病防治的法律法规，执行安全卫生规程和标准，预防工伤事故发生，避免和减少职业病危害。

职工发生工伤时，用人单位应当采取措施使工伤职工得到及时救治。

第十条　用人单位应当按时缴纳工伤保险费。职工个人不缴纳工伤保险费。

用人单位缴纳工伤保险费的数额为本单位职工工资总额乘以单位缴费费率

之积。

对难以按照工资总额缴纳工伤保险费的行业，其缴纳工伤保险费的具体方式，由国务院社会保险行政部门规定。

第十四条　职工有下列情形之一的，应当认定为工伤：

（一）在工作时间和工作场所内，因工作原因受到事故伤害的；

（二）工作时间前后在工作场所内，从事与工作有关的预备性或者收尾性工作受到事故伤害的；

（三）在工作时间和工作场所内，因履行工作职责受到暴力等意外伤害的；

（四）患职业病的；

（五）因工外出期间，由于工作原因受到伤害或者发生事故下落不明的；

（六）在上下班途中，受到非本人主要责任的交通事故或者城市轨道交通、客运轮渡、火车事故伤害的；

（七）法律、行政法规规定应当认定为工伤的其他情形。

第十五条　职工有下列情形之一的，视同工伤：

（一）在工作时间和工作岗位，突发疾病死亡或者在48小时之内经抢救无效死亡的；

（二）在抢险救灾等维护国家利益、公共利益活动中受到伤害的；

（三）职工原在军队服役，因战、因公负伤致残，已取得革命伤残军人证，到用人单位后旧伤复发的。

职工有前款第（一）项、第（二）项情形的，按照本条例的有关规定享受工伤保险待遇；职工有前款第（三）项情形的，按照本条例的有关规定享受除一次性伤残补助金以外的工伤保险待遇。

第十七条　职工发生事故伤害或者按照职业病防治法规定被诊断、鉴定为职业病，所在单位应当自事故伤害发生之日或者被诊断、鉴定为职业病之日起30日内，向统筹地区社会保险行政部门提出工伤认定申请。遇有特殊情况，经报社会保险行政部门同意，申请时限可以适当延长。

用人单位未按前款规定提出工伤认定申请的，工伤职工或者其近亲属、工会组织在事故伤害发生之日或者被诊断、鉴定为职业病之日起 1 年内，可以直接向用人单位所在地统筹地区社会保险行政部门提出工伤认定申请。按照本条第一款规定应当由省级社会保险行政部门进行工伤认定的事项，根据属地原则由用人单位所在地的设区的市级社会保险行政部门办理。

用人单位未在本条第一款规定的时限内提交工伤认定申请，在此期间发生符合本条例规定的工伤待遇等有关费用由该用人单位负担。

第十八条　提出工伤认定申请应当提交下列材料：

（一）工伤认定申请表；

（二）与用人单位存在劳动关系（包括事实劳动关系）的证明材料；

（三）医疗诊断证明或者职业病诊断证明书（或者职业病诊断鉴定书）。

工伤认定申请表应当包括事故发生的时间、地点、原因以及职工伤害程度等基本情况。

工伤认定申请人提供材料不完整的，社会保险行政部门应当一次性书面告知工伤认定申请人需要补正的全部材料。申请人按照书面告知要求补正材料后，社会保险行政部门应当受理。

第十九条　社会保险行政部门受理工伤认定申请后，根据审核需要可以对事故伤害进行调查核实，用人单位、职工、工会组织、医疗机构以及有关部门应当予以协助。职业病诊断和诊断争议的鉴定，依照职业病防治法的有关规定执行。对依法取得职业病诊断证明书或者职业病诊断鉴定书的，社会保险行政部门不再进行调查核实。

职工或者其近亲属认为是工伤，用人单位不认为是工伤的，由用人单位承担举证责任。

第二十条　社会保险行政部门应当自受理工伤认定申请之日起60 日内作

出工伤认定的决定,并书面通知申请工伤认定的职工或者其近亲属和该职工所在单位。

社会保险行政部门对受理的事实清楚、权利义务明确的工伤认定申请,应当在 15 日内作出工伤认定的决定。

作出工伤认定决定需要以司法机关或者有关行政主管部门的结论为依据的,在司法机关或者有关行政主管部门尚未作出结论期间,作出工伤认定决定的时限中止。

社会保险行政部门工作人员与工伤认定申请人有利害关系的,应当回避。

人力资源和社会保障部《关于执行〈工伤保险条例〉若干问题的意见(二)》

六、职工以上下班为目的、在合理时间内往返于工作单位和居住地之间的合理路线,视为上下班途中。

人力资源和社会保障部《关于执行〈工伤保险条例〉若干问题的意见》

二、《条例》第十四条第(六)项规定的"非本人主要责任"的认定,应当以有关机关出具的法律文书或者人民法院的生效裁决为依据。

四、《条例》第十六条第(二)项"醉酒或者吸毒"的认定,应当以有关机关出具的法律文书或者人民法院的生效裁决为依据。无法获得上述证据的,可以结合相关证据认定。

·风险提示·

用人单位: 职工在上下班途中遭到机动车事故伤害的案例,在实践中大量存在。本案争议焦点为胡某在道路上所遭受的机动车事故损害是否为工伤。

作为用人单位,当然不希望职工遭受意外伤害,当职工遭受意外伤害时,应当第一时间采取措施，保障受伤职工得到及时救治，同时在交通警察等的配合下，及时固定证据，确定事故发生的时间、地点、事故各方的责任，以及是否存在饮酒、吸毒、故意犯罪等不得认定为工伤的情形。

结合本案，胡某所受的伤害能否认定为工伤，关键看以下四点：第一，双方是否建立劳动关系。根据《劳动合同法》第19条第4款的规定，试用期包含在劳动合同期限内。劳动合同仅约定试用期的，试用期不成立，该期限为劳动合同期限。2019年1月14日，胡某与公司签订了劳动合同，并当天入职。虽然胡某还处于实习期，但不影响双方建立的劳动关系。第二，事故是否发生在合理的上下班途中。根据《工伤保险条例》第14条第6项的规定，在上下班途中，受到非本人主要责任的交通事故或者城市轨道交通、客运轮渡、火车事故伤害的，应当认定为工伤。合理不仅包括“时间合理”，也包括“路线合理”；不仅合理，还要以上下班为目的。关于“时间合理”，必须是紧贴着上班或下班这一时间段，从单位到职工住所地通常通勤所需要的合理时间，职工为了上下班进行必要行为时经过的时间。关于“路线合理”，必须是从单位到经常住所地用于往返的合理路径，但也不能排除职工从事日常生活所需要的活动路线，包括买菜、接孩子等合理路线，还需结合路况条件、交通工具、季节气候、交通管制绕行等进行综合考量，并不是以最短或唯一路线作为认定标准。第三，责任事故认定中，非本人主要责任。根据人力资源和社会保障部《关于执行〈工伤保险条例〉若干问题的意见》第2条的规定，“非本人主要责任”的认定，应当以有关机关出具的法律文书或者人民法院的生效裁决为依据。交通部门依据《道路交通安全法》第73条的规定作出的交通事故认定书，通常为判断是否为“非本人主要责任”的最主要依据。第四，事故伤害是机动车、非机动车或者城市轨道交通、客运轮渡、火车事故所导致的。实践中，单方事故能否认定为工伤，仍存在比较大的争议。若用人单位主张排除工伤的适用，可以就“非本人主要责任”进行分析，从字面意思有主次责任的划分，可排除单方事故，因为单方不存在主次责任划分；“非本人主要责任”说明事故的发生是因为第三人的主要过错,受伤职工本人并不是事件发生的主导者。

另外,作为用人单位,缴纳社会保险是用人单位的法定义务,有些用人单位为了降低用工成本,与劳动者协商不缴纳社会保险,或要求劳动者签署自愿放弃社会保险缴纳的声明,其实都不排除为职工缴纳社会保险的法定义务。用人单位应当依法为劳动者开立社保账户,代扣代缴社保费用;如有欠缴,用人单位不但要为劳动者补缴保险费用,而且有可能被加征滞纳金。用人单位尤其要注意一个认识错误,即认为实习期间的劳动者并未被正式录用,从而不依法开立社保账户,在此期间发生工伤事故,用人单位则须按《工伤保险条例》第62条第2款、第3款的规定承担工伤劳动者的工伤保险责任。

劳动者: 上一个案例讲过,劳动关系的建立是确定所有劳动争议的一个大前提,工伤认定依据最高人民法院《关于审理工伤保险行政案件若干问题的规定》第3条第1款第4项和第5项的规定,建筑施工领域,用工单位违反法律、法规规定将承包业务转包给不具备用工主体资格的组织或自然人,该组织或自然人聘用的职工从事承包业务时因工伤亡的,用工单位承担工伤保险责任;个人挂靠其他单位对外经营,其聘用的人员因工伤亡的,被挂靠的单位承担工伤保险责任。根据劳动和社会保障部《关于确立劳动关系有关事项的通知》第4条、人力资源和社会保障部《关于执行〈工伤保险条例〉若干问题的意见》第7条的规定,除承包单位或被挂靠单位并不以存在劳动关系为前提承担工伤保险责任外,工伤保险责任的承担均需以存在劳动关系为前提。因此,劳动者有义务证明劳动关系的存在。其一,在未签订书面劳动合同的前提下,劳动关系的确定需以劳动和社会保障部《关于确立劳动关系有关事项的通知》的第1条、第2条为依据。其二,劳动者在与用人单位建立劳动关系后,要密切关注用人单位对其社会保险的缴纳情况,社会保险费的缴纳是用人单位的法定义务,劳动者有权要求公示、查询,并向其所属劳动行政部门提出监察建议,用人单位未缴纳的由社保行政部门责令其限期缴纳,用人单位未按规定参加工伤保险发生工伤的,由该用人单位按《工伤保险条例》规定的项目和标准支付费用。其三,发生工伤事故后,劳动者不能因用人单位为举证责任方而怠于收集证据。随着新数字时代的快速发展,用工模式早已不是固定的“工作时间”“工作地点”“工作原因”,为保障劳动者的最大权益,劳动相关法律法规已将“三工”因素延伸至“上下班的途中”“工作时间前后的预备性、收尾性阶段”等情形。实践中,对这些延伸因素的认定有很大的灵活性,劳动者为了主张自身合法权益,一定要积极收集相关证据,主动证明因工受伤。其四,用人单位未在法定期限内申请工伤认定的,工伤职工或者其近亲属应当于工伤事故发生后1年内提起工伤认定申请。基于现实情况,用人单位为降低用工成本对实习期职工、未签订劳动合同职工,一般不缴纳社会保险,用人单位未按规定提出工伤认定申请的,工伤职工或其近亲属应在事故发生之日起1年内,直接向用人单位所在地统筹地区社会保险行政部门提出工伤认定申请。向设区的市级劳动能力鉴定委员会提出劳动能力鉴定申请,并提交工伤认定决定和相关医疗资料。

另外,在存在第三人侵权的情况下,被侵权人同时构成工伤的,有权请求获得工伤保险待遇和其他社会保险待遇。根据最高人民法院印发的《第八次全国法院民事商事审判工作会议(民事部分)纪要》第9条的规定,被侵权人有权获得工伤保险待遇或者其他社会保险待遇的,侵权人的侵权责任不因受害人获得社会保险而减轻或者免除。根据《社会保险法》第30条和第42条的规定,被侵权人有权请求工伤保险基金或者其他社会保险支付工伤保险待遇或者其他保险待遇。最高人民法院《第八次全国法院民事商事审判工作会议(民事部分)纪要》第10条规定,用人单位未依法缴纳工伤保险费,劳动者因第三人侵权造成人身损害并构成工伤,侵权人已经赔偿的,劳动者有权请求用人单位支付除医疗费之外的工伤保险待遇。用人单位先行支付工伤保险待遇的,可以就医疗费用在第三人应承担的赔偿责任范围内向其追偿。由此可知,工伤职工除可以从第三人处获得赔偿外,还可以获得除医疗费用外的工伤保险待遇。

32 在工作场所内因履行工作职责受到伤害应当认定为工伤

适用法条

——《工伤保险条例》第十四条

案情回顾

2018年4月10日，王某某入职某新媒体传播公司，负责公司对外企划宣传，为公司网站的运营总监，月工资为35,000元，合同期限为3年。2019年8月15日，王某某与B公司就公司网站投放某产品的平面设计，向B公司提出参照方案，B公司希望王某某前来公司商谈，因为B公司的电脑装有专门设计平面图的软件，工作对接比较高效。于是王某某前往B公司，王某某到达B公司时接近中午，B公司对接人员邀请王某某前往该公司的员工餐厅就餐，就餐过程中B公司餐厅吊灯掉落，不慎砸向王某某及其他一同就餐人员，王某某头部受伤，送医后两天不幸离世。王某某家属与某新媒体传播公司就工伤一事无法达成一致。2020年1月12日，王某某家属向当地区人力资源和社会保障局申请对王某某伤亡进行工伤认定。2020年3月21日，人力资源和社会保障局作出《工伤认定决定书》，称王某某受到的事故伤害符合《工伤保险条例》第14条第1项之规定，属于工伤认定范围，现予以认定为工伤。某新媒体传播公司收到《工伤认定决定书》后向同级市人民政府申请行政复议，请求撤销区人力资源和社会保障局作出的《工伤认定决定书》。2020年2月28日，市人民政府作出《行政复议决定书》，认为区人力资源和社会保障局作出的工伤认定决定，工伤认定事实清楚，证据确实、充分，适用法律正确。依照《行政复议法》第28条第1款第1项[①]之规定，本机关决定维持区人力资源和社会保障局作出的《工伤认定决定书》。某新媒体传播公司不服将区人力资源和社会保障局、市人民政府一同诉至人民法院，一审判决驳回某新媒体传播公司的诉讼请求。三方均未提起上诉。

·法理分析·

本案的争议焦点是王某某受伤时事故发生地是否为《工伤保险条例》第14条第1项规定的“工作场所”，王某某伤亡是否构成工伤。

某新媒体传播公司诉称，王某某于2018年入职以来，有提供给王某某固定的办公室，位于公司注册地××中心写字楼14层1403室，与某新媒体传播公司的公司注册地为同一地点。王某某工作内容固定，负责公司企划宣传、网站运营，不存在外派工作内容，王某某工作时间擅自前往B公司，既不在工作时间，受伤时也不在工作场所，而是在B公司餐厅就餐时受伤，足以认定王某某的伤亡与工作无关。因此，王某某并非基于工作原因、在工作时间、在工作场所受到伤害，所以区人力资源和社会保障局、市人民政府作出的工伤认定决定和行政复议决定，事实不清、证据并不充分，应当依法予以撤销。

区人力资源和社会保障局辩称，经调查核实，王某某为某新媒体传播公司的职工，负责公司企划宣传、网站运营，当日事发时正是为了商定公司某产品的平面设计一事前往B公司，目的是完成本职工作。由于王某某是公司负责公司企划宣传、网站运营的总监，属于管理层，每日无须进行上下班打卡，工作场所也不是固定的工位，有独立的办公室，相对比较自由。因此，王某某与B公司确定见面商谈后随即出发，到达B公司时接近下班时间，受B公司邀请到员工餐厅就

① 《行政复议法》已于2023年修订，本条内容不变，对应修订后的版本中的第68条。后不赘述。

餐，中午进餐是职工必要的生理需求，午餐时间属于工作时间的延伸，也属于工作时间内的正常生理补给，B 公司的餐厅属于王某某工作场所的延伸。根据《工伤保险条例》第 14 条第 1 项的规定，在工作时间和工作场所内，因工作原因受到事故伤害的，应当认定为工伤。因此，对王某某所受到的伤害依法认定为工伤。

市人民政府辩称，关于事实认定问题，我机关认定的主要事实与区人力资源和社会保障局一致，根据法律和行政诉讼相关司法解释和规定由区人力资源和社会保障局进行答辩和举证。关于复议程序，我机关根据《行政复议法》及相关规定，对王某某家属的复议申请依法受理、调查、取证、送达申请人。关于法律适用问题，我机关认为区人力资源和社会保障局作出的工伤认定决定事实清楚、法律适用正确，程序合法，内容适当。我机关根据《行政复议法》第 28 条第 1 款之规定，维持区人力资源和社会保障局作出的《工伤认定决定书》。综上，我机关作出的《行政复议决定书》认定事实清楚、证据确凿、程序合法、适用法律正确，请求驳回原告的诉讼请求。

法院认为，根据《工伤保险条例》第 14 条第 1 项的规定，职工有下列情形的，应当认定为工伤：在工作时间和工作场所内，因工作原因受到事故伤害的。对于某新媒体传播公司关于“非工作场所”的诉讼主张，应当结合“三工”要素进行综合分析。

关于“工作原因”。区人力资源和社会保障局提交的证据为：(1) 王某某的企业微信聊天内容。2019 年 8 月 15 日，10 时 23 分（B 公司小赵与王某某微信聊天记录）“B 公司小赵：王总监，某产品的设计图需要您的最终通过。”“王某某：小赵，那你问一下你们张组长，某产品平面设计图定稿的时间，尽快敲定一下。”“B 公司小赵：张组长说这个平面设计图只有在我公司的专用软件上才能看出真正的效果，张组长希望您有时间就前来我公司商定。”“王某某：行，小赵，我二十分钟后出发，你给我发个位置。另外，让张组长把上期的数据给我备份，公司最近要上版了。”“小赵：好的。”2019 年 8 月 15 日，11 时 43 分（B 公司张组长与王某某的微信聊天记录)“张组长:王总监,有劳您亲自过来啦。您先去我办公室,小赵在等你,我也马上过来。”“王某某:没事,我们今天商定下来,我们趁着国庆节要上版宣传。”“张组长:好的好的。”(2)区人力资源和社会保障局与某新媒体传播公司员工李某、阮某2020年2月1日的调查笔录。李某称,其平时是王某某的助理,当天是因为商谈某平面设计图定稿的事宜,由其与王某某一并前往B公司,同时李某提供手机扫码记录,到访B公司时为2019年8月15日11时37分。阮某称,我是某新媒体传播公司的司机,平时主要负责几个主管的外勤接送及公司客户的接机。2019年8月15日,王某某要求将其与职工李某送至B公司,阮某称一路上王某某都在跟B公司小赵谈一产品设计的细节,谈话的具体内容不是很懂,阮某也提供了当时行车记录仪的视频。均证明王某某出现在B公司是因为工作原因。根据最高人民法院《关于审理工伤保险行政案件若干问题的规定》第5条第3项规定,王某某“因工外出期间”受到伤害,有为用人单位利益,属于“工作原因”受到伤害,法院应予支持。

关于“工作场所”。某新媒体传播公司主张王某某在B公司的餐厅受伤,不属于工作场所。法院认为,工作场所是劳动者进行工作的空间,有受用人单位支配进行工作的意思。王某某在B公司“工作场所”的认定,需要结合王某某“工作原因”进行认定,工作场所是一个动态场所,并不以固定的办公室为唯一认定标准,是由“工作原因”决定职工的“工作场所”。比如,出差员工、外派员工、野外团建员工,是随工作原因出现在不同的场所。王某某因工作原因前往B公司,午休时间在B公司的餐厅就餐,没有超出工作目的。将B公司的餐厅视为王某某的工作场所也没有超出用人单位为保障职工生活所提供的卫生间、茶室、餐厅、休息室的性质。因此,B公司当时就是王某某的工作场所,B公司的餐厅是为工作而延伸的场所,属于“工作场所”。

关于“工作时间”。王某某受用人单位支配,带着工作任务前往B公司,午休和进餐都属于劳动者提供劳动的必要的生理需求和保障。王某某午间进餐,是为了保障某新媒体传播公司下午工作的继续，王某某的午餐时间属于职工为了用人单位的利益，满足生理需要所占用的时间，与上厕所、喝水、午休性质一样，视为工作时间的合理延伸。因此，王某某在 B 公司的就餐时间视为“工作时间”。

另查明，区人力资源和社会保障局收到王某某家属提出的工伤认定申请后，履行了受理、作出限期举证通知、调查核实、作出认定工伤决定并送达等程序，符合《工伤保险条例》的相关规定，程序合法。市人民政府作出的《行政复议决定书》，认定的事实清楚，证据充分。收到行政复议申请后，履行了立案受理、审理等程序，在法定时限内依据《行政复议法》第 28 条第 1 款第 1 项之规定，作出维持被诉工伤认定的复议决定书并送达各方当事人，适用法律正确，符合法定程序。

综上所述，某新媒体传播公司诉讼主张不能成立，法院依法不予支持。

·知识拓展·

《行政复议法》

第六十八条　行政行为认定事实清楚，证据确凿，适用依据正确，程序合法，内容适当的，行政复议机关决定维持该行政行为。

第七十五条　行政复议机关作出行政复议决定，应当制作行政复议决定书，并加盖行政复议机关印章。

行政复议决定书一经送达，即发生法律效力。

《工伤保险条例》

第十四条　职工有下列情形之一的，应当认定为工伤：

（一）在工作时间和工作场所内，因工作原因受到事故伤害的；

(二)工作时间前后在工作场所内,从事与工作有关的预备性或者收尾性工作受到事故伤害的;

(三)在工作时间和工作场所内,因履行工作职责受到暴力等意外伤害的;

(四)患职业病的;

(五)因工外出期间,由于工作原因受到伤害或者发生事故下落不明的;

(六)在上下班途中,受到非本人主要责任的交通事故或者城市轨道交通、客运轮渡、火车事故伤害的;

(七)法律、行政法规规定应当认定为工伤的其他情形。

《社会保险费征缴暂行条例》

第七条　缴费单位必须向当地社会保险经办机构办理社会保险登记,参加社会保险。

登记事项包括:单位名称、住所、经营地点、单位类型、法定代表人或者负责人、开户银行账号以及国务院劳动保障行政部门规定的其他事项。

第八条　企业在办理登记注册时,同步办理社会保险登记。

前款规定以外的缴费单位应当自成立之日起30日内,向当地社会保险经办机构申请办理社会保险登记。

人力资源和社会保障部《关于执行〈工伤保险条例〉若干问题的意见》

一、《工伤保险条例》(以下简称《条例》)第十四条第(五)项规定的"因工外出期间"的认定,应当考虑职工外出是否属于用人单位指派的因工作外出,遭受的事故伤害是否因工作原因所致。

人力资源和社会保障部《关于执行〈工伤保险条例〉若干问题的意见(二)》

四、职工在参加用人单位组织或者受用人单位指派参加其他单位组织的活动中受到事故伤害的,应当视为工作原因。但参加与工作无关的活动除外。

五、职工因工作原因驻外，有固定的住所、有明确的作息时间，工伤认定时按照在驻在地当地正常工作的情形处理。

最高人民法院《关于审理工伤保险行政案件若干问题的规定》

第四条　社会保险行政部门认定下列情形为工伤的，人民法院应予支持：

（一）职工在工作时间和工作场所内受到伤害，用人单位或者社会保险行政部门没有证据证明是非工作原因导致的；

（二）职工参加用人单位组织或者受用人单位指派参加其他单位组织的活动受到伤害的；

（三）在工作时间内，职工来往于多个与其工作职责相关的工作场所之间的合理区域因工受到伤害的；

（四）其他与履行工作职责相关，在工作时间及合理区域内受到伤害的。

第五条　社会保险行政部门认定下列情形为"因工外出期间"的，人民法院应予支持：

（一）职工受用人单位指派或者因工作需要在工作场所以外从事与工作职责有关的活动期间；

（二）职工受用人单位指派外出学习或者开会期间；

（三）职工因工作需要的其他外出活动期间。

职工因工外出期间从事与工作或者受用人单位指派外出学习、开会无关的个人活动受到伤害，社会保险行政部门不认定为工伤的，人民法院应予支持。

·风险提示·

用人单位：为了保障因工作遭受事故伤害或者患职业病的职工获得医疗救治和经济补偿，促进工伤预防和职业康复，分散用人单位的工伤风险，用人单位应当为本单位职工缴纳工伤保险，工伤职工有权利依照《工伤保险条例》的规定依法享受工伤保险待遇。县级以上地方各级人民政府社会保险行政部门负责本行政区域内的工伤保险工作。社会保险行政部门按照国务院有关规定设立的社会保险经办机构具体承办工伤保险事务。

用人单位承担劳动者的工伤保险责任，工伤认定行政管理部门的《工伤认定决定书》是用人单位承担工伤保险责任的依据。若用人单位认为职工所受伤害不应当认定为工伤时，应如何救济？

1. 从程序上。既可以行政复议，也可以行政诉讼。根据《行政复议法》规定，公民、法人或者其他组织认为具体行政行为侵犯其合法权益的，可以自知道或者应当知道该具体行政行为之日起60日内提出行政复议申请。公民、法人或者其他组织对行政复议决定不服的，可以依照《行政诉讼法》的规定向人民法院提起行政诉讼，但是法律规定行政复议决定为最终裁决的除外。或者不经复议直接向人民法院提起行政诉讼。

2. 从实体上。根据最高人民法院《关于审理工伤保险行政案件若干问题的规定》第4条第1项的规定，社会保险行政部门认定下列情形为工伤的，人民法院应予支持：职工在工作时间和工作场所内受到伤害，用人单位或者社会保险行政部门没有证据证明是非工作原因导致的。可以看出，劳动相关法规还是倾向保护劳动者的权益，用人单位在工伤认定时负有更多的举证责任，当没有证据证明的情况下，反向由用人单位证明不是因为工伤原因导致。由此，给用人单位以下小小的建议，希望在保护劳动者合法权益的同时，尽量把"非因工作原因"导致的损害排除在工伤之外。第一，从源头上把用人单位的管理制度建设好。首先，规范加班、出差、外出办公情形的申请审批制度。将一些蹭加班的情形、出差过程中与工作无关的游玩情形、借工作外出办私事的情形下发生意外导致的受伤排除在工伤之外，建立起明确的制度依据。其次，在工作制度执行过程中做好记录和留痕。制度要健全、职责要明确、培训要开展、工作要交接、内容要记录、外出要申请、加班要审批等规范用工,在很大程度上能有效减少工伤事故的发生。第二,从风险分散上重点要依法为职工缴纳社会保险费用。目前相关法律、法规等规定,用人单位应当依法为职工缴纳社会保险。若存侥幸心理不给实习期、以完成一定工作任务为期限的职工缴纳社会保险,除支付职工的经济补偿外,还会受到行政机关的处罚,一旦发生事故伤害,用人单位会因此承担更大的工伤赔偿责任。因此,用人单位在用工管理过程中,不管是制度的建设,还是制度的执行,都是为了降低用人单位的用工风险,而真正降低用工风险,其实还是离不开社会保险的保障。所以,用人单位要依法为职工建立社保账户,依法代扣代缴。

劳动者:在社会竞争日益激烈的当下,用人单位和劳动者是进行双向选择。虽然劳动相关法规不断加大对劳动者权益的保障,但是根据实践中的一些情形,还是要提醒劳动者重视自身权益的维护。

其一,深刻理解社会保险的特殊保障作用,切不可追求短期收入,以承诺方式自愿放弃用人单位的社保缴纳义务。劳动者为谋求一份称心的工作,为取得眼前更多的工资报酬,不惜与用人单位协议自愿放弃社会保险的享受,该协议不仅因违反了法律、法规的强制性规定而无效;而且用人单位逃避法定义务,使劳动者在年老、疾病、工伤、失业情形下无法从国家和社会获得物质帮助的机会。同时,也有案例支持用人单位主张劳动者自愿放弃社保承诺的有效性,不支持劳动者在用人单位将社保费用以工资形式发放给劳动者后,又要求用人单位再为其补缴社保费用,因为劳动者违反诚实信用原则的行为不应当被鼓励。

其二,加强法律意识,积极主张劳动合同的签订。劳动者法律意识淡薄,对劳动关系的建立、劳动合同的签订不加重视,要么不签订劳动合同,要么签订成合作性质的协议,一旦发生工伤,劳动关系的成立与否成为工伤认定的实质障碍。劳动者不仅要证明劳动关系的存在,还要向用人单位主张按《工伤保险条例》规定的项目和标准进行赔偿。如果用人单位本身没有什么财产,劳动者即便胜诉,也有可能得不到部分或全部赔偿,最终使劳动者的合法权益搁置于空。

33 值班期间与工作职责不相关的事故伤害不应认定为工伤

适用法条

——《工伤保险条例》第十四条

案情回顾

2015年1月起，刘某为某品良建筑公司的工地看场人，不进场施工时，刘某就回某品良建筑公司的总部照看机械、电缆等。每月工资2800元，至2019年逐渐涨至3600元。与王某两人轮休，无上下班时间，免费随工地吃住。2020年1月22日，除了刘某、王某两人留守在建筑工地的临建宿舍值班，其余工人全部放春节假8天。2020年1月24日除夕之夜，刘某从正在施工的2号楼商业门面掉下，由同在建筑工地的劳务分包公司的耿某、李某打电话报警，并拨打救助电话进行抢救。某品良建筑公司、王某、劳务分包公司、耿某、李某都在场接受公安谈话，形成谈话笔录5份，均签字捺印。2020年1月25日凌晨，刘某经抢救无效去世。后刘某家属请求某品良建筑公司按工伤保险的项目和标准进行赔付，某品良建筑公司拒绝。2020年3月13日，刘某家属向当地人力资源和社会保障局申请工伤认定。人力资源和社会保障局于2020年4月23日作出工伤认定决定，根据《工伤保险条例》第14条第2项之规定，认为刘某的伤亡构成工伤。某品良建筑公司不服，向人民法院提起行政诉讼，法院经审理认为刘某的伤害不属于《工伤保险条例》第14条第2项之规定，依法撤销了当地人力资源和社会保障局作出的《工伤认定决定书》。当地人力资源和社会保障局及刘某家属均不服向二审人民法院提起上诉,经审理维持了一审人民法院的判决。

·法理分析·

本案的争议焦点为,被诉《工伤认定决定书》认定事实是否清楚,适用法律是否正确。

一审中,原告某品良建筑公司依法提交了四组证据。(1)公安局事故发生当晚的出警记录。谈话笔录5份,分别为某品良建筑公司的负责人、公司另一值班人员王某、劳务分包公司的负责人、耿某、李某(报警人)的谈话笔录。(2)出警全程录音录像视频一份。(3)照片数张,刘某坠落的位置、劳务分包公司的物资撒落在靠近案涉商铺的马路上。(4)急诊病历一份。分别证明伤者刘某,2020年1月25日0时12分入院初诊,头部符合高空坠落受伤……王某称,其在刘某的提议下,当晚伙同刘某准备盗取劳务分包公司存放于2号楼临街商铺二层内的物资。刘某正将物资往商铺外扔的过程中,被劳务分包公司的耿某、李某发现,耿某与李某围堵盗贼,放哨的王某被发现后喊了一声刘某便跑了,刘某在慌乱中逃跑,不慎从商铺2楼坠落,头部砸向地面裸露的钢筋。耿某、李某听闻呼救声,用手电筒照明后发现是某品良建筑公司的刘某,立刻为受伤的刘某找"120"求助,并报警(李某于2020年1月24日23时46分报警、23时51分拨打急救电话。2020年1月24日23时54分警察到达现场,开始录制视频)。王某未见刘某便回去查看,发现刘某受伤,便与出警人员一起将刘某送医,其他人员带回警局依法制作《谈话笔录》。某品良建筑公司认为刘某虽然在值班期间发生坠亡事故,但刘某的坠落是与工作原因无关的个人违法行为所导致。刘某家属称,事故发生是因为刘某去上厕所,为了工作进行日常巡查时坠亡,但并未提供证据证明。

法院查明,对刘某从某品良在建工程2号楼商铺坠亡的事实,各方不持异议。根据《工伤保险条例》第14条第1项在工作时间和工作场所内,因工作原因受到事故伤害的和第2项工作时间前后在工作场所内,从事与工作有关的预备性或者收尾性工作受到事故伤害的规定,刘某涉案伤亡事故能够认定为工伤,以刘某同时具备"工作时间""工作场所""工作原因"为法定条件。本案中,刘某虽然属于看守工地的值班人员,工作时间不固定,随时处于待岗状态;工地内也属于工作场所;但是单从前两个工伤要素无法判断是否构成工伤,最关键的是要结合坠亡的原因这一核心要素进行分析。刘某当时的工作内容是春节放假期间的值班,所有建设工程暂停施工,施工场地进行封闭,所有人员不得擅自进出,刘某、王某在员工宿舍值班,并无工作上的原因需要半夜前往封闭的施工场所。关于刘某家属所称的"因上厕所后进行日常巡查的工作原因"并不符合事实情况。除夕当夜,当地气温在零下10摄氏度左右,刘某住的员工宿舍旁边就是工地的厕所,并不需要绕道前往坡下120米外的封锁的在建2号楼的二层商铺去上厕所,这与常理不符。并且,某品良建筑公司所承建的2号楼及商铺已经封顶,内室装修部分已经分包给劳务公司作业。劳务公司在该楼二层商铺堆放电缆等装修材料,有专门的人员耿某、李某来看守该物资,并非刘某所需要看守的区域范围。2020年1月24日深夜,在并未发生任何需要外出查看的事件情形下,刘某与王某从员工宿舍悄悄潜入已经分包给劳务公司开始内室装修的商铺二楼,刘某出现在该区域并不是出于工作需要或在工作时间前后所从事的预备性、收尾性工作,而是出于个人的非法目的导致伤亡事故的发生,与工作原因无关。一审法院认为,人力资源和社会保障局作出的《工伤认定决定书》事实不清,适用法律不正确,依法予以撤销,并判决其重新作出行政行为。二审维持了一审法院的判决。

·知识拓展·

《工伤保险条例》

第十四条　职工有下列情形之一的，应当认定为工伤：

（一）在工作时间和工作场所内，因工作原因受到事故伤害的；

（二）工作时间前后在工作场所内，从事与工作有关的预备性或者收尾性工作受到事故伤害的；

（三）在工作时间和工作场所内，因履行工作职责受到暴力等意外伤害的；

（四）患职业病的；

（五）因工外出期间，由于工作原因受到伤害或者发生事故下落不明的；

（六）在上下班途中，受到非本人主要责任的交通事故或者城市轨道交通、客运轮渡、火车事故伤害的；

（七）法律、行政法规规定应当认定为工伤的其他情形。

第十六条　职工符合本条例第十四条、第十五条的规定，但是有下列情形之一的，不得认定为工伤或者视同工伤：

（一）故意犯罪的；

（二）醉酒或者吸毒的；

（三）自残或者自杀的。

《行政诉讼法》

第二条　公民、法人或者其他组织认为行政机关和行政机关工作人员的行政行为侵犯其合法权益，有权依照本法向人民法院提起诉讼。

前款所称行政行为，包括法律、法规、规章授权的组织作出的行政行为。

第二十五条　行政行为的相对人以及其他与行政行为有利害关系的公民、

法人或者其他组织，有权提起诉讼。

有权提起诉讼的公民死亡，其近亲属可以提起诉讼。

有权提起诉讼的法人或者其他组织终止，承受其权利的法人或者其他组织可以提起诉讼。

人民检察院在履行职责中发现生态环境和资源保护、食品药品安全、国有财产保护、国有土地使用权出让等领域负有监督管理职责的行政机关违法行使职权或者不作为，致使国家利益或者社会公共利益受到侵害的，应当向行政机关提出检察建议，督促其依法履行职责。行政机关不依法履行职责的，人民检察院依法向人民法院提起诉讼。

第二十六条　公民、法人或者其他组织直接向人民法院提起诉讼的，作出行政行为的行政机关是被告。

经复议的案件，复议机关决定维持原行政行为的，作出原行政行为的行政机关和复议机关是共同被告；复议机关改变原行政行为的，复议机关是被告。

复议机关在法定期限内未作出复议决定，公民、法人或者其他组织起诉原行政行为的，作出原行政行为的行政机关是被告；起诉复议机关不作为的，复议机关是被告。

两个以上行政机关作出同一行政行为的，共同作出行政行为的行政机关是共同被告。

行政机关委托的组织所作的行政行为，委托的行政机关是被告。

行政机关被撤销或者职权变更的，继续行使其职权的行政机关是被告。

第三十三条　证据包括：

（一）书证；

（二）物证；

（三）视听资料；

（四）电子数据；

（五）证人证言；

（六）当事人的陈述；

（七）鉴定意见；

（八）勘验笔录、现场笔录。

以上证据经法庭审查属实，才能作为认定案件事实的根据。

第四十四条　对属于人民法院受案范围的行政案件，公民、法人或者其他组织可以先向行政机关申请复议，对复议决定不服的，再向人民法院提起诉讼；也可以直接向人民法院提起诉讼。

法律、法规规定应当先向行政机关申请复议，对复议决定不服再向人民法院提起诉讼的，依照法律、法规的规定。

第四十五条　公民、法人或者其他组织不服复议决定的，可以在收到复议决定书之日起十五日内向人民法院提起诉讼。复议机关逾期不作决定的，申请人可以在复议期满之日起十五日内向人民法院提起诉讼。法律另有规定的除外。

第四十六条　公民、法人或者其他组织直接向人民法院提起诉讼的，应当自知道或者应当知道作出行政行为之日起六个月内提出。法律另有规定的除外。

因不动产提起诉讼的案件自行政行为作出之日起超过二十年，其他案件自行政行为作出之日起超过五年提起诉讼的，人民法院不予受理。

第七十条　行政行为有下列情形之一的，人民法院判决撤销或者部分撤销，并可以判决被告重新作出行政行为：

（一）主要证据不足的；

（二）适用法律、法规错误的；

（三）违反法定程序的；

（四）超越职权的；

（五）滥用职权的；

（六）明显不当的。

·风险提示·

用人单位：本案例是关于工伤认定决定被撤销的案例。通过反面案例来说明劳动者权益的保护也要建立在合理合法的事实基础之上。良性的劳动关系对保护劳动者权益、调整劳动关系，建立和维护社会主义市场经济制度，促进经济发展和社会进步等都至关重要。劳动关系是社会关系的重要组成部分，因此劳动相关法规在保护劳动者的同时，对用人单位的合法权益也应给予平衡。

本案中，刘某的坠亡是否构成工伤，是社会保险行政部门审查工作的逻辑起点。在审查过程中，社会保险行政部门以《工伤保险条例》第14条第2项规定，认为刘某在工作时间前后在工作场所内，从事与工作有关的预备性、收尾性工作时受到事故的伤害，将刘某的伤亡依法认定为工伤。在此情形下，作为用人单位的某品良建筑公司应当主动证明刘某的坠亡不符合“因工”受伤，其中坠亡是与“工作原因”无关的个人违法行为所导致，推翻工伤认定决定。

对于工伤认定行政纠纷案件，职工和近亲属认为是工伤，用人单位不认为是工伤的，由用人单位承担举证责任。本案中，某品良建筑公司提供了四组证据，用以证明刘某的坠亡与工作无关，系个人违法行为所导致，根据《工伤保险条例》第16条第1项的规定，故意犯罪的不得认定为工伤或视同工伤。关于“工作原因”，根据劳务公司员工耿某与李某陈述，有人盗取公司位于案涉工程商铺2楼存放的物资，发现后进行喊离，刘某被发现后准备逃离现场时不慎坠落；结合刘某坠落于该商铺的位置，以及商铺街面上散落的劳务公司被盗的物资；以及王某在公安机关的有罪供述，证明刘某是在与王某共谋盗取劳务公司物资过程中坠落的事实，事故的发生与本职工作无关。关于“工作场所”，除夕之夜，某品良建筑公司放假期间，公司处于停工状态，刘某与王某工作职责主要是看守机械、堆放的材料等安保类工作。已完工程2号楼商铺已经分包给劳务公司进行内室装修,在事故发生时并不存在需要刘某进行工作的内容。不要说放假期间,就是正常施工期间,刘某的工作内容也是大门安保,根本无权进入施工区域,在没有任何工作需要的前提下,刘某出现在坠落场所没有为工作的原因。因此,不属于《工伤保险条例》第14条中所规定的“工作场所”。关于“工作时间”。其实“工作时间”与“工作场所”都是结合“工作原因”的不固定的时间和地点。虽然刘某在某品良建筑公司全年无休、无固定工作时间,平时也是吃住在公司或工地,但并不是说刘某每时每刻都在工作。刘某与王某两人轮休,只是休息时间也在公司提供的宿舍内,基于这种情况,刘某的“工作时间”更应与“工作原因”相结合来判断,只有在为了履行本职工作时所用的时间才视为“工作时间”。因此,刘某坠落的时间并非为工作的原因,该时间不属于“工作时间”。由此可见,将刘某的坠亡认定为工伤,事实不充分,证据不充足,依法应被撤销。

用人单位作为工伤责任的主体,在合理合法的事实基础上,应积极为受伤员工申报工伤认定申请,以保障工伤职工在患职业病或发生工伤事故时,及时得到救治和经济保障。但是,对于劳动者从事违法犯罪活动导致的伤害,应当依法作出不予工伤认定的决定。

劳动者: 工伤认定事关劳动者的身体健康、生命救治等重大权益保障问题。因此,作为劳动者一定要了解“应当认定为工伤的情形”、“视为工伤的情形”以及“不得认定为工伤的情形”。

关于工伤认定涉及的法律法规主要有《工伤保险条例》第14条应当认定为工伤的情形,第15条视同工伤的情形,以及第16条不应当认定为工伤或者视同工伤的情形。在具体的实践中,对于发生事故时如何把这些情形具体化应用,指引劳动者进行工伤申报和工伤认定,给劳动者以下几点思路。

1. 能被认定为工伤,一定是损害后果的发生和工作相关,就是工作原因,在工作时间、工作场所内受到的事故伤害。在“三工”要素的相互结合下进行认定,这是《工伤保险条例》第14条第1项的规定,也是一般进行工伤认定的标准。

2. 第14条第2项至第15条，并不是必须将“三工”要素全部结合，才能得出工伤的结果。有些只以其中一个要素进行认定。比如患职业病的。就是因为职工所从事的工作或环境场所，决定职工有患职业病的可能，只要依据《职业病防治法》的规定，诊断为患职业病的，依法应认定为工伤。有些是两个要素的结合。比如，工作时间和工作场所突发疾病的；工作原因和工作时间往返于工作和生活的途中受到交通事故伤害的。现实劳动环境中，工作场所早已不是一个密闭的车间、办公室等固定位置，在工伤认定领域已远远延伸到因工外出的任何履行劳动合同的场所，包括外出办公、出差、团建等所处的不同场所；工作时间也不是常规的朝九晚五的固定工作时间，而是与履职相关的全部时间，包括加班加点、上下班在途等所用时间；工作原因也延伸到了与从事工作有关的预备性、收尾性的工作内容上，包括煤矿、车间工人洗漱、公交司机的充电等相关辅助性工作。

3. 特殊规定，为了抢险救灾等维护国家利益、公共利益受到伤害的，军人因战、因公负伤致残复员后在用人单位旧病复发的，都以工伤进行认定。法律虽然突破了工伤“因工”要素字面所包含的内容，但更多的是从国家层面对职工高尚道德品质的褒奖，这是社会稳定、持续健康发展的保障，是对社会主义核心价值观的有力传承的肯定。

因此，从工伤认定的相关规定看，法律一方面是对劳动者的倾斜保护，另一方面也是从更深的层次对“因工”要素进行诠释。比如，根据职工突发疾病的时间和所处的场所进行分析，职工为什么会在这个时间出现在这个场所？其原因同样是为了工作。又如，职工在上下班期间受到非本人主要责任的交通事故伤害，同样的问题，为什么该职工在这个时间这个场所受到交通事故损害？因为职工为了完成工作，必须来往于工作场所与生活居住地之间，这是必要的通勤行为。《工伤保险条例》、人力资源和社会保障部《关于执行〈工伤保险条例〉若干问题的意见》、人力资源和社会保障部《关于执行〈工伤保险条例〉若干问题的意见(二)》、最高人民法院《关于审理工伤保险行政案件若干问题的规定》中,关于“三工”因素定义的延伸适用情形,都没有超出劳动者为用人单位利益的范畴,其合法权益应当予以保护。

34 与预备性、收尾性工作相关的事故伤害应当认定为工伤

适用法条

——《工伤保险条例》第十四条

案情回顾

2020 年 2 月 20 日，高某与某商贸有限公司（以下简称某商贸公司）通过平台签订电子《合作协议》，协议约定由高某加入某商贸公司，成为该公司的合作伙伴，其中对高某的合作要求为：(1) 高某自备派送工具。(2) 高某每天于 7 时前至 19 时一直保持登录某商贸公司 App，时刻保持在线状态，某商贸公司平台根据软件自动分析就近派单，若公司给高某派单时，高某必须接受并进行派送。(3) 公司每月根据与高某签订的《收入分配办法》按出勤和送单情况核算其收入。(4) 高某同时签订《合作管理办法》。公司每月向高某支付合作收入。其中 2020 年 3 月至 6 月，扣除高某差评派单共计 1280 元，高某请假 4 天 800 元。2020 年 7 月 4 日早上 6 时 29 分，高某在给派单工具充电过程中，派单工具爆炸起火，高某瞬间被大火包围，当被人发现时已没有呼吸。

2020 年 8 月 18 日，高某家属申请工伤认定，某商贸公司以存在劳动争议为由申请中止工伤认定。

2020 年 8 月 28 日，高某家属与某商贸公司因是否存在劳动关系发生纠纷。2020 年 9 月 27 日，经劳动仲裁委依法裁决，确认高某与某商贸公司之间自 2020 年 2 月 20 日起至 7 月 4 日止存在劳动关系。某商贸公司经一审后不

服继续上诉至二审人民法院。2021 年 9 月 21 日，二审人民法院维持一审判决。

2021 年 10 月 12 日，高某家属申请工伤认定，当地人力资源和社会保障行政部门经审查后依法认定为工伤，并于 2021 年 11 月 23 日作出《工伤认定决定书》送达某商贸公司。某商贸公司不服向人民法院提起行政诉讼，一审人民法院维持了工伤认定决定，驳回了某商贸公司的诉讼请求。某商贸公司不服向上级人民法院提起上诉，二审人民法院维持一审判决。

· 法理分析 ·

本案是从劳动争议的一裁两审，又到行政争议的一审、二审才算最终定分止争。其中在劳动关系确认的一裁两审中，争议的焦点为是否应当突破《合作协议》的虚假表象，双方是否实际形成了事实劳动关系。这一点在第一章“确认劳动关系”中已反复分析，现主要针对后面两审行政诉讼中的工伤认定进行分析，该两审中主要争议的焦点为高某在事故发生时所进行的是否属于“与工作有关的预备性”工作。

一审法院认为，根据《工伤保险条例》第 5 条第 2 款的规定，县级以上地方各级人民政府社会保险行政部门负责本行政区域内的工伤保险工作。本案中，某商贸公司登记住所地位于当地人力资源和社会保障局行政管理区域，故当地人力资源和社会保障局有权受理高某家属的工伤认定申请，享有作出工伤认定的法定职权。

根据 2021 年 9 月 21 日二审人民法院作出的确认高某与某商贸公司之间存在劳动关系的生效判决结果，当地人力资源和社会保障局依据《工伤保险条例》第 14 条第 2 项规定，认为高某在事故发生时从事的工作属于“与工作有关的预备性工作”。

某商贸公司属于一家服务公司，高某通过手机软件与某商贸公司签订《合作协议》，高某自备送单工具，为某商贸公司下单客户进行具体的派送工作，并根据高某每月的送单量核算其收入。线上接受订单后转由高某进行派送，某商贸公司是提供服务的公司，高某是具体的送单人员。这种线上下单派单的工作，属于新型网络业态下的用工模式，相对于传统的劳动关系有很大的不同，某商贸公司甚至不需要与职工见面，职工只需要线上申请，符合一定的条件即可建立劳动关系。用工过程也完全可以借助网络进行管理，这种虚拟的网络用工，给劳动关系的确认及工伤的认定都带来了新的挑战。

当地人力资源和社会保障局在工伤认定过程中，关于“工作时间”“工作场所”“工作原因”都结合新型网络用工模式进行了不同角度的分析。关于“工作场所”。高某的工作场所并不是固定的办公室或生产车间，而是根据某商贸公司派发的订单，按照不同的订单内容，派送给不同位置的客户，工作场所是不固定的流动场所。关于“工作时间”。根据双方签订的《合作管理办法》可知，高某每天的7时至19时应当随时处于在线候单状态，并且不能缺勤，这一时间段属于高某正常的工作时间。但是高某发生事故伤害时并非7时至19时，而是在6时20分左右，当地人力资源和社会保障局无法依据《工作保险条例》第14条第1项作出工伤认定。当地人力资源和社会保障局依法适用《工伤保险条例》第14条第2项的规定，认为事故发生时高某所从事的是“与工作相关的预备性”工作，认定为工伤。其中对工作时间前后、与工作相关的预备性活动的分析认定成了本案最大的争议焦点。

第一，是否属于工作时间前后。

高某开始为电动车充电是6时20分，并不是规定的7时开始上班的时间，但7时上班，6时20分开始准备上班属于合理的准备时间，尤其通勤半径比较大的职工，有时候准备时间可能需要更早，这符合一般人的生活共识。另外，经生效判决确认高某与某商贸公司之间建立的是劳动关系，但某商贸公司除与高某签订《合作管理办法》之外，并没有关于职工上下班的管理制度，高某等人在7时至19时之外的时间，也有大量的接单记录，并且与高某的收入直接挂钩。那么要将6时20分视为工作时间的前后，还需要结合《工伤保险条例》第14条第2项的后半段“从事与工作有关的”这一决定性条件来判断。工作时间前后为工作进行相关准备的时间内所受到的伤害，仅应限制在直接相关的工作。高某为完成送单工作，自行配备交通工具，每天为该交通工具进行充电，是完成送单业务的必要行为，并且该充电行为需要一定的时间完成，高某需要在7时开始接单，6时20分进行充电属于合理的必要准备时间。因此，高某发生事故时的6时20分属于合理的“工作时间前后”。

第二，是否属于“与工作相关的预备性”工作。

网络订单虽然是网上下单成交，但具体的派送工作需要线下进行必要的送单行为，实现该行为就需要送单交通工具，送单交通工具的预热、充电、检查等是送单前必须进行的安全保障行为，属于“与工作相关的”预备行为。本案中，高某进行订单派送是其主要的工作内容，交通工具成为高某派送订单必须借助的劳动工具，高某给完成派单的劳动工具进行充电的准备活动属于“与工作相关的预备性”工作。

综上，当地人力资源和社会保障局作出的工伤认定决定，程序合法，事实认定清楚，证据确凿，法律适用正确，一审法院依法予以维持，判决驳回某商贸公司的诉讼请求。二审维持一审判决。

·知识拓展·

《工伤保险条例》

第一条　为了保障因工作遭受事故伤害或者患职业病的职工获得医疗救治

和经济补偿，促进工伤预防和职业康复，分散用人单位的工伤风险，制定本条例。

第五条　国务院社会保险行政部门负责全国的工伤保险工作。

县级以上地方各级人民政府社会保险行政部门负责本行政区域内的工伤保险工作。

社会保险行政部门按照国务院有关规定设立的社会保险经办机构（以下称经办机构）具体承办工伤保险事务。

第十条　用人单位应当按时缴纳工伤保险费。职工个人不缴纳工伤保险费。

用人单位缴纳工伤保险费的数额为本单位职工工资总额乘以单位缴费费率之积。

对难以按照工资总额缴纳工伤保险费的行业，其缴纳工伤保险费的具体方式，由国务院社会保险行政部门规定。

第十四条　职工有下列情形之一的，应当认定为工伤：

（一）在工作时间和工作场所内，因工作原因受到事故伤害的；

（二）工作时间前后在工作场所内，从事与工作有关的预备性或者收尾性工作受到事故伤害的；

（三）在工作时间和工作场所内，因履行工作职责受到暴力等意外伤害的；

（四）患职业病的；

（五）因工外出期间，由于工作原因受到伤害或者发生事故下落不明的；

（六）在上下班途中，受到非本人主要责任的交通事故或者城市轨道交通、客运轮渡、火车事故伤害的；

（七）法律、行政法规规定应当认定为工伤的其他情形。

第十七条　职工发生事故伤害或者按照职业病防治法规定被诊断、鉴定为职业病，所在单位应当自事故伤害发生之日或者被诊断、鉴定为职业病之日起30日内，向统筹地区社会保险行政部门提出工伤认定申请。遇有特殊情况，经报社会保险行政部门同意，申请时限可以适当延长。

用人单位未按前款规定提出工伤认定申请的，工伤职工或者其近亲属、工会组织在事故伤害发生之日或者被诊断、鉴定为职业病之日起1年内，可以直接向用人单位所在地统筹地区社会保险行政部门提出工伤认定申请。

按照本条第一款规定应当由省级社会保险行政部门进行工伤认定的事项，根据属地原则由用人单位所在地的设区的市级社会保险行政部门办理。

用人单位未在本条第一款规定的时限内提交工伤认定申请，在此期间发生符合本条例规定的工伤待遇等有关费用由该用人单位负担。

第十八条　提出工伤认定申请应当提交下列材料：

（一）工伤认定申请表；

（二）与用人单位存在劳动关系（包括事实劳动关系）的证明材料；

（三）医疗诊断证明或者职业病诊断证明书（或者职业病诊断鉴定书）。

工伤认定申请表应当包括事故发生的时间、地点、原因以及职工伤害程度等基本情况。

工伤认定申请人提供材料不完整的，社会保险行政部门应当一次性书面告知工伤认定申请人需要补正的全部材料。申请人按照书面告知要求补正材料后，社会保险行政部门应当受理。

第二十条　社会保险行政部门应当自受理工伤认定申请之日起60日内作出工伤认定的决定，并书面通知申请工伤认定的职工或者其近亲属和该职工所在单位。

社会保险行政部门对受理的事实清楚、权利义务明确的工伤认定申请，应当在15日内作出工伤认定的决定。

作出工伤认定决定需要以司法机关或者有关行政主管部门的结论为依据的，在司法机关或者有关行政主管部门尚未作出结论期间，作出工伤认定决定的时限中止。

社会保险行政部门工作人员与工伤认定申请人有利害关系的，应当回避。

最高人民法院《关于审理工伤保险行政案件若干问题的规定》

第二条 人民法院受理工伤认定行政案件后，发现原告或者第三人在提起行政诉讼前已经就是否存在劳动关系申请劳动仲裁或者提起民事诉讼的，应当中止行政案件的审理。

第四条 社会保险行政部门认定下列情形为工伤的，人民法院应予支持：

（一）职工在工作时间和工作场所内受到伤害，用人单位或者社会保险行政部门没有证据证明是非工作原因导致的；

（二）职工参加用人单位组织或者受用人单位指派参加其他单位组织的活动受到伤害的；

（三）在工作时间内，职工来往于多个与其工作职责相关的工作场所之间的合理区域因工受到伤害的；

（四）其他与履行工作职责相关，在工作时间及合理区域内受到伤害的。

人力资源和社会保障部《关于执行〈工伤保险条例〉若干问题的意见》

五、社会保险行政部门受理工伤认定申请后，发现劳动关系存在争议且无法确认的，应告知当事人可以向劳动人事争议仲裁委员会申请仲裁。在此期间，作出工伤认定决定的时限中止，并书面通知申请工伤认定的当事人。劳动关系依法确认后，当事人应将有关法律文书送交受理工伤认定申请的社会保险行政部门，该部门自收到生效法律文书之日起恢复工伤认定程序。

·风险提示·

用人单位：通过本案例的分享，主要有以下两方面的建议供用人单位参考。

一是以合作类协议的名义建立的劳动关系的认定问题。新形态的用工模式不断涌现，用人单位往往为了逃避责任，通过与劳动者签订各种形式的合作协议、劳务合同、承揽合同等民事合同，以规避劳动关系的建立。司法实践中对于此类案件的审理，都会透过现象看本质，从劳动者与用人单位的人身从属性、经济从属性、用人单位对劳动者的管理程度等，判断劳动关系实质上建立与否。本案中，高某虽然与某商贸公司签订的是《合作协议》，但从高某的工作内容、工作时间、经济来源、受管理的程度判断，高某与某商贸公司之间并非平等的民事主体。从订立《合作协议》时的磋商地位看，就是接受与否，高某明显没有讨价还价的余地；从高某对工作内容的管理角度看，高某没有独立自主进行工作内容管理的决定权，只能依据某商贸公司的规定进行，不得拒绝；从高某的收入来看，高某的收入并非平等商事主体的盈利，而是依赖某商贸公司按月发放的比较固定的收入，并且不管亏盈，收入多少与高某付出的劳动相当。由此可见，双方实质上建立的是劳动关系。用人单位切不可为了逃避用工责任，与劳动者签订各种名义的民事合同，一旦被认定为劳动关系，用人单位将要承担更多的补偿或赔偿责任。因此，用人单位一定要规范用工，只有依法与劳动者建立劳动关系，签订劳动合同，缴纳社会保险，才是规避用工风险最有效的方式。

二是用人单位在实践中，关于《工伤保险条例》第14条第2项中规定的“与工作有关的预备性、收尾性工作”的认定要点。

在用工过程中，不可避免地发生各种各样的工伤事故，是不是所有的事故只要发生就一定由用人单位承担用工责任呢？非也。虽然劳动相关法律法规对劳动者作倾斜保护，将工伤的认定延伸至用工之外的一些特殊时间、场所，但不是无限度地扩张，为平等保障劳资双方的合法权益，劳动相关法规对延伸空间进行了明确规定。认定的要点就是该预备性、收尾性工作，本质上是为完成主要工作任务必须进行的准备或收尾行为，只有预备或收尾工作顺利进行，才能实现正常工作内容的完成。本案中，高某虽然是在工作时间之外受到充电爆炸事故的损害，但最终被依法认定为工伤。从充电的原因及目的进行分析，高某的充电行为是为了送餐这一本职工作而进行的必要准备行为。如果高某不进行提前的充电准备，那么当天的送单工作会受到影响，充电与送单有着因果关系，有为工作的目的。

劳动者：在劳动领域，引起劳动争议的无非就是劳动关系的建立、工资待遇、劳动合同的履行、变更及解除，社会保险等。其中与劳动者权益关系最紧密，也是争议比较高发的就是劳动关系的建立与社会保险待遇。本案例正好就涉及这两个方面。当然关于确认劳动关系没有展开分析，大家可以参考本书第一章的案例。

劳动者在工作时间前后受到事故伤害的，能否被认定为工伤，要结合事故发生的时间及原因。

关于原因，一定是与工作相关的预备或收尾工作。根据劳动者所从事工作内容的不同，预备工作和收尾工作也是不同的。准确认定哪些工作属于预备和收尾工作是认定工伤的关键。其中就要抓住“与工作相关”这一点。对于这一点的判断主要结合普通人的朴素思维和习惯常识进行分析。比如，煤矿工人下班洗澡换工装、公交司机发车前的清洗检查、理发店下班前的清扫收纳、车间工人下班后作业工具归位、烧锅炉工人下班后燃料收储、建筑工人上班前保险设备的穿戴等，行为方式多种多样，实践中要灵活判断与工作是否有关联性。再如，塔吊工人下班后为了缓解疲劳去喝酒，喝酒过程中发生事故能否认定为工伤？不能。塔吊工人下班后的收尾工作仅限于与塔吊相关的整理工具、清理工作现场等工作，不能超出与塔吊工作相关的行为。喝酒是与塔吊工作无关的个人行为，不存在不喝酒就必然不能工作的因果关系，与汽车要加油、电车要充电、机械要维检等不同，受到伤害的原因一定要与工作有相关性。

关于时间，必须是与工作时间相延续的合理时间。根据劳动者所从事行业的不同，预备和收尾的时间段也不尽相同。比如，公交司机到下班时，需要将车辆开回停车场，回停车场途中虽然没有履行载客任务，也属于下班后的时间，但是回停车场的这段时间属于收尾工作所需要的合理时间,有为次日出车回停车场充电检查等必要行为。因此,在此时间段的途中发生事故受伤的应当认定为工伤。再如,同样是煤矿工人,下班后立即在用人单位提供的浴室洗澡过程中发生意外伤亡,与下班 4 小时后在市中心的洗浴中心发生意外伤亡,在工伤认定时会有不同的认定结果。同样是清洗活动过程中造成的伤害,但根据清洗的合理时间,认定结果也截然不同。所以,“与工作相关的预备性、收尾性”的认定,还应结合合理时间,只有在合理时间内从事预备和收尾工作的过程中所遭受的伤害,才能被认定为工伤。

35 突发疾病死亡或48小时之内经抢救无效死亡的视同工伤

适用法条

——《工伤保险条例》第十五条

案情回顾

2017年,纪某进行入新创公司,该公司从事野外探测工程业务。纪某属于技术人员,随公司西北区第五组工程处常驻某地边家村吾嘴山队部,每天测绘数据8次,每3个小时上传汇报一次。2020年11月2日,纪某在测绘时就发生眩晕,稍后自行清醒。2020年11月4日23时20分左右,纪某再次眩晕并头疼,自行服用止疼片后入睡。2020年11月5日13时14分,纪某病情加重,同事立即拨打"120",由于"120"无法到达队部所在地,同事抬纪某下山坡时不慎摔倒,纪某跌落后便失去意识。6日3时12分"120"到达,在急救途中,纪某停止了呼吸,后经医科大出具《居民死亡医学诊断(推断)证明书》,纪某的死亡为严重脑出血所致。

纪某去世后,就是否为工伤与新创公司发生争议。2020年12月15日,纪某之妻何某某向当地人力资源和社会保障局申请工伤认定。2021年2月19日,当地人力资源和社会保障局作出《视同工亡认定书》,认定纪某在工作时间工作岗位上突发疾病死亡,依法认定为工伤。新创公司不服,向人民法院提起诉讼,称纪某的死亡不符合《工伤保险条例》第15条第1项的规定,人力资源和社会保障局作出的工伤认定决定论理不充分,应予撤销。一、二审维持了工伤认定决定,驳回了新创公司的诉讼请求。

·法理分析·

本案的争议焦点为纪某的死亡是否属于《工伤保险条例》第15条第1款视同工伤的情形。

新创公司对工伤认定决定有异议。其一，纪某早在2020年11月2日就已经出现不适症状，因个人原因未能及时就医导致死亡的发生，并且从发病至死亡早已超出48小时。其二，纪某的死亡并非“突发疾病”所导致，而是在事发过程中跌落所导致。为此，新创公司提供事发时一起救助的同事的证人证言5份；《居民死亡医学诊断（推断）证明书》1份。

当地人力资源和社会保障局辩称，根据《工伤保险条例》第15条第1项的规定，“突发疾病死亡或在48小时之内抢救无效死亡”视为工伤。其中48小时应当是自第一次就诊记录的时间起计算的48小时，而不是指从发病时起计算的48小时。根据《居民死亡医学诊断（推断）证明书》并不能推出纪某的死亡是送医过程中的跌落所致，相反证明纪某的死亡是严重脑出血所致。而纪某在跌落前已经不能自行行走，病情已经非常严重，至少不能证明不跌落就能阻断死亡的发生。因此，法院认为该认定决定，论理充分，程序合法，应予维持。

纪某妻子何某某认同当地人力资源和社会保障局的认定决定。同时表明，纪某的死亡与新创公司的连续性的高压工作状态有关。纪某死亡时只有31岁，由于纪某的工作需要每隔3小时测绘一次并上传数据，公司对纪某的连续性工作没有实行双班倒，导致纪某长期睡眠不连续；工作场所又地处高山，公司也没有提供其他缓解疲劳的设施或场所，工作强度太大导致纪某年纪轻轻就颅内出血死亡。因此，属于《工伤保险条例》第15条第1款规定的视同工亡，视同工亡认定正确。

法院认为，《工伤保险条例》第15条第1款第1项规定，职工在工作时间和工作岗位，突发疾病死亡或者在48小时之内经抢救无效死亡的，视同工伤。工伤就是职工在工作时间、工作场所内，因工作原因发生的伤亡。本条规定是将原来的因"工"要素扩大至特殊情形下"病"的适用，目的是保障劳动者在高强度下工作引起的劳累，导致突发疾病死亡或48小时之内抢救无效的情形下可以获得补偿。将劳动者在工作岗位、工作时间，引发疾病并在短时间内突然去世的情形，纳入工伤保障，以最大限度保障劳动者的权益。

本案中，根据庭审查明的事实，纪某平时的工作场所为新创公司西北区第五小组的山区，测绘工作需在户外进行。工作内容是到户外测绘并在电脑上报送数据。工作时间没有上下班，每天每3个小时进行一次数据测绘并网上报送，没有轮值，其余时间自行安排。另外，纪某并无引发脑出血的基础病，生前生活平稳，并无重大变故发生。因此，法院认为，纪某长期独处空旷的山区，工作枯燥，且常年无休，新创公司虽然申请了特殊工时制，但也没有合理安排纪某轮休，导致纪某连续工作压力倍增。此外，以纪某的年龄，稍有不适自行吃药休息也符合大众的通常做法，病情的走向和结果并不是一个非专业人员所能辨别和控制的，关于48小时的认定应当以纪某首次有效就诊时间为起算点才符合立法精神。因此，当地人力资源和社会保障局的《视同工亡认定书》论理充分、事实清楚、程序合法，一审法院依法予以维持。二审同意一审裁判观点。

·知识拓展·

《劳动法》

第三条　劳动者享有平等就业和选择职业的权利、取得劳动报酬的权利、休息休假的权利、获得劳动安全卫生保护的权利、接受职业技能培训的权利、享受社会保险和福利的权利、提请劳动争议处理的权利以及法律规定的其他劳动权利。

劳动者应当完成劳动任务，提高职业技能，执行劳动安全卫生规程，遵守劳动纪律和职业道德。

第三十六条 国家实行劳动者每日工作时间不超过八小时、平均每周工作时间不超过四十四小时的工时制度。

第三十八条 用人单位应当保证劳动者每周至少休息一日。

第三十九条 企业因生产特点不能实行本法第三十六条、第三十八条规定的，经劳动行政部门批准，可以实行其他工作和休息办法。

第四十三条 用人单位不得违反本法规定延长劳动者的工作时间。

《劳动合同法》

第三十一条 用人单位应当严格执行劳动定额标准，不得强迫或者变相强迫劳动者加班。用人单位安排加班的，应当按照国家有关规定向劳动者支付加班费。

《工伤保险条例》

第十五条 职工有下列情形之一的，视同工伤：

（一）在工作时间和工作岗位，突发疾病死亡或者在48小时之内经抢救无效死亡的；

（二）在抢险救灾等维护国家利益、公共利益活动中受到伤害的；

（三）职工原在军队服役，因战、因公负伤致残，已取得革命伤残军人证，到用人单位后旧伤复发的。

职工有前款第（一）项、第（二）项情形的，按照本条例的有关规定享受工伤保险待遇；职工有前款第（三）项情形的，按照本条例的有关规定享受除一次性伤残补助金以外的工伤保险待遇。

劳动和社会保障部《关于实施〈工伤保险条例〉若干问题的意见》

三、条例第十五条规定“职工在工作时间和工作岗位，突发疾病死亡或者在48小时之内经抢救无效死亡的，视同工伤”。这里“突发疾病”包括各类疾病。“48小时”的起算时间，以医疗机构的初次诊断时间作为突发疾病的起算时间。

劳动部《关于贯彻执行〈中华人民共和国劳动法〉若干问题的意见》

65. 经批准实行综合计算工作时间的用人单位，分别以周、月、季、年等为周期综合计算工作时间，但其平均日工作时间和平均周工作时间应与法定标准工作时间基本相同。

66. 对于那些在市场竞争中，由于外界因素的影响，生产任务不均衡的企业的部分职工，经劳动行政部门严格审批后，可以参照综合计算工时工作制的办法实施，但用人单位应采取适当方式确保职工的休息休假权利和生产、工作任务的完成。

67. 经批准实行不定时工作制的职工，不受劳动法第四十一条规定的日延长工作时间标准和月延长工作时间标准的限制，但用人单位应采用弹性工作时间等适当的工作和休息方式，确保职工的休息休假权利和生产、工作任务的完成。

68. 实行标准工时制度的企业，延长工作时间应严格按劳动法第四十一条的规定执行，不能按季、年综合计算延长工作时间。

·风险提示·

用人单位：关于职工在工作过程中因自身疾病导致身亡的，在最早的时候是不被视为工伤的。1996年，劳动部规定“工作过程中由于工作紧张突发疾病造成死亡的”应当认定为工伤。经过不断修改，2004年的《工伤保险条例》将“在工作时间和工作岗位，突发疾病死亡或者在48小时之内经抢救无效死亡的”视同工伤。现行有效的《工伤保险条例》第15条第1项延续了这一规定。从立法沿革可以看出，劳动相关法规对劳动者的特殊保护。但是在实践中，如何界定“突发疾病”“48小时”，在倾斜保障劳动者权益的同时，对用人单位也给予一定的保护，防止随意扩大解读范围，导致用人单位承担的责任过重？不同主体对这些关键点的不同解读，也是实践中工伤认定纠纷高频发生的领域。

关于“突发疾病”。“突发”“疾病”从词语本身的语境就能解释出不同的结论。什么情况是突发，什么样的疾病才算是突发的疾病，没有统一适用的标准。将突发疾病视为工伤本身就是对劳动者的倾斜保护，从“因工受伤”的范围扩大到“因病去世”的适用。“突发疾病”一定是突然发生，是本人和用人单位此前都无法预知的疾病。如果劳动者本身患癌四期已经无法治愈，随时都有生命危险，在工作时间、工作岗位上突然死亡的，不应当认为是“突发的”疾病。因此，应当严格掌握突发疾病的适用，不能随意扩大适用情形。对于突发疾病的认定一般应理解为在工作时间、工作岗位两个要素的前提下，使职工过度紧张或疲劳导致猝死。

关于“48小时”。为什么是48小时内经抢救无效死亡的视同工伤？因为根据现有的医疗水平，当一个患者经过48个小时的抢救都没救治成功，那么他生还的希望比较渺茫；另外也应保障用人单位的权益，不能无限扩大视同工伤的范围。因此，得出48小时应当以有效抢救开始起算，经过48小时的抢救无效死亡的视同工伤。48小时不能延长适用，虽然可能会发生道德上的风险，但是，同时应当平衡用人单位承担用工风险的可预见性，不能一味扩大违背立法初衷。

劳动者：劳动者在工作时间、工作岗位突发疾病死亡或48小时之内经抢救无效死亡的，视同工伤。其中，工作时间的核心一定是为了用人单位的利益工作的时间、加班的时间、在家加班的时间、外出工作时间，与完成工作紧密相连的期间。工作岗位强调的不是劳动者所处的位置，而是为完成工作履行职责或任务所处的位置。实践中，不少案例对工作时间和工作岗位都延伸适用工伤认定，以最大限度保障劳动者的权益。同时应确保用人单位利益的保护,需要在具体案例中寻求平衡的点。作为劳动者尤其要注意,劳动者在上班期间突然感觉身体不适,请假回家休息,在家休息期间拨打"120"进行急救后死亡或在急救途中死亡的,能否被认定为工伤,存在不同的案例。为什么会有不同的判决结果?问题的核心就在于劳动者疾病的发生必须是在工作时间、工作岗位上,这是将"因病去世"视为工伤的逻辑起点。将"病"视同工伤,本质上就是保护劳动者,使其避免从事为了用人单位的利益而在特殊时间、场所中的,有较大压力或强度的工作,这些工作可能引发身体上不可逆转的损伤导致劳动者在短时间内死亡。因此,要将劳动者的死亡视为工伤,必须是在工作时间、工作岗位上,在短时间内突发疾病,并在 48 小时内经抢救无效死亡。将本身患有重大疾病已严重威胁生命的职工排除突发疾病视同工伤认定范围。另外,对于在岗位上身体不适,请假回家休息又自行去就医后 48 小时内死亡的,对回家停留的时间及主要目的合理性进行分析。当前的司法实践没有绝对明确的适用标尺,且存在不同的裁判结果。所以,劳动者应当在突发疾病时尽快就医,进行有效的抢救治疗,即使在 48 小时内抢救无效死亡,也可视为工伤,享受相应的待遇,给予劳动者家属经济上的最大帮助。切忌在工作岗位发病而自行回家休息,间隔非合理的时间后再去就医,阻断了"因工""突发"的要素,往往会被排除视为工伤。

36 职工因见义勇为受到伤害的视同工伤

适用法条

——《工伤保险条例》第十五条

案情回顾

2014年，邓某入职某建工集团总工公司，从事资料员一职。2020年1月24日除夕夜，由于烟花燃放导致火种落入某厂仓库顶部，该仓库存放大量易燃易爆物，眼看就要大面积燃烧起来，但是仓库周围有大量居民居住。为保障附近人民群众生命财产的安全，在“119”到来之前，转业军人邓某情急之下，攀爬至仓库顶部，将已经燃烧的火种用衣服进行扑灭。但火势较大，仓库顶部材料又极易燃烧，邓某进行灭火过程中顶部的材料由于燃烧失去支撑作用而塌陷，随后邓某掉入仓库。2分钟后消防员赶到，及时扑灭了仓库大火，但不幸的是邓某吸入大量浓烟，失去了生命。邓某对燃烧的仓库顶部及时进行扑救，给消防人员争取到了最宝贵的时间，有效地阻止了更大的危害公共安全火灾事故的发生。2020年2月25日，当地县政府决定授予邓某同志见义勇为荣誉称号，并追加23万元慰问金。

2020年3月15日，县人力资源和社会保障局在邓某所在单位某建工集团总工公司的申请下，予以认定邓某属于工伤，作出《视同工伤认定决定书》。

·法理分析·

见义勇为，是指为保护国家、集体利益或者他人的人身、财产安全，不顾个人安危，与正在发生的违法犯罪作斗争或者抢险救灾的行为。见义勇为是中华民族的传统美德，也是社会主义核心价值体系的重要组成部分，对发展社会主义先进文化、构建和谐社会具有积极促进作用。奖励和保护见义勇为人员，能弘扬社会正气，加强社会主义精神文明建设。邓某为了保护公共利益不受损害，不顾个人安危，抢险救灾的行为是值得弘扬的，他是社会主义核心价值观的践行者。根据《国务院办公厅转发民政部等部门关于加强见义勇为人员权益保护意见的通知》第3条的规定，要认真落实见义勇为伤亡人员抚恤补助政策，对见义勇为死亡人员，属于视同工伤情形的，享受一次性工亡补助金以及相当于本人40个月工资的遗属特别补助金。根据当地《奖励和保护见义勇为人员条例》规定，确认邓某在法定职责和法定义务范围之外，为保护国家利益、社会公共利益和他人的人身、财产安全挺身而出，符合《工伤保险条例》第15条第2项的规定，当地认定部门在收到邓某的见义勇为推荐后，审核确认授予"邓某同志见义勇为荣誉称号"，并给予23万元的慰问金。

本案是一个没有发生争议的见义勇为先进事例，邓某在保护国家或公共利益的过程中发生伤亡，当地人民群众纷纷前往悼念，经有关部门调查核实后符合奖励和表彰标准。根据《工伤保险条例》、当地《奖励和保护见义勇为人员条例》给予邓某视同工伤的认定决定符合社会主义核心价值观，邓某的见义勇为行为值得弘扬。

·知识拓展·

《工伤保险条例》

第十五条　职工有下列情形之一的，视同工伤：

（一）在工作时间和工作岗位，突发疾病死亡或者在48小时之内经抢救无效死亡的；

（二）在抢险救灾等维护国家利益、公共利益活动中受到伤害的；

（三）职工原在军队服役，因战、因公负伤致残，已取得革命伤残军人证，到用人单位后旧伤复发的。

职工有前款第（一）项、第（二）项情形的，按照本条例的有关规定享受工伤保险待遇；职工有前款第（三）项情形的，按照本条例的有关规定享受除一次性伤残补助金以外的工伤保险待遇。

《国务院办公厅转发民政部等部门关于加强见义勇为人员权益保护意见的通知》

国家对公民在法定职责、法定义务之外，为保护国家利益、社会公共利益和他人的人身、财产安全挺身而出的见义勇为行为，依法予以保护，对见义勇为人员的合法权益，依法予以保障，对见义勇为人员及其家庭的生活困难给予必要帮扶……

陕西省《奖励和保护见义勇为人员条例》

第三条　本条例所称见义勇为人员是指在法定职责、法定义务或者约定义务之外，为保护国家利益、社会公共利益或者他人人身、财产安全，制止正在实施的违法犯罪行为或者在抢险、救灾、救人中表现突出的行为人。

第十八条第一款　因见义勇为死亡人员，依法被评定为烈士的或者被认定为因公牺牲以及视同工亡的，按照国家和本省有关规定享受相应待遇。不属于上述情形的，补助金发放标准按照国家和本省有关规定执行。

北京市《见义勇为人员奖励和保护条例》

第二条　本条例所称见义勇为，是指为保护国家、集体利益或者他人的人身、财产安全，不顾个人安危，与正在发生的违法犯罪作斗争或者抢险救灾的行为。

第十六条　因见义勇为牺牲的，其抚恤按照国家有关因公（工）死亡规定办理；按照国家有关规定批准为革命烈士的，其家属享受烈属待遇。

·风险提示·

用人单位：“见义勇为”是用工领域，唯一与工作没有关系的工伤保险责任的特殊规定。最早对工伤认定的范围相对比较窄，在维护国家利益、社会公共利益活动中受伤的能否认定为工伤，没有相关规定。直到 1996 年《企业职工工伤保险试行办法》（已失效）中规定对抢险、救灾等维护国家、社会和公共利益的活动中伤亡的，应当认定为工伤。但是，在工伤保险领域，工伤总是和在与工作相关的活动过程中所受到的伤害有关，该办法似乎超出了工伤认定“因工作原因”的前提，引起了不少争议。2003 年的《工伤保险条例》、2010 年修订后的《工伤保险条例》，在第 15 条第 2 项中规定，对职工在抢险救灾等维护国家利益、公共利益活动中受到伤害的视同工伤。虽然不是在工作中因为工作原因受到伤害或者患职业病，但是，职工这种抢险救灾的行为最终受益的是整个国家和社会，由此发生伤亡的给予工伤待遇，正能彰显法律对高尚道德品质的推崇，倡导良好的社会风尚。

劳动者：职工在抢险救灾等维护国家利益、公共利益活动中受到伤害的，视同工伤。这旨在保障劳动者在工作以外维护“国家利益、公共利益”的活动中受到伤害时的补偿。注意区别，在特殊情形下具有法定职责的人和具有特殊身份的人，此时就不适用《工伤保险条例》第 15 条第 2 项。对于“维护国家利益、公共利益的活动中受到伤害”的适用要注意以下三点：一是国家利益、公共利益必须是面临紧迫的紧急情况，不开展抢险、救灾活动就会使国家利益、公共利益遭受更大或不可挽回的损失，该紧迫性使行为人需要立刻实施干预活动。二是该干预行为不能是职工本身的职责所在，或法定的义务所在。比如，“120”急救医护人员,随“120”救护车对急救患者开展救助的行为,应当是医护人员的本身职责所在,属于与其职务相关的法定职责;又如,父母带未成年孩子去爬山,在爬山过程中遇到野生动物的袭击,为维护子女的生命安全,挺身而出,导致身体受到伤害的,也应排除在视同工伤的范围之外。因为父母对未成年子女的看护属于其法定义务。三是各地的《见义勇为保护条例》保护的范围不尽相同,大多数对法定职责和法定义务进行了排除适用,也有些地方的《见义勇为保护条例》是不加区别的,所以不同地区的职工应稍加注意。

37 职工在参加用人单位组织的活动中受伤的视为工伤

适用法条

——《工伤保险条例》第十四条第(五)项

案情回顾

2017 年,朱某进入某科通技术公司,在软件开发部从事大数据科学具体工作。2020 年 7 月 13 日,公司组织主题为"让你嗨"的野外团建活动,包括朱某在内的 67 名职工参加了此次活动,公司向某娱乐公司购买了 10 项付费活动,并给每人购买平安险 1 份。到达某娱乐公司的基地后,公司组织 67 名职工分几个小组进行互动闯关。朱某在闯关游戏中淘汰出局,看见旁边的自费冒险游乐项目,自行扫码尝试,但因本人未认真阅读注意事项,未正确使用安全带,被机器高空抛出,致朱某当场坠亡。某科通技术公司与朱某家属就朱某的死亡是否属于工伤发生争议。2020 年 8 月 18 日,朱某家属向当地人力资源和社会保障局申请工伤认定。2020 年 9 月 29 日,当地人力资源和社会保障局作出《不予工伤认定决定书》。朱某家属不服,向上级主管理部门申请行政复议,市人力资源和社会保障局作出《行政复议决定书》,维持《不予工伤认定决定书》。2020 年 12 月 3 日,朱某家属以认定部门和复议部门为被告提起行政诉讼,要求依法撤销《不予工伤认定决定书》及《行政复议决定书》,并责令当地人力资源和社会保障局重新作出行政行为。一审法院审理后认为《不予工伤认定决定书》中关于朱某所受到的伤害是否属于《工伤保险条例》第 14 条第 5 项规定的"因工外出期间,由于工作原因受到伤害"

的事实认定不清,法律适用有误,依法撤销,并责令当地人力资源和社会保障局在法定期限内重新作出行政行为,同时撤销《行政复议决定书》。当地人力资源和社会保障局、市人力资源和社会保障局均提起上诉,二审法院同意一审裁判意见,予以维持。

·法理分析·

本案争议的焦点为朱某所受到的伤害是否属于《工伤保险条例》第14条第5项“因工外出期间,由于工作原因受到伤害”的情形。

朱某家属诉称,朱某于2017年开始与某科通技术公司建立劳动关系,直到事故发生时,一直就职于某科通技术公司。2020年7月13日,朱某虽然是在游玩的过程中受伤死亡,但用人单位是为了丰富职工的业余活动,调动职工的工作积极性而组织的集体活动,有为了单位利益的目的。因此,朱某在此期间所受到的伤害应当认定为工伤。

当地人力资源和社会保障局辩称,单位组织外出游玩,并不是工作内容的延伸,而是为了促进职工之间的互相熟悉,完全属于娱乐项目,是自愿参加并不强迫。事故发生时不是工作时间,不在工作场所,更不是因为工作的原因发生的伤亡。因此,不予认定工伤的事实清楚,依据充分。朱某家属的诉请没有法律依据,应当予以驳回。

市人力资源和社会保障局称,同意当地人力资源和社会保障局的不予工伤认定意见,《行政复议决定书》程序合法、事实清楚、法律适用正确。请求驳回朱某家属的诉讼请求。

某科通技术公司认为,朱某的死亡是其个人原因导致,与公司无关。公司组织职工团建活动属于自愿参加,没有强制性。团建内容纯属娱乐放松,跟公司的工作内容没有半点关系。另外,朱某自行扫码玩耍游乐场的付费项目,超出公司组织团建的活动范围,属于私自脱离团队的个人行为,由此发生的伤亡属于朱某与游乐场之间的民事侵权纠纷,与工作无关,请求驳回朱某家属的诉讼请求。

法院认为,朱某所受到的伤害是否属于《工伤保险条例》第 14 条第 5 项"因工外出期间,由于工作原因受到伤害"的情形,关键在于某科通技术公司组织本次团建活动是否属于因工外出,朱某所受到的伤害是否属于与工作无关的个人行为。

关于"因工外出",应从团建活动的性质入手。某科通技术公司组织本次活动,并承担活动的相关费用,还向保险公司进行投保,是本次团建活动的组织者。虽然该团建活动不是工作内容的延伸,但某科通技术公司为了激发职工的团队合作精神,让职工感受团队合作的力量,通过本次活动的举办,调动职工更多的工作积极性,最终是为了公司利益而进行的。根据《工伤保险条例》第 14 条第 5 项的规定,职工因工外出期间,由于工作原因受到伤害或者发生事故下落不明的,应当认定为工伤。最高人民法院《关于审理工伤保险行政案件若干问题的规定》第 4 条第 2 项规定,职工参加用人单位组织或者受用人单位指派参加其他单位组织的活动受到伤害的,社会保险行政部门认定为工伤的,人民法院应予支持。本案中,朱某应某科通技术公司的组织,前往露营地参加团建活动,这虽然与朱某本人工作内容无关,但也是为了参与公司的集体精神建设,有为公司精神宣传的目的,活动的性质属于"因工外出"。

关于"朱某所受到的伤害是否属于与工作无关的个人行为"。朱某接受某科通技术公司的组织,外出参加团建活动。在此过程中由于自行扫码付款玩耍造成自身伤亡,并没有超出活动的场所、范围,仍属于团建活动的内容。理由如下,某科通技术公司为了公司利益组织职工进行团建活动,并且购买了第三方的 10 项付费项目供职工免费玩耍。某科通技术公司将职工组织至团建基地,由此带来风险责任的承担并不仅限于 10 项已付费项目。自费与否针对的是与第三方之间购买项目的范围,第三方供某科通技术公司职工对已付费项目免费玩耍,自费项目需要职工自行付费才能玩耍，但不能依据项目付费与否否定职工参与本次团建活动的“因工”属性。朱某即便自费玩耍其他项目，也没有超出公司此次团建“因工”的范围。因此，朱某是为了公司的凝聚力参加团建活动，某科通技术公司将职工置于游乐场所，不应以付费项目范围确定工伤保险责任的承担范围，且朱某不存在擅自离队、自伤自残等不应当认定为工伤的法定情形，公司应当为此次活动造成的职工伤害承担用人单位的工伤保险责任。因此，一审法院判决撤销当地人力资源和社会保障局的《不予工伤认定决定书》、市人力资源和社会保障局的《行政复议决定书》，并重新作出行政行为。二审法院同意一审法院的裁判观点，维持了一审判决。

·知识拓展·

《行政复议法》

第十条　公民、法人或者其他组织对行政复议决定不服的，可以依照《中华人民共和国行政诉讼法》的规定向人民法院提起行政诉讼，但是法律规定行政复议决定为最终裁决的除外。

第二十八条　对履行行政复议机构职责的地方人民政府司法行政部门的行政行为不服的，可以向本级人民政府申请行政复议，也可以向上一级司法行政部门申请行政复议。

《工伤保险条例》

第十四条　职工有下列情形之一的，应当认定为工伤：

（一）在工作时间和工作场所内，因工作原因受到事故伤害的；

（二）工作时间前后在工作场所内，从事与工作有关的预备性或者收尾性工作受到事故伤害的；

(三)在工作时间和工作场所内,因履行工作职责受到暴力等意外伤害的;

(四)患职业病的;

(五)因工外出期间,由于工作原因受到伤害或者发生事故下落不明的;

(六)在上下班途中,受到非本人主要责任的交通事故或者城市轨道交通、客运轮渡、火车事故伤害的;

(七)法律、行政法规规定应当认定为工伤的其他情形。

第四十一条　职工因工外出期间发生事故或者在抢险救灾中下落不明的,从事故发生当月起3个月内照发工资,从第4个月起停发工资,由工伤保险基金向其供养亲属按月支付供养亲属抚恤金。生活有困难的,可以预支一次性工亡补助金的50%。职工被人民法院宣告死亡的,按照本条例第三十九条职工因工死亡的规定处理。

最高人民法院《关于审理工伤保险行政案件若干问题的规定》

第四条　社会保险行政部门认定下列情形为工伤的,人民法院应予支持:

(一)职工在工作时间和工作场所内受到伤害,用人单位或者社会保险行政部门没有证据证明是非工作原因导致的;

(二)职工参加用人单位组织或者受用人单位指派参加其他单位组织的活动受到伤害的;

(三)在工作时间内,职工来往于多个与其工作职责相关的工作场所之间的合理区域因工受到伤害的;

(四)其他与履行工作职责相关,在工作时间及合理区域内受到伤害的。

第五条　社会保险行政部门认定下列情形为"因工外出期间"的,人民法院应予支持:

(一)职工受用人单位指派或者因工作需要在工作场所以外从事与工作职责有关的活动期间;

（二）职工受用人单位指派外出学习或者开会期间；

（三）职工因工作需要的其他外出活动期间。

职工因工外出期间从事与工作或者受用人单位指派外出学习、开会无关的个人活动受到伤害，社会保险行政部门不认定为工伤的，人民法院应予支持。

人力资源和社会保障部《关于执行〈工伤保险条例〉若干问题的意见》

一、《工伤保险条例》（以下简称《条例》）第十四条第（五）项规定的“因工外出期间”的认定，应当考虑职工外出是否属于用人单位指派的因工作外出，遭受的事故伤害是否因工作原因所致。

劳动和社会保障部《关于实施〈工伤保险条例〉若干问题的意见》

五、用人单位未按规定为职工提出工伤认定申请，受到事故伤害或者患职业病的职工或者其直系亲属、工会组织提出工伤认定申请，职工所在单位是否同意（签字、盖章），不是必经程序。

人力资源和社会保障部《关于执行〈工伤保险条例〉若干问题的意见（二）》

四、职工在参加用人单位组织或者受用人单位指派参加其他单位组织的活动中受到事故伤害的，应当视为工作原因，但参加与工作无关的活动除外。

劳动部《关于贯彻执行〈中华人民共和国劳动法〉若干问题的意见》

80. 劳动者对劳动行政部门作出的工伤或职业病的确认意见不服，可依法提起行政复议或行政诉讼。

·风险提示·

用人单位：“因工外出期间”最早被劳动部提出，现行有效的最高人民法院《关于审理工伤保险行政案件若干问题的规定》的第 5 条，延续了“因工外出期间”职工受到伤害或下落不明认定为工伤的构成要件。其中“因工外出期间”是工伤认定的核心要素。一是发生的原因是为工作;二是受到伤害的地点为平常工作的场所以外。这也是职工受到伤害或下落不明这一结果被认定为工伤的前提条件。

“因工外出期间”从字面意思去理解,范围相对好确定,就是受用人单位的指派或因为工作的性质合理延伸的区间。注意该延伸的区间与长期在外驻扎职工的区别。“因工外出期间”有短暂、临时、不确定的性质,与常年驻外办公的工作场所不同,不一定像“三工”要素中“工作时间”那么固定。所以在认定“因工外出期间”时对“因工”要作相对灵活的扩张解释。比如最高人民法院《关于审理工伤保险行政案件若干问题的规定》第 5 条第 1 项规定,受用人单位指派或因工作需要;第 2 项规定,受用人单位指派外出学习、开会;第 3 项规定,其他因工作需要外出活动,兜底了所有外出中“因工”这一要素。在“因工”要素的加持下,“期间”就是“因工”外出的合理时间。实践中,也有观点将往返的全部时间囊括进来,以保障职工为用人单位的利益而受到事故伤害时的最大保护。

“事故或伤害”是在“因工外出期间”发生的一个损害结果。该结果的发生基于工作原因,相较于正常工作场所期间会受到的损害风险,有着更多的不确定性。如果不加区别地全部进行工伤认定,那么无疑让用人单位增加了责任承担风险,也不利于和谐劳动关系的持续发展。鉴于此,最高人民法院《关于审理工伤保险行政案件若干问题的规定》第 5 条第 2 款规定,职工因工外出期间从事与工作或者受用人单位指派外出学习、开会无关的个人活动受到伤害,社会保险行政部门不认定为工伤的,人民法院应予支持。以反面列举的方式,否定了职工因工外出期间个人活动引发事故或下落不明时用人单位责任的承担。

本案中,朱某所受到的伤害,没有脱离团建团队所在的娱乐场所,也没有超出场所的娱乐项目,受到的伤害未超出用人单位组织外出的“因工”属性,不能简单将自费项目等同于与工作无关的个人活动。这也是当地人力资源和社会保障局《不予工伤认定决定书》被撤销的原因。因此，用人单位在职工外出期间应注意强调外出工作的内容、活动的方案，注意对职工外出活动中与工作无关的个人行为性质的把握判断。

劳动者：在社会快速发展的今天，劳动者是主要的人力资源，各种各样的工作岗位竞争日益激烈，人才的培养也成为用人单位储备人才的关键。因此，用人单位外派职工进行学习、实践、开会等，越来越成为提升竞争力的方式。虽然最高人民法院《关于审理工伤保险行政案件若干问题的规定》对职工"因工外出期间"作了兜底性规定，其中对外出期间的合理时间、空间进行了界定，但是最终判断是不是工伤，还需结合"因工"这一属性，离开"因工"属性的个人打架、喝酒、游玩等与外派工作内容无关的私人活动中受到的伤害，不得认定为工伤。因此，作为劳动者，在用人单位指派工作、学习、开会等外出工作时，同样要坚持按要求参加学习、开会，正常出入于外出工作场所，在合理时间内往返于住宿与外出工作的场所之间等，完成外出工作任务。在工作时间不开展与工作无关的个人行为。另外，外出工作相较于固定工作场所发生事故伤害的风险更大，劳动者在外出工作期间如果发生事故伤害，一定要及时固定证据，包括用人单位外派工作的指示、学习通知、参加活动通知、住宿安排、一同外出工作同事的证人证言、报警记录、事故发生时的监控录像等，用以证明该伤害属于"因工外出期间"受到的伤害。最后，在事故发生后，若用人单位未在法定时间内提起工伤认定，劳动者要主动申请工伤认定，提交因工受伤的相关材料，配合工伤认定部门的调查，补充相关证据。工伤行政部门在事实清楚、证据确凿之下，依法作出工伤认定，最终保障的是劳动者个人的合法权益，劳动者应当积极主动配合工伤认定的作出。

38 挂靠施工情形下工伤保险责任的承担主体

适用法条

——最高人民法院《关于审理工伤保险行政案件若干问题的规定》第三条

案情回顾

2021年3月，曹某将其购买的重型罐式货车挂靠于某顺通运输公司名下，并以该公司的运输资质从事运输业务。该重型罐式货车由曹某自行经营，曹某雇用张小某为驾驶员，每趟4200元，不管吃住，按次结算工资。2021年7月16日，在运输货物途中，货车因严重超载在转弯处发生倾倒塌落，使张小某从司机室跌落，被压在货车下面，送医后不治身亡。其中抢救费用171,904.32元，由曹某支付。2021年8月14日，张小某之妻蒋某、其子张某某向当地人事争议仲裁委员会提出仲裁申请，请求确认张小某与某顺通运输公司存在劳动关系。仲裁委对该仲裁请求未予支持。

2021年9月14日，蒋某、张某某向当地人力资源和社会保障局提出工伤认定申请。2021年10月29日，当地人力资源和社会保障局作出《不予工伤认定决定书》。经调查，张小某受曹某雇用，从事重型货车的长途运输驾驶员一职，该重型货车依法登记于某顺通运输公司名下，以某顺通运输公司的运输资质进行经营，张小某正是在从事运输业务中伤亡。根据《工伤保险条例》第18条的规定，提出工伤认定应当提供与用人单位存在劳动关系（包括事实劳动关系）的证明材料，第14条应当认定为工伤及第15条视同工伤的情形，都要求以与用人单位之间存在劳动关系为前提。因此，某顺通运输公司作为被挂靠单位，与张小某之间不存在劳动关系，不予认定工伤。

蒋某、张某某直接向人民法院提起民事诉讼，要求某顺通运输公司与曹某对张小某伤亡承担工伤保险责任。

某顺通运输公司辩称，当地人力资源和社会保障局作出的不予工伤认定决定明确公司与张小某之间不存在劳动关系，承担工伤保险责任应以存在劳动关系为前提条件。根据《工伤保险条例》第 18 条第 2 项的规定，从申请工伤认定应当提交与用人单位存在劳动关系（包括事实劳动关系）的证明材料来看，《不予工伤认定决定书》应当依法作为工伤认定的法律依据。因此，应当驳回蒋某、张某某的诉讼请求，若要承担工伤保险责任，也应由挂靠人曹某承担。

曹某辩称，某顺通运输公司主张其承担工伤保险责任没有法律依据，应当依法由某顺通运输公司承担张小某的工伤保险责任。张小某与曹某不存在劳动关系，并且事发时也是某顺通公司经营的车辆导致张小某的死亡，与其没有关系。另外，关于蒋某、张某某主张的丧葬补助金、一次性工亡补助金是按照工亡赔偿标准计算出来的，不予认可。

法院对各方提交的证据进行交换并质证。蒋某、张某某提供证据：(1) 车辆的所有权证、运输证。证明该运营车辆登记在某顺通运输公司名下，所有权人为某顺通运输公司，且张小某在某顺通运输公司从事运输业务。(2) 曹某给张小某支付工资的转账记录 4 份。证明张小某同时受雇于曹某的事实。(3) 视频录像 1 份。证明张小某事故发生是因为车辆严重超载，转弯时制动不足致张小某被甩出车外后又被压在车身下受伤，张小某是在驾驶该事故车辆的过程中遭受伤亡。(4) 医院抢救病历、死亡证明各 1 份。证明事故发生的时间，及张小某的死亡原因为坠落挤压受伤致死。(5) 某顺通运输公司的《运输经营许可证》及《运输全责任保证书》各 1 份。《运输经营许可证》盖某顺通运输公司公章,《运输全责任保证书》代表人、责任人处均是曹某本人签名,证明曹某为该事故车辆的实际经营人,某顺通运输公司应当对张小某的死亡承担责任。某顺通运输公司提供的证据:(1)同车驾驶员贾某证人证言1份。证明他与张小某一同受曹某的雇用,工资也由曹某发放,同样是驾驶该事故车辆的司机,他与张小某实行轮班制,且其与张小某都与某顺通运输公司从来没有任何联系,并没有建立劳动关系的意思。(2)转账记录5份、《挂靠经营协议》1份。证明曹某系该营运车辆的实际所有人,挂靠于某顺通运输公司经营,某顺通运输公司在扣除《挂靠经营协议》约定的管理费后,如数向曹某支付经营所得。曹某作为该营运车辆的实际所有权人,享受经营利润的同时,应当优先承担张小某的工伤保险责任。曹某未提供证据,也不认可上述证据的真实性。

综合上述证据,法院认定事实如下,某顺通运输公司将曹某购买的重型货车登记在公司名下进行经营,并与曹某签订《挂靠经营协议》,约定由曹某实际经营该货车,某顺通运输公司只抽取经营总费用的2%作为管理费。凡是使用该货车支付至某顺通运输公司账号的费用,某顺通运输公司从中直接扣除相应的管理费,但不参与货车的经营管理工作。截至事故发生时,某顺通运输公司账号共收到该经营车辆的经营费用728,000元,扣除相应的管理费后剩余部分已足额支付至曹某个人账户。曹某雇用张小某、贾某从事该车辆货物运输司机一职,每趟工资4200元,无运输业务时,自行歇息,有业务时随时出发。另法院查明,曹某为了减少运输成本,不按规定载货,该车发生事故时严重超出车辆的载重,以至于转弯时制动不足,导致张小某伤亡事故的发生。根据最高人民法院《关于审理工伤保险行政案件若干问题的规定》第3条第1款第5项的规定,个人挂靠其他单位对外经营,其聘用的人员因工伤亡的,被挂靠单位为承担工伤保险责任的单位。某顺通运输公司作为具备运输资格的经营单位，违法将曹某货车挂靠于其公司经营。受曹某雇用的张小某在从事运输业务时，跌落死亡，符合因工伤亡的“因工”要素，且在挂靠经营中，为保护劳动者的合法权益，法律法规规定只要挂靠关系成立，挂靠人聘用的人员因工作原因伤亡的，被挂靠单位就应当承担工伤保险责任。故依法由某顺通运输公司对张小某的伤亡承担工伤保险责任。

关于工伤保险责任的承担是否以存在劳动关系为前提。曹某作为不具备经营主体资格的自然人，没有承担民事责任的足够财力，为了保护劳动者的权益，在劳动者从事经营业务遭受伤害时，被挂靠人应当承担工伤保险责任。虽然某顺通运输公司作为经营人与挂靠经营自然人雇用的张小某并未建立劳动关系，但是不影响某顺通运输公司对工伤保险责任的承担，该责任的承担并不以工伤认定为前提。

某顺通运输公司不服，提出上诉，认为曹某应当与某顺通运输公司连带承担张小某的工伤保险责任。根据最高人民法院《关于审理工伤保险行政案件若干问题的规定》第 3 条第 2 款的规定，明确承担工伤保险责任的单位承担赔偿责任或者社会保险经办机构从工伤保险基金支付工伤保险待遇后，有权向相关组织、单位和个人追偿。二审法院认为某顺通运输公司向张小某承担工伤保险责任后，可以依法向曹某进行追偿。判决驳回上诉，维持原判。

·法理分析·

本案的争议焦点为，某顺通运输公司工伤保险责任的承担是否以劳动关系的建立为必要，张小某的伤亡是否属于因工伤亡。

为全面保护受伤职工的合法权益，防止用人单位将用工风险转嫁，允许用工主体责任突破劳动关系的界限对劳动者予以特殊保护，从而制约、规范特殊领域用人单位的挂靠责任。随着工伤保险制度的不断发展,对实践中出现的以挂靠经营等形式规避用工风险的情形,最高人民法院《关于审理工伤保险行政案件若干问题的规定》第3条规定,特殊情形下的工伤认定不以存在劳动关系为前提,而直接由具备用工主体资格的用工单位承担工伤保险责任。其中第5项,个人挂靠其他单位对外经营,其聘用的人员因工伤亡的,被挂靠单位为承担工伤保险责任的单位。该司法解释从保护劳动者的合法权益出发,在认定工伤时无须确认劳动关系的存在。本案中,根据已查明的事实足以认定,曹某为该重型货车的所有人,其利用某顺通运输公司的运输资质挂靠经营,张小某受曹某雇用驾驶该车辆,在从事运输业务的过程中发生事故造成伤亡。根据最高人民法院《关于审理工伤保险行政案件若干问题的规定》第3条第1款第5项的规定,对于特殊领域发生人员伤亡时的特殊保护,并不以存在劳动关系为前提,属于对工伤认定的特殊规定。这样既保障了劳动者的更大权益,又体现出法律对违法挂靠行为的惩戒。因此,某顺通运输公司的上诉请求不成立,法院没有支持。

·知识拓展·

《工伤保险条例》

第十八条　提出工伤认定申请应当提交下列材料:

(一)工伤认定申请表;

(二)与用人单位存在劳动关系(包括事实劳动关系)的证明材料;

(三)医疗诊断证明或者职业病诊断证明书(或者职业病诊断鉴定书)。

工伤认定申请表应当包括事故发生的时间、地点、原因以及职工伤害程度等基本情况。

工伤认定申请人提供材料不完整的,社会保险行政部门应当一次性书面告知工伤认定申请人需要补正的全部材料。申请人按照书面告知要求补正材料后,社会保险行政部门应当受理。

《社会保险法》

第三条 社会保险制度坚持广覆盖、保基本、多层次、可持续的方针,社会保险水平应当与经济社会发展水平相适应。

第三十三条 职工应当参加工伤保险,由用人单位缴纳工伤保险费,职工不缴纳工伤保险费。

第八十四条 用人单位不办理社会保险登记的,由社会保险行政部门责令限期改正;逾期不改正的,对用人单位处应缴社会保险费数额一倍以上三倍以下的罚款,对其直接负责的主管人员和其他直接责任人员处五百元以上三千元以下的罚款。

最高人民法院《关于审理工伤保险行政案件若干问题的规定》

第二条 人民法院受理工伤认定行政案件后,发现原告或者第三人在提起行政诉讼前已经就是否存在劳动关系申请劳动仲裁或者提起民事诉讼的,应当中止行政案件的审理。

第三条 社会保险行政部门认定下列单位为承担工伤保险责任单位的,人民法院应予支持:

(一)职工与两个或两个以上单位建立劳动关系,工伤事故发生时,职工为之工作的单位为承担工伤保险责任的单位;

(二)劳务派遣单位派遣的职工在用工单位工作期间因工伤亡的,派遣单位为承担工伤保险责任的单位;

(三)单位指派到其他单位工作的职工因工伤亡的,指派单位为承担工伤保险责任的单位;

(四)用工单位违反法律、法规规定将承包业务转包给不具备用工主体资格

的组织或者自然人,该组织或者自然人聘用的职工从事承包业务时因工伤亡的,用工单位为承担工伤保险责任的单位;

(五)个人挂靠其他单位对外经营,其聘用的人员因工伤亡的,被挂靠单位为承担工伤保险责任的单位。

前款第(四)、(五)项明确的承担工伤保险责任的单位承担赔偿责任或者社会保险经办机构从工伤保险基金支付工伤保险待遇后,有权向相关组织、单位和个人追偿。

最高人民法院《关于车辆实际所有人聘用的司机与挂靠单位之间是否形成事实劳动关系的答复》

个人购买的车辆挂靠其他单位且以挂靠单位的名义对外经营的,根据2008年1月1日起实施的《劳动合同法》规定的精神,其聘用的司机与挂靠单位之间不具备劳动关系的基本特征,不宜认定其形成了事实劳动关系。

·风险提示·

用人单位: 挂靠经营即是指企业、合伙组织、个体户或者自然人与另外的一个经营主体达成挂靠协议,然后挂靠的企业、合伙组织、个体户或者自然人使用被挂靠的经营主体的名义对外从事经营活动,被挂靠方提供资质、技术、管理等方面的服务并定期向挂靠方收取一定管理费用的经营方式。因为是借用被挂靠方的资质、信誉等并对外以被挂靠方名义从事经营活动,挂靠方通常要以管理费、保证金的形式向其交纳一些费用。而被挂靠方只是配合承接工程项目或提供特殊的资质资格供挂靠人使用,实际上并未真正履行所谓的管理义务。实践中,比较突出的就是挂靠施工和挂靠运输经营。"挂靠运输经营",是指道路运输车辆的机动车登记证书及行驶证的所有(权)人不具备道路运营资质,但以其他具备资质的企业的名义从事道路运输经营活动的行为。挂靠经营者的相关经营行为由被挂靠的企业承担相应的法律责任。

本案例就是关于挂靠经营的典型案例。车辆实际所有人曹某与被挂靠单位某顺通运输公司之间挂靠从事运输经营，该挂靠运输经营行为，违反了《道路运输条例》等行政法规的规定，不仅使国家通过运输经营许可安全管理来规范市场经营秩序的管理目的落空，而且极大地增加了道路交通的安全隐患。故挂靠行为不仅不能受到法律的保护，反而应当予以规范。该运输公司将经营权借给不具备用工主体资格的自然人曹某使用，对曹某招用的劳动者张小某在工作过程中造成的伤亡，由具备用工主体资格的某顺通运输公司承担用工主体责任。根据最高人民法院〔2006〕行他字第 17 号答复（已失效），可以看出这是基于对劳动者利益的保护，但劳动者不能因此主张用人单位为其缴纳社会保险等其他福利待遇。

被挂靠经营的用人单位在挂靠关系中，可能存在以下风险：第一，双方签订的挂靠协议，往往会因规避法律而无效。被挂靠单位为了防范风险，在挂靠协议中约定"挂靠期间发生事故或其他原因造成的一切损失均由车主自负，被挂靠单位概不承担"的内容一般是无效的，没有从根本上真正起到防范风险的作用。第二，工伤保险责任的承担。对于挂靠人雇用的人员在工作过程中发生事故造成伤亡的，根据最高人民法院《关于审理工伤保险行政案件若干问题的规定》第 3 条第 1 款第 5 项"个人挂靠其他单位对外经营，其聘用的人员因工伤亡的，被挂靠单位为承担工伤保险责任的单位"的规定来看，被挂靠用人单位应当承担挂靠人雇用人员的工伤保险责任。第三，行政责任的承担。轻者责令改正，没收违法所得，并处罚款；重者可以责令停业整顿，降低资质等级；情节严重的，吊销资质证书。因此，在此类案件中法律倾向对弱势群体劳动者的保护，作为用人单位一定要明白，挂靠运输经营工伤保险责任的承担突破了以劳动关系存在为前提，既然国家法律专门规定了道路运输经营许可的制度，就要坚持有法必依、执法必严的立场,具备道路运营资质的企业要规范经营,有效防范经营风险。

劳动者: 劳动关系与雇佣关系在实践中是非常相似的两种法律关系,但这两种法律关系在性质及后果上却有很大的区别。第一,劳动关系相较于雇佣关系比较稳定。劳动关系一旦建立,劳动者就享有劳动相关法律规定的劳动权利,用人单位不得随意解除或终止与劳动者的劳动关系,双方的权利义务比较明晰。雇佣关系相对于劳动关系比较松散,没有严格的管理制度,紧密程度不及劳动关系。第二,劳动关系比雇佣关系有更多的社会保险的保障。劳动关系依法建立后,劳动者享有劳动相关法规的更多保障,用人单位应当依法依约向劳动者提供劳动条件、按时足额向劳动者支付劳动报酬、劳动者接受用人单位的职业技能的培训、享受社会保险和福利等法定权利,但雇佣关系没有这样的强制性的规定,保障程度明显没有劳动关系这么充分。第三,劳动关系与雇佣关系在保护权益时适用不同的法律。在发生纠纷时适用的法律依据不同,劳动纠纷适用的是劳动相关法律的规定,雇佣关系则是由《民法典》等法律法规进行调整。

39 违法转包、分包情形下工伤保险责任的承担主体

适用法条

——最高人民法院《关于审理工伤保险行政案件若干问题的规定》第三条

案情回顾

2020年6月2日，永胜建筑公司（以下简称永胜公司）承包了某政府办公大楼翻修工程。2020年6月28日，永胜公司将水电消防工程部分分包给不具有资质的马某个人，马某又雇用刘某等人进行水管铺设业务。因为楼内外进行全面翻修，原来的楼梯栏杆一并被拆除。2020年9月14日，刘某在运送水管辅料上楼过程中脚下踩空，从没有任何遮挡的楼梯上摔下，造成刘某当场身亡。永胜公司与马某一起承担了刘某的安葬费用。

刘某家属与永胜公司就刘某与永胜公司之间是否存在劳动关系发生争议。2020年9月22日，刘某家属向当地劳动争议仲裁委员会请求确认劳动关系。2020年10月15日，当地劳动争议仲裁委员会认为双方之间不存在劳动关系，驳回了刘某家属的仲裁请求。刘某家属不服向一审人民法院提起诉讼，请求确认刘某与永胜公司之间存在劳动关系。2020年12月24日，一审法院驳回了刘某家属的诉讼请求。2021年1月20日，刘某家属向当地人力资源和社会保障局提起工伤认定申请，请求确认刘某的伤亡为工伤。2021年3月1日，当地人力资源和社会保障局作出《工伤认定决定书》，认为刘某所受伤害属于工伤。永胜公司不服，向人民法院提起行政诉讼，要求撤销当地人力资源和社会保障局作出的《工伤认定决定书》。其认为刘某并非永胜

公司的职工，双方从来没有建立劳动关系的意思联络，并且在对于刘某是否由马某雇用这一事实没有查清的情况下，直接认定永胜公司对刘某的伤亡承担工伤保险责任，属于事实不清，法律适用有误，依法应当撤销。法院经审理，驳回了永胜公司的诉请。二审维持一审判决。

·法理分析·

本案的争议焦点为，刘某的伤亡是否应由永胜公司承担工伤保险责任。其中，在建设工程领域，工伤保险责任的承担并不一定以存在劳动关系（或事实劳动关系）为前提，这也是建筑领域对工伤保险责任承担的特殊规定。

本案中，永胜公司承包了某政府办公大楼翻修工程后，将其中的水电消防工程部分分包给马某，刘某是马某雇用的有水电专业工作证的水电工，在进行水管铺设业务过程中造成刘某的伤亡。永胜公司提供与马某签订的《分包协议》，双方约定，永胜公司将该工程的水电作业分包给马某，分包价款为65万元，由永胜公司在翻修工程全部验收竣工后，留5%的质保金后一次性支付给马某，马某承担水电工程的用工责任等。根据《工伤保险条例》第18条第1款第2项的规定，认定工伤应当提供与用人单位存在劳动关系（包括事实劳动关系）的证明材料。根据法律规定和证据，不管是从劳动关系、用工关系、权利义务相一致的原则，还是《分包协议》的相对性来讲，永胜公司都不应该对刘某的伤亡承担工伤保险责任。刘某并不是永胜公司的职工，并且刘某是从事马某分包业务的过程中发生伤亡，与永胜公司没有关系，刘某的伤亡不应由永胜公司承担责任。因此，应当撤销当地人力资源和社会保障局的《工伤认定决定书》。

当地人力资源和社会保障局辩称，永胜公司作为案涉工程的承包单位，将工程的水电部分分包给不具有用工资质的马某个人，属于违法分包。刘某是在从事违法分包业务的过程中发生伤亡，符合最高人民法院《关于审理工伤保险行政案件若干问题的规定》第3条第1款第4项规定的情形。因此,依法将刘某认定为工伤的事实清楚、法律适用正确,程序合法,请依法予以维持。

法院认为,根据已查清的事实,永胜公司作为案涉工程的承包单位,将工程的水电部分分包给不具有用工资质的马某个人。马某雇用刘某进行水电安装业务,施工现场没有任何安全保障措施,导致刘某在运送水管辅料上楼过程中脚下踩空,从没有任何遮挡的楼梯上摔下,造成刘某伤亡结果的发生。永胜公司作为具有相应的用工资质的承包单位,将案涉工程的水电部分违法分包给不具有相应资质的自然人。根据最高人民法院《关于审理工伤保险行政案件若干问题的规定》第3条第1款第4项的规定,社会保险行政部门对用工单位违反法律、法规规定将承包业务转包给不具备用工主体资格的组织或者自然人,该组织或者自然人聘用的职工从事承包业务时因工伤亡的,认定用工单位为承担工伤保险责任的单位,人民法院应予支持。人力资源和社会保障部《关于执行〈工伤保险条例〉若干问题的意见》第7条规定,具备用工主体资格的承包单位违反法律、法规规定,将承包业务转包、分包给不具备用工主体资格的组织或者自然人,该组织或者自然人招用的劳动者从事承包业务时因工伤亡的,由该具备用工主体资格的承包单位承担用人单位依法应承担的工伤保险责任。可知,承包单位将承包工程违法分包给不具有相应资质的组织或自然人时,劳动关系的存在与否并不是用工单位承担工伤保险责任的前提条件,永胜公司应当对刘某的伤亡承担工伤保险责任。永胜公司承担了刘某的工伤保险责任后,可依最高人民法院《关于审理工伤保险行政案件若干问题的规定》第3条第2款的规定向马某进行追偿。

·知识拓展·

《社会保险法》

第三条　社会保险制度坚持广覆盖、保基本、多层次、可持续的方针,社会保险水平应当与经济社会发展水平相适应。

第三十三条　职工应当参加工伤保险，由用人单位缴纳工伤保险费，职工不缴纳工伤保险费。

第八十四条　用人单位不办理社会保险登记的，由社会保险行政部门责令限期改正；逾期不改正的，对用人单位处应缴社会保险费数额一倍以上三倍以下的罚款，对其直接负责的主管人员和其他直接责任人员处五百元以上三千元以下的罚款。

《工伤保险条例》

第十八条　提出工伤认定申请应当提交下列材料：

（一）工伤认定申请表；

（二）与用人单位存在劳动关系（包括事实劳动关系）的证明材料；

（三）医疗诊断证明或者职业病诊断证明书（或者职业病诊断鉴定书）。

工伤认定申请表应当包括事故发生的时间、地点、原因以及职工伤害程度等基本情况。

工伤认定申请人提供材料不完整的，社会保险行政部门应当一次性书面告知工伤认定申请人需要补正的全部材料。申请人按照书面告知要求补正材料后，社会保险行政部门应当受理。

人力资源和社会保障部　住房和城乡建设部　安全监管总局　全国总工会《关于进一步做好建筑业工伤保险工作的意见》

一、完善符合建筑业特点的工伤保险参保政策，大力扩展建筑企业工伤保险参保覆盖面。建筑施工企业应依法参加工伤保险。针对建筑行业的特点，建筑施工企业对相对固定的职工，应按用人单位参加工伤保险；对不能按用人单位参保、建筑项目使用的建筑业职工特别是农民工，按项目参加工伤保险。房屋建筑和市政基础设施工程实行以建设项目为单位参加工伤保险的，可在各项社会保险中优先办理参加工伤保险手续。建设单位在办理施工许可手续时，应当提交建设项目工伤保险参保证明，作为保证工程安全施工的具体措施之一；安全施工措施未落实的项目，各地住房城乡建设主管部门不予核发施工许可证。

二、完善工伤保险费计缴方式。按用人单位参保的建筑施工企业应以工资总额为基数依法缴纳工伤保险费。以建设项目为单位参保的，可以按照项目工程总造价的一定比例计算缴纳工伤保险费。

四、确保工伤保险费用来源。建设单位要在工程概算中将工伤保险费用单独列支，作为不可竞争费，不参与竞标，并在项目开工前由施工总承包单位一次性代缴本项目工伤保险费，覆盖项目使用的所有职工，包括专业承包单位、劳务分包单位使用的农民工。

五、健全工伤认定所涉及劳动关系确认机制。建筑施工企业应依法与其职工签订劳动合同，加强施工现场劳务用工管理。施工总承包单位应当在工程项目施工期内督促专业承包单位、劳务分包单位建立职工花名册、考勤记录、工资发放表等台账，对项目施工期内全部施工人员实行动态实名制管理。施工人员发生工伤后，以劳动合同为基础确认劳动关系。对未签订劳动合同的，由人力资源社会保障部门参照工资支付凭证或记录、工作证、招工登记表、考勤记录及其他劳动者证言等证据，确认事实劳动关系。相关方面应积极提供有关证据；按规定应由用人单位负举证责任而用人单位不提供的，应当承担不利后果。

八、落实工伤保险先行支付政策。未参加工伤保险的建设项目，职工发生工伤事故，依法由职工所在用人单位支付工伤保险待遇，施工总承包单位、建设单位承担连带责任；用人单位和承担连带责任的施工总承包单位、建设单位不支付的，由工伤保险基金先行支付，用人单位和承担连带责任的施工总承包单位、建设单位应当偿还；不偿还的，由社会保险经办机构依法追偿。

九、建立健全工伤赔偿连带责任追究机制。建设单位、施工总承包单位或具有用工主体资格的分包单位将工程（业务）发包给不具备用工主体资格的组织或个人，该组织或个人招用的劳动者发生工伤的，发包单位与不具备用工主体资格的组织或个人承担连带赔偿责任。

人力资源和社会保障部《关于执行〈工伤保险条例〉若干问题的意见》

七、具备用工主体资格的承包单位违反法律、法规规定，将承包业务转包、分包给不具备用工主体资格的组织或者自然人，该组织或者自然人招用的劳动者从事承包业务时因工伤亡的，由该具备用工主体资格的承包单位承担用人单位依法应承担的工伤保险责任。

劳动和社会保障部《关于确立劳动关系有关事项的通知》

四、建筑施工、矿山企业等用人单位将工程(业务)或经营权发包给不具备用工主体资格的组织或自然人，对该组织或自然人招用的劳动者，由具备用工主体资格的发包方承担用工主体责任。

人力资源和社会保障部《关于执行〈工伤保险条例〉若干问题的意见(二)》

二、达到或超过法定退休年龄，但未办理退休手续或者未依法享受城镇职工基本养老保险待遇，继续在原用人单位工作期间受到事故伤害或患职业病的，用人单位依法承担工伤保险责任。

用人单位招用已经达到、超过法定退休年龄或已经领取城镇职工基本养老保险待遇的人员，在用工期间因工作原因受到事故伤害或患职业病的，如招用单位已按项目参保等方式为其缴纳工伤保险费的，应适用《工伤保险条例》。

最高人民法院《关于审理工伤保险行政案件若干问题的规定》

第二条　人民法院受理工伤认定行政案件后，发现原告或者第三人在提起行政诉讼前已经就是否存在劳动关系申请劳动仲裁或者提起民事诉讼的，应当中止行政案件的审理。

第三条　社会保险行政部门认定下列单位为承担工伤保险责任单位的，人民法院应予支持：

（一）职工与两个或两个以上单位建立劳动关系，工伤事故发生时，职工为之工作的单位为承担工伤保险责任的单位；

（二）劳务派遣单位派遣的职工在用工单位工作期间因工伤亡的，派遣单位为承担工伤保险责任的单位；

（三）单位指派到其他单位工作的职工因工伤亡的，指派单位为承担工伤保险责任的单位；

（四）用工单位违反法律、法规规定将承包业务转包给不具备用工主体资格的组织或者自然人，该组织或者自然人聘用的职工从事承包业务时因工伤亡的，用工单位为承担工伤保险责任的单位；

（五）个人挂靠其他单位对外经营，其聘用的人员因工伤亡的，被挂靠单位为承担工伤保险责任的单位。

前款第（四）、（五）项明确的承担工伤保险责任的单位承担赔偿责任或者社会保险经办机构从工伤保险基金支付工伤保险待遇后，有权向相关组织、单位和个人追偿。

最高人民法院《关于对最高人民法院〈全国民事审判工作会议纪要〉第59条作出进一步释明的答复》

关于实际施工人招用的劳动者与承包人也就是建筑施工企业之间是否存在劳动关系……实际施工人与其招用的劳动者之间应认定为雇佣关系，但实际施工人的前一手具有用工主体资格的承包人、分包人或转包人与劳动者之间既不存在雇佣关系，也不存在劳动关系。理由是：建筑施工企业与实际施工人之间只是分包、转包关系，劳动者是由实际施工人雇用的，其与建筑施工企业之间并无建立劳动关系或雇佣关系的合意。

……

最后，虽然不认定实际施工人的前一手具有用工主体资格的承包人、分包人或转包人与劳动者之间存在劳动关系，并不意味着劳动者的民事权益得不到保护。《劳动合同法》第 94 条规定："个人承包经营者违反本法规定招用劳动者，给劳动者造成损害的，发包的组织与个人承包经营者承担连带赔偿责任。"实践中个人承包经营者（也就是实际施工人）往往没有承担民事责任的足够财力，为了保护劳动者的权益，在劳动者遭受损失时，承包人、分包人或转包人是要承担民事上的连带赔偿责任的。这是有利于对劳动者提供周全保护的。从诉讼程序看，劳动者既可以单独起诉实际施工人，也可以将承包人、分包人或转包人与实际施工人列为共同被告；从实体处理看，劳动者既可以要求实际施工人承担全额或者部分赔偿责任，也可以要求承包人、分包人或转包人承担全额或者部分赔偿责任，还可以要求承包人、分包人或转包人与实际施工人一起承担连带赔偿责任。

·风险提示·

用人单位：本案是关于建设工程领域，工伤保险责任承担的特殊规定，用人单位应当引起重视。与前面案例中工伤保险责任承担的明显区别是，在建设工程领域，用人单位将所承包的工程，违法转包或分包给不具备用工主体资格的组织或自然人，组织或自然人雇用的劳动者在从事承包业务时发生伤亡，该工伤保险责任的承担并不以存在劳动关系（事实劳动关系）为前提。在当前，建筑工程领域的承包人将承包工程违法转包、分包等情形广泛存在，建筑工程领域又是农民工的因工伤亡高发领域，如何既能保障农民工的合法权益，又不依据《工伤保险条例》规定的以劳动关系存在为工伤认定的大前提？2013 年 4 月 25 日施行的人力资源和社会保障部《关于执行〈工伤保险条例〉若干问题的意见》第 7 条，以及 2014 年 9 月 1 日施行的最高人民法院《关于审理工伤保险行政案件若干问题的规定》第3条第1款第4项,均有对建筑领域承包人将所承包的建设工程违法转包或分包给不具备用工主体资格的组织或自然人时,对该组织或自然人招用的劳动者在从事承包业务时因工伤亡的工伤保险责任由承包人承担的规定。之所以这样规定,一方面,是为了保障与承包人没有建立劳动关系的劳动者,尤其是务工的农民工的权益,这是在建设工程领域事故高发的情况下对劳动者合法权益的特别保护。另一方面,也是对承包人违法转包、分包行为的惩戒,促进建设工程领域的持续健康发展。针对以上特殊规定,作为建设工程的承包人,降低此类风险责任的承担,应该是建筑工程企业安全工作的重点环节。第一,要严格审核招用超龄建筑工人。尤其是农民工,对超过法定退休年龄的劳动者慎重录用。达到法定退休年龄的劳动者,身体机能下降,身体灵活度与抗压能力都会不同程度地下降,这也是法律规定达到法定退休年龄不再建立劳动关系的原因。如果招用超龄人员从事建设工程重体力劳动,可能会增加超龄人员身体患病风险,比如易骨折、易心梗、易脑梗等。第二,依法对分包主体资格进行审查。对依法可以进行分包的专业工程,分包给具备相应施工主体资格的分包主体,并以《分包协议》的形式进行权利义务的全面约定,明晰权责。第三,建筑施工企业应依法参加工伤保险。针对建筑行业的特点,建筑施工企业对相对固定的职工,应按用人单位参加工伤保险。对不能按用人单位参保,建筑项目雇用的建筑业职工特别是农民工,按项目参加工伤保险。房屋建筑和市政基础设施工程实行以建设项目为单位参加工伤保险的,可在各项社会保险中优先办理参加工伤保险手续。第四,追偿权的充分行使。建筑施工企业在依据最高人民法院《关于审理工伤保险行政案件若干问题的规定》第3条第1款第4项承担工伤保险责任后,可以根据第2款依法向分包人行使追偿权。

劳动者: 在现实中,面对一职难求的用工大环境,劳动者为了获得一份心仪的工作,往往忽略了形式上的讨价还价,不依法签订劳动合同、不约定劳动保护条件、不约定工伤保险等社保待遇,甚至不知道与其建立劳动关系的具体主体等。这都会给劳动者在以后的用工争议中维权造成诸多障碍。在建设工程领域,劳动者应当注意以下几点。

第一,劳动关系的建立。劳动者如果与建筑企业建立长期固定的劳动关系,应当与建筑企业签订劳动合同,固定劳动合同期限及其他劳动者权益。如果与建筑企业建立的不是长期稳定的用工关系,应当尽量在实际提供劳动的过程中,注意收集与劳动相关的证据,以在发生分歧时用于证明与建筑企业的事实劳动关系。第二,工伤保险责任主体的确定。在建设工程领域,在承包人对承包工程进行分包后,劳动者在从事分包业务时受到伤害,到底应该向谁主张承担工伤保险责任。对于承包人合法分包专业工程业务时,劳动者与合法分包人建立了劳动关系,发生工伤事故应当按照《劳动法》《劳动合同法》《工伤保险条例》确定与用人单位的工伤保险责任。若承包人违法向不具备相应资质的组织或自然人分包承包工程的,劳动者在从事承包业务过程中发生伤亡的,应当按照最高人民法院《关于审理工伤保险行政案件若干问题的规定》第 3 条第 1 款第 4 项的规定,主张承包人承担劳动者的工伤保险责任。对于其他劳动争议或民事争议则要依不同的法律关系主张不同的权益。因此,在工伤保险责任方面,主要看承包人建设工程的分包合法与否,这决定了劳动者提出工伤保险责任承担主体,以及所适用的法律依据。第三,工伤认定并不以确认劳动关系为前提。承包人在违法分包建设工程的情况下,将工程分包给不具备相应主体资质的组织或自然人,其雇用的劳动者因为从事承包业务遭受伤亡的,由承包人承担工伤保险责任。但是该责任的承担并不以工伤劳动者与承包人存在劳动关系为前提,而是依据最高人民法院《关于审理工伤保险行政案件若干问题的规定》第 3 条第 1 款第 4 项的特殊规定来确定工伤保险责任承担主体。所以,很多劳动者与承包人、雇主就劳动者的工伤责任承担发生争议后,第一时间去申请劳动仲裁,确认与承包人存在劳动关系,是个误区。劳动者在遇到上述情形时,应直接依据最高人民法院《关于审理工伤保险行政案件若干问题的规定》第 3 条第 1 款第 4 项申请工伤认定,无须确认劳动关系。当承包人将工程合法分包给具备相应资质的分包主体时，劳动者在从事分包业务时发生伤亡，合法分包主体是工伤保险责任的承担主体，其是具备独立承担工伤保险责任的用人单位。此时，劳动者应当与合法分包人确认劳动关系或工伤保险责任的承担。第四，提交工伤认定材料时关键证据的提交。当劳动者对工伤保险申报时，应当依据《工伤保险条例》第 18 条的规定提交相应的证据材料，进行工伤认定。当劳动者依据最高人民法院《关于审理工伤保险行政案件若干问题的规定》第 3 条第 1 款第 4 项进行工伤保险申报时，应当重点提供“承包人将承包工程违法分包给不具有相应资质的组织或自然人，劳动者是在从事该承包业务时受伤”的证据。因此，作为劳动者，面对纷繁复杂的用工主体，以及复杂多样的法律规定，要洞察用工主体的资格或法律的各种规定，与实际不符。但劳动者平时应该注意留存一些关于工作安排的聊天记录、工友的证人证言、工资支付凭证等，主动证明因从事承包业务遭受伤害的事实。

40 故意犯罪的不得认定为工伤

适用法条

——《工伤保险条例》第十六条

案情回顾

2016 年 3 月 23 日，魏某入职某食品粮油公司（以下简称食品粮油公司），从事运输工作。2021 年 2 月 14 日，魏某运输过程中尾随张某，意图报复，被张某发现后，双方发生冲突，魏某在冲突中受到张某暴力伤害当场身亡。张某已另案处理。

2021 年 3 月 24 日，魏某家属向当地人力资源和社会保障局提出工伤认定申请。2021 年 4 月 12 日，当地人力资源和社会保障局作出《不予工伤认定决定书》，认为魏某受到的暴力伤害致死与履行工作职责没有因果关系。魏某家属不服向人民法院提起行政诉讼，要求撤销人力资源和社会保障局作出的不予工伤认定决定。一审人民法院审理后，认为对于魏某"是否故意犯罪"这一事实，应以另案"魏某与张某故意伤害案"的裁判结果为依据，中止了本案的审理。

2022 年 4 月 14 日，另案法院最终认定张某正当防卫成立，不负刑事责任，立即释放；公安机关依法撤销了案件。

2022 年 4 月 27 日，一审法院恢复行政案件的法庭审理，驳回了魏某家属的诉讼请求。魏某家属不服上诉至二审人民法院，二审维持一审判决，驳回了魏某家属的上诉请求。

·法理分析·

本案争议的焦点为魏某的伤亡是否属于工伤。

魏某家属诉称，魏某从2016年入职该食品粮油公司，从事运输工作，是食品粮油公司长途司机，2021年2月14日事发时，魏某正在履行运输工作职责，在工作时间、工作过程中遭受张某的暴力伤害致死，属于《工伤保险条例》第14条规定的“因工伤亡”。人力资源和社会保险局作出的不予工伤认定决定事实不清，证据不足，法律适用错误，依法应当撤销。

人力资源和社会保障局辩称，魏某的工作职责是粮油运输，虽然事发时魏某在工作时间、工作场所内，但魏某的死亡与其正在履行的“运输工作”这一职责没有关系。魏某因工作原因以外的事情与张某存在矛盾。魏某在运输途中发现了一直寻找的张某，遂立即尾随张某的车辆，张某发现魏某后，魏某加速将张某的车逼停，魏某持刀向张某行凶，不料被张某反杀。魏某的死亡与履行工作职责行为没有任何因果关系。为证明上述事实，人力资源和社会保障局走访调查，并向公安机关、检察机关调取了相关证据。魏某的死亡不符合《工伤保险条例》第14条、第15条规定的情形，该机关作出的不予工伤认定决定，认定事实清楚，适用法律正确。

食品粮油公司提交意见称，魏某确实是公司的老员工，事发时也在从事本职运输工作，但是对于魏某所受到的暴力伤害是否属于《工伤保险条例》第16条第1项规定的“故意犯罪”，魏某是否应当认定为工伤，请求法院根据法律法规规定，结合公安机关及法院的刑事判决结果依法作出公正裁判。

法院认为，结合公安侦查结果、检察意见、法院最终刑事审判结果可知，魏某与张某因为个人积怨发生复仇事件。魏某虽然在从事本职运输工作的途中发生死亡的结果，但引起该结果发生的原因与魏某的本职工作没有关系。魏某运输当日巧遇苦苦寻找的仇人张某,立即实施故意犯罪行为,最终导致自己死亡。该结果的发生始于魏某主观故意杀人的犯罪行为,造成魏某死亡的原因与工作没有关联,不属于《工伤保险条例》第 14 条、第 15 条的情形,而是属于《工伤保险条例》第 16 条第 1 项的"故意犯罪"所致。因此,人力资源和社会保障局的不予工伤认定决定,事实清楚、程序合法、法律适用正确,依法予以维持。

·知识拓展·

《工伤保险条例》

第十六条　职工符合本条例第十四条、第十五条的规定,但是有下列情形之一的,不得认定为工伤或者视同工伤:

(一)故意犯罪的;

(二)醉酒或者吸毒的;

(三)自残或者自杀的。

第十九条　社会保险行政部门受理工伤认定申请后,根据审核需要可以对事故伤害进行调查核实,用人单位、职工、工会组织、医疗机构以及有关部门应当予以协助。职业病诊断和诊断争议的鉴定,依照职业病防治法的有关规定执行。对依法取得职业病诊断证明书或者职业病诊断鉴定书的,社会保险行政部门不再进行调查核实。

职工或者其近亲属认为是工伤,用人单位不认为是工伤的,由用人单位承担举证责任。

第二十条　社会保险行政部门应当自受理工伤认定申请之日起60 日内作出工伤认定的决定,并书面通知申请工伤认定的职工或者其近亲属和该职工所在单位。

社会保险行政部门对受理的事实清楚、权利义务明确的工伤认定申请，应当在15日内作出工伤认定的决定。

作出工伤认定决定需要以司法机关或者有关行政主管部门的结论为依据的，在司法机关或者有关行政主管部门尚未作出结论期间，作出工伤认定决定的时限中止。

社会保险行政部门工作人员与工伤认定申请人有利害关系的，应当回避。

第五十五条　有下列情形之一的，有关单位或者个人可以依法申请行政复议，也可以依法向人民法院提起行政诉讼：

（一）申请工伤认定的职工或者其近亲属、该职工所在单位对工伤认定申请不予受理的决定不服的；

（二）申请工伤认定的职工或者其近亲属、该职工所在单位对工伤认定结论不服的；

（三）用人单位对经办机构确定的单位缴费费率不服的；

（四）签订服务协议的医疗机构、辅助器具配置机构认为经办机构未履行有关协议或者规定的；

（五）工伤职工或者其近亲属对经办机构核定的工伤保险待遇有异议的。

第五十七条　社会保险行政部门工作人员有下列情形之一的，依法给予处分；情节严重，构成犯罪的，依法追究刑事责任：

（一）无正当理由不受理工伤认定申请，或者弄虚作假将不符合工伤条件的人员认定为工伤职工的；

（二）未妥善保管申请工伤认定的证据材料，致使有关证据灭失的；

（三）收受当事人财物的。

第五十八条　经办机构有下列行为之一的，由社会保险行政部门责令改正，对直接负责的主管人员和其他责任人员依法给予纪律处分；情节严重，构成犯罪的，依法追究刑事责任；造成当事人经济损失的，由经办机构依法承担赔偿责任：

（一）未按规定保存用人单位缴费和职工享受工伤保险待遇情况记录的；

（二）不按规定核定工伤保险待遇的；

（三）收受当事人财物的。

人力资源和社会保障部《关于执行〈工伤保险条例〉若干问题的意见》

三、《条例》第十六条第（一）项“故意犯罪”的认定，应当以司法机关的生效法律文书或者结论性意见为依据。

最高人民法院《关于审理工伤保险行政案件若干问题的规定》

第一条　人民法院审理工伤认定行政案件，在认定是否存在《工伤保险条例》第十四条第（六）项“本人主要责任”、第十六条第（二）项“醉酒或者吸毒”和第十六条第（三）项“自残或者自杀”等情形时，应当以有权机构出具的事故责任认定书、结论性意见和人民法院生效裁判等法律文书为依据，但有相反证据足以推翻事故责任认定书和结论性意见的除外。

前述法律文书不存在或者内容不明确，社会保险行政部门就前款事实作出认定的，人民法院应当结合其提供的相关证据依法进行审查。

《工伤保险条例》第十六条第（一）项“故意犯罪”的认定，应当以刑事侦查机关、检察机关和审判机关的生效法律文书或者结论性意见为依据。

第六条　对社会保险行政部门认定下列情形为“上下班途中”的，人民法院应予支持：

（一）在合理时间内往返于工作地与住所地、经常居住地、单位宿舍的合理路线的上下班途中；

（二）在合理时间内往返于工作地与配偶、父母、子女居住地的合理路线的上下班途中；

（三）从事属于日常工作生活所需要的活动，且在合理时间和合理路线的上下班途中；

（四）在合理时间内其他合理路线的上下班途中。

第九条　因工伤认定申请人或者用人单位隐瞒有关情况或者提供虚假材料，导致工伤认定错误的，社会保险行政部门可以在诉讼中依法予以更正。

工伤认定依法更正后，原告不申请撤诉，社会保险行政部门在作出原工伤认定时有过错的，人民法院应当判决确认违法；社会保险行政部门无过错的，人民法院可以驳回原告诉讼请求。

·风险提示·

用人单位：作为用人单位，有义务为劳动者提供劳动保护和劳动条件，防止职业危害。对劳动者在工作时间和工作场所内受到的伤害，没有证据证明是非因工作原因导致的，社会保险行政部门认定为工伤的，人民法院予以支持。那么本案中的魏某，同样是在工作时间和工作场所内受到的伤害，最终没有被认定为工伤。主要原因在于，魏某所受到的伤害在没有相应证据证明是工作原因的情形下，通过利用相反的证据足以排除工伤的认定，最终根据人民法院的生效判决为依据驳回了魏某家属的诉讼请求。

认定工伤与否，对于劳动者和用人单位都是至关重要的。作为劳动者，将在工作时间和工作场所受到的伤害认定为工伤，不仅能从生命上得到全面的积极救治，还能在伤情稳定后存在残疾、影响劳动能力时享受相应标准的工伤待遇。对于用人单位，尤其是对于在挂靠运输经营、建设工程转包、违法分包领域的用人单位，在被挂靠人对挂靠人雇用的劳动者工伤保险责任的承担、承包人对没有相应资质的实际施工的组织或自然人雇用劳动者的工伤保险责任承担有特殊规定的情形下，被挂靠人、承包人对劳动者是否属于工伤应当积极举证，排除工伤保险责任的承担。

用人单位排除劳动者的工伤认定，主要是根据《工伤保险条例》第 14 条应当认定为工伤、第15条视同工伤，还有第16条不得认定或视同工伤的规定。其中，应当认定为工伤或视同工伤，相对是一个开放的、包容的认定条件，对工作时间、工作场所、工作原因的“三工”要素都延伸或扩大了适用范围，尽可能地将劳动者在工作时间、工作场所因工作原因受到的伤害纳入工伤保险待遇。工作时间除正常上班时间，还包括上下班在途时间、因工外出期间；工作场所也延伸至因工外出的场所及与履行工作职责相关的场所；工作原因还扩大至与工作有关的预备性、收尾性工作，或因工作受到的暴力性伤害，因工作患职业病，上下班途中非本人主要责任的交通事故的认定范围；甚至第15条抛开“因工”属性却等同于工伤的工作时间、工作岗位上突发疾病48小时内抢救无效死亡的，见义勇为受到伤害的，军人因战、因公负伤又在用人单位旧病复发的等，都体现了工伤认定对劳动者的倾斜保护。但是，同时为了平衡用人单位的合法权益，对于“故意犯罪”“醉酒或吸毒”“自残或自杀”行为进行否定性评价，否则用人单位的工伤保险责任承担将陷入无限扩大不确定状态，会对构建和谐、健康的劳动关系带来很大的负面影响，更是违背了工伤保险的立法初衷。因此，应明确将《工伤保险条例》第16条的三种情形排除在工伤认定之外。

劳动者：劳动者在损害事故发生时，如何保障因为“工作”所受到的伤害能认定为工伤？除依据《工伤保险条例》第14条、第15条进行认定外，对于工作时间和工作场所内受到伤害原因不明，且没有相应证据证明是与工作无关的，应当依据最高人民法院《关于审理工伤保险行政案件若干问题的规定》第4条第1项的规定，一般应以工伤进行认定。同时，《工伤保险条例》第16条也将不得认定为工伤的情形进行了列明，明确且没有等同适用情形。但是，是不是劳动者只要存在《工伤保险条例》第16条规定的“醉酒”“故意犯罪”等情形，就会绝对被排除在工伤认定之外？非也。工伤与否，主要还是抓住一点，对于该情形的出现，有没有“因工”要素进行辨别。比如，劳动者因为工作应酬醉酒导致伤亡、因为工作原因发生矛盾上升为肢体冲突导致伤亡，能否认定为工伤，“因工”要素成为主要判断要素。另外,依据《工伤保险条例》第 16 条第 1 项的规定,故意犯罪的,不得认定为工伤或视同工伤。对“故意犯罪”的认定,除了排除“因工”要素外,还应当依据最高人民法院《关于审理工伤保险行政案件若干问题的规定》第 1 条第 3 款,对“故意犯罪”的认定,应当以刑事侦查机关、检察机关和审判机关的生效法律文书或结论性意见为依据。

因此,进行工伤认定时,除依据《工伤保险条例》第 14 条、第 15 条外,还应当依据最高人民法院《关于审理工伤保险行政案件若干问题的规定》等相关司法解释的规定,只有相互结合作出的工伤认定,才能既保障劳动关系双方的合法权益,又能实现工伤保险的立法意图,最终保障劳动关系的和谐、健康、可持续发展。

Chapter six

第六章

劳动报酬、经济补偿金、赔偿金

41 工作年限的计算

适用法条

——最高人民法院《关于审理劳动争议案件适用法律问题的解释(一)》第四十六条

案情回顾

2016年10月24日,李某与某商贸公司(以下简称商贸公司)签订劳动合同,合同期限为2年,入职公司下属的某连锁超市,担任产品供应部门经理,月工资7300元,公司当月给李某开立社保账户并缴纳了社会保险。2018年合同到期后,商贸公司通过某贸易公司(以下简称贸易公司)与李某签订劳动合同,合同期限为2年,工资、职位、福利待遇等均不变,贸易公司依法为李某变更续缴社会保险。2020年10月24日,李某又与某工贸公司(以下简称工贸公司)签订劳动合同,合同期限同样为2年,工资、职位、福利待遇等均不变,工贸公司依法为李某变更续缴社会保险。2022年10月14日,工贸公司向李某发送关于劳动合同到期不再续签的通知,称因经济下滑,公司战略调整,你所在岗位不再设置,故公司决定与你不再续签劳动合同,请你于劳动合同期满之日起3日内进行工作交接,办理离职手续。李某不服,认为工贸公司解除劳动关系违法,于2022年11月15日向当地仲裁委提起仲裁申请,请求裁决工贸公司支付李某违法解除劳动关系赔偿金87,600元;支付未休年休假工资5034.48元;支付7天节假日加班费4698.85元。2022年2月17日,仲裁委驳回了李某的仲裁请求。李某不服,向一审人民法院提起诉讼,诉讼请求同仲裁申请。一审法院审理后认为工贸公司应当支付李某赔偿金

87,600元、未休年休假工资5034.48元,驳回李某加班工资及其他诉讼请求。工贸公司不服上诉至二审人民法院,二审维持了一审的判决结果。

·法理分析·

本案属于劳动者与用人单位之间的经济补偿金纠纷,其主要争议焦点为李某在商贸公司、贸易公司、工贸公司的工作年限是否应当合并计算。

李某诉称,自己2016年10月24日入职商贸公司,为商贸公司经营的连锁超市产品供应部经理,月工资7300元。2年劳动合同期满后,李某先后与同为商贸公司全资投资成立的子公司贸易公司、工贸公司签订劳动合同,分别由贸易公司、工贸公司为其缴纳社会保险,但工资水平、职务、岗位及其他工作条件均没有变化。三公司之间经营范围大致相同,且办公地点、财务人员均相同,而且李某也一直听从商贸公司负责人邓某的指挥开展工作,并向邓某报告工作。因此,李某认为商贸公司作为贸易公司、工贸公司全资投资人,是贸易公司、工贸公司的实际控制人,商贸公司利用其控制的关联公司贸易公司、工贸公司轮换签订劳动合同的工作年限应当合并计算。工贸公司作出的《不再续签劳动合同通知书》并不属于《劳动法》第23条规定的劳动合同期满劳动合同终止的情形,属于违法解除。而李某和商贸公司、贸易公司、工贸公司之间签订劳动合同,实际上应适用最高人民法院《关于审理劳动争议案件适用法律问题的解释(一)》第46条,劳动者非因本人原因从原用人单位被安排到新用人单位工作,原用人单位未支付经济补偿,新用人单位终止劳动合同,在计算支付经济补偿或赔偿金的工作年限时,劳动者请求把在原用人单位的工作年限合并计算为新用人单位工作年限的,人民法院应予支持。

工贸公司辩称,李某2016年首次入职商贸公司后,2018年11月9日劳动合同期满,双方再没有续签劳动合同。2018年11月10日入职贸易公司,2020年入职工贸公司,分别签订了劳动合同,且工贸公司与贸易公司、商贸公司都是不同的商事主体,彼此独立,不存在人格混同。因此,李某的工作年限应当自2018年10月24日起算。另外,工贸公司向其送达的《不再续签劳动合同通知书》,终止与李某的劳动合同并未违法,请依法驳回李某对工贸公司的诉讼请求。

法院认为,建立劳动关系,应当签订劳动合同。在劳动合同的履行过程中,变更劳动合同的内容要与劳动者协商一致。劳动者非因本人原因从原用人单位被安排到新用人单位工作,原用人单位未支付的经济补偿,新的用人单位应当合并计算。用人单位违法与劳动者解除或终止劳动合同,应当依照法律规定的经济补偿标准的2倍向劳动者支付赔偿金。

关于李某的工作年限是否应当连续计算的问题。首先,从合同主体来看,李某先后与商贸公司、贸易公司、工贸公司签订3次劳动合同,社会保险也由三公司分别进行缴纳,但签订的劳动合同格式、内容一致,工作内容、工作地点、工作职责均未发生改变,只是签订合同的主体由上述三公司进行轮换。其次,从三公司的关联程度来看,商贸公司独立全资投资成立贸易公司、工贸公司,工作场所均为同一办公地点,存在大量混同用工情形。其中,李某的工资收入均由赵某个人支付,经查赵某又是上述三公司共同的财务负责人。最后,李某一直接受商贸公司法人的领导,向其汇报工作。由此可知,商贸公司实际控制支配贸易公司、工贸公司,李某与贸易公司、工贸公司签订劳动合同的行为,应属于"劳动者非因本人原因从原用人单位被安排到新用人单位工作"的情形。

关于李某劳动合同的终止是否为工贸公司违法解除。按上述情况,商贸公司利用其优势地位,通过注册贸易公司、工贸公司,利用"一套人马三套牌子",在关联公司之间轮换签订劳动合同,将劳动者本应连续签订的劳动合同恶意分割成数个单次劳动合同,以达到规避《劳动合同法》第14条规定的连续签订两次劳动合同,劳动者没有《劳动合同法》第39条,第40条第1项、第2项规定的情形,用人单位应当与劳动者进行无固定期限劳动合同的签订。对于工贸公司的行为,依法应当给予否定性评价。因此,法院最终认为商贸公司通过投资控制贸易公司、工贸公司,对李某的连续用工进行恶意分割,应当“刺破面纱”确认李某与工贸公司之间的用工本质,依法支持李某的赔偿金诉请。二审同意一审观点,判决予以维持。

·知识拓展·

《劳动法》

第四十三条　用人单位不得违反本法规定延长劳动者的工作时间。

第四十四条　有下列情形之一的,用人单位应当按照下列标准支付高于劳动者正常工作时间工资的工资报酬:

(一)安排劳动者延长工作时间的,支付不低于工资的百分之一百五十的工资报酬;

(二)休息日安排劳动者工作又不能安排补休的,支付不低于工资的百分之二百的工资报酬;

(三)法定休假日安排劳动者工作的,支付不低于工资的百分之三百的工资报酬。

第四十五条　国家实行带薪年休假制度。

劳动者连续工作一年以上的,享受带薪年休假。具体办法由国务院规定。

《劳动合同法实施条例》

第十条　劳动者非因本人原因从原用人单位被安排到新用人单位工作的,劳动者在原用人单位的工作年限合并计算为新用人单位的工作年限。原用人单位已经向劳动者支付经济补偿的,新用人单位在依法解除、终止劳动合同计算支付经济补偿的工作年限时,不再计算劳动者在原用人单位的工作年限。

第二十五条 用人单位违反劳动合同法的规定解除或者终止劳动合同,依照劳动合同法第八十七条的规定支付了赔偿金的,不再支付经济补偿。赔偿金的计算年限自用工之日起计算。

第二十七条 劳动合同法第四十七条规定的经济补偿的月工资按照劳动者应得工资计算,包括计时工资或者计件工资以及奖金、津贴和补贴等货币性收入。劳动者在劳动合同解除或者终止前12个月的平均工资低于当地最低工资标准的,按照当地最低工资标准计算。劳动者工作不满12个月的,按照实际工作的月数计算平均工资。

最高人民法院《关于审理劳动争议案件适用法律问题的解释(一)》

第四十二条 劳动者主张加班费的,应当就加班事实的存在承担举证责任。但劳动者有证据证明用人单位掌握加班事实存在的证据,用人单位不提供的,由用人单位承担不利后果。

第四十四条 因用人单位作出的开除、除名、辞退、解除劳动合同、减少劳动报酬、计算劳动者工作年限等决定而发生的劳动争议,用人单位负举证责任。

第四十六条 劳动者非因本人原因从原用人单位被安排到新用人单位工作,原用人单位未支付经济补偿,劳动者依据劳动合同法第三十八条规定与新用人单位解除劳动合同,或者新用人单位向劳动者提出解除、终止劳动合同,在计算支付经济补偿或赔偿金的工作年限时,劳动者请求把在原用人单位的工作年限合并计算为新用人单位工作年限的,人民法院应予支持。

用人单位符合下列情形之一的,应当认定属于"劳动者非因本人原因从原用人单位被安排到新用人单位工作":

(一)劳动者仍在原工作场所、工作岗位工作,劳动合同主体由原用人单位变更为新用人单位;

(二)用人单位以组织委派或任命形式对劳动者进行工作调动;

（三）因用人单位合并、分立等原因导致劳动者工作调动；

（四）用人单位及其关联企业与劳动者轮流订立劳动合同；

（五）其他合理情形。

《职工带薪年休假条例》

第二条　机关、团体、企业、事业单位、民办非企业单位、有雇工的个体工商户等单位的职工连续工作 1 年以上的，享受带薪年休假（以下简称年休假）。单位应当保证职工享受年休假。职工在年休假期间享受与正常工作期间相同的工资收入。

第三条　职工累计工作已满 1 年不满 10 年的，年休假 5 天；已满 10 年不满 20 年的，年休假 10 天；已满 20 年的，年休假 15 天。

国家法定休假日、休息日不计入年休假的假期。

第五条　单位根据生产、工作的具体情况，并考虑职工本人意愿，统筹安排职工年休假。

年休假在 1 个年度内可以集中安排，也可以分段安排，一般不跨年度安排。单位因生产、工作特点确有必要跨年度安排职工年休假的，可以跨 1 个年度安排。

单位确因工作需要不能安排职工休年休假的，经职工本人同意，可以不安排职工休年休假。对职工应休未休的年休假天数，单位应当按照该职工日工资收入的 300% 支付年休假工资报酬。

原劳动和社会保障部《关于职工全年月平均工作时间和工资折算问题的通知》

一、制度工作时间的计算

年工作日：365 天 −104 天（休息日）−11 天（法定节假日）=250 天

季工作日：250 天 ÷4 季 =62.5 天/季

月工作日:250 天 ÷12 月 =20. 83 天/月

工作小时数的计算:以月、季、年的工作日乘以每日的 8 小时。

二、日工资、小时工资的折算

按照《劳动法》第五十一条的规定,法定节假日用人单位应当依法支付工资,即折算日工资、小时工资时不剔除国家规定的 11 天法定节假日。据此,日工资、小时工资的折算为:

日工资:月工资收入 ÷月计薪天数

小时工资:月工资收入 ÷(月计薪天数 ×8 小时)

月计薪天数 =(365 天 -104 天) ÷12 月 =21. 75 天

· 风险提示 ·

用人单位: 用人单位通常为了降低用工成本,通过工作安排、委派、调用等方式,让劳动者与不同主体之间轮流签订劳动合同,以便在解除或终止劳动合同时,达到不签订无固定期限劳动合同,减少工作年限从而减少经济补偿金支付的目的。利用其投资、控制的子公司、关联公司轮换与劳动者签订劳动合同,将本应连续签订的劳动合同,分割成单次劳动合同,不但避免了无固定期限劳动合同的订立,也使用人单位在解除、终止劳动合同时拥有更多的主动权,侵害劳动者的合法权益。

本案中,李某提供劳动期间,商贸公司就是通过其投资控制的子公司与李某分别签订劳动合同。但是李某的工作岗位、工作待遇、工作内容等没有发生变化。此时,李某被工贸公司终止劳动关系,李某并不能依此向商贸公司、贸易公司主张权益。李某与商贸公司、贸易公司和工贸公司签订的劳动合同,并不是《劳动合同法》第 34 条规定的用人单位发生合并或者分立,原劳动合同权利义务由承继其权利和义务的用人单位继续履行的情形。因此,李某只能根据最高人民法院《关于审理劳动争议案件适用法律问题的解释(一)》第46条的规定,劳动者非因本人原因从原用人单位被安排到新用人单位工作,原用人单位未支付经济补偿,劳动者依据《劳动合同法》第38条规定与新用人单位解除劳动合同,或者新用人单位向劳动者提出解除、终止劳动合同,在计算支付经济补偿或赔偿金的工作年限时,劳动者请求把在原用人单位的工作年限合并计算为新用人单位工作年限的,人民法院应予支持。李某仍在原工作场所、工作岗位工作,但劳动合同主体由原用人单位变更为新用人单位,属于非因本人原因从原用人单位被安排到新用人单位工作。因此,李某主张支付经济补偿金的工作年限应当合并计算。

可见,交替使用劳动者恶意间断劳动者工作年限,达不到减少用工成本的目的。在此,给用人单位提供以下小小的建议:

第一,发生变更事项时,不影响劳动合同的继续履行。用人单位的名称、法定代表人、主要负责人或投资人等事项发生变更的不影响劳动合同的履行。用人单位发生分立、合并等情形时,原劳动合同继续有效,原用人单位的权利义务由承继其权利义务的用人单位继续履行。

第二,若原用人单位因为业务需要,安排员工到分公司、子公司工作。若工作岗位、工作场所、工作内容发生了变化,劳动报酬也通过分公司或子公司发放时,劳动者与分公司或子公司实质上形成了一个新的事实劳动关系,原劳动合同已经发生了终止的状态。此时,用人单位应就补偿金等解除或终止事项与劳动者进行一揽子协商,达成一致意见。根据最高人民法院《关于审理劳动争议案件适用法律问题的解释(一)》第35条的规定,劳动者与用人单位就解除或者终止劳动合同达成的协议,只要不违反法律、行政法规的强制性规定,且不存在欺诈、胁迫或者乘人之危情形的,应当认定有效。若工作岗位、工作场所都没有发生变化,照样可以通过协商与劳动者续订固定期限劳动合同,或通过增加、修改相应岗位工作制度建设等方式,实现用人单位的管理目的,并非一定要通过轮流签订劳动合同等违法方式解决低成本用工问题。协商解决对用人单位规避风险来讲是一个比较折中的办法,一般不会引发确认违法之后的赔偿金等责任。

劳动者: 目前的劳动领域,劳资双方的地位是无法达到平等的,劳动相关法律、法规也是不断地加大对劳动者权益的保护,即使这样,劳动者在实际工作过程中,还是会掉进用人单位的各种各样的陷阱。关于劳动者经济补偿这一点,主要关注以下几点。

第一,工作年限的计算。《劳动合同法》实施之前签订劳动合同的,经济补偿年限自2008年1月1日起开始计算;《劳动合同法》实施之后签订劳动合同的,经济补偿金自劳动者入职之日起开始计算。劳动者非因本人原因从原用人单位被安排到新用人单位工作的,劳动者在原用人单位的工作年限合并计算为新用人单位的工作年限。

用人单位与劳动者建立劳动关系应当签订书面劳动合同。用人单位于用工之日起一个月未与劳动者签订书面劳动合同的,应当向劳动者每月支付2倍的工资。试用期包含在劳动合同期限内。用人单位违法与劳动者约定试用期的,应按试用期满月工资为标准,按超过试用期的期间向劳动者支付赔偿金。对于未签订劳动合同的劳动者,在确定与用人单位的工作年限时,应当就入职时间提供相应的证据,以证明事实用工关系的存在及经济补偿金工作年限的计算。比如,入职申请表、录用通知书、工资流水、工作打卡记录、工作安排记录、聊天记录、同事证人证言等,用于计算工作年限。

第二,经济补偿金中工资基数的确定。根据劳动部《关于贯彻执行〈中华人民共和国劳动法〉若干问题的意见》第53条的规定,劳动法中的"工资"是指用人单位依据国家有关规定或劳动合同的约定,以货币形式直接支付给本单位劳动者的劳动报酬,一般包括计时工资、计件工资、奖金、津贴和补贴、延长工作时间的工资报酬以及特殊情况下支付的工资等。实践中,有基本工资、应发工资、实发工资之分。用人单位在劳动合同中约定基本工资数额,实际发放的工资与约定的工资往往不一样,也少于应发工资。基本工资通常就是底薪工资;实发工资还包括劳动者的加班工资、津贴、补贴、福利待遇等。应发工资是指劳动者提供正常劳动按照法律规定应当获得的全部工资。实发工资是指劳动者每月实际拿到的工资,通常会被扣减社会保险费、所得税的费用。经济补偿金的计算应当以劳动者的应发工资作为基数,基本工资、实发工资都只是劳动者工资的一部分,并不能真实体现劳动者的工资水平。在用人单位存在不按规定支付加班费等违法行为时,劳动者的实得工资不能体现劳动者的真实劳动报酬,将其作为经济补偿的计算基数于劳动者不公。因此,应当以应发工资作为计算经济补偿金基数。

另外,劳动者应加强对"非因本人原因被安排至其他用人单位"的认识。现代社会快速发展,劳动者应在做好个人业务能力发展的同时,对劳动领域的相关规定或实际情况也有一定的认知。比如,是建立劳动关系还是合作关系;签订合同的用人单位与实际用工单位是否为同一主体;未签订书面劳动合同的事实用工关系从何时建立;在建筑工程领域是否存在工程违法转包、分包等。劳动者在提供劳动过程中都应有留痕意识,防止在合法权益受到侵害时处于被动地位。虽然用人单位负有大部分事实的举证义务,但劳动者也可以积极主动提供证据,以保障自己合法权益的最大化。

42 劳动者承诺放弃社保后能否再向用人单位主张经济补偿

适用法条

——《劳动合同法》第三十八条

案情回顾

2016 年 4 月 16 日，吕某入职某教职培训中心，为外聘职业导师，月工资 10,200 元。2022 年 7 月 22 日，吕某与某教职培训中心发生争议，要求某教职培训中心依法为其缴纳社保费用，某教职培训中心以吕某严重违反管理制度为由对吕某进行停职处分。2022 年 7 月 29 日，吕某向当地仲裁委员会提起仲裁请求，要求某教职培训中心依法支付其经济补偿金 61,200 元及其他仲裁请求。仲裁委员会超期未作出仲裁裁决。2022 年 10 月 16 日，吕某向人民法院提起诉讼，诉讼请求同仲裁请求。一审法院审理后裁决某教职培训中心依法支付吕某经济补偿金 51,000 元，驳回吕某的其他诉讼请求。吕某及某教职培训中心均不服上诉至二审人民法院，二审维持一审判决。

·法理分析·

本案属于经济补偿金纠纷，双方的主要争议焦点为《员工自愿放弃缴纳社保声明书》是否有效，某教职培训中心是否应当支付吕某经济补偿金，支付多少经济补偿金。

吕某诉称，2016 年 4 月 16 日入职某教职培训中心，为外聘职业导师，月工资

10,200元。2022年,某教职培训中心因为培训业务的减少,负责人口头向吕某提出降低工资的要求,吕某当即拒绝。自2022年4月起,某教职培训中心除以各种理由给吕某加强教学任务外,还让吕某从事一些会计报销填报工作,吕某不堪重负。2022年7月22日,双方发生激烈争议,某教职培训中心以吕某违反管理制度为由,暂停吕某的工作。2022年7月29日,吕某以某教职培训中心未给其缴纳社保为由,提起劳动仲裁,请求解除劳动关系并依法支付其经济补偿金等,仲裁委超期未作出仲裁裁决,引发诉讼。审理过程中,吕某提供2016年4月16日某教职培训中心与吕某签订的《职工宿舍清单》1份,落款时间为当日,并有某教职培训中心经办人与吕某的签字;2016年8月16日,张小某向吕某转账17,900元的银行凭证有1份备注了"某教职培训中心";2016年9月至2022年7月培训App及工作记录日志数份;2022年7月22日,某教职培训中心出具的《暂停处罚决定书》1份,用于证明吕某于2016年4月16日至2022年7月22日与某教职培训中心建立了事实劳动关系。另外,提供某教职培训中心出具的《员工自愿放弃缴纳社保声明书》1份,证明某教职培训中心未依法给吕某缴纳社会保险,请求某教职培训中心依法支付其经济补偿金。

某教职培训中心辩称,2016年吕某入职某教职培训中心后主动填写《员工自愿放弃缴纳社保声明书》,称其自愿放弃某教职培训中心对其社会保险的缴纳义务。某教职培训中心将"五险一金"中某教职培训中心应当承担的全部金额(按当时当地标准计算)直接以现金补贴的方式在每月工资中一并计发,本人收到现金补贴后,放弃一切劳动争议仲裁、诉讼的权利。证明吕某与某教职培训中心自愿签订相关协议,基于诚实信用原则,不能再以某教职培训中心未为其缴纳社保为由解除劳动关系,并要求支付经济补偿金,请求依法驳回吕某对某教职培训中心的全部诉讼请求。

法院经审理认为,根据我国《社会保险法》的规定,缴纳社保是用人单位的法定义务,吕某是否参加社会保险不在其权利处分范围之内,吕某与用人单位关于不缴纳社会保险改为发放现金补贴的约定，不仅有损个人社保利益，同时也侵害了社会整体利益，违反了法律、法规的强制性规定。因此，双方签订的《员工自愿放弃缴纳社保声明书》属于无效约定。根据《劳动合同法》第38条的规定，吕某有权请求即时解除劳动关系，法院依法予以支持。关于经济补偿金的支付金额问题，根据《民法典》第157条的规定，民事法律行为无效、被撤销或者确定不发生法律效力后，行为人因该行为取得的财产，应当予以返还；不能返还或没有必要返还的，应当折价补偿。根据天津市《贯彻落实〈劳动合同法〉若干问题实施细则（2018）》第15条第1款的规定，用人单位应当依法为劳动者缴纳社会保险费，因用人单位原因导致未缴纳或未足额缴纳社会保险费的，劳动者可以依据《劳动合同法》第38条的规定解除劳动合同，并要求用人单位支付经济补偿。法院依法支持了吕某解除劳动关系及支付经济补偿金的诉讼请求。对于某教职培训中心认为的吕某应当返还已发放的社保补贴问题，由于某教职培训中心并未提起具体金额的反诉请求，法院对其辩驳理由不予处理。

·知识拓展·

《劳动法》

第二十四条　经劳动合同当事人协商一致，劳动合同可以解除。

第二十六条　有下列情形之一的，用人单位可以解除劳动合同，但是应当提前三十日以书面形式通知劳动者本人：

（一）劳动者患病或者非因工负伤，医疗期满后，不能从事原工作也不能从事由用人单位另行安排的工作的；

（二）劳动者不能胜任工作，经过培训或者调整工作岗位，仍不能胜任工作的；

（三）劳动合同订立时所依据的客观情况发生重大变化，致使原劳动合同无法履行,经当事人协商不能就变更劳动合同达成协议的。

第二十八条　用人单位依据本法第二十四条、第二十六条、第二十七条的规定解除劳动合同的,应当依照国家有关规定给予经济补偿。

第三十二条　有下列情形之一的,劳动者可以随时通知用人单位解除劳动合同:

(一)在试用期内的;

(二)用人单位以暴力、威胁或者非法限制人身自由的手段强迫劳动的;

(三)用人单位未按照劳动合同约定支付劳动报酬或者提供劳动条件的。

第四十四条　有下列情形之一的,用人单位应当按照下列标准支付高于劳动者正常工作时间工资的工资报酬:

(一)安排劳动者延长工作时间的,支付不低于工资的百分之一百五十的工资报酬;

(二)休息日安排劳动者工作又不能安排补休的,支付不低于工资的百分之二百的工资报酬;

(三)法定休假日安排劳动者工作的,支付不低于工资的百分之三百的工资报酬。

第四十五条　国家实行带薪年休假制度。

劳动者连续工作一年以上的,享受带薪年休假。具体办法由国务院规定。

《劳动合同法》

第四十六条　有下列情形之一的,用人单位应当向劳动者支付经济补偿:

(一)劳动者依照本法第三十八条规定解除劳动合同的;

(二)用人单位依照本法第三十六条规定向劳动者提出解除劳动合同并与劳动者协商一致解除劳动合同的;

(三)用人单位依照本法第四十条规定解除劳动合同的;

（四）用人单位依照本法第四十一条第一款规定解除劳动合同的；

（五）除用人单位维持或者提高劳动合同约定条件续订劳动合同，劳动者不同意续订的情形外，依照本法第四十四条第一项规定终止固定期限劳动合同的；

（六）依照本法第四十四条第四项、第五项规定终止劳动合同的；

（七）法律、行政法规规定的其他情形。

第四十七条　经济补偿按劳动者在本单位工作的年限，每满一年支付一个月工资的标准向劳动者支付。六个月以上不满一年的，按一年计算；不满六个月的，向劳动者支付半个月工资的经济补偿。

劳动者月工资高于用人单位所在直辖市、设区的市级人民政府公布的本地区上年度职工月平均工资三倍的，向其支付经济补偿的标准按职工月平均工资三倍的数额支付，向其支付经济补偿的年限最高不超过十二年。

本条所称月工资是指劳动者在劳动合同解除或者终止前十二个月的平均工资。

《劳动合同法实施条例》

第六条　用人单位自用工之日起超过一个月不满一年未与劳动者订立书面劳动合同的，应当依照劳动合同法第八十二条的规定向劳动者每月支付两倍的工资，并与劳动者补订书面劳动合同；劳动者不与用人单位订立书面劳动合同的，用人单位应当书面通知劳动者终止劳动关系，并依照劳动合同法第四十七条的规定支付经济补偿。

前款规定的用人单位向劳动者每月支付两倍工资的起算时间为用工之日起满一个月的次日，截止时间为补订书面劳动合同的前一日。

第十二条　地方各级人民政府及县级以上地方人民政府有关部门为安置就业困难人员提供的给予岗位补贴和社会保险补贴的公益性岗位，其劳动合同不适用劳动合同法有关无固定期限劳动合同的规定以及支付经济补偿的规定。

第二十五条　用人单位违反劳动合同法的规定解除或者终止劳动合同，依照劳动合同法第八十七条的规定支付了赔偿金的,不再支付经济补偿。赔偿金的计算年限自用工之日起计算。

第二十七条　劳动合同法第四十七条规定的经济补偿的月工资按照劳动者应得工资计算,包括计时工资或者计件工资以及奖金、津贴和补贴等货币性收入。劳动者在劳动合同解除或者终止前12个月的平均工资低于当地最低工资标准的,按照当地最低工资标准计算。劳动者工作不满12个月的,按照实际工作的月数计算平均工资。

天津市《贯彻落实〈劳动合同法〉若干问题实施细则(2018)》

第十五条　用人单位应当按照法律规定为劳动者缴纳社会保险费,因用人单位原因导致未缴纳或未足额缴纳社会保险费的,劳动者可以依据《劳动合同法》第三十八条规定解除劳动合同,并要求用人单位支付经济补偿。

用人单位与劳动者约定不缴纳或少缴纳社会保险费的,双方约定无效,应视为因用人单位原因导致未缴纳或未足额缴纳社会保险费。

·风险提示·

用人单位: 经济补偿金是用人单位解除劳动合同时,给予劳动者的经济补偿。由用人单位在劳动合同解除或终止后,依法一次性支付给劳动者。实践中,关于劳动者与用人单位就社保缴纳达成的《承诺书》《声明书》等是否有效,存在不同的裁判观点,没有统一的裁判尺度,即便个别地方对该类协议有规定,但内容也不尽相同。比如,在本案中的天津市,劳动者与用人单位协议放弃社会保险的缴纳,又以用人单位未依法缴纳社会保险为由,解除与用人单位的劳动合同,并提出经济补偿的支付要求。浙江省高级人民法院民一庭《关于审理劳动争议纠纷案件若干疑难问题的解答》第11条规定,劳动者不愿意缴纳社会保险费,并书面承诺放弃参加社会保险的,该书面承诺无效,劳动者可以此为由解除劳动合同,但要求用人单位支付经济补偿金的,不予支持。安徽省高级人民法院《关于审理劳动争议案件若干问题的指导意见》第26条规定,劳动者与用人单位协调不缴纳社会保险费用,以补贴形式支付给劳动者,劳动者反悔并主张用人单位为其补办社会保险手续或缴纳社会保险费,如果用人单位未在社保机构指定期限内办理,劳动者以此为由解除劳动合同并请求支付经济补偿金,人民法院予以支持。

由此可见,用人单位必须为劳动者依法缴纳社会保险,劳动者《员工自愿放弃缴纳社保声明书》或类似的免责声明,并不能免除用人单位的社会保险的法定缴纳义务,也不能为用人单位减少用工成本,更无法减轻用人单位经济补偿金等责任的承担,用人单位应尽量避免此类协议的签署。

劳动者: 社会保险制度是国家强制实行的社会保障制度,用人单位和劳动者必须依法参加社会保险,缴纳社会保险费用,这既是用人单位和劳动者的权利,也是义务。因此,该义务的履行是法定的,劳动者不能通过协议形式,放弃用人单位社会保险的缴纳义务,该放弃行为无效。2022年8月31日人力资源和社会保障部官方网站《员工自愿放弃缴社保,不可以!》明确了员工自愿放弃社保不具有法律效力,是违法行为。

此外,当前劳动者自愿放弃社保无效的裁判观点相对统一,但对于用人单位能否向劳动者主张返还社会保险补贴却没有统一的裁判观点。如果用人单位与劳动者明确约定具体的补贴金额,或事后双方对补贴金额没有异议,用人单位基于诚实信用原则主张劳动者返还已经发放的补贴。根据《民法典》第153条的规定,违反法律、行政法规的强制性规定的民事法律行为无效。第157条规定,民事法律行为无效、被撤销或者确定不发生法律效力后,行为人因该行为取得的财产,应当予以返还,不能返还或者没必要返还的,应当折价补偿。劳动者与用人单位签订的《员工自愿放弃缴纳社保声明书》因违反法律的强制性规定而无效,劳动者因此取得的现金补贴应当返还给用人单位。

43 股权激励纠纷

适用法条

——《劳动合同法》第二十七条

案情回顾

2017 年 3 月 2 日，马某入职某芯技公司，双方签订了 5 年的劳动合同，年薪 170,400 元，同时签订了《股权激励授予协议书》，约定马某在公司工作期间，公司授予马某 100 股的股票期权，激励员工将公司视为自己的公司一样去对待，组成利益共同体，最大限度激励员工为公司创造利益。期权类型为虚拟股票期权，在每期末根据公司每股净资产的增量和名义股份的数量来计算。劳动合同正常履行时，前 3 年各解锁 10%，第 4 年解锁 20%，劳动合同到期时解锁 50%。2018 年 4 月 4 日、2019 年 4 月 2 日、2020 年 4 月 5 日、2021 年 4 月 3 日、2022 年 4 月 2 日为马某行权日。某芯技公司按照《股权激励授予协议书》分别于 2018 年 4 月 4 日、2019 年 4 月 2 日、2020 年 4 月 5 日、2021 年 4 月 3 日解锁，并通过某芯技公司代扣代缴个人所得税后，将其余全部支付至马某工资账户。

2022 年 3 月 20 日，某芯技公司通知马某暂停当前工作并等待另行安排通知，当天起收回了马某所有办公权限，并阻止马某进入办公区域，马某被迫回家。2022 年 3 月 20 日、21 日、22 日马某通过 EMS 快递向公司书面要求说明停止工作的原因并继续提供劳动条件，履行劳动合同。2022 年 3 月 24 日，公司回复马某，若考虑主动离职，可以与人事部李某对接相关离职事宜。2022 年 3 月 25 日，马某前往公司，双方签订了《离职补偿协议书》，记载马某于2022年3月25日离职,某芯技公司当日支付马某现金14,200元,包含当月工资、经济补偿金等,所有费用一次性结清,双方再无异议。

2022年4月10日,马某向当地仲裁委员会提起仲裁,请求依法撤销某芯技公司与其签订的《离职补偿协议书》,并依法支付其违法解除劳动合同补偿金142,000元,其行权日对应的股票激励价款1,000,000元。2022年4月14日,仲裁委送达马某《不予受理通知书》,称马某主张某芯技公司支付其股权权益属于劳动争议的论理不足。2022年4月20日,马某不服向人民法院提起诉讼,诉请同仲裁请求。一审法院审理后认为,《离职补偿协议书》显失公平,依法撤销;某芯技公司与马某签订的《股权激励授予协议书》约定的股权对应价款属于劳动报酬的性质;某芯技公司不正当阻止激励条件的成就,视为条件已成就。一审法院判决支持马某的诉讼请求。某芯技公司不服上诉至二审人民法院,二审人民法院维持一审判决。

·法理分析·

本案属于劳动争议纠纷,争议焦点为某芯技公司是否应当支付马某赔偿金,是否不正当地阻止了股权激励条件的成就,某芯技公司是否应当支付马某50股的对价1,000,000元,双方约定的股权对应价款是否属于劳动报酬的性质。

马某诉称,2017年3月2日,与某芯技公司签订了5年的劳动合同,年薪170,400元。同时签订了《股权激励授予协议书》,约定公司授予马某股权100股,期权类型为虚拟股票期权,在每期末根据公司每股净资产的增量和名义股份的数量来计算。若马某正常提供劳动,公司前3年各解锁10%,第4年解锁20%,劳动合同到期时解锁50%。2018年至2021年的行权日,公司都正常履行了股权激励对价。2022年3月20日,某芯技公司突然停止了马某的工作,并收回了马某所有的工作权限。马某根据公司管理制度的约定,向公司主张说明停工事由并恢复工作岗位。2022 年 3 月 25 日,在公司的要求下,马某领取了最后一个月的工资并被迫签订离职补偿协议。马某认为,自己提供了劳动合同和《股权激励授予协议书》约定的劳动,公司为了不兑付剩余 50% 股权激励的对价,从而有目的地终止劳动合同的正常履行,某芯技公司逼迫其离职并恶意阻止股权对价支付的行为违反了法律、法规的相关规定,请求法院依法判决其承担诉请义务。

某芯技公司辩称,无须承担马某的违法解除劳动合同赔偿金及 50 股的对价支付。马某违反公司的管理制度,将公司的技术信息泄露,引起公司的巨大损失,公司为防止损失的进一步扩大,立即停止了马某的所有工作权限。根据 2022 年 3 月 25 日签订的《离职补偿协议书》来看,马某属于自行离职,并且公司已付清马某工资、经济补偿金等所有费用,公司不存在可撤销情形,解除合法。其次,《股权激励授予协议书》约定的股权激励对价,不属于工资报酬的性质,马某未服务至相应的行权日,未达到股权行权条件的原因在马某本人。因此,要求驳回马某的全部诉讼请求。

法院认为,首先,某芯技公司解除行为是否违法。关于某芯技公司辩称马某违反公司的管理制度,将公司的技术信息泄露,引起公司的巨大损失,公司为防止损失的进一步扩大,立即停止了马某的所有工作权限,不应当支付马某的违法解除劳动合同赔偿金的事实,没有相应的证据证明。马某将《股权激励授予协议书》发送给另一激励员工的行为,泄露的不是公司的技术信息,不会引起公司的巨大损失。况且公司对《股权激励授予协议书》与马某并没有进行保密约定,马某仅转发给另一激励对象的行为,并不会对公司产生任何影响,公司的管理制度并没有对此行为有明确的约定。据此,立即停止马某所有工作权限的行为违反了《劳动合同法》第 38 条、最高人民法院《关于审理劳动争议案件适用法律问题的解释(一)》第 45 条的规定,马某有权解除劳动合同并要求支付补偿金。

其次，关于《离职补偿协议书》。某芯技公司认为是马某自愿离职，并已支付其包括未付工资、经济补偿金等全部费用14,200元，该协议为双方自愿签订，公司不应当再支付其经济补偿金。马某提供与公司HR的谈话录音，“HR称：你该走就走，公司就是不想给你支付那些钱，你耗着也没用，如果你今天把离职办了，我才能给你转社保档案，给你出具相关离职手续，不然你也知道公司的实力，你出去还有谁会用你，随便出具个对你不利的离职原因，你上哪里去再找这种工作，对不，咱看谁耗不起。马某称：你们这样逼我签是违法的，并且根本不是我自愿的，根本没有经济补偿，只给我这个月我应得的工资，公司不能这样对待我，掩盖你们的违法行为。HR称：我承认公司的行为有错，但我也只按公司意思行事，签，我现在就给你办手续，不签，公司肯定耗死你，同行也不会再用你……”证明自己签订《离职补偿协议书》是被迫的，补偿金额显失公平，请求撤销。并称该协议仅记载补偿数额，并非其自愿离职。本院认为，该协议经济补偿数额严重违反最高人民法院《关于审理劳动争议案件适用法律问题的解释(一)》第35条的规定，通过马某提供的录音佐证，公司存在逼迫马某签订离职补偿协议的行为，并且该协议结果显失公平应当依法撤销。法院认为，某芯技公司通过不予办理养老等社保手续，出具记载不利于马某的离职原因的离职证明等行为，使马某心理受到胁迫，害怕自己日后再找不到该职位的工作。公司利用离职证明形成不利条件，并强制断缴养老等社保，强迫马某签订补偿数额极低的离职补偿协议显失公平，依法予以撤销，某芯技公司应当对马某支付赔偿金。

最后，股权激励对价是否属于劳动报酬。双方签订的劳动合同约定，自马某正式入职起，公司分配给马某100股限制期权，具体行权办法详见《股权激励授予协议书》。截至2021年4月3日，某芯技公司根据劳动合同的约定，结合马某已付出的劳动，解锁50%的股权权益，兑现了马某50股的对价。根据《劳动法》第47条、劳动部《工资支付暂行规定》第3条的规定及双方签订的劳动合同、《股权激励授予协议书》可知，该股权激励是以马某所具备劳动技能及工作年限，通过股权激励的方式，希望马某为公司创造更大的利益，马某通过自己的劳动付出为公司获取了更大的利益。且通过法庭查明，某芯技公司只针对管理层个别人员实行股权激励，公司以股权激励劳动者向公司最大限度付出。该股票为虚拟股，马某不成为股东，不与其他股东共担风险、共享利益，不需要支出资金，所激励的股份属于名义股份，只在期末通过公司每股净资产的增量和数量来计算行权日马某所获得的权益，并通过现金支付至马某的工资账户，其性质属于劳动者劳动付出所换取的劳动报酬。

据此，某芯技公司为了达到不支付股权激励对价的目的，在股权行权日到期前十几天故意停止马某的所有工作权限，然后利用公司在同行中的实力，逼迫马某签订离职补偿协议。公司的行为严重违反了最高人民法院《关于审理劳动争议案件适用法律问题的解释（一）》第45条的规定，应给予否定性评价。为保护劳动者的合法权益，法院对马某的所有诉请予以支持。

·知识拓展·

《民法典》

第一百五十九条　附条件的民事法律行为，当事人为自己的利益不正当地阻止条件成就的，视为条件已经成就；不正当地促成条件成就的，视为条件不成就。

《劳动法》

第四十七条　用人单位根据本单位的生产经营特点和经济效益，依法自主确定本单位的工资分配方式和工资水平。

《劳动合同法》

第三条　订立劳动合同，应当遵循合法、公平、平等自愿、协商一致、诚实信用的原则。

依法订立的劳动合同具有约束力,用人单位与劳动者应当履行劳动合同约定的义务。

第十六条　劳动合同由用人单位与劳动者协商一致,并经用人单位与劳动者在劳动合同文本上签字或者盖章生效。

劳动合同文本由用人单位和劳动者各执一份。

第二十九条　用人单位与劳动者应当按照劳动合同的约定,全面履行各自的义务。

第三十条　用人单位应当按照劳动合同约定和国家规定,向劳动者及时足额支付劳动报酬。

用人单位拖欠或者未足额支付劳动报酬的,劳动者可以依法向当地人民法院申请支付令,人民法院应当依法发出支付令。

第四十七条　经济补偿按劳动者在本单位工作的年限,每满一年支付一个月工资的标准向劳动者支付。六个月以上不满一年的,按一年计算;不满六个月的,向劳动者支付半个月工资的经济补偿。

劳动者月工资高于用人单位所在直辖市、设区的市级人民政府公布的本地区上年度职工月平均工资三倍的,向其支付经济补偿的标准按职工月平均工资三倍的数额支付,向其支付经济补偿的年限最高不超过十二年。

本条所称月工资是指劳动者在劳动合同解除或者终止前十二个月的平均工资。

第四十八条　用人单位违反本法规定解除或者终止劳动合同,劳动者要求继续履行劳动合同的,用人单位应当继续履行;劳动者不要求继续履行劳动合同或者劳动合同已经不能继续履行的,用人单位应当依照本法第八十七条规定支付赔偿金。

第八十七条　用人单位违反本法规定解除或者终止劳动合同的,应当依照本法第四十七条规定的经济补偿标准的二倍向劳动者支付赔偿金。

《劳动合同法实施条例》

第二十七条　劳动合同法第四十七条规定的经济补偿的月工资按照劳动者应得工资计算，包括计时工资或者计件工资以及奖金、津贴和补贴等货币性收入。劳动者在劳动合同解除或者终止前 12 个月的平均工资低于当地最低工资标准的，按照当地最低工资标准计算。劳动者工作不满 12 个月的，按照实际工作的月数计算平均工资。

最高人民法院《关于审理劳动争议案件适用法律问题的解释(一)》

第四十四条　因用人单位作出的开除、除名、辞退、解除劳动合同、减少劳动报酬、计算劳动者工作年限等决定而发生的劳动争议，用人单位负举证责任。

第四十五条　用人单位有下列情形之一，迫使劳动者提出解除劳动合同的，用人单位应当支付劳动者的劳动报酬和经济补偿，并可支付赔偿金：

(一)以暴力、威胁或者非法限制人身自由的手段强迫劳动的；

(二)未按照劳动合同约定支付劳动报酬或者提供劳动条件的；

(三)克扣或者无故拖欠劳动者工资的；

(四)拒不支付劳动者延长工作时间工资报酬的；

(五)低于当地最低工资标准支付劳动者工资的。

劳动部关于印发《工资支付暂行规定》的通知

第三条　本规定所称工资是指用人单位依据劳动合同的规定，以各种形式支付给劳动者的工资报酬。

第九条　劳动关系双方依法解除或终止劳动合同时，用人单位应在解除或终止劳动合同时一次付清劳动者工资。

·风险提示·

用人单位： 在社会经济快速发展的今天，各种各样的新问题不断涌现，同样对劳动领域也提出了新的挑战。股权激励是否属于劳动争议，缺乏上位法依据。目前，股权激励的制度主要是证监会《上市公司股权激励管理办法》、"股权激励有关事项备忘录1、2、3号"（已失效），对激励对象、激励对象的获授行权条件、授予价格的确定和行权价格的变更方面，规定相对比较笼统。

企业要用股权激励员工，主要注意以下几个问题：第一，激励对象。股权激励对象是对企业最有价值的人员，如高级管理人员、高级技术人员等，为了激励员工为企业带来长期发展，通过股权激励这些重点员工，以将员工与企业的利益挂钩，最大限度减少监督成本，激励员工为企业勤勉尽责，激发激励员工发挥更大的经济价值。企业在激励对象问题上，要防止企业激励的董事、监事、高级管理人员形成利益共同体，损害企业利益。因此，公司在股权激励计划的实施过程中，尤其要注意股权激励对象的名单审核、审批，保证股权激励计划不违反《公司法》的相关规定，有效保障该股权激励应发挥的作用。第二，激励模式、行权指标。不同的激励模式，有不同的股票行权权限，这是股权激励的核心，企业在进行股权激励时应进行区分。业绩股票模式，就要确定业绩目标；股票期权模式，就要事先确定激励对象购买股权的数量和价格，以及行权时间和数量的限制；虚拟股票模式，要确定激励对象可享受的分红或股票升值收益，以及相应股权的限制条件；等等。股权激励对企业增强凝聚力和市场竞争力起重要作用。股权激励模式的选择、股权行权条件、股权来源等，都能使企业股权激励起到相应的作用，既要有激励作用，又要限制股权行使，还能稳定企业关键人才。因此，企业股权激励的设计是股权激励的核心，企业应结合激励的目的设计股权激励方案。

劳动者：企业在与劳动者建立劳动关系的基础上，又通过股票激励员工，给予劳动者一定的股票期权，使其能够为了企业的利益与企业一起提高管理效率，提高企业市场竞争力。企业通过股权激励使双方的利益最大限度地保持一致，从而使劳动者勤勉尽责地为企业的长期发展而服务，在企业获得更大发展的同时，留住稳定的高精尖人才，这是企业对员工进行股权激励的目的。

企业采用不同的股权激励模式，劳动者的股票期权的取得和行权、股权购售约定、股票权利限制、股权来源等都不同。股权激励发生纠纷时，股权对价是否为劳动报酬，对劳动者来讲是最为重要的。本案中，某芯技公司是基于与马某的劳动关系，通过马某的工作能力和工作年限，给予马某一定数量的企业股票，激励马某持续在公司工作一定的年限。至行权日时，公司支付马某对应数量的股权价款，以现金支付到马某的工资账户，该对价依据马某的工作能力和工作服务年限，进行相应的解锁。该对价是通过马某的工作付出换取的劳动对价，具有劳动报酬的性质。与其他出资购买企业股权并与企业共担风险、共享利润的股东不同，马某对某芯技公司所激励的股票没有所有权、没有表决权、限制转让和出售，未达到行权条件将会自动失效。因此，某芯技公司支付给马某的股票对价为劳动报酬。另外，马某最后一次的行权日为 2022 年 4 月 2 日，但是，某芯技公司为了制造马某无法行权的事实，故意停止马某的工作，逼迫马某离职，积极促成行权障碍，不正当地阻止了马某的最后一次行权。根据《民法典》第 159 条的规定，附条件的民事法律行为，当事人为自己的利益不正当地阻止条件成就的，视为条件已经成就；不正当地促成条件成就的，视为条件不成就。马某 2022 年 4 月 2 日的行权条件已成就，某芯技公司应当解锁马某最后一期 50 股期权的对应价款 1,000,000 元。

44 因用人单位原因导致无法享受养老保险待遇时损失赔偿

适用法条

——最高人民法院《关于审理劳动争议案件适用法律问题的解释(一)》第一条、劳动部《对〈关于因破产、被工商部门吊销营业执照或自行解散的企业拖欠职工工资引发的劳动争议如何确认被诉人的请示〉的复函》

案情回顾

2001年5月26日,祁某进入佳慧公司工作,2年后又转入佳慧公司成立的新华公司,工资一直由佳慧公司发放。2008年,新华公司更名路凯公司,由其承继新华公司所有的资产,新华公司注销。2019年2月,祁某达到退休年龄。祁某继续为路凯公司提供劳动至2020年6月13日,因祁某身体生病再未提供劳动,但工资一直由佳慧公司支付。2020年7月底,佳慧公司申请注销了路凯公司,同时停止发放祁某的工资。2021年3月,祁某申请当地仲裁委员会,请求佳慧公司承担没有为其缴纳社保所导致的损失赔偿,包括支付退休待遇、城镇职工医疗保险待遇。

仲裁委员会裁决佳慧公司承担祁某退休待遇,及日后患病就医的住院费用,具体数额按参加城镇职工医疗保险待遇的标准报销。佳慧公司不服起诉到法院,认为祁某仲裁请求超过了申请仲裁的时效,祁某超过法定退休年龄给已注销的路凯公司提供劳务,佳慧公司并不是适格的被告,应当裁决驳回祁某的全部仲裁请求,一、二审法院判决维持了仲裁裁决。

·法理分析·

自2003年起，祁某入职新华公司，连续提供劳动达16年之多。2019年2月23日，祁某达到退休年龄，在职期间新华公司、路凯公司并没有为祁某开立社保账户，未依法缴纳社会保险。祁某达到退休年龄后，路凯公司也未给祁某办理退休手续，祁某持续为路凯公司提供劳动至2020年6月。2020年7月，佳慧公司停止支付祁某上月的工资引发争议。根据最高人民法院《关于审理劳动争议案件适用法律问题的解释(一)》第1条第5项规定，劳动者以用人单位未为其办理社会保险手续，且社会保险经办机构不能补办导致其无法享受社会保险待遇为由，要求用人单位赔偿损失发生的纠纷，人民法院应予以受理。《劳动争议调解仲裁法》第27条规定，劳动争议仲裁申请时效期限为一年，仲裁时效从当事人知道或者应当知道其权利被侵害之日起计算。2019年2月23日，祁某达到法定退休年龄后，因佳慧公司的原因使祁某在退休时无法享受退休金等社会保险待遇。从祁某达到法定退休年龄时起，佳慧公司继续为其发放的“劳动报酬”具有保障祁某退休生活的功能，具有退休金的性质。因此，佳慧公司继续为祁某发放劳动报酬的行为，视为对祁某社保责任的承担。截至2020年6月，还在为祁某发放工资的事实行为，构成时效中断的法定事由。2020年7月，佳慧公司停止发放劳动报酬时，祁某认为权利被侵害发生争议，到祁某申请仲裁时并未超过一年的时间，因此，祁某的仲裁请求未超过仲裁时效。

自2001年起，祁某进入佳慧公司、新华公司、路凯公司工作，工资一直由佳慧公司发放。2020年6月，佳慧公司申请注销路凯公司，根据劳动部《对〈关于因破产、被工商部门吊销营业执照或自行解散的企业拖欠职工工资引发的劳动争议如何确认被诉人的请示〉的复函》，其主管部门或开办单位应作为被诉人并承担相应责任。佳慧公司作为路凯公司的开办单位和申请注销单位，注销路凯公司后作为被诉人,主体适格。

根据最高人民法院《关于审理劳动争议案件适用法律问题的解释(一)》第1条第5项的规定,劳动者以用人单位未为其办理社会保险手续,且社会保险经办机构不能补办导致其无法享受社会保险待遇为由,要求用人单位赔偿损失发生的纠纷,人民法院应予以受理。依据《劳动法》第72条的规定,社会保险基金按照保险类型确定资金来源,逐步实行社会统筹。用人单位和劳动者必须依法参加社会保险,缴纳社会保险费。依据劳动和社会保障部《关于确立劳动关系有关事项的通知》第1条的规定,祁某与佳慧公司之间存在事实劳动关系,劳动关系存续期间,佳慧公司应当依法为祁某缴纳社会保险费。现因佳慧公司未及时缴纳社会保险费,导致祁某达到退休年龄后不能享受退休金、社会保险等相关待遇,且无法补缴,佳慧公司应当向祁某承担赔偿养老保险损失的责任。具体损失赔偿标准依据当地同期同行业退休人员的退休金标准,由佳慧公司按月支付至祁某去世时止。

·知识拓展·

劳动和社会保障部《关于确立劳动关系有关事项的通知》

一、用人单位招用劳动者未订立书面劳动合同,但同时具备下列情形的,劳动关系成立。

(一)用人单位和劳动者符合法律、法规规定的主体资格;

(二)用人单位依法制定的各项劳动规章制度适用于劳动者,劳动者受用人单位的劳动管理,从事用人单位安排的有报酬的劳动;

(三)劳动者提供的劳动是用人单位业务的组成部分。

最高人民法院《关于审理劳动争议案件适用法律问题的解释(一)》

第一条　劳动者与用人单位之间发生的下列纠纷,属于劳动争议,当事人不服劳动争议仲裁机构作出的裁决,依法提起诉讼的,人民法院应予受理:

(一)劳动者与用人单位在履行劳动合同过程中发生的纠纷;

(二)劳动者与用人单位之间没有订立书面劳动合同,但已形成劳动关系后发生的纠纷;

(三)劳动者与用人单位因劳动关系是否已经解除或者终止,以及应否支付解除或者终止劳动关系经济补偿金发生的纠纷;

(四)劳动者与用人单位解除或者终止劳动关系后,请求用人单位返还其收取的劳动合同定金、保证金、抵押金、抵押物发生的纠纷,或者办理劳动者的人事档案、社会保险关系等移转手续发生的纠纷;

(五)劳动者以用人单位未为其办理社会保险手续,且社会保险经办机构不能补办导致其无法享受社会保险待遇为由,要求用人单位赔偿损失发生的纠纷;

(六)劳动者退休后,与尚未参加社会保险统筹的原用人单位因追索养老金、医疗费、工伤保险待遇和其他社会保险待遇而发生的纠纷;

(七)劳动者因为工伤、职业病,请求用人单位依法给予工伤保险待遇发生的纠纷;

(八)劳动者依据劳动合同法第八十五条规定,要求用人单位支付加付赔偿金发生的纠纷;

(九)因企业自主进行改制发生的纠纷。

第四十六条　劳动者非因本人原因从原用人单位被安排到新用人单位工作,原用人单位未支付经济补偿,劳动者依据劳动合同法第三十八条规定与新用人单位解除劳动合同,或者新用人单位向劳动者提出解除、终止劳动合同,在计算支付经济补偿或赔偿金的工作年限时,劳动者请求把在原用人单位的工作年限合并计算为新用人单位工作年限的,人民法院应予支持。

用人单位符合下列情形之一的，应当认定属于“劳动者非因本人原因从原用人单位被安排到新用人单位工作”：

（一）劳动者仍在原工作场所、工作岗位工作，劳动合同主体由原用人单位变更为新用人单位；

（二）用人单位以组织委派或任命形式对劳动者进行工作调动；

（三）因用人单位合并、分立等原因导致劳动者工作调动；

（四）用人单位及其关联企业与劳动者轮流订立劳动合同；

（五）其他合理情形。

劳动部《对〈关于因破产、被工商部门吊销营业执照或自行解散的企业拖欠职工工资引发的劳动争议如何确认被诉人的请示〉的复函》

企业在被吊销营业执照、解散、撤销或歇业后，应当由其主管部门、或开办单位、或依法成立的清算组织作为被诉人参加仲裁活动。

·风险提示·

用人单位：根据《劳动法》《社会保险法》《社会保险费征缴暂行条例》等相关规定，国家发展社会保险事业，建立社会保险制度，设立社会保险基金，使劳动者在年老、患病、工伤、失业、生育法定情形时依法享受社会保险待遇。社会保险基金按照保险类型确定资金来源，逐步实行社会统筹。用人单位和劳动者必须依法参加社会保险，缴纳社会保险费。用人单位应当自行申报、按时足额缴纳社会保险费，非因不可抗力等法定事由不得缓缴、减免。职工应当缴纳的社会保险费由用人单位代扣代缴，用人单位应当按月将缴纳社会保险费的明细情况告知本人。用人单位未按时足额缴纳社会保险费的，由社会保险费征收机构责令其限期缴纳或者补足。用人单位逾期仍未缴纳或者补足社会保险费的，社会保险费征收机构可以向银行和其他金融机构查询其存款账户;并可以申请县级以上有关行政部门作出划拨社会保险费的决定,书面通知其开户银行或者其他金融机构划拨社会保险费。用人单位账户余额少于应当缴纳的社会保险费的,社会保险费征收机构可以要求该用人单位提供担保,签订延期缴费协议。用人单位未足额缴纳社会保险费且未提供担保的,社会保险费征收机构可以申请人民法院扣押、查封、拍卖其价值相当于应当缴纳社会保险费的财产,以拍卖所得抵缴社会保险费。对进城务工的农村居民依照《社会保险法》的规定参加社会保险。个人应当缴纳的社会保险费,由所在单位从其本人工资中代扣代缴。通过以上规定可知,用人单位必须向当地社保机构办理社会保险登记,参加社会保险,按月向社会保险机构申报应缴纳的社会保险费用,经审核后在规定时间内缴纳。社保费用由用人单位和劳动者按各自的缴费比例共同缴纳,劳动者个人应缴纳部分,从其本人工资中由用人单位代扣代缴,社保费用不得减免。社保费用的缴纳是用人单位的法定义务。实践中,劳动者往往通过承诺用人单位,自愿将社保费用包含在工资之中一起发放给劳动者,并承诺免除用人单位为其缴纳社保费用的义务。该约定因违反法律的强制性规定而无效,用人单位不但要补缴未按规定缴纳和代扣代缴的社会保险费用,还要对劳动者造成的损失进行赔偿。相关机构责令限期缴纳仍不缴纳的,从欠缴之日起,按日加收2%的滞纳金。

劳动者:在本案中,祁某拿到了胜诉的判决,但具体在执行时如何核算赔偿数额,也是劳动者需要关注的问题。祁某2019年2月达到退休年龄,在退休年龄之前佳慧公司发放的是工资,2019年2月达到退休年龄之后发放的工资具有退休金的性质。佳慧公司应以2020年7月之前的退休金标准为祁某发放2020年8月以来的退休金,并以此为基数,按国家调整参保企业退休人员退休待遇政策同步调整祁某的退休待遇。佳慧公司还应承担祁某日后患病就医的住院费用,具体数额按参加城镇职工医疗保险后职工应享受的待遇标准报销。

Chapter seven

第七章

其　他

45 仲裁时效

适用法条

——《劳动争议调解仲裁法》第二十七条

案情回顾

2012年，田某入职某机械制造公司，从事机械组装工作。2014年，某机械制造公司申请当地国资委，对某机械制造公司进行改制，改为公司自收自支的有限责任公司。2014年8月13日，当地政府相关会议审议通过相关改制方案。2014年9月2日，当地国资委对改制方案进行了批复。2015年2月9日，某机械制造公司完成了工商注册登记，更名为某机械制造有限责任公司，改制后田某与公司签订了为期3年的劳动合同，继续在公司工作。2018年4月14日，田某达到法定退休年龄。2022年2月19日，某机械制造有限责任公司向田某发送通知，称自2022年2月20日起，公司与您解除劳务关系，不再向您支付劳务费用。田某收到通知后不服，向当地仲裁委员会提起劳动仲裁，仲裁委员会以田某超过法定退休年龄，劳动者主体不适格为由，驳回了田某的仲裁请求。2022年3月12日，田某向人民法院提起诉讼，请求某机械制造有限责任公司依法支付其2018年3月9日至2019年2月8日的2倍工资、赔偿金、未休年休假工资等。

一审法院经审理认为，田某对自己的主张有责任提供证据，田某对其未提供证据证明的事实，法院不予支持。驳回了田某的全部诉讼请求。田某不服上诉至二审法院，二审驳回上诉，维持原判。

·法理分析·

本案的主要争议焦点为田某与某机械公司劳动关系的存续期间，及其劳动关系存续期间未签劳动合同的 2 倍工资是否超过法定诉讼时效期间。

田某诉称，自 2012 年起，进入某机械公司，与其建立劳动关系，某机械公司一直与其保持劳动关系，直至 2022 年 2 月 20 日，某机械公司将其违法解除。在此期间，田某一直在原岗位、保持原待遇，某机械公司默认并接受田某提供的劳动，双方的劳动关系一直存续至 2022 年 2 月 20 日止。田某认为自己并未开始享受养老保险待遇，某机械公司与田某之间存续的是劳动关系，而非劳务关系。因此，某机械公司于 2022 年 2 月 20 日违法解除劳动关系，田某的权利从此时起才开始受到侵害，应当依法向田某支付诉请主张中的全部金额。

某机械公司辩称，田某于 2018 年 4 月 14 日达到法定退休年龄，劳动合同依法终止，田某与机械公司劳动关系存续期间为 2012 年至 2018 年 4 月 14 日，达到退休年龄后形成的是劳务关系。根据《劳动合同法》第 44 条、《劳动合同法实施条例》第 21 条的规定，劳动者达到法定退休年龄时劳动合同终止。劳动关系终止后双方形成的是劳务关系，田某的诉讼主张于法无据。并且田某在劳动关系终止后并未在法定时间内提出相应主张，根据《劳动争议调解仲裁法》第 27 条的规定，田某的诉讼主张已超过法定时效期间，应依法予以驳回。

法院审理查明，田某于 2012 年进入某机械公司，2015 年 2 月 9 日双方签订为期 3 年的书面劳动合同，2018 年 2 月 8 日到期后，双方再未续签书面劳动合同，但田某继续供职于某机械公司。2018 年 4 月 14 日，田某达到法定退休年龄。2022 年 2 月 20 日，某机械公司通知田某解除劳务关系。另查明，田某未提供社保机构出具的不能补办的相关证据。

法院认为，发生劳动争议，当事人对自己提出的主张，有责任提供证据，当事人未能提供证据或者证据不足以证明其事实主张的,由负有举证责任的当事人承担不利的后果。关于劳动关系存续期间。《劳动合同法实施条例》第 21 条明确规定,达到退休年龄劳动合同终止,该规定没有例外情形,属于法律、法规对劳动者主体资格的强制性规定。因此,田某与某机械公司的劳动关系存续期间为自 2012 年起至 2018 年 4 月 14 日止。关于 2018 年 4 月 14 日至 2022 年 2 月 20 日的法律关系,《劳动合同法》第 44 条规定,劳动者开始依法享受基本养老保险待遇时劳动合同终止。《劳动合同法实施条例》第 21 条规定,达到退休年龄劳动合同终止。这两条规定都属于对劳动者主体资格的要求,并不冲突。劳动合同终止,意味着劳动关系终止。田某未举证证明其没有依法享受养老保险待遇的责任在某机械公司,2018 年 4 月 14 日已经达到法定退休年龄,此后田某不再具备法定的劳动者主体资格。因此,2018 年 4 月 14 日至 2022 年 2 月 20 日,田某与某机械公司形成的法律关系为劳务关系,对于田某提出的赔偿金、未休年休假工资等请求依法予以驳回。关于田某主张的 2 倍工资是否超过诉讼时效问题。2018 年 2 月 8 日,劳动合同到期后,某机械公司未依法与田某签订书面劳动合同,田某继续向其提供劳动,自 2018 年 3 月 9 日起,某机械公司应当每月支付田某 2 倍的工资。自 2018 年 3 月 10 日起,田某明知自己的合法权益遭受侵犯,却未在法律规定的时间内进行主张。根据《劳动争议调解仲裁法》第 27 条的规定,没有在 1 年仲裁时效期内提出,且没有中止、中断的相关情形的,依法不予支持。

·知识拓展·

《劳动合同法》

第四十四条　有下列情形之一的,劳动合同终止:

（一）劳动合同期满的；

（二）劳动者开始依法享受基本养老保险待遇的；

（三）劳动者死亡，或者被人民法院宣告死亡或者宣告失踪的；

（四）用人单位被依法宣告破产的；

（五）用人单位被吊销营业执照、责令关闭、撤销或者用人单位决定提前解散的；

（六）法律、行政法规规定的其他情形。

第八十二条　用人单位自用工之日起超过一个月不满一年未与劳动者订立书面劳动合同的，应当向劳动者每月支付二倍的工资。

用人单位违反本法规定不与劳动者订立无固定期限劳动合同的，自应当订立无固定期限劳动合同之日起向劳动者每月支付二倍的工资。

《劳动合同法实施条例》

第六条　用人单位自用工之日起超过一个月不满一年未与劳动者订立书面劳动合同的，应当依照劳动合同法第八十二条的规定向劳动者每月支付两倍的工资，并与劳动者补订书面劳动合同；劳动者不与用人单位订立书面劳动合同的，用人单位应当书面通知劳动者终止劳动关系，并依照劳动合同法第四十七条的规定支付经济补偿。

前款规定的用人单位向劳动者每月支付两倍工资的起算时间为用工之日起满一个月的次日，截止时间为补订书面劳动合同的前一日。

第二十一条　劳动者达到法定退休年龄的，劳动合同终止。

第二十五条　用人单位违反劳动合同法的规定解除或者终止劳动合同，依照劳动合同法第八十七条的规定支付了赔偿金的，不再支付经济补偿。赔偿金的计算年限自用工之日起计算。

《劳动争议调解仲裁法》

第二条　中华人民共和国境内的用人单位与劳动者发生的下列劳动争议，

适用本法：

（一）因确认劳动关系发生的争议；

（二）因订立、履行、变更、解除和终止劳动合同发生的争议；

（三）因除名、辞退和辞职、离职发生的争议；

（四）因工作时间、休息休假、社会保险、福利、培训以及劳动保护发生的争议；

（五）因劳动报酬、工伤医疗费、经济补偿或者赔偿金等发生的争议；

（六）法律、法规规定的其他劳动争议。

第六条　发生劳动争议，当事人对自己提出的主张，有责任提供证据。与争议事项有关的证据属于用人单位掌握管理的，用人单位应当提供；用人单位不提供的，应当承担不利后果。

第二十七条　劳动争议申请仲裁的时效期间为一年。仲裁时效期间从当事人知道或者应当知道其权利被侵害之日起计算。

前款规定的仲裁时效，因当事人一方向对方当事人主张权利，或者向有关部门请求权利救济，或者对方当事人同意履行义务而中断。从中断时起，仲裁时效期间重新计算。

因不可抗力或者有其他正当理由，当事人不能在本条第一款规定的仲裁时效期间申请仲裁的，仲裁时效中止。从中止时效的原因消除之日起，仲裁时效期间继续计算。

劳动关系存续期间因拖欠劳动报酬发生争议的，劳动者申请仲裁不受本条第一款规定的仲裁时效期间的限制；但是，劳动关系终止的，应当自劳动关系终止之日起一年内提出。

最高人民法院《关于审理劳动争议案件适用法律问题的解释(一)》

第三十二条　用人单位与其招用的已经依法享受养老保险待遇或者领取退休金的人员发生用工争议而提起诉讼的,人民法院应当按劳务关系处理。

企业停薪留职人员、未达到法定退休年龄的内退人员、下岗待岗人员以及企业经营性停产放长假人员,因与新的用人单位发生用工争议而提起诉讼的,人民法院应当按劳动关系处理。

·风险提示·

用人单位: 劳动争议仲裁时效,是指当事人因劳动争议纠纷要求保护其合法权利,必须在法定的期限内向劳动争议仲裁委员会提出仲裁申请,否则,法律规定消灭其申请仲裁权利的一种时效制度。2008 年 5 月 1 日,《劳动争议调解仲裁法》生效后,第 27 条规定,劳动争议申请仲裁的时效期间为 1 年。仲裁时效期间从当事人知道或者应当知道其权利被侵害之日起计算。前款规定的仲裁时效,因当事人一方向对方当事人主张权利,或者向有关部门请求权利救济,或者对方当事人同意履行义务而中断。从中断时起,仲裁时效期间重新计算。因不可抗力或者有其他正当理由,当事人不能在第 27 条第 1 款规定的仲裁时效期间申请仲裁的,仲裁时效中止。从中止时效的原因消除之日起,仲裁时效期间继续计算。劳动关系存续期间因拖欠劳动报酬发生争议的,劳动者申请仲裁不受第 27 条第 1 款规定的仲裁时效期间的限制;但是,劳动关系终止的,应当自劳动关系终止之日起 1 年内提出。第 27 条分别对一般仲裁时效的起算、仲裁时效的中断、仲裁时效的中止,以及因拖欠劳动报酬这一事项仲裁时效的起算时间进行了规定。作为用人单位,首先,做好入职事项的管理。在人事管理过程中,注意各类通知的有效送达途径,可以在劳动者入职时就确定一个收件地址、寄件方式作为用人单位履行告知义务的唯一送达途径。一般将劳动者的身份证地址作为送达地址，采取 EMS 加备注的方式送达。由于有些用人单位管理混乱，送达方式五花八门，也没有留存根备查，过了好多年劳动者才开始主张权益，认为用人单位没有为其送达相关通知，仲裁时效应当从劳动者知道或应当知道其权利被侵害之日起计算。用人单位作为发出通知的一方，应当承担是何时将通知送达劳动者的举证责任，否则发生争议之日视为仲裁时效起算日。用人单位为避免这种管理漏洞，应从劳动者入职时就进行明确约定，以防日后被动。另外，关于劳动者主张仲裁时效存在中止、中断事由的审查。对于仲裁时效的中止条件，中止的法定事由必须存在或发生于时效期间的最后 6 个月，如存在不可抗力或者其他障碍等法定事由。具体不可抗力是指重大自然灾害，包括地震、火灾、洪水等不可避之事变，使行为人客观上因交通、通信、人身受困，给主张权益造成阻碍。如果权利人自己不慎引起火灾，乃为人祸，属于意外事件，不构成中止事由。若因天气干燥引发森林大火，中断了权利人主张权益的唯一路径，为不可避免的权利人主观意志之外的天灾，应属不可抗力的范畴。待中止的原因消失后，仲裁时效期间继续计算。而时效期间中断是指，法定时效期间因故中断，中断前的时效全部作废，中断事由停止后，时效重新起算。时效中断是权利人有意识、主动地行为，主要的法定中断事由有请求或同意中断时效、诉讼或仲裁中断时效。权利人提起诉讼或仲裁，向义务人主张权利或者义务人同意履行义务，都会引起时效的中断。与中止不同的是中断可以发生在时效期间内的任何时候，只要法定情形出现，经过的时效期间归于无效，重新起算时效。

劳动者： 回到本案，田某关于未签订书面劳动合同 2 倍工资的主张之所以未被支持，主要是因为田某对时效起算时间的错误认识。根据《劳动争议调解仲裁法》第 27 条第 1 款的规定，劳动争议申请仲裁的时效期间为 1 年。仲裁时效期间从当事人知道或者应当知道其权利被侵害之日起计算。田某认为未签订书面劳动合同的 2 倍工资，应当从某机械公司的解除通知送达之次日起计算时效期间。根据《劳动合同法》第 82 条的规定，用人单位自用工之日起超过 1 个月不满1年未与劳动者订立书面劳动合同的，应当向劳动者每月支付2倍的工资。用人单位违反本法规定不与劳动者订立无固定期限劳动合同的，自应当订立无固定期限劳动合同之日起向劳动者每月支付2倍的工资。可以看出，该2倍工资的性质是对用人单位建立劳动关系，不依法订立书面劳动合同的惩戒。为了保障劳动关系稳健长远发展，保护劳动者的合法权益，用人单位从用工之日起超过1个月不满1年未与劳动者订立书面劳动合同的，每月支付2倍的工资，其实质是以每月工资标准加倍支付的方式，督促用人单位依法订立书面劳动合同，固定劳动关系。加倍工资并不是劳动者本身的劳动报酬，而是与惩罚用人单位的罚金性质相类似。因此，2倍工资主张的时效期间区别于其他拖欠的劳动报酬的时效期间的起算点，从应当签订书面劳动合同满1个月的次日起算仲裁时效。

46 因社会保险待遇发生纠纷的可诉性

适用法条

——最高人民法院《关于审理劳动争议案件适用法律问题的解释(一)》第一条

案情回顾

2015年2月23日，代某某入职某金融小贷公司，签订为期3年的劳动合同，从事营销业务，月工资4500元。2018年2月22日，双方又签订劳动合同，合同截止时间2019年1月4日，同日代某某达到法定退休年龄。2019年1月5日，公司与代某某签订《离退休人员返聘协议》，期限1年，工资待遇同劳动合同。2020年、2021年分别签订《离退休人员返聘协议》。2022年1月17日，某金融小贷公司向代某某发送《解除劳务关系通知书》，载明由于代某某5日内无正当理由未来公司上班，已违反公司的规章制度，达到解除劳务关系的法定情形，现与代某某的劳务关系从2022年1月18日起解除，相关交接手续于接到通知3日内前来公司办理，剩余劳务费用一次性于手续交接完即时结清。2022年1月18日，代某某签收该快件。2022年1月27日代某某向当地仲裁委提出仲裁申请，请求确认自2015年2月23日起至2022年1月18日止与某金融小贷公司之间存在劳动关系；请求某金融小贷公司向其支付违法解除劳动合同赔偿金78,064元；依法裁决某金融小贷公司向其一次性赔偿养老保险待遇损失200,736元(按解除劳动合同前12个月平均工资5576元计算15年)。当地仲裁委员会于2022年2月28日作出《不予受理通知书》，认为代某某已于2019年1月4日达到法定退休年龄，未受理其仲裁申请事项。2022 年 3 月 8 日,代某某不服向人民法院起诉,诉请同仲裁申请。2022 年 5 月 28 日,一审人民法院认可代某某与某金融小贷公司存在劳动关系的存续期为 2015 年 2 月 23 日起至 2022 年 1 月 18 日止;某金融小贷公司应当向代某某支付一次性养老保险待遇损失 129,803.9 元(单位缴纳 20%,个人缴纳 8%,当地缴费标准为 2760 元)。某金融小贷公司不服提起上诉,请求驳回代某某的所有诉讼请求。二审法院认为代某某与某金融小贷公司之间劳动关系的存续期间为 2015 年 2 月 23 日至 2019 年 1 月 4 日;改判一次性养老保险待遇的损失为 73,367.24 元。

·法理分析·

本案属于养老保险待遇纠纷,主要争议焦点为代某某与某金融小贷公司劳动关系存续期间,以及代某某的养老保险待遇损失金额的计算。

代某某诉称,从 2015 年 2 月 23 日入职某金融小贷公司以来,公司与其连续签订 2 次《劳动合同》、3 次《离退休人员返聘协议》,2022 年 1 月 18 日,某金融小贷公司为其送达《解除劳务关系通知书》。截至 2022 年 1 月 18 日,代某某持续为某金融小贷公司提供劳动,工作岗位不变、工资待遇不变,也未办理退休手续,未依法享受退休金待遇。根据《劳动合同法》第 44 条的规定,代某某并未开始依法享受养老保险待遇,劳动关系于 2022 年 1 月 18 日因某金融小贷公司的违法解除而终止,某金融小贷公司在劳动合同存续期间未依法为代某某缴纳社会保险费用,导致现无法补缴社保费用。因此,请法院依法判决支持其全部诉讼请求。

某金融小贷公司辩称,2019 年 1 月 4 日,代某某达到法定退休年龄,依法与其终止劳动关系,公司不存在违反劳动相关法规的情形,无须向其支付违法解除劳动合同的赔偿金。2019 年 1 月 5 日至 2022 年 1 月 18 日,公司与代某某签订

《离退休人员返聘协议》,在此期间双方建立的是劳务关系。2022 年 1 月 18 日,公司依法与代某某解除劳务关系。代某某无法补缴社保费用的原因并非绝对是公司造成的,即便公司为其缴纳了在职期间的社保费用,代某某仍然无法享受养老保险待遇。因此,应当驳回代某某的全部诉讼请求。

一审法院认为,合法的劳动关系受法律保护。从 2015 年 2 月 23 日起至 2019 年 1 月 4 日止,双方对劳动关系的确定没有异议。本案予以确认。自 2019 年 1 月 5 日起,双方签订《离退休人员返聘协议》,直至 2022 年 1 月 4 日止,2022 年 1 月 5 日起未签订任何协议;2022 年 1 月 18 日,某金融小贷公司向代某某送达《解除劳务关系通知书》。代某某于 2019 年 1 月 4 日达到法定退休年龄后,双方虽然签订《离退休人员返聘协议》,但代某某仍然在原岗位工作,公司也按劳动合同约定的标准向其发放报酬,依然接受公司的管理。故,此期间视为劳动关系存续期间。因此,依法确认代某某主张的与某金融小贷公司的劳动关系存续期间。

关于违法解除劳动关系赔偿金。2022 年 1 月 4 日,《离退休人员返聘协议》到期后,双方再未续签任何协议。因 2022 年 1 月 5 日至 11 日,代某某无故缺勤,达到严重违反公司规章制度的情形,公司解除劳动关系合法。因此,对代某某主张的违法解除劳动合同的赔偿金,依法不予支持。

另外,关于代某某主张的养老保险待遇损失。根据最高人民法院《关于审理劳动争议案件适用法律问题的解释(一)》第 1 条的规定,劳动者以用人单位未为其办理社会保险手续,且社会保险经办机构不能补办导致其无法享受社会保险待遇为由,要求用人单位赔偿损失而发生纠纷的,人民法院应予受理。本案某金融小贷公司未依法为代某某缴纳在职期间的社保费用,导致代某某现无法补缴,造成的损失应当由某金融小贷公司赔偿。根据当地退休职工的社会平均养老金标准,参照人身损害赔偿标准中 75 周岁的全国人口平均预期寿命标准,结合单位和个人应承担的比例份额,一次性计算养老保险损失为宜。根据国务院《关于完善企业职工基本养老保险制度的决定》的规定,缴费满15年并达到退休年龄者可以领取养老金。本地2019年企业缴费比例为20%,个人缴费比例为8%。代某某并未负担其个人应负担的份额,在计算损失时应当按企业与个人的缴纳比例予以赔偿。代某某截至2022年1月18日已连续工作达7年,未满15年,离职前12个月平均工资为5576元,按照2019年当地的养老保险待遇数额2760元进行计算。故,某金融小贷公司应向代某某赔偿养老保险待遇损失为129,803.9元。

某金融小贷公司不服,向二审人民法院提起上诉。请求依法撤销一审判决,改判驳回代某某的全部诉讼请求。双方的劳动关系存续期间为2015年2月23日至2019年1月4日。自2019年1月5日起,双方建立的是劳务关系。对于代某某养老保险待遇损失,代某某无法补缴社保费用并非公司的原因,代某某2015年入职时,自愿承诺放弃社会保险的缴纳,其作为成年人,自愿向公司出具的《自愿放弃社保缴纳承诺书》合法有效,现判决公司为其承担社保损失有违诚实信用原则和公平原则,引导不良社会风气。即便公司为其在职期间缴纳社保费用,代某某仍然无法享受社保待遇,造成代某某无法享受社保待遇的原因不在公司,公司无须承担任何责任。

二审中,除某金融小贷公司举证代某某亲自书写的《自愿放弃社保缴纳承诺书》外,查明事实与一审相同。主要争议为劳动关系的存续期间,以及养老保险损失金额。

关于劳动关系存续期间。二审法院依据最高人民法院行政审判庭《关于离退休人员与现工作单位之间是否构成劳动关系以及工作时间内受伤是否适用〈工伤保险条例〉问题的答复》,认为代某某2019年1月4日达到法定退休年龄后与某金融小贷公司之间劳动关系存续至2022年1月18日,系法律适用不当,予以纠正。根据《劳动合同法实施条例》第21条的规定,劳动者达到法定退休年龄的,劳动合同终止。确认代某某与某金融小贷公司劳动关系的存续期间为

2015年2月23日至2019年1月4日。

关于代某某养老保险损失金额。因代某某与某金融小贷公司之间的劳动关系存续期间为2015年2月23日至2019年1月4日，某金融小贷公司只需就此期间的养老保险损失承担责任。即使某金融小贷公司为其缴纳劳动关系存续期间的养老保险费用，代某某截至退休时也未能缴足15年的养老保险，同样无法享受养老保险待遇。故，某金融小贷公司应向代某某赔偿养老保险待遇损失为73,367.24元。

综上，某金融小贷公司关于劳动关系存续期间以及养老保险损失金额上诉请求成立，二审依法改判代某某与某金融小贷公司之间的劳动关系存续期间为2015年2月23日至2019年1月4日；某金融小贷公司应向代某某赔偿养老保险待遇损失为73,367.24元；驳回某金融小贷公司的其他上诉请求。

·知识拓展·

《劳动合同法》

第四十四条　有下列情形之一的，劳动合同终止：

（一）劳动合同期满的；

（二）劳动者开始依法享受基本养老保险待遇的；

（三）劳动者死亡，或者被人民法院宣告死亡或者宣告失踪的；

（四）用人单位被依法宣告破产的；

（五）用人单位被吊销营业执照、责令关闭、撤销或者用人单位决定提前解散的；

（六）法律、行政法规规定的其他情形。

《劳动争议调解仲裁法》

第二十七条　劳动争议申请仲裁的时效期间为一年。仲裁时效期间从当事人知道或者应当知道其权利被侵害之日起计算。

前款规定的仲裁时效，因当事人一方向对方当事人主张权利，或者向有关部门请求权利救济，或者对方当事人同意履行义务而中断。从中断时起，仲裁时效期间重新计算。

因不可抗力或者有其他正当理由，当事人不能在本条第一款规定的仲裁时效期间申请仲裁的，仲裁时效中止。从中止时效的原因消除之日起，仲裁时效期间继续计算。

劳动关系存续期间因拖欠劳动报酬发生争议的，劳动者申请仲裁不受本条第一款规定的仲裁时效期间的限制；但是，劳动关系终止的，应当自劳动关系终止之日起一年内提出。

《劳动合同法实施条例》

第十三条　用人单位与劳动者不得在劳动合同法第四十四条规定的劳动合同终止情形之外约定其他的劳动合同终止条件。

第二十一条　劳动者达到法定退休年龄的，劳动合同终止。

最高人民法院《关于审理劳动争议案件适用法律问题的解释(一)》

第一条　劳动者与用人单位之间发生的下列纠纷，属于劳动争议，当事人不服劳动争议仲裁机构作出的裁决，依法提起诉讼的，人民法院应予受理：

(一)劳动者与用人单位在履行劳动合同过程中发生的纠纷；

(二)劳动者与用人单位之间没有订立书面劳动合同，但已形成劳动关系后发生的纠纷；

(三)劳动者与用人单位因劳动关系是否已经解除或者终止，以及应否支付解除或者终止劳动关系经济补偿金发生的纠纷；

(四)劳动者与用人单位解除或者终止劳动关系后，请求用人单位返还其收取的劳动合同定金、保证金、抵押金、抵押物发生的纠纷，或者办理劳动者的人事档案、社会保险关系等移转手续发生的纠纷；

（五）劳动者以用人单位未为其办理社会保险手续，且社会保险经办机构不能补办导致其无法享受社会保险待遇为由，要求用人单位赔偿损失发生的纠纷；

（六）劳动者退休后，与尚未参加社会保险统筹的原用人单位因追索养老金、医疗费、工伤保险待遇和其他社会保险待遇而发生的纠纷；

（七）劳动者因为工伤、职业病，请求用人单位依法给予工伤保险待遇发生的纠纷；

（八）劳动者依据劳动合同法第八十五条规定，要求用人单位支付加付赔偿金发生的纠纷；

（九）因企业自主进行改制发生的纠纷。

第二十六条　用人单位与其他单位合并的，合并前发生的劳动争议，由合并后的单位为当事人；用人单位分立为若干单位的，其分立前发生的劳动争议，由分立后的实际用人单位为当事人。

用人单位分立为若干单位后，具体承受劳动权利义务的单位不明确的，分立后的单位均为当事人。

第三十二条　用人单位与其招用的已经依法享受养老保险待遇或者领取退休金的人员发生用工争议而提起诉讼的，人民法院应当按劳务关系处理。

企业停薪留职人员、未达到法定退休年龄的内退人员、下岗待岗人员以及企业经营性停产放长假人员，因与新的用人单位发生用工争议而提起诉讼的，人民法院应当按劳动关系处理。

最高人民法院行政审判庭《关于离退休人员与现工作单位之间是否构成劳动关系以及工作时间内受伤是否适用〈工伤保险条例〉问题的答复》

重庆市高级人民法院：

你院（2006）渝高法行示字第14号《关于离退休人员与现在工作单位之间

是否构成劳动关系以及工作时间内受伤是否适用〈工伤保险条例〉一案的请示》收悉。经研究,原则同意你院第二种意见,即:根据《工伤保险条例》第二条、第六十一条等有关规定,离退休人员受聘于现工作单位,现工作单位已经为其缴纳了工伤保险费,其在受聘期间因工作受到事故伤害的,应当适用《工伤保险条例》的有关规定处理。

·风险提示·

用人单位: 养老保险待遇是劳动者在达到法定退休年龄后,根据劳动者在职期间依法缴足的养老保险费,在退休或具备享受养老保险资格或条件时,对其老年生活给予最基本保障的一种制度。领取养老金的主要条件:一是达到法定退休年龄。二是累计缴纳15年的养老保险费。关于养老保险损失纠纷,通过本案例,对于用人单位主要进行3点提示:(1)劳动关系存续期间,养老保险的法定缴纳义务,以及代扣代缴义务。根据《社会保险费征缴暂行条例》的规定,缴费单位、缴费个人应当按时足额缴纳社会保险费。缴费单位必须向当地社会保险经办机构办理社会保险登记,参加社会保险。缴费单位必须按月向社会保险经办机构申报应缴纳的社会保险费数额,经社会保险经办机构核定后,在规定的期限内缴纳社会保险费。缴费单位和缴费个人应当以货币形式全额缴纳社会保险费。缴费个人应当缴纳的社会保险费,由所在单位从其本人工资中代扣代缴。缴费单位未按规定缴纳和代扣代缴社会保险费的,由劳动保障行政部门或者税务机关责令限期缴纳;逾期仍不缴纳的,除补缴欠缴数额外,从欠缴之日起,按日加收20‰的滞纳金。由此可见,作为用人单位,有义务对劳动者进行参保登记,建立养老保险账户,并在劳动合同履行期间,依据社保机构核定的数额,除依法缴纳用人单位应当缴纳的部分外,还应从劳动者的工资中代扣代缴个人应缴部分,这是用人单位的法定义务。用人单位切不可接受劳动者的"承诺书"等,放弃对劳动者社会保险费的缴纳和代扣代缴义务,此类承诺违反了国家对社会保险的强制性规定,影响国家养老保险体系的建设,一般无效。因此,用人单位应当依法履行社会保险费的缴纳义务。(2)未依法为员工缴纳社保造成的损失赔偿责任。用人单位有义务为劳动者依法缴纳养老保险费,其中根据各地政策的不同,用人单位与劳动者承担的比例也有所不同。若用人单位未依法为劳动者缴纳养老保险费,会受到社保行政部门的责令限期强制征缴,并对逾期缴纳加收滞纳金,同时可能受到行政处罚。同时,根据《劳动合同法》第 38 条的规定,用人单位未依法为劳动者缴纳社会保险费的,劳动者可立即解除劳动关系,并根据《劳动合同法》第 48 条的规定向用人单位主张支付经济补偿金。另外,若劳动者达到法定退休年龄时,无法办理退休手续、无法享受养老保险待遇是用人单位的原因造成的,用人单位因此应当赔偿给劳动者造成的损失。(3)离退休返聘人员与用人单位之间形成法律关系的性质。用人单位返聘离退休人员,首先,一定要通过协议明确双方建立的法律关系的性质,最好重新起草劳务合同,从源头上阻断建立劳动关系的明确意思表示。其次,对未办理离职手续、未开始享受养老保险待遇人员的返聘,如果该劳动者在职期间,用人单位没有为其缴纳社会保险费,却又继续返聘该劳动者,实践中,鲜有案例将此期间视为劳动关系的延续。因此,用人单位也应控制此类人员的返聘风险。

劳动者:对于劳动者,用人单位在劳动者在职期间,未依法为其缴纳养老保险费,当劳动者达到法定退休年龄后,不能依法享受养老保险待遇,由此引发的纠纷比较多。那么,劳动者如何保障自己的合法权益呢?其一,劳动仲裁前置程序。劳动者在达到法定退休年龄后,发现无法享受养老保险待遇引发纠纷,解决此类劳动争议,应以劳动仲裁为前置程序。根据最高人民法院《关于审理劳动争议案件适用法律问题的解释(一)》的规定,劳动者以用人单位未为其办理社会保险手续,且社会保险经办机构不能补办导致其无法享受社会保险待遇为由,要求用人单位赔偿损失发生的纠纷属于劳动争议,当事人不服劳动争议仲裁机构作出的裁决,依法提起诉讼的,人民法院应予受理。其二,社会保险经办机构无法为劳动者出具不能补办的证明。劳动者在仲裁时,往往因为社会保险行政部门无法为其出具用人单位未依法为其缴纳养老保险费的证明材料,导致劳动者因为证据不足而败诉。建议劳动者向社会保险经办部门书面提交申请事项,或通过 EMS 寄送;并注意收集相关事项的回函、回执,以及沟通过程中的取证,必要时可录音录像。其三,损失的核算。对于已经达到退休年龄的人员,因无法补缴导致其不能享受养老保险待遇,进而产生养老保险待遇损失问题。对于养老保险待遇损失的数额计算,法律法规没有明确的规定。实践中,有的地方按当地同期工资全日制最低工资的 70% 按月支付直至死亡时止;也有按同期退休人员平均养老金计算,按月支付至死亡时止;也有如本案以在用人单位工作期间未缴纳的比例进行一次性核算损失等,具体可参照各地规定。其四,仲裁时效。劳动者达到法定退休年龄时,以平常人的认知,应当关注其养老保险待遇权益的有无及大小,此时作为仲裁时效的起算时间较为合理。但是劳动者达到退休年龄后继续在用人单位工作的,应当以双方解除或终止最后的合同关系的时间起算,更有利于保障劳动者一方的权益。因为该争议本身就是用人单位违反法律规定未为劳动者缴纳养老保险费引发,若以此让用人单位逃离违法责任的承担,对劳动者明显不利。但是,实践没有明确的适用依据,作为劳动者应当积极主张自己的权益,避免让权利睡眠,引发争议,对用人单位和劳动者再次造成影响,以及司法裁判的资源浪费。因此,建议劳动者至少在达到法定退休年龄时起主张养老保险费损失赔偿。

47 劳动者的保密义务与侵权责任

适用法条

——《劳动合同法》第二十三条

案情回顾

2017 年 6 月 23 日，孙某入职某恒新公司（以下简称恒新公司），双方签订劳动合同，合同期为 2 年，孙某担任营销部总监一职。同日签订《保密协议》，约定孙某经手的公司客户名单禁止以任何方式泄露给任何第三人，直至该保密事项被公司公开为止，孙某未履行该保密事项，须向公司承担 50,000 元的违约金。2019 年 6 月 22 日合同到期后，双方又续签了一次。2021 年 6 月 12 日，孙某与公司达成《解除劳动关系协议书》，双方系协商一致，于 2021 年 6 月 22 日起解除双方的劳动关系；公司一次性支付孙某经济补偿费用 78,550 元（含年休假工资、加班费、经济补偿金等）；孙某离职后不得再向公司提出任何权利主张和任何经济费用；同时《保密协议》约定的保密义务随该协议签订而失效，孙某不再履行该协议约定的保密事项；该协议是双方真实的意思表示。2021 年 6 月 28 日，孙某反悔与公司达成《解除劳动关系协议书》约定的补偿费用，向公司提出请求增加 10 万元的补偿金，公司当即拒绝。孙某扬言要泄露公司的精刻模具的最新图纸集，以此报复公司。公司当即报警，经民警询问，孙某承认其在职期间与公司技术总监李某（女）之间存在不正当关系。因李某擅自用其手机向家人发送二人私密照片，激怒孙某，孙某遂登录李某的电脑，将公司的精密图纸（SI－01R3）788 张进行复刻并另行保存，以此要挟李某。后因公司不给孙某增加补偿金，孙某想以此为筹码另行得到10万元的补偿金。2021年7月15日，恒新公司向法院提起诉讼，判令孙某立即停止侵害公司精密图纸（SI－01R3）788张的行为；立即交出复刻公司精密图纸（SI－01R3）788张的储存载体；禁止孙某传播精密图纸（SI－01R3）788张；由李某赔偿公司损失700,000元。

恒新公司为证明上述主张，提交了公司精密图纸（SI－01R2）、某科技知识产权司法鉴定中心的《鉴定意见》1份、《专有技术说明书》及附件、《（SI－01R3）技术保密措施口令》1份、技术《鉴定意见》5号1份。证明该精刻模具图纸（SI－01R3）788张图纸是在（SI－01R2）的基础上对产品图纸的改进；公司对该技术秘密的原始取得，并固定该技术秘密点和存放载体；该技术秘密设计图设计过程，以及设计所要依靠的是公司专有非标设备；以及公司对该设计图纸进行生产的生产线。充分证明该专有技术图纸为公司所设计，并对该专有技术采取保密措施，为公众所不知悉，能为公司带来商业利益的商业秘密。孙某存在盗取复刻行为，该行为造成了公司的不可估量的损失。

孙某辩称，2021年6月22日，本人从恒新公司离职时，公司明确不再要求其履行保密义务。公司也没有依据《保密协议》向其支付费用，对于复刻（SI－01R3）788张精密图纸的行为，公司对该技术并没有采取特殊的保护措施，取得后也仅仅是存放于个人储存设备中，并未进行转载或传播，没有给公司带来任何损失。因此，请求判决驳回恒新公司的全部诉讼请求。

一审法院以孙某存在盗取恒新公司技术秘密［精密图纸（SI－01R3）788张］的行为，鉴于孙某仅存在下载储存行为，所幸没有给公司造成不可弥补的损失，判决孙某立即交还盗取的精密图纸（SI－01R3）788张的储存载体给恒新公司，立即停止继续侵权；并支付恒新公司各项损失150,000元。孙某不服提起上诉，二审同意一审判决，予以维持。

·法理分析·

本案属于侵害技术秘密纠纷,争议焦点为(SI－01R3)788张精密图纸是属于恒新公司的商业秘密,孙某的复刻行为是否构成对恒新公司的商业秘密的侵犯,如果构成,恒新公司的损失如何确定。

法院认为,根据最高人民法院《关于审理不正当竞争民事案件应用法律若干问题的解释》(已失效)第14条的规定,当事人指称他人侵犯其商业秘密的,应当对其拥有的商业秘密符合法定条件、对方当事人的信息与其商业秘密相同或实质相同以及对方当事人采取不正当手段的事实负举证责任。其中,商业秘密符合法定条件的证据,包括商业秘密的载体、具体内容、商业价值和对该商业秘密所采取的具体保密措施等。

本案中,恒新公司通过《鉴定意见》、《专有技术说明书》及附件、《(SI－01R3)技术保密措施口令》,证明恒新公司创作取得的(SI－01R3)788张精密图纸是在依托其公司(SI－01R2)技术秘密的基础上,依靠专业人才专有非标设计设备获取的新的技术秘密。公司18个密点中每一个点都对应有设计参数、工艺指标、技术要求等信息,证实了该专有技术恒新公司采取了保密措施,是为公众所不知悉,能为公司带来商业利益的商业秘密。对于(SI－01R3)788张精密图纸是属于恒新公司的商业秘密事实,法院依法予以确认。技术《鉴定意见》5号文件,详细鉴定了李某办公电脑被复刻时间、复刻内容、复刻转载设备、型号等专业技术鉴定的结果。再加上派出所对孙某的询问笔录,足以认定孙某的行为构成对恒新公司的商业秘密的侵犯。关于恒新公司的损失。法院认为,孙某原属恒新公司的营销总监,劳动合同存续期间,孙某明知《员工手册》第7条专门对员工离职后应尽到一般善良人应注意的义务有所规定,却没有履行该附随义务。虽然孙某侵害了恒新公司的商业秘密,但根据孙某盗取的原因,以及盗取后并未进行再利用，也未公开该技术秘密为不特定的主体所悉知，侵害程度基本可控。由于恒新公司为控制该损失的扩大，付出了一定的经济和人力成本，法院最后酌情以150,000元作为赔偿数额比较妥当。

·知识拓展·

《劳动合同法》

第二十三条　用人单位与劳动者可以在劳动合同中约定保守用人单位的商业秘密和与知识产权相关的保密事项。

对负有保密义务的劳动者，用人单位可以在劳动合同或者保密协议中与劳动者约定竞业限制条款，并约定在解除或者终止劳动合同后，在竞业限制期限内按月给予劳动者经济补偿。劳动者违反竞业限制约定的，应当按照约定向用人单位支付违约金。

《反不正当竞争法》

第九条　经营者不得实施下列侵犯商业秘密的行为：

（一）以盗窃、贿赂、欺诈、胁迫、电子侵入或者其他不正当手段获取权利人的商业秘密；

（二）披露、使用或者允许他人使用以前项手段获取的权利人的商业秘密；

（三）违反保密义务或者违反权利人有关保守商业秘密的要求，披露、使用或者允许他人使用其所掌握的商业秘密；

（四）教唆、引诱、帮助他人违反保密义务或者违反权利人有关保守商业秘密的要求，获取、披露、使用或者允许他人使用权利人的商业秘密。

经营者以外的其他自然人、法人和非法人组织实施前款所列违法行为的，视为侵犯商业秘密。

第三人明知或者应知商业秘密权利人的员工、前员工或者其他单位、个人实施本条第一款所列违法行为，仍获取、披露、使用或者允许他人使用该商业秘密的，视为侵犯商业秘密。

本法所称的商业秘密，是指不为公众所知悉、具有商业价值并经权利人采取相应保密措施的技术信息、经营信息等商业信息。

第十七条　经营者违反本法规定，给他人造成损害的，应当依法承担民事责任。

经营者的合法权益受到不正当竞争行为损害的，可以向人民法院提起诉讼。

因不正当竞争行为受到损害的经营者的赔偿数额，按照其因被侵权所受到的实际损失确定；实际损失难以计算的，按照侵权人因侵权所获得的利益确定。经营者恶意实施侵犯商业秘密行为，情节严重的，可以在按照上述方法确定数额的一倍以上五倍以下确定赔偿数额。赔偿数额还应当包括经营者为制止侵权行为所支付的合理开支。

经营者违反本法第六条、第九条规定，权利人因被侵权所受到的实际损失、侵权人因侵权所获得的利益难以确定的，由人民法院根据侵权行为的情节判决给予权利人五百万元以下的赔偿。

第三十二条　在侵犯商业秘密的民事审判程序中，商业秘密权利人提供初步证据，证明其已经对所主张的商业秘密采取保密措施，且合理表明商业秘密被侵犯，涉嫌侵权人应当证明权利人所主张的商业秘密不属于本法规定的商业秘密。

商业秘密权利人提供初步证据合理表明商业秘密被侵犯，且提供以下证据之一的，涉嫌侵权人应当证明其不存在侵犯商业秘密的行为：

（一）有证据表明涉嫌侵权人有渠道或者机会获取商业秘密，且其使用的信息与该商业秘密实质上相同；

（二）有证据表明商业秘密已经被涉嫌侵权人披露、使用或者有被披露、使用的风险；

（三）有其他证据表明商业秘密被涉嫌侵权人侵犯。

最高人民法院《关于审理侵犯商业秘密民事案件适用法律若干问题的规定》

第三条　权利人请求保护的信息在被诉侵权行为发生时不为所属领域的相关人员普遍知悉和容易获得的，人民法院应当认定为反不正当竞争法第九条第四款所称的不为公众所知悉。

第十四条　通过自行开发研制或者反向工程获得被诉侵权信息的，人民法院应当认定不属于反不正当竞争法第九条规定的侵犯商业秘密行为。

前款所称的反向工程，是指通过技术手段对从公开渠道取得的产品进行拆卸、测绘、分析等而获得该产品的有关技术信息。

被诉侵权人以不正当手段获取权利人的商业秘密后，又以反向工程为由主张未侵犯商业秘密的，人民法院不予支持。

·风险提示·

用人单位：本案属于侵害技术秘密纠纷，是唯一一个非劳动争议案例。之所以列举，是因为用人单位技术秘密被侵害的纠纷比较多。劳动者对用人单位“商业秘密”的侵害不一定是在劳动合同的履行期间，也不一定是在保密期限内，劳动者可能与第三人共同实施侵害行为。特举此例，主要是提醒用人单位对此类风险的控制不应仅限于在职或保密期内的劳动者。

技术秘密是企业的命脉，是核心竞争力。用人单位为保障企业技术安全，通常与劳动者对从工作中获取的属于用人单位的技术秘密进行保密约定，劳动者违反约定的应当支付违约金。《劳动合同法》第23条规定，用人单位与劳动者可以在劳动合同中约定保守用人单位的商业秘密和与知识产权相关的保密事项。对负有保密义务的劳动者,用人单位可以在劳动合同或者保密协议中与劳动者约定竞业限制条款,并约定在解除或者终止劳动合同后,在竞业限制期限内按月给予劳动者经济补偿。劳动者违反竞业限制约定的,应当按照约定向用人单位支付违约金。第25条规定,除《劳动合同法》第22条和第23条规定的情形外,用人单位不得与劳动者约定由劳动者承担违约金。可知,除保密服务和竞业限制外,用人单位不得与劳动者约定违约金。

什么是用人单位与劳动者约定的保密事项?商业秘密。商业秘密是指不为公众所知悉、能为权利人带来经济利益、具有实用性并经权利人采取保密措施的技术信息和经营信息。首先,它是不公开的,不为公众所知悉、从普通渠道无法获取、一经公开就丧失秘密性的信息。其次,它是被权利主体采取了保密措施,维持在秘密状态的信息。再次,它是具有经济效用的信息。能为权利人带来经济利益的信息,成本的减少或是收益的增加均可。最后,它一定是现实的直接应用于生产或经营的技术成果,而不是停留在理论研究阶段的信息。具体形式,可以是设计图纸、生产工艺、知识数据、计算机程序、配方、试验结果等,既可能是特定的、完整的技术,也可能是部分技术要素的改进技术。《反不正当竞争法》第9条规定,本法所称商业秘密,是指不为公众所知悉,具有商业价值并经权利人采取相应保密措施的技术信息、经营信息等商业信息。

在侵害技术秘密纠纷中,用人单位对侵害的技术秘密为“商业秘密”有举证义务。首先,该技术秘密符合“商业秘密”的上述特征。该技术是用人单位独有的技术、工艺、配方、程序、图纸等,具有秘密性;用人单位对此采取了保密措施,公众不能从普通渠道获取,具有保密性;该秘密技术能为用人单位带来经济价值,具有价值性。只有同时具备秘密性、保密性、价值性时,该信息才具备“商业秘密”的性质。其次,侵害的“商业秘密”与用人单位的“商业秘密”相同或实质相同,以及被不当侵害的举证责任。获取“商业秘密”的可以是工作过程中通过职务便利获取"商业秘密"的劳动者,也可以是工作以外通过不当方式获取"商业秘密"的任何主体。根据《反不正当竞争法》第 9 条第 1 款的规定,经营者不得采用下列手段侵犯商业秘密:(1)以盗窃、利诱、欺诈、胁迫、电子入侵或者其他不正当手段获取权利人的商业秘密;(2)披露、使用或者允许他人使用以前项手段获取的权利人的商业秘密;(3)违反保密义务或者违反权利人有关保守商业秘密的要求,披露、使用或者允许他人使用其所掌握的商业秘密;(4)教唆、引诱、帮助他人违反保密义务或者违反权利人有关保守商业秘密的要求,获取、披露、使用或者允许他人使用权利人的商业秘密。如果"商业秘密"被不当侵害,用人单位应当对侵害人持有的"商业秘密"是以不正当手段获取,并且该"商业秘密"与用人单位的"商业秘密"相同或实质相同负责举证。最高人民法院《关于审理不正当竞争民事案件应用法律若干问题的解释》(已失效)第 14 条规定,当事人指称他人侵犯其商业秘密的,应当对其拥有的商业秘密符合法定条件、对方当事人的信息与其商业秘密相同或者实质相同以及对方当事人采取不正当手段的事实负举证责任。再次,用人单位是"商业秘密"的权利主体,并对"商业秘密"采取保密措施。通常用人单位为证明该主张,举证权利的来源,并对"商业秘密"进行密点及载体的技术知识的司法鉴定。最后,损失的计算。结合以下 4 个方面,综合评估用人单位的损失数额:(1)通过评估鉴定的方法,确定侵权时"商业秘密"的市场价值。(2)按照用人单位权利被侵犯期间该"商业秘密"所涉产品的平均毛利润的 30% 左右估算。(3)用人单位在该类企业中的市场份额,竞争优势、获得的奖项、投入成本等与该"商业秘密"相关的因素。(4)第三方侵权的程度。获取"商业秘密"的时间长短、获取的完整程度、披露的规模或范围、收入等。最后,用人单位应当及时采取有效措施,防止损失的进一步扩大。包括保全措施、报警处理、技术锁定等,避免权益的无限受损,以及就扩大的损失不予赔偿的可能。总之,在侵害"商业秘密"这一问题上,用人单位一定要积极主动作为,保护企业的"商业秘密",为之构建不同等级的保密措施,对有可能接触

“商业秘密”的劳动者进行保密事项的约定,以及离职后脱密期间的履行。当发现“商业秘密”被泄露时,第一时间采取有效多重措施,把损失降至最低。主动发起维权诉求,快速进入索赔程序,挽回损失。

劳动者: 第一,附随义务的履行。作为劳动者,应当遵循诚实信用原则,根据劳动合同约定的岗位,在职期间或离职后应当履行忠诚、保密等附随义务。附随义务虽然法律没有明文规定,用人单位与劳动者之间也并不一定一一约定,但为维护用人单位的利益,依社会的一般价值观,是劳动者仍然应当负担的义务。该忠诚、保密义务的价值目标主要体现为对用人单位技术安全的保护。因此,劳动者在没有签订《保密协议》和《竞业禁止协议》时也应履行附随义务。劳动合同解除或终止后,对工作期间获取的用人单位的商业信息不随意披露,是劳动者离职后的附随义务。

第二,有约定时的保密义务。在劳动合同签订时,劳动岗位不同,涉密事项也不同。用人单位签署《保密协议》,约定保密事项,并对劳动者在劳动合同履行期间接触的“商业秘密”在劳动者在职期间以及离职的保密义务进行约定。因此,劳动者在工作过程中所接触到的“商业秘密”,一定要在约定权限内正确使用,不私自截取、保存、转发、出售等不正当使用“商业秘密”,接触“商业秘密”时履行用人单位规定的程序办理交接手续,防止“商业秘密”的数据泄露,做好使用“商业秘密”工作日志的记录。离职后脱密期间或用人单位公开“商业秘密”前的保密义务的履行。根据《劳动合同法》第23条的规定,用人单位与劳动者可以在劳动合同中约定保守用人单位的商业秘密和与知识产权相关的保密事项。对负有保密义务的劳动者,用人单位可以在劳动合同或者保密协议中与其约定竞业限制条款,并约定在解除或者终止劳动合同后,在竞业限制期限内按月给予劳动者经济补偿。劳动者违反竞业限制约定的,应当按照约定向用人单位支付违约金。由此可知,用人单位可以与劳动者进行违约金约定,当劳动者未按规定履行竞业义务的,应当对用人单位支付违约金。

第三，劳动者恶意获取、披露、允许他人使用等行为，不仅违反了《保密协议》约定的保密义务，而且还是侵权行为，应当赔偿损失。本案就是孙某恶意入侵前公司系统，侵害前公司的保密技术，从而引发的侵害技术秘密纠纷。孙某获取的并不是《保密协议》中约定的在职期间通过工作获取的重要客户信息，而是恶意获取了用人单位的“商业秘密”。该“商业秘密”是公司与相同或相近企业的核心竞争力，孙某对此进行下载、储存、截取的行为，已经严重侵犯了公司的合法权益，属于侵权行为。根据《民法典》第 1165 条的规定，行为人因过错侵害他人民事权益造成损害的，应当承担侵权责任，而不是按照《保密协议》的约定进行赔偿。